金融手册系列丛书

Alternative Investment

弗兰克·J·法博齐 主编

Frank J.Fabozzi

热门投资

HANDBOOK OF FINANCE

中信出版集团 · CHINACITICPRESS · 北京

图书在版编目（CIP）数据

热门投资 /（美）法博齐主编；传神译 . —北京：
中信出版社，2016.8
（法博齐金融手册系列丛书）
书名原文：HANDBOOK OF FINANCE VOLUME 1
ISBN 978-7-5086-6226-8

I. ①热… II. ①法… ②传… Ⅲ . 金融投资－基
本知识 Ⅳ . ① F830. 59

中国版本图书馆 CIP 数据核字（2016）第 105907 号

Handbook of Finance Volume I Financial Markets and Instruments by Frank J.Fabozzi
ISBN: 978-0470078143

热门投资

主　　编：弗兰克 · J · 法博齐
译　　者：传　神
策划推广：中信出版社（China CITIC Press）
出版发行：中信出版集团股份有限公司
（北京市朝阳区惠新东街甲 4 号富盛大厦 2 座　邮编　100029）
（CITIC Publishing Group）
承 印 者：北京楠萍印刷有限公司

开　　本：787mm × 1092mm　1/16　　印　　张：29.75　　字　　数：550 千字
版　　次：2016 年 8 月第 1 版　　印　　次：2016 年 8 月第 1 次印刷
京权图字：01-2009-6000　　广告经营许可证：京朝工商广字第 8087 号
书　　号：ISBN 978-7-5086-6226-8
定　　价：82.00 元

序

过去20多年里，金融方面各类优秀的参考书数不胜数，摆满了金融专家们的书桌。在企业财务管理、金融工具、投资策略、结构性融资、资本预算、衍生品等方面，各类参考书应有尽有，书单还可以继续列出长长的一串。但是，要想真正认识全球金融市场，我们就需要透彻地理解财务决策的制定者们（包括公司财务主管、首席财务官、投资经理、交易员以及证券分析师等）是如何做出财务决策的，他们在这个过程中又运用了哪些金融工具。从这个方面看，我们不难把握本套丛书的写作意图。

金融，就是运用经济学的各项原则和理念来制定经济决策，解决财务问题。金融可分为三大领域：金融市场和金融工具，财务管理，投资管理。

就金融市场和金融工具而言，具体是指金融市场在经济中的作用、金融市场的组织结构、市场效率、金融市场的各类参与者（例如，政府、监管部门、金融机构、投资银行和证券公司，机构投资者和散户投资者等），此外影响资产价格和利率的各种因素也包括在内。

财务管理，有时也称企业金融，是一个专业的金融领域，主要是指一个经济体内部的财务决策活动，包括多种具体决策行为。（尽管有时也将财务管理称为公司金融，但财务管理的原则通常应用于市政和非营利机构的管理活动中。）我们可以将财务管理决策分为两类：投资决策和融资决策。投资决策是指资金的运用，包括购买、持有或者出售各类资产等。通常，购买的资产要么属于运营资本，如存货、应收账款，要么属于长期资产。与前者相关的决策行为可以称为营运资本决策，而与后者相关的决策行为则称为资本预算决策。财务决策是指企业取得资金用于投资获益，并为日常经营提供资金支持。这通常也涉及公司对资本结构的选择，即公司如何分配权益资本和债务资本来为公司运作提供支持，而这也就是人们所称的资本构成决策。财务决策的内涵不止于此，公司收益的留存比例如何划定，公司股利分配额度如何确认，这都属于财务决策的内容。其中，后一项财务决策也称股利决策。无论是投资决策还是融资决策，都取决于两项因素：预期收益和风险。预期收益是指潜在利益与潜在成本的差额。风险是指与预期收益紧密相关的不确定性。

投资管理是金融的另一块领域，主要侧重于为机构投资者和个人进行资产组合管理。投资管理也称资产管理，主要工作包括：与客户一起制订投资目标，并为此做出投资决策，选择与投资目标和投资决策一致的投资策略，根据投资策略，构建包括各类资产在内的投资组合。投资管理的第一步，就是要决定在各大类资产（如股票、债券、房地产、另类投资等）之间如何进行资金分配。这项决策也称资产配置决策，要求投资者对特定资产的预期收益和相关风险有全面透彻的认识。由此我们可以看出，对预期收益和风险的全面认识有多么重要。投资策略可分为积极和消极两类，具体采用哪一类，要根据客户对目标资产市场效率（如获取超额收益的难度）的判断来确定。进入构建资产组合这个阶段，为实现最优的投资组合，需要在投资策略中的各项限制范围内，按照客户的投资目标，针对可能纳入资产组合的各项具体单项资产，对其预期收益和风险进行评估。

这三个领域的具体实施，还涉及其他领域的金融理论和分析工具。例如，资产定价理论和利率决定理论就是从经济学的其他理论衍生出来的。实际上，许多学院派人士都把金融称为金融经济学。有的投资管理策略要用到心理学的理论概念，由此衍生出行为金融学这一全新的专业领域。金融市场高度复杂的特点，要求金融从业人员充分利用统计学和计量经济学的知识分析资产价格和收益的波动，并采取有效的风险管理措施。在融资管理和投资管理中都得到普遍应用的金融风险管理，也要用到这些工具。同样利用这些工具，投资经理做出投资模型测试各类投资决策，并将投资模型运用到对衍生品这类复杂的金融工具进行估值（定价）的过程中。运筹学和管理学的数学模型十分复杂，可以帮助投资经理和财务经理做出最优的资产配置决策，在构建资产组合和选择资本项目等业务中起到重要作用。仿真模型是运筹学的工具之一，在公司的多项业务活动和投资决策中，公司经理将这一模型发扬光大。金融工程学有时也称金融数学，是金融学中一个相对较新的领域，主要利用统计和数学工具，来研究解决金融和风险管理领域的问题。

这套多卷式的参考丛书对金融的各领域进行了简要概括，有助于读者认识“金融”这个大概念下的各个主要问题。市面上也有对金融特定领域进行介绍的参考书，本套丛书希望不仅能够涵盖上述各个领域，还能作为金融专家以及经济学专业学生的参考资料。

本套丛书不仅涵盖了金融学的成熟内容，还囊括了金融领域的最新理论和鲜活实践。各章节不仅有业界和学界的全球知名专家的贡献，还具有下列独到的特点：

- 本套丛书由全球 190 多名专家合作编写而成。在不断演进的金融学领域，这种广泛的人才汇聚所形成的合力，是本套丛书能够涵盖金融学全部的成熟和新兴理论、包含各类金融工具和金融应用的原因所在。

- 本套丛书既关注金融领域的技术研究，也重视金融领域的管理实践。对于研究人员、教育工作者、学生以及实际操作者来说，这种思路一方面有利于他们更均衡全面地增强对金融各专题的认识，另一方面也为他们处理金融领域各类问题提供了所需的背景知识。

- 本套丛书提供了大量范例和表格数据，对复杂的专题进行了详细说明，这有利于读者的进一步学习。

目录

第一部分 房地产

第二部分　另类投资

第三部分　投资公司、交易所交易基金和人寿保险产品

第四部分 外汇

第五部分 通胀对冲产品

第六部分 证券金融

第一部分
房 地 产

第 1 章

房地产投资

【摘要】房地产是一个多层面的投资资产类别，从交易市场、地理位置、物业类型、杠杆和投资结构等角度均可对其进行定义。公共债券、私募债券、公开上市股权、私募股权四个投资领域以其不同的属性为特征，以各种不同的形式，有时甚至是以免费赠送的形式为投资者的投资组合做出贡献。房地产有两个特点：其一，即使在十分恶劣的市场周期中这类资产也可以在某种程度上保值；其二，每一项物业都同时显示出债券式和股票式的投资行为。尽管估值存在一定的困难，且缺乏透明度，房地产投资仍作为一类衍生工具在开拓并不断扩大着。房地产投资领域各部分的关系可以为建立多元化的投资组合提供广阔的空间。

人人都知道房地产！人们拥有自己的房子，在酒店住宿，在商场和便利店购物，租用公寓，将废旧的家庭用品储存在储藏间，在写字楼和制造工厂里工作，从机场出发旅行，开车跨越桥梁，吃来自农场的食物，用于酿酒的葡萄，无不涉及被看作房地产的土地。房地产是一种无处不在的资产，只要涉及土地，那么土地上的任何（或可能的）东西都可能被认为是房地产资产类的一部分。

什么是房地产投资者？任何人都可以成为这类资产的投资者。任何拥有自己房子的人，都是一个投资者，即使投资不是他们拥有自己房子的主要动机。无论投资者是否愿意，当出售房产时，所获收益与所支出的总成本不一定相对等。作为个体，涉足房地产投资，购买和经营两个单元的公寓楼；拥有费城的三层楼房，住在第一层，另外两层楼用来出租；在公开股票市场购买 REITs（房地产投资信托基金）；参与投资小型存储设施或酿酒庄园开发用土地的私募投资；执行共同财产所有者（TIC）交换，以减少出售资产的增值税；以上这些都是个人可以参与房地产市场投资的例子。

本章试图（少量）缩小房地产的定义范围，以便机构投资者查看和利用房地产。虽然如此，但令人惊讶的是，机构投资者在制定并实施投资战略时，难以依赖其直觉。在房地产投资的数学领域仍然有待发展，交易工具依然难登大雅之堂，但在 20 世纪 90 年代和 21 世纪初已经取得了重大进步。我们将在本章详细介绍这些工具。

房地产投资的机构包括公共和企业养老基金，学术和其他捐赠基金会，以及国内外家族信托基金。机构投资者利用房地产期望达到一系列目标：较高的绝对回报率，总体投资组合的风险管理，实现高收益，对冲通胀，低波动性，以及确保投资组合准确地反映整个投资领域的状况。机构投资者最适合在自己的投资组合中配置房地产，由于个人拥有的房地产投资途径很有限，因此我们称这些资产为机构优质房地产。个人可以在公开市场购买 REITs，这是一个在 20 世纪 90 年代才出现并形成合理规模的市场，目前已有一些规模足够大的房地产基金被各类股票指数包括在内，例如标准普尔 500 指数。相比之下，机构投资者可以投资于单个物业，或通过一个或多个投资途径，如 REITs、私人抵押贷款、商业抵押贷款支持证券（CMBS）等进行投资，也有国内和国际的可供选择。

虽然许多林场、农田、基础设施（如收费公路、机场）以及某些形式的住宅投资是机构投资范畴的一部分，但这些并不包含在本章之内。需要在此预先说明，不能仅仅因为一些品种占用了土地，就说它是房地产机构投资范畴的一部分。资产的定义是，不同的组成部分具有相同的行为特征，对共同驱动力产生共同的反应。

房地产市场

机构房地产投资包括私募股权、公开上市股权（REITs和其他公开交易的股票文书）、私人抵押贷款、公共债券或CMBS 4个领域。目前还无法完全准确地统计该投资领域的资金总规模，只能估计大致在4万亿美元。此外，还有1万亿~2万亿美元的规模，是由非投资者所拥有的房地产。虽然公共债券市场发展迅速，并正在通过捆绑贷款、证券化以及分批出售的方式从私募债券市场分享更多的份额，但投资领域中最大的部分仍然是私募债券。产权投资市场约占总市值的35%，但在经历10年的增长后，由于大量交易由公开市场向私募阵地转移，公开市场已开始失去份额。其实，公开市场是一个持有和评估房地产资产最适宜之处，这一点从来没有得到完全澄清。

在各种房地产投资类别和所谓的房地产投资领域中，类型、地点、管理方式和方法均涉及范围很广，以下仅列举其中几点：

- 房地产具备高流动性（例如，持有较少的REITs）和高非流动性（例如，正在开发的度假物业）。
- 有小面积的房地产单元（例如，独立的星巴克咖啡店）和十分大型的房地产集群（例如，波士顿保诚保险中心，是集办公场所、零售场所和住宅为一体的商住两用建筑）。
- 投资者可以管理一座建筑或建筑组群。

被列为“房地产”名目下的物业类型包括：办公场所，零售场所（独栋、社区、片区、时尚生活中心、大型商场），公寓（位于市郊或人口密集市区的大型和小型复合型场所、自建房屋和钢结构房屋），工业楼宇和工业园区（24小时运作的老式24英尺净高的现代机器驱动的物流设施），小城镇的旅馆和大城市的会议酒店，以及拥有高尔夫球场、温泉、餐厅和零售商店的夏威夷度假胜地。这类资产的地理范围包括：美国城市、郊区、农村、度假胜地，北部、南部、东部、西部，州、市各级市场，一级城市、二级城市、三级城市，欧洲的新兴市场和原有市场，日本、澳大利亚、中东和拉丁美洲。

房地产有多种投资结构：直接投资，投资者直接购买房屋；间接投资，投资者通过顾问购买和管理房屋；混合投资，投资者合伙共同购买房屋的组合；开放式混合基金，投资者可要求赎回其资金；封闭式基金，在一定时间内投资资本主要呈锁定状态。

房地产投资者可通过债务工具投资将资金借给他人，或者可以投资购买由他人发行的抵押贷款，并卖给其他人。另外，投资者还可以利用其房地产股票或债券投资的杠杆来借款。

投资者可以自行管理租赁和建筑维修，也可以聘请顾问协助管理，还可以与当地的物业经理和/或租赁代理签订合同，管理物业的日常运作。在三重净租赁的情况下，物业所有者将与建筑物相关的日常维护和资金管理问题转让给承租人。

房地产的关键特征

私募股权房地产，是最纯粹形式的资产，是其他房地产投资领域产生的基础。房地产有两个非常重要的关键特征：第一，房地产是债务权益混合体；第二，房地产长期贬值的情况极其罕见。这两点将在下文分别讨论。

债务权益混合

各类房地产投资的表现是由类债务和类权益行为的资产组合产生的。例如，一栋私人房地产资产权益，长期三重净租赁于一位信誉优良的租户。该租赁付款类似于固定支付，固定支付通常与不含有权益的债券相关。对于投资者而言，影响该租赁价值波动的因素，与影响债券或抵押价值波动的因素相同，例如利率走势、通胀以及租客信用。一种相反的情况呈现出一种空泛的、冒险的、多租户的财产权益状况。这栋物业的价值是其在特定的时间能够符合空间的供给和需求，且持续一段时间。由于物业更充分地得以租用，所以它从“纯粹”的债务变成了债务权益的混合体——如果全部物业都出租给长期租客，就会变得非常类似于债务的情况。在三重净租赁物业的状况下，租赁物业的剩余价值在租赁末期变得越来越重要，并最终占据主导地位，构成物业价值的组成部分。权益的大小，如物业空间的市场条件、城市经济的健康状况、租客的需求、利率和物业的独特性（如它的位置、历史、风景视野和邻里状况），可以对资产的价值造成影响。因此，“纯粹”利用权益可以带来更加丰厚的固定类收益，而“纯粹”利用债务将最终成为“纯粹”利用权益。每一项资产都含有债务权益的连续统一体，这一连续统一体贯穿各类资产的整个生命周期，这是权益房地产的一个独特而重要的特征。这一特征意味着，当一个人说他在投资房地产时，需要明确其确切的债务权益状况。

保值

即使在20世纪80年代末90年代初的市场萧条时期，房地产价值也不曾为零，甚至没有接近过零。此时，得克萨斯州的写字楼价值很可能减少了一半，丹佛崭新的楼宇无人租用，空荡荡的，等待市场走出经济低迷；持有债务和收回抵押品资产的银行家没有任何增加的收益。然而，市场的低迷周期最终逆转（在大多数情况下，但并非所有情况下），丹佛的那栋楼宇由于所处位置合理，在经济向好的中期，开始恢复活力，即刻回归该资产应有的价值。原因在于，崭新空置的建筑物重置成本非常巨大，包括基础建设成本和软装修成本，以及土地价值和房龄。因此，即使在最艰难的市场周期中许多物业也可以因其重置成本保有其价值，特别是在建筑成本通胀期间。这一保值规律不适用于所有情况，例如，老钢铁厂所在城镇的一座建筑物，钢厂已经关闭；因旅客们去往更方便的地点而遭到遗弃的度假村；或者是一位在全球竞争中已经失去了市场份额、濒临破产的雇主所拥有的公寓大楼——所有这些资产都将失去其价值，可能永远不会恢复到原来的价值。但有趣的是，这些是例外而不是规律。看一看主要城市（大部分房地产价值所在地），如洛杉矶、纽约和迈阿密，这些城市所承载的房地产价值肯定也是起起落落的，但是它们的价值从未持续下降并跌在谷底而再也爬不起来。几乎在任何市场条件下，都存在一个出租率，可以均衡市场，对市场中的物业进行补偿，使得其对于一些人而言是物有所值的。将这些同21世纪初的科技股以及最有发展前景的生物科技股相比，后者投资是否强劲仅仅取决于从事这一行业的人或者他们的想法。以往位于硅谷的大量公司，如今已经不存在了。然而，位于硅谷的房地产在经济周期中始终保有其最低限度的价值，事实上，随着新技术周期的来临，硅谷房地产正在迅速增值。在发展过程中现金流量可能会不稳定，建筑物可能因资金投入不足而难以维持其功能，甚至建筑物的功能可能无法适应时代的变迁，但是实际上，土地和物理结构决定了其价值总有一天会回归。

房地产投资

对于其他资产类别，投资者会适当地关注投资回报和投资风险。房地产投资风险通常通过一段时间内回报的波动性来衡量。有趣的是，房地产投资者和管理者实际使用的风险概念和数学方法仍然相当原始。在投资决策过程中，虽然存在大量口头上的提醒，“投资有风险，入市需谨慎”，但是投资者的实际考虑却很少。造成这种情况的原因是，房地产投资者往往非常乐观，积极参与投资活动，所面对的问题复杂。房地产投资者看到的应对措施和机会比风险多得多，尤其是在他越来越了解实际物业本身的情况下。通过何种方式衡量投资某栋具体楼宇的风险程度呢？就像对宝洁公司位于阿雷纳尔的某具体产品线风险的衡量那样？但是，房地产投资的衡量方法，在人们眼里却过于复杂难懂，而且受到各类无法确定力量的驱使，十分耗时。投资经理会谈及市场风险、不确定资本投资需求的风险，以及租户信贷风险，但是，紧接着，他们会告诉你这些问题是在控制之中的，他们会罗列出数十种好处和坏处，然后以收益最高的可能性来引导投资者达成协议。

当投资者从特定的房地产资产类别中撤离，并达到投资组合级别的情况时，这一风险趋势会逐渐降低。对负债投资者的行为进行进一步的研究，有利于对风险的深入认识。债权人最谨慎，这可能是因为他们无法直接参与控制，至少无法在取消抵押品赎回权之前参与控制，那时资产的价值会下降至比贷款余额还要低。

房地产投资者十分关注投资时限，和所有的投资一样，越快启动投资，房地产投资者获得回报的内部收益率（在没有外部融资的情况下可以实现的收益率）越高。投资者关注时限的原因还在于很多房地产流动性相当大，虽然流动性随着投资渠道的拓宽和深化也在逐步提高，有时还相当显著。投资者关心的投资是如何与其整个生命时期相适应，特别对于那些在家办公的个人而言，而对于那些有永久持有权的养老金和捐赠基金而言则无须那么在意。

每个领域的投资特征

公开上市的房地产股权市场

公开上市的房地产股权是房地产四大领域中较好的投资方向，含有高达3 000亿美元的资本价值，在活跃的公开股权市场上交易，如纽约证券交易所和美国证券交易所，以及全球其他区域的证券交易所，如中国香港、澳大利亚、东京、伦敦和巴黎。

大多数在美国或者许多其他国家公开上市的房地产公司都以 REITs 或房地产经营公司（REOC）的结构存在。房地产经营公司通常是一个有组织的公司实体，专门从事房地产资产的购买和经营。房地产经营公司不像 REITs 有权享受联邦免税优惠，也不像 REITs 受到分销和资产销售规则的限制。有意思的是，尽管 REITs 的名字是 REITs，但是它和信托二字一点儿关系都没有。相反，它拥有税务选择权。从本质上讲，REITs 在充当一个或多个建筑物的永久所有权媒介。所有联邦税务针对 REITs 各级的免税交易（和其他非 REITs 证券持有人一样，REITs 股份持有人必须缴纳同等税率的联邦股息所得税），REITs 必须支付至少 90% 的应计制会计收益。一些 REITs 支付超出所要求的收益来保证其股息和投资收益。过去，对于 REITs 销售建筑物的能力有相当大的限制，但现在这些规则已经放宽，允许 REITs 通过销售活动，在不过分关注损害其免税权的情况下经营其投资组合。

REITs 投资范围囊括美国房地产投资领域所有的财产类型和地理区域。也就是说，REITs 的属性类型、位置的分布与实际房地产市场的分布略有不同。在历史上，REITs 往往拥有较多的零售商场和公寓，较少的办公室和工业地产。以 REITs 为规模结构的经营购物中心的公司和投资公寓的公司是造成零售商场数量过多的原因。因此，REITs

作为一个群体，不能被视为整个房地产投资领域的任何复制品或指数。REITs就是它本身，不根据任何计划分配，而是由各种无法控制的历史事件塑造的既有分配决定。此外，由于REITs在整体房地产投资领域所占份额不到10%，如果在某个时间，REITs领域完全与更大的房地产投资领域的方向保持一致，那将会是令人感到意外的事。因此，当根据某个指数，例如摩根士丹利国际资本指数或美国房地产投资信托协会（NAREIT）指数持仓时，投资者应该清楚地知道，他们并未掌握大部分的房地产市场，他们仅仅购买了一个较大市场中比较特殊的某一层级工具。持有这一“歪曲”的房地产投资组合是好还是坏，是一个经验问题，而且这个问题的答案会随着时间改变。

REITs在实体水平上作为温和的杠杆使用，现金流给其带来更大的波动性（否则房地产投资会保持相当的稳定性）。虽然分析师们已对REITs经理施加了持续的压力来维持普遍较低的杠杆水平，但是波动性依然是REITs投资考虑的因素之一。尽管杠杆作用促进了一些最小限度的现金流动，但是导致波动性更重要的原因是REITs和所有其他股票一同在公开股票市场交易。因此，房地产的价值可能会周期性地上下波动，波动的原因与现金流量的变化无关。所有像房地产领域一样较小的投资领域，约占美国市场的整体股权资本的3%（采用威尔逊5000综合指数衡量），相对较大的流动性从房地产领域一进一出，很容易造成双重损失。部分这类资金是由投资者对房地产积极或消极的预期驱动的，但大多数资金的流动是由投资者对其他领域可能获得相对较高回报的预期所驱动，REITs在这样的情况下往往被迅速清空。

公开股票市场的价值看似简单，市场会告诉你股票的价格。然而，如今的市场有时会出错，而且由于房地产部分的投资份额非常小，所以市场经常会出错，但在这种无法评估的情况中会存在机会。投资者通过股价与每股资产净值（NAV）之间的对比来确定房地产价值被高估或被低估的安全性。但是，每股资产净值是一个难以确定的数目，因为它只不过是对每个投资组合中建筑价值的估值，很少涉及债务。现在的评估价值比以往要准确很多，但从来都不是绝对的，这一点将在下文中进一步讨论。而且，一些人认为REITs价值应记入特许经营权价值或公司价值，不仅仅是基金投资组合中建筑物价值的简单相加。特许经营权的价值更是难以评估，通常通过在同一个交易所交易的“合格”公司对其进行评估。分析师试图确定每股资产净值，然后提供REITs是否交易，以及高于或低于其每股资产净值的价格交易的意见。当分析师认为REITs交易价格高于每股资产净值时，REITs会声称，分析师的预期是不正确的；当分析师认为，REITs交易价格低于每股资产净值时，REITs会十分乐于保持沉默。

私下交易的房地产股票

为便于理解，本文中私募交易的房地产资产只包括传统类别，例如办公场所、零售商场（但回忆一下，公开市场持有大部分的零售市场）、公寓和仓库。私募房地产投资象限①中非杠杆收益的最佳估值（“最佳”并不意味着是“最贴切的”）接近 1 万亿美元，占房地产资本市场整体价值的 16%。如果某人的投资组合中包括酒店、医疗卫生保健设施以及迷你超市，那么该投资池的规模一定会扩大，虽然不是一个大数目。

由于没有可供投资的私募股权指数（由于缺乏精确估计的总量，这一目标很难实现，更不用说进行分类和估值了），因此没有任何潜在的投资可以用来比较衡量投资的分配。此外，私募房地产投资相当与众不同，一般只有大规模的机构进入，而较小的机构投资者和个人很难进入。

传统类别的私募股权可以进一步分类，如位于郊区的办公室、沿街购物中心、大型零售商场、生活服务中心、规划零售用地、社区中心、联排别墅、高层公寓、大型仓库、中等仓库、保税工厂、陈列室等，广泛分布于一线城市、二线城市和三线城市；此外，还有中央商务区、近郊、远郊以及度假胜地。每个物业的类型和位置意味着每个组合有不同的风险、回报和驱动力，机构投资者采用已被证明的相关模型来评价投资组合的风险特征。例如，美国房地产投资信托评议会（NCREIF）指数显示，自 1978 年以来，办公室和产业绩效之间具有高度相关性（按总回报来衡量）。但在这个区域中，中央商务区办公室与产业研发空间之间的相关性却低很多，中央商务区和郊区办公室之间的相关性同样很低。显然，明智地选择投资市场、市场级别、物业类型和细分市场有利于增加利润，控制风险。

参与私募房地产投资涉及各个阶段各种层次的内容及方法。例如，土地储备、土地开发、售前、基础设施开发、建筑物交易、建设、租赁、经营、复原、重新定位、销售，在这一领域中存在各种各样的操作方法和风险投资组合。以上提到的活动类型明显很少，在公开股权的情况下会有更多内容，主要来自于维持派息水平的压力。

私募股权策略主要的类型——核心、增值/增强的核心和机会主义，每一个策略都不尽相同，甚至每项策略自身都存在巨大的内部差异。核心策略和增强核心策略之间的相关性非常高，但机会主义策略和核心策略、增强核心策略之间的相关性很小。随着杠杆作用的增加，策略之间的差异在扩大。有意思的是，所有这些战略都基于相同的基本要素——私募房地产投资。围绕 3 个主要战略，有几种获利的办法（当然，有时也会赔钱）。一些关键的战略如下：

- 土地银行。
- 住宅小区。
- 获得土地使用权许可，可能安装供水、污水处理、电力等基础设施，然后进行销售。

① 象限指的是房地产四象限模型中的象限。——译者注

- 房地产开发商（为投资者建设房屋，目的是赚取建设费用，而不是参与股权投资）。
- 售前展示（以协议的价格预售，然后进行建设，并开始销售）。
- 在一段持续的时间里购买和运作楼盘。
- 购买并重新开发楼盘，包括重新出租、持有或售卖。
- 资本市场冲浪——预计资本所寻求的投资是在市场主流到达之前购入，然后迅速销售，几乎很少或不需要加强楼盘操作。
- 购买管理不善的楼盘，通过一定操作使得这些楼盘达到市场所需水平。

估值绝对是私募股权投资领域的一大问题。由于市场被定义为私募，交易和账面值无须向除投资者以外的任何人披露，投资者有时从投资顾问或投资者协议的条款中得知，甚至有时其本身都无法获知。也就是说，投资者努力寻求交易价值，而公司的目标是通过研究，售卖准确的交易价值。但是，这类企业只涵盖已完成交易的物业，大多数物业相对较少地被出售，因此暂定估价的问题仍然存在。即使某人了解私募投资组合的“内幕”，也最多只是在资产被收购或销售时才“知道”它的价值（至少要让买方和卖方知道）。投资组合中的资产估值通常每年或以更低的频率根据市场来调整。鉴定人通过研究，估计资产的临时价值，随着时间的推移这些估值的应用会有一定改善，但不能保证它们的正确性。不幸的是，不像在公开市场，私募市场很少有机会重新审视那些可能不正确的估价。因此，直到资产被出售，投资者都无法真实知道它的价值。对于增值和投机策略的封闭式组合，由于资金是锁定状态，临时估价不是一个很重要的问题，直到该基金被清算。此外，这种投资组合的资产价值，更难以评价其复杂性和风险状况。

私下交易的房地产债务

私下交易的房地产债务包括商业抵押贷款和多家庭抵押贷款。这个部分是 2 万亿美元的房地产资金周转中的最大部分，它正在迅速地成为为公众提供房地产债务投资的领域，这将在下一节讨论。这一投资区域完全就像它展示出来的一样，由房地产抵押担保贷款组成。对借款人而言，这些贷款几乎总是无追索权（房地产贷款特性之一是，贷款人只能对抵押贷款的财产而不是借款人持有的其他资产寻求违约的补偿），因此贷款人必须十分积极地确保他们了解抵押品的性能特性。贷款可以是固定利率或浮动利率，或只有利息，还可以包括其他各种功能，比如现金流分享，共享升值等。唯一的限制是借款人与贷款人的想象力。同样，这些都是私下谈判的交易，因此契约规则受竞争环境和各方需要的影响。作为公开市场，证券化市场逐步发展，一些贷款条件和文件正在实现标准化，为贷款人的投资组合（如果他选择使用这一市场的话）证券化提供便利。

传统上，私募债券一直是保险公司和银行的业务范围，但现在这一领域对那些拥有足够的资本希望进入这一领域的人呈现开放状态。同样，公共债务领域的出现是这一转变的重要推动力。一旦私募债券发行人必须持有他们自己的资产负债表上的投资，就会出现一个活跃的个人抵押贷款和抵押贷款池的二级市场。即使在这样一个更加民主化的商业和多家庭抵押贷款领域里，大量私募抵押贷款比类似的有风险的公司债券和私募非房地产债券的范围还要广。这是一个信号，市场可能都不太清楚如何评价私募抵押贷款的风险。各个地域均承销各种类型财产的抵押贷款。大多数个人抵押贷款比大多数个人投资者可以投资的范围大。

公开上市的房地产债务

公开上市的房地产债务，作为政府的解决方案是在20世纪80年代末期房地产和经济周期的严重危机中“发明”出来的。以商业抵押做担保的证券是一种抵押品，有个人或抵押贷款池的现金流支持。抵押品是“分档次”的，它使每一个抵押品持有人都能够了解现金流量和潜在风险抵押的权利等级。这些证券模拟证券公司债务的结构。在房地产市场跌至谷底的20世纪80年代末，大多数贷款机构持有的大量拖欠的房地产抵押贷款刺激了市场的发展。在重组信托公司（RTC）这一准政府机构的影响下，贷款人可以向RTC出售其抵押贷款，RTC包装这些贷款，转售给那些可以将资产池转化成分档证券并将额定证券出售给机构的人。这次大规模的政府干预拯救了那些面临破产的贷款行业，虽然在这之前很多私人银行、储蓄银行和贷款银行已经大量倒闭了。

房地产市场周期的转向、重新定价的房地产又能够产生超出抵押贷款利率的大量正的现金流，购买了这些证券及抵押品的人获得了回报。有人认为这是由政府发动的重大的财富转移，但可以肯定的是，金融体系需要做一定的修正。CMBS市场的出现，使得房地产债务投资领域真正民主化，借款人的利益无处不在。

管道贷款人新贷款的形成——提供贷款的贷款人和评估机构一同，形成证券和销售方式，有时他们在账目中保留一部分证券，有时在开始和过程中赚取证券手续费。随着新兴的和传统的抵押贷款的发行竞争愈演愈烈，大量的企业和国债的利率已经降低。借贷成本的转移加上历史性的低利率水平，使得房地产投资者更愿意作为借款人。

这一新兴市场正在稳步地蚕食私募债务市场之前的主导地位，目前已达到1万亿美元的规模，占据将近20%的资本。1995年，CMBS市场规模仅884亿美元，只占房地产投资领域的5%。

市场正在逐步增长，因为这个想法是有道理的。房地产抵押贷款，在这个过程中创造了更高的效率，更好的价格（从借款人的角度）和透明度。但是，证券化制造的工具微不足道，无法适应更多资金参与投资，包括个人投资者资金。此外，证券化通过更多的贷款和对回报风险的等级分割分摊了风险，使每个投资者仅参与部分资本层次，这使他们感到最舒适。整体抵押贷款要求投资者购买整个层次结构，因此，贷款业务的灾难产生了一个全新的参与房地产投资的方式，从一个严格要求资格的资本市场领域中，创造了巨大的新商机。

这一系列战略在公共债务市场中（对于整个贷款市场是真实的）有些勉强，但是仍然有一些极端的例外。传统的固定收益投资者们已经发现，他们购买和持有的AAA级分档证券，收益稍强于类似公司股票的业绩，并不承担（迄今为止）额外的风险。少数企业房地产投资者选择了持有B级和未评级的证券，等待紧缩的蔓延，必将迎来持续的逾期债务和违约拖欠，创出历史新低。事实上，相当大范围的紧缩正在蔓延，这也验证了他们对于市场学习曲线的坚定信念。

AAA级分档和B级分档之间的相关性较低，表明投资者在这一领域采取了一些有意思的投资组合。许多人已经找到这些组合，并作为固定收入开始流行，你可能会看到其幅度和公司信贷一样。同样，排除潜在的附属担保物的糟糕业绩，这种幅度的紧缩应该继续下去，直到企业和房地产行业之间的相关性像信用质量一样被跨越，通过竞争被消除。

选择房地产的原因

为什么投资者不断致力于在他们的投资组合中持有非流动性、源于估价和跌宕起伏的房地产呢？有以下5个动机：

- 降低投资组合的整体风险。
- 实现高绝对回报。
- 通胀对冲。
- 反映较大的投资范围。
- 提供高质量和可持续的现金流组合。

降低投资组合的整体风险

投资组合配备房地产的股权、固定收益以及其他国内和国际的关键资产，可以带来投资组合各个成分的简单加权回报，以及小于简单组合的加权平均的风险，这通常是公认的。收益是不会均匀分布在房地产资本市场领域的，而且收益甚至不会均匀分布在各个组成领域中。因此，虽然房地产是一个明显的用来缓和风险的投资领域，而且成为越来越多的机构投资者持有的一部分，但必须谨慎地应用到实际的投资组合中。

实现高绝对回报

在对房地产进行总体评估时（使用所有 4 个象限的资本的时间加权指数），很明显，房地产评估是一种实现绝好表现承诺的工具，但并不一定会实现：在很长的时间里，房地产没有胜过股票和固定收入。然而，有趣的是，在风险调整后，房地产在收入总量上要优于股票和固定收入。因此，投资者需要弄清楚他的目的到底是不计风险的绝对回报率还是考虑风险的绝对回报率。

当将房地产分解成4 个主要部分，并进一步分解成机会主义私募股权和一些增值战略时，信息便可以改变。房地产，特别是在机会主义策略下，可以用来提高投资者的绝对回报率。然而，经理人的选择成为机会主义策略能否成功执行的至关重要的一点。在这个舞台上，管理人员的业绩有很大的差异。有趣的是，业绩优良的机会主义经理和表现不佳的经理的业绩都具有相当的持久性。不幸的是，基金的年数越长，业绩表现越好，其结果就越容易恶化。这表明，虽然基金经理在一开始可能有一个好主意或一套想法，但是随着市场变化或行业里的其他原因，这些好主意不再适用了，所以这些好主意不再被采纳。也可能是业绩优异的经理所雇用的明星员工被其他人雇用，或自己开公司，带走了这些良好记录。无论如何，很明显，很长一段时间里，对重复的资金来说，让房地产超出市场的平均水平是难以实现的。

通胀对冲

传统的观点认为，房地产本身是一种通胀对冲工具。分析人士通过很长的时间探讨了这个观点，有趣的是，答案有所变化。

通过使用各种来源的私募股权投资和公共债券回报，已进行了大量的该项研究。一个广泛并一致的结论是，公开上市的房地产证券的通胀对冲能力十分有限。另一个重要结论是，对房地产市场出现空间状况问题，也就是说，如果空置率高，而且资本市场对持有房地产并无兴趣，通胀传导机制将不起作用。这并不奇怪，也不应影响个人在收益或房地产作为对冲工具的潜在用途上的兴趣。

房地产总体上以及在4 个物业类型上是否有对通胀的避险能力，会引起我们的投资组合结构偏好的改变，这取决于一个人对未来通胀的看法。事实上，如果任何类型的财产都作为一个成功的对冲工具，那么我们可能会在该资产中维持一个立场，尽管对于未来的通胀有个人的意见因素，但是显而易见的是，在曾经的通胀期间进行对冲已经太迟。

通胀在很多地方可以促进房地产资产的总收益增加，例如，通过出租和其他收入的增长，通过费用的增长和谁承担这些费用的问题，通过资本充足率将收入转化为价值。

大多数投资者认为，对冲成功的关键在于净收入的增长是否高于通胀率的增长。如果是这样，一切保持不变，利率的上限将反映通胀的影响，因此该值将反映通胀。随着通胀上升，利率的上限将下降，而价值将上升。但是，如果名义上的收入增长不能充分反映通胀呢？这是不是通胀影响业绩的唯一途径呢？

不！如果投资者认为房地产是一种通胀对冲工具，那么通胀无论是正在发生或预计发生，更多的投资者将寻求进入房地产，风险溢价将下降，这反映了资本的流动。因此，即使收入不能完全跟上，对冲可能还是有效的。尤其是在建筑成本高、筹建时间长的资产的案例中更明显。超额供给被看作是这种资产的一种较小的风险，所以资本流动将不可避免地导致资本变化率下降。

由于存在这些逻辑，所以四大类型的通胀对冲必须有重要的差异，而且确实有。例如，写字楼，需要较长的筹建时间，价格非常昂贵，存在巨额的建筑成本，是一个大型对冲群体，通过专门的资本回报率传输对冲。同样，公寓，是各种房地产对冲的第二选择，是真正的城市填充并有多种资产，它们成本高，交货时间长，但也正是因为短期租约让业主能更快地适应通胀和通胀预期。再就是仓库，虽然不能像办公室一样，而且最终的零售行业证明它根本没有对冲的能力，但是可以通过收入或价值对冲。这一点特别有趣，不仅对冲的主要来源从收入转向价值，而且在过去日子里，当零售租约中包含规定的百分比租金时，零售是使用房地产对冲通胀的主要手段。

仓库以及更尖锐的零售不太能引起投资者的兴趣来寻求避险，因为它们具有建设周期短、建设成本相对较低（郊区零售和最典型的仓库建设几乎相同）、契约更长的特点——所有的负面因素都将通胀转移到了业绩上来。

一个寻求通胀对冲的投资者总的结论是在通胀之前建立一个对冲。一旦通胀来临，投资者将会做出反应，调整通胀对冲资产的价值，因此降低了未来任何具体资产的对冲能力。

反映较大的投资领域

鉴于房地产资产无处不在的特性，在美国，各种形式房地产资产加起来就有数万亿美元，很显然，一个不包括房地产的混合多元化的资产组合的决定，是一个投资组合远离概念性总体市场指数的决定。任何大型“非市场”的赌注将需要严格的保护。寻找管理良好的资产组合作为房地产的属性结构，可以获得更明智的评估资产的成本和效率的方式。从迈尔于1974年建立的保诚物业投资独立账户开始，体制世界走过了漫长的道路。目前，投资者可以通过REITs、独立账户、自我管理的直接投资、开放式混合基金、封闭式混合基金、私募REITs、伙伴关系以及基金中的基金投资房地产。在各种条件下，有超过500种工具（不包括个人的REITs）可向机构投资者发售。这一领域对个人投资者并不是很开放，但随着时间的推移也可能发生变化。

提供高质量和可持续的现金流组合

房地产私募股权通过杠杆提供给投资者的净现金流量，通常是股市红利的3倍，高于10年期美国国债收益率200~400个基点。任何一个需要现金流的投资者，肯定会对私募股权房地产资产感兴趣。当然，各类领域从创收的角度来看强劲程度差不多，但这些差异是非常明显的。REITs红利超过了整体股权市场，超过了公共和私募抵押贷款收益，还超过了可比级别的公司债券的收益。

国际房地产投资的特殊问题

国际投资问题

房地产市场无处不在，世界各地都有。问题是：一个投资者是否应该在任何他甘心去的地方都进行房地产投资，无论是公共的，还是私募的股权或债务？越来越多的人给出的答案为“是”。排除与货币相关的复杂性，市场透明度的大范围差异，以及经营和交易的不同文化，房地产投资者跟随那些创造了股票和固定收益的“同党”们，正在积极地推行全球战略。

在某些情况下，将投资项目扩展到海外的需求是显然的。例如，新加坡政府一直以来都活跃于全球的房地产市场。只要思考一下新加坡政府投资公司控制的财富量和其国内狭窄的房地产投资空间，原因就显而易见了。对于荷兰、瑞典、澳大利亚和日本，情形也是一样，这些国家富有，但国内房地产投资空间狭窄（相比它们国内的财富量来说）。此外，较小的国家具有相似的投资推动力，并且国内市场实行多样化投资的机会少。海外扩展是明智的选择之一。

那么选择像美国那样发展多元化经济呢？研究表明，通过让欧洲、亚洲和加拿大等地区参与美国大城市办公大楼投资项目的建设，房地产投资者可以从多方面受益。该研究也表明多种货币的并存深化了各种优势，尽管也伴随着流通领域中更大的波动。货币的波动至少在一定程度上对冲了投资的回报。

追求高绝对回报的投资者也可能会对“冲出国门”持谨慎态度。发展中的亚洲、欧洲和一些逐渐制度化的市场在过渡过程中也会带来巨额回报（当然，它们也可以迅速大规模南移）。尽管在“古老的欧洲”，房地产一般掌控在业主/用户手上，但在房地产从他们手上向投资者转移的过程中也会产生大量的机会。在一些国家（例如日本、法国和德国），通过国内立法，新兴的房地产投资信托公司得到发展，房地产市场重组，向本国和海外的投资者开放。在美国，这对于金融商业物业和多家庭共有物业来说都是惯例了，私募抵押信贷市场成熟且根深蒂固。20世纪80年代的银行危机促使CMBS市场的产生。在欧洲，伴随着金融危机的产生，CMBS市场也开始得到了发展，因为这是一个很好的资本市场观点。随着市场熟悉新的投资结构和投资手段，CMBS为投资提供了很好的保证。新事物产生初期，总有大量人们不熟悉的信息出现。

多元化和追求更高回报的需求已经驱使投资者进军美国和其他国家，目前美国的投资者也逐渐加入到这个行列中。在这个行列中，必须要警惕，分清实际情况、存在的风险和假相。为告诫那些易受影响的少数投资者，有一个很好的例子，是关于发展中的印度的，印度给投资者的承诺是非常多的，但实际情况却不是那样。经常很难分辨篱笆另一边的草是否更绿一点儿，或者，那些绿色东西是否就是草。

贷杠问题

住宅的所有人通常利用贷杠来实现家的梦想，但金融机构房地产投资者却较少使用贷杠。这是因为使用贷杠会给他们带来一些问题，而他们管理着复杂的投资组合，对多种资产类型都有投资。

如果贷方借出资金，那么，当然就会有借款人借入。抵押性贷杠实际上就是根据资产的价值和保障性进行借贷的行为。在房地产贷款这种特别情况下，贷方的追索权只限于用于抵押的物业，与借款人可能拥有的其他物业无关联。因为这种无追索权的特性，贷杠的使用类似于资产沽空。借款人收取收益，保留将资产交给贷方的权利，而不用承担罚款。如之前提到的，虽然物业的价值不会维持不变，也不会变得分文不值，但是在市场处于恶劣周期的时候，借款人无能力承担贷款本息也不是新鲜事。而且，有时贷方会按照人为夸大的物业价值或私下签订的协议进行超贷。因此，抵押的期权价值是很真实的。投资者选择贷杠的原因如下：

- 增加资产的总回报。
- 对冲资产价值下跌的风险。
- 让固定的资本量再投资到其他个体投资项目中。
- 增加固定资产池的产出和现金流。
- 减少受资产或资产池的影响，从而减少受资产类别的影响。
- 强化房地产在组合资产投资中通过其他资产进行多样化投资的能力（贷杠加强了房地产与其他标准的组合资产的联系）。

最后一个原因保证了资本更进一步的流通。如本章前面提到的，房地产是债务和权益的组合。因此，将贷杠应用到包含一重或多重租约关系的物业是一种从根本上“短接”债务的方法，和其他的资产投资行为一样。这夸大了资产投资行为的权益性方面，又增加了房地产在组合资产投资中的多样化收益的附加效果，本质上“纯正”房地产权益行为被保留了下来。

当然，贷杠增加了由于抵押资产回报总额波动而带来的风险。这种负面影响不可避免。然而，可以把贷杠应用到风险低于平均值的资产上，从而，虽然贷杠的应用加大了波动率，但是风险不会到达一个难以接受的层次。

对于进行多种资产投资的机构投资者来说，对房地产投资组合应用贷杠也能因此获利。首先，可以增加房地产投资组合的多样化收益。组合投资经理可以通过对不同的资产应用不同的贷杠获得重要的分配灵活性，从而加强风险预测，进行更多的投资。其次，当房地产资产应用了贷杠时，它能通过股票、债券和票据等带来更多的多元化收益。

但是，组合型资产投资者也必须解决一个关键问题：一个投资者是借方的同时也是贷方（通过进行固定收入投资）合乎逻辑吗？（根据本杰明·富兰克林的观点，这肯定是不合逻辑的。）以复利计算，一般来说借入的利率要比借出的高。因此借入要支付的利息比借出多得多。这两种方法难道不能在产生交易费的同时互相抵消吗？当然，在股票—资产领域，这种情况是常见的，因为大多数的证券都是由使用贷杠的公司发行的。但是，股票投资者没有选择，而房地产投资者（房地产投资信托公司投资者除外）有时会有选择。

有一个途径是将机构投资者的固定收入部分贷给房地产方。但是，这种方式无事的时候相安无事，麻烦可能会随时发生。同一投资者实体的两方面会产生很大的冲突，情况严重时会变得难以控制。当各资产类型的投资经理要捍卫其自身的回报而不管整体层面上的资金回报时，这个冲突就会加剧。

应该把贷杠看成是借方筹集资本的一种方法，而不是使用资本。如果资本不充分投资到有成效的投资项目，那么很难看得出贷杠的作用。贷杠可能会造成两难的局面，但贷杠也可以成为有用的投资组合管理工具，投资经理只要把哲学问题撇开，充分利用房地产配置，对房地产和固定收入组合进行绩效评估即可。

衍生产品带来的问题

在21世纪初期，金融性质的衍生产品市场已经出现。然而，这个市场是否会发展和繁荣仍然是一个问题。

理论上，房地产衍生产品的发展有足够的空间。保险公司或许想对冲它在财产险和伤亡险上的支出，承租人或许想抵消租赁续约期的额外支出，投资者或许能以更低的成本在庞大、多头和复杂的房地产市场上进行短线或长线的投资。这些听起来很美好。

目前有几种交易准备推出这样的衍生产品，基于房地产市场表现的几个不同的指标，正在研究中的几个指标如下：NCREIF，实际资本解析指数（RCA），房地产指数（REXX），标准普尔全球地产分析（GRA），麻省理工学院交易基础指数（TBI）。

所有这些指标都有一个共同的缺点，即都不能代表潜在的房地产投资市场。NCREIF指标和TBI指标只针对由NCREIF成员操控的资产，特别针对免税的投资顾问。NCREIF指标很大程度上是由对物业价值的评估信息构成的。REXX指标基于租金率，从而推断物业价值。GRA指标基于少量通过共同资源获得的交易数据，RCA指标是基于庞大的交易池而制定的，是美国房地产投资市场上所有物业的一个很小的子集资源——那些在特定的季度售出的物业。总之，这些指标都不能作为真实交易的基础，也不能用来捕捉真实的房地产投资市场行为。通过这些指标构建的交易的相关风险是非常大的，故类似交易风险也是明显的，因此据此进行的交易是被禁止的。

本来这不失为一个好的观点，但时机还没到，因为房地产市场的透明度不足。此外，影响透明度的是房地产的回报都是各环节相关的，并且表现出弱波动性。这意味着上一季度的利润数据就是下一季度回报预测最好的指标。这样的持续性使房地产市场中的各方对未来市场的表现持有相似的观点。为了尽快启动这个行业的投资，银行一直支持大量大型的项目建设，把这些项目列入资产负债表中。好的衍生产品市场需要绝对透明、低基本风险，能够尽量对冲其他不确定性风险，指标的波动性和很多关于未来市场走向有合理的不确定预期。房地产市场不满足这些标准。

象限的关系：房地产真的是资产吗

从本章中说到的内容很明显看出房地产是一种多维的资产。实际上，是否真存在房地产这种资产类型，这种多维结构回避了问题的实质。

乍一看，将房地产投资的范畴扩展到传统的私有资产定义之外是合理的，因为在私人负债与资产象限中的房地产投资表现的主要因素是在公共负债和资产象限中的投资表现中反映出来的。房地产投资对共同的影响和各象限特定的影响都有反映。问题是：差别在哪里？

各种资产在各个象限中的表现在某个程度上肯定是受分析的基本单位——楼房所影响的。在私有资产中，这种关系是直接的。在公共资产中，与私有资产的差异是投资的交易环境和可分割性。私有资产和公共资产之间的这些关系已经被学者进行了很好的分析。我们发现：当公共市场回报中市场价格波动消失、私有市场价格缓慢向上达到公共市场价格同样水平时，两种数据集都同样反映了不同财产类型的相互分量，因此在公共和私人房地产市场中并没有太大意义上的不同。

私人抵押贷款作为担保物，也是资产类型——建筑物的基石。如果建筑物淡出视线，抵押贷款价值也会相应减少。公共债券或 CMBS 是对捆绑和解构抵押贷款敏感的市场手段，它们使每个投资者都可以在投资中得到他们想要的回报。但是，如果基础担保物出现问题，那么 CMBS 也将会产生一系列问题。

因此我们可以看到：象限直观上彼此相互联系，但是在数据上是怎样支持和反驳这一主张的呢？

从经验上来讲，象限彼此间区别很大。从理论上来说：数据支持复杂的或在一定程度上复杂的方法。通过先前的象限我们了解到：公共资产和私有资产间的不同可以用各市场估价体系的不同来解释，此不同的影响相当大，事实上这两部分呈负相关。假如你是一个投资商，你就不得不接受“按市价调整”原则估价。因此，在证券投资组合中，最好拥有两种截然不同的资产，比如公共资产和私人资产，且它们在证券资产组合中不可被彼此替代。

另外，投资者期待的是公共和私人负债的高关联度，然而我们看到的却只是 0.56。于是分解证券投资组合中的关联，把它们和总体借款相比较时，就会发现其产生的原因：总贷款与 AAA、AA 和 A 级资产关联度高至 0.9，而 B 级资产关联度却低至 0.56；总体象限比由 BB、B 级资产的波动所主导。

在公私资产与公私负债的领域中，有大量证券投资组合管理空间存在，其中私人资产与公共负债、私人负债与公共资产的关联度都很低，前者为 0.42，后者为 0.03。

因此，对于低关联，我们有大量的积极证券投资组合管理空间，有最直观的依据可以合理化说明统一资产即房地产的象限同步性。它是什么呢？房地产是资产类型吗？每个象限都是一个资产类型吗？每个象限都属于不同的资产类型吗？例如：公共资产属于股票资产、公共负债属于固定收入资产，或者根本就没有房地产资产类型？

假如同一家公司发行的股票和债券被归为不同资产类型，那么两种投资都与这一家公司的经营状态密切相关，但经验主义数据表明，房地产资产投资和实际的房地产负债大为不同。当内在驱动力相同时，投资者受益于同一象限的不同投资行为。如果同样的问题持续出现，那么，房地产还是房地产吗？

第2章

个人投资者的商业房地产投资

【摘要】除股票与债券以外，商业房地产也是很诱人的一个投资选择。尽管商业房地产的价值也会出现波动，但房地产给投资者的资产组合所带来的增值可降低风险，且无须降低回报。实际上，个人控制、财务杠杆、税盾和对冲通胀的优势在于能够承诺收益的增加，而这些收益的增加通过商业房地产的投资也可获得。为获得成功，商业房地产投资者必须考虑商业房地产的地点与类型，以及当地房地产所属的周期阶段。对于投资者而言，选择房地产最大的风险就是流动性较差，但可通过成功管理长期复合现金流将这个风险最小化。我们发现，商业房地产投资者持有房地产的组织形式对其收益与风险有较明显的影响。尽管我们考虑了各种组织形式的优劣势，但我们应更多地关注有限责任公司，这是大多数商业房地产投资者的选择媒介。

投资者在追求建立财富并实现经济独立的目标时，有多种选择。每个选择都会给投资者带来显著的收益，同时也会带来预料之外的风险。投资者必须根据自己的长期目标、投资时间、性格以及风险的接受程度，选择最适合的投资策略。对于许多个体而言，商业房地产的投资的确是回报较高的选择。随着时间的推移，商业房地产的表现不俗，而且预计在未来几十年里仍将有良好的表现。但是，商业房地产投资与其他所有投资一样，投资者如果想在此领域获得成功，必须全面了解这个市场。建筑过多与价格下跌的周期性循环是房地产的特征。因此，时机是创造财富的一个关键因素。

我们将在本章中介绍一些房地产投资的基本原则，分析房地产投资的优劣势，以及在投资房地产时各种可供选择的商业形式。在下一章中，我们将介绍商业房地产的类型。

地点的重要性

无论选择哪种类型的商业房地产，地点都是影响其价值与投资回报的主导因素。房地产因其特性而异于其他金融资产或实物资产。世上没有两个一模一样的酒店、未开发的土地、办公楼、购物中心等。商业房地产并不是货物，因为此类财产不能相互交换。房地产间的差异因其不同的地理位置而产生，进而也使得地点成为商业房地产最重要的属性。

地点并不是绝对的——这是首先要了解的特性，并不存在普适性的“好”地点（或“差”地点）。某一特定地点的价值优势仅与选择该地点的目的有关，适合做购物中心的房产未必就适合做公寓、办公楼或工厂。评估房产的价值需要战略上的眼光，且应先确定该房产的用途。只有在这种条件下，地点的实际物理属性才与房产的价值相关。地点的物理属性包括：房产的当前用途、交通形式的相对地点、相关分区法、土地概貌、临近土地的用途、房产的有效营销范围或影响区域，以及临近区域、当地或整个地区土地使用的趋势。

衡量商业房地产价值的另一因素是人们主观感受的影响。虽然房产有其客观属性，但相比人们看待某房产的主观眼光而言，其客观属性较为次要。某一地点可被客观地描述为50英亩崎岖不平的土地，四周是凄凉的沼泽地，距最近的市区20英里。同样的地点，从主观感受上，可被视为自然保护区，四周的生态沼泽地为环保生活实验室提供了保护，是精选的奢华住址。大都市的商业中心区的犯罪率上升，所表现出的客观事实可能是附近的酒店减少。人们可能觉得翻新后的酒店并不是退休后的适宜居所，但实际上却离城市配套设施、著名建筑以及历史遗迹都很近，所以有人会认为投资这样的房产可使该地区复苏，从而带动城市的发展。这些都纯属个人观点。许多商业房地产发展的成功都源于人们“打破常规”的思维。

多样化的重要性

一般来讲，成功投资的关键在于多样化。多样化能降低风险，且无须减少收益（而且往往能增加收益）。我们建议大多数投资者多样化投资房地产。对于资产投资组合而言，商业房地产可能会提高整体业绩并降低风险。在商业房地产领域，我们也同样建议投资者多样化投资。当然，商业房地产的投资选择也很多，包括公寓、酒店、汽车旅馆、办公楼、工业厂房，以及许多其他选择。

投资商业房地产的特别优势

财务杠杆

阿基米德曾说，“给我一个支点，我能撬起整个地球”，表明如果他拥有足够长的杠杆，他就能撬起地球。杠杆的力量就是如此巨大，财务杠杆也是如此。财务杠杆是指用于房地产融资的借贷范围。举例来说，我们假设个人购买一栋公寓需 100 万美元，且首付只需总价的 25%，剩下的由贷款支付（即 25 万美元的资产与 75 万美元的抵押贷款）。现在，我们假设该公寓的综合价值涨至 110 万美元，那么投资收益为 10%。通过使用杠杆，该业主的收益增加 40%，即用 25 万美元的资产投资获得 35 万美元的收益。由此可见，杠杆使投资者的收益更大。

杠杆并不是房地产市场所特有的。股票经纪人通常会通过其中间业务进行股票融资，从而提供“额外利润”。但是，商业房地产投资所能选用的杠杆更多，因为尽管商业房地产市场会有起伏，但却和股票市场的波动性完全不同。由于房地产的价格相对稳定，所以当债务人有房地产提供抵押时，债权人对债务人的偿还能力更有信心。

成功的房地产投资者会优化（而不是最大化）其杠杆。一般的原则为“买时借，售时赚”。附加的杠杆作用可以使良好的投资成为极佳的投资。聪明的房地产投资者通常会选择那些提供最佳融资方案的房产。许多投资者有一个特别的策略用于鉴别投资机会，以优化投资杠杆。该策略包括购买策略，即将投入某一项目的必要资金最小化；资产脱离策略，即寻求各种变现途径。这些策略可能包括：首付款最小化、借入首付款、延长贷款期、期末整付本金。

投资者希望优化杠杆而不是最大化杠杆的原因在于，杠杆效果的增强会伴随着风险的增加。在这种情况下，固定债务的利息支付（或可能是本金支付）会提高风险。房地产投资总是伴随着收入现金流的不确定性，以及支付现金流的确定性。通常情况下，收入现金流往往给支付现金流提供资金，这可能使得应获得的资金出现短缺，进而使得高度杠杆化的投资者面临困境。由于承租人无法支付租金或出于某种原因不愿支付租金，从而会导致收入现金流的短缺，这时可向法院起诉（法律程序非常慢，而且通常对债权人不利）或与承租人协商。强迫承租人支付租金通常是一个缓慢且艰难的过程，而在这一过程中，债权人无收入现金流。因此，投资者选用杠杆的程度最终取决于其对风险与回报的权衡。

经营杠杆

由于房地产的固定成本占总成本的比例很高，所以经营杠杆是一个房地产的常见特征。这个特征可用于描述销量与房地产利润间的关系。由于固定的成本，所以商业房地产一般具有较大的经营杠杆效用。当固定成本比可变成本高时，较小的销售量增长也能产生较大的利润。另外，大量的固定成本需要大量的销售额来达到收支平衡。

这种经营杠杆的存在意味着，如果有大额收入，那么该项目是非常成功的，但如果没有收入，那么项目的经营将陷入困境。经营杠杆可用非常小的销售差额弥补非常大的利润差额。这使得预测一个房地产项目能否成功更为困难。

经营杠杆会转化为商业风险。即使房地产投资者在作为出租人的过程中非常被动，但他仍能有效地与承租人合作。如果承租人是成功的，那么这个租赁过程也会很成功，合作双方都会很满意；如果承租人失败了，那么这个租赁过程也会陷入困境，合作双方都会不满。

抗通胀

房地产价格通常会随通胀上升。事实上，相比较于其他消费品或服务，房地产的供给较为有限，所以很多房地产价格上升的速度通常会快于通胀的速度。由于房地产的供应往往是非弹性的（对价格不敏感），而随着需求的增加，这一领域的价格上涨更快。

当然，我们在此也提出必要的忠告，并非所有房地产都与通胀同步。影响房地产价格的因素很多，不同地区、州、城市，甚至街区内的房地产价格都各不相同。这在很大程度上取决于房地产的地点，以及人们对该地点房地产的需求。在选择具体的商业房地产时，需充分考虑各种要素（最重要的就是地点）。

税收优势

房地产所有权受税制的激励。房地产在这个方面有两个重要的优势：首先是利息成本，其次是与折旧的概念有关。这两个因素结合起来，使房地产投资非常有吸引力。

第一个税收优势是利息税的成本可以完全从任一商业房地产投资中扣除。这意味着边际税率可降低资金成本。一个业主，如果以 8% 的利率进行房地产融资，而处于 40% 的纳税等级，那么其实际融资成本为 8% ×（1 -0.4）= 4.8%。

第二个重要的税收优势是，拥有房地产并用于出租，可折旧该财产（指的是建筑物，而不是土地）。折旧是一个合法的（非现金）避税手段。这意味着可以将损耗列入房地产投资中，而且根据交易的结构，还可以使用该损耗减少个人收入，从而降低个税。避税的手段往往都有些“狡猾”，折旧也不例外。房地产租金被认为是一种被动的活动，而被动活动的损失只能用于弥补非劳动收入（非工资和薪金）。但是，如果一个人积极参与管理房产的出租（如选择租户，收取租金，检查、维修房产，所有这些都是免税证明），当扣除额使逐步减少的调整后总收入达到 15 万元或没有任何可用于获得收入的损失额时，那么个人可以从收入中扣除 25 000 美元，一些其他方面的限制不得不与婚姻状况等相挂钩。还有一些所谓的替代最低税（AMT）的考虑。投资者需要进行专业的税务咨询，以了解自己可能受到的税法影响。如果投资者可以注销美元贬值所带来的 25 000 美元损失，并处于 40% 的纳税等级，那么他将获得节税，最终获得 1 万美元的实际收益。

投资房地产如同拥有自己的事业

许多人希望拥有更多的生活“主动权”，但为他人工作、获取订单以及受控于大量独断的规章制度——这种生活方式会让人头脑僵化。于是这类人想“创业”，以获得更多生活主动权，也就不足为奇了。对于许多人来说，这可能不是一个可行的选择。但是，他们可能还有其他使他们经济独立的选择。商业房地产投资就是自己可以完全控制的领域，在此过程中，发现机会、安排融资事宜、充分考虑所有因素，创造一些之前没有过的事物。一个人进入这个行业，可以先从小规模投资开始，只将房地产投资当作一个有利可图的爱好。投资者还可以随着时间的推移，通过几次成功的操作将这份兼职转变为一个高收入的全职工作。

通胀大环境下借贷是有利的

商业房地产投资者是债务人，先借钱，后还钱。这就使得买方在通胀的环境中拥有巨大优势。从理论上讲，可以用通胀溢价加上实际利率，从而调整名义利率以适应通胀水平。在现实世界中，在这个调整过程中会出现不确定性。货币的历史表明，在现代金融中，债务人从拥有更有价值美元的借款和支付较少的宝贵美元中受益。

一美元（或任何单位货币）的价值最终决定它将能购买什么，而买什么又是由商品和服务的价格水平决定的，这些价格水平又由商品和服务的需求决定。政府的统计数字显示，近 10 年来，头几年很少通胀，但这些指数并不一定能反映出房地产投资者的消费模式。广泛的基础指数（如消费者物价指数）取决于固定的商品和服务市场篮，对企业决策者而言，可以说这类指数的确低估了通胀的真实水平。

通胀的原因有许多，其中，最常见的原因之一是由于政府负债增加，进而导致货币供应增加。政府的债务增加，是因为政治家发现，当他们为人民谋得福利时，那些受益的人就会为他们投票；而当他们增加税收时，他们一般会落选下台。因此，政治家们往往会花费更多，而不征收必需的税。那么，增加债务就是唯一的方法。美国的通胀未来会如何发展呢？由于通胀巨大且普遍的影响，经济学家将其视为社会财富再分配的首要影响因素。如果通胀是不可避免的，那么真正的问题在于，你处于财富转移的哪一边？

复利现金流

商业房地产投资的特点是其收益的复利现金流形式。把握这个优势，投资者需要有长远的眼光，龟兔赛跑就是一个很好的例子。一个人可以去拉斯维加斯，赌表盘上的黑表 10 000 美元，结果是他可能赚到双倍的钱或输掉所有！他有赢钱的可能，也同时面临高风险，但至少结果会很快显现。他可以将 10 000 美元用于投资，未来 15 年内每年获得 21% 的收益，且风险非常小。这个过程可能很长，但 10 000 美元却可以变成 174 494 美元！这就是复利奇迹。在经济上，乌龟不仅完成了比赛，而且赢了比赛！兔子虽然速度很快、爆发力强，但它们很少完成比赛，而且几乎从未赢过。复利现金流是创造财富最可靠的方法。

房地产的不利条件

缺乏流动性

金融流动性是指资产在没有价值损失的条件下兑换现金的能力。公开交易的股票有良好的流动性，而商业房地产投资流动性则较差。如果投资一个小型办公室，投资清算不能在一夜间就完成，即使能完成，也必定会有不少损失。当然，这在很大程度上取决于当时的供给和需求状况。投资者往往会在需求旺盛而供应短缺的时期，选择清算。在这种情况下，可能在几周后就会出售。如果在市场条件不利的情况下清算，房产的出售可能需要几个月或几年。

理解财务报表

任何形式的投资都有不确定性。股票和债券是如此，商业房地产更是如此。未来的不确定性会成为风险。财务报表可用于减少这种不确定性，是具有巨大力量的工具。财务报表可能不会给投资者一个明确的答案，但能让投资者更充分地理解这些风险。

利润表往往并不是表面所看到的那样。对财务报表而言，“魔鬼藏于细节”就是真理。利润表意在表明一个企业在一段特定时间内的运行情况。通常情况下，利润表以每年、每季度或每月为基础。如果编制利润表的目的是让人深入了解资产的业绩，那么我们就需要了解什么是“业绩”。在讨论“利润”“收益”或“账目底线”时，常提到业绩的概念。使用这些术语的行为本身是没有问题的，问题在于，对于不同的人，这些概念往往有着不同的意义。在没有准确定义这些术语的情况下使用这些术语，会引发误解，进而导致错误行为。利润表可分为两个基本类型——描述过去的利润表和预计利润表。这两类报表有相同点，但本质上完全不同。两者结合使用的功效是最大的。一种利润表中描述的是过去的业绩。在这类利润表中，体现的是某一特定时间段内的收入、费用、利润和亏损。通常，投资者对未来的兴趣大于对过去的兴趣。因此，这些过往财务报告的真正价值在于预示未来的状况。这类利润表有助于第二类利润表的完成，即预计利润表。精明的投资者必须能理解这类利润表。

确定房地产价值的困难

确定房地产价值的问题与流动性密切相关。缺乏流动性是房地产固有的特性，其价值的实现需要较长的时间。但是，到底什么是它的价值呢？这是一个很难达成一致的问题。

当投资者出售商业房地产时，他们真正销售的是收入流。重视这种收入流有两个因素需要考虑：首先，必须量化收入流本身；其次，必须确定该收入流的风险。

收入流就是与房地产投资相关的现金流入和现金流出。通常情况下，流入来源于租金收入，而流出则是正常的营运、维修以及利息、本金、税收财务费用等开支。前面描述的利润表是构建现金流量表有用的工具。

第二个确定价值的因素（在确定后决定收入值）是确定与该价值相关的风险。这个风险是预期的事情可能不会发生，或者其价值的收益可能会在一定程度上受到削弱。

折现系数通常用于调整现金流量就是考虑到这一点。因此，收入需扣除其明确的量化与现值收益有关的风险因素。

如果某房产每年带来 10 000 美元的收入流，而且预计此情况在可预见的未来会持续，且 20% 的折现系数是较为适合该收入水平的，那么该财产的价值如下列公式（其中 n 表示的是时间段）所示：

$$价值 = \$10\,000/(1+0.2)^1 + \$10\,000/(1+0.2)^2 + \cdots + \$10\,000/(1+0.2)^n \quad (2.1)$$

$$价值 = \$10\,000/0.2 = 5 \times \$10\,000 = \$50\,000 \quad (2.2)$$

方程（2.1）表明，该财产的价值是以 20% 利率贴现的收入现值和，即相当于 5 倍的收益。这是确定每一种商业房地产价值的一般规则。也就是说，其未来收益和风险，最终确定其相应的房地产价值。在这个案例中，收入水平确定为 10 000 美元，未来盈利处于每年 20% 的利率贴现。本系列指数允许发生复利效果。

分歧产生于超过价值的部分（在这个领域不同的意见是普遍的），这些分歧围绕在收入数量或质量（相关风险的收益）上，即该属性是真正产生收入或是否有另一种方式来看待 10 000 美元。如果买家和卖家对未来收入的预测不同，那么每个都会得出不同的估价。此外，或许是基于卖方对现金流量的分析，买方认为，纯收入数字会更合适。

未来总是难以预测。一种处理未知风险的方法是增加折现率，以反映这种风险。卖方提供了 50 000 美元的财产，如方程（2.2），因为他对未来的财产收入有信心，年复一年，每年收取 10 000 美元。潜在的买家可能不抱有同样的信念。例如，潜在买家可能预测财产会减少，或对未来收入没那么有信心。因此，有意购买者可能要增加 1 美元的折扣率，说 40%，以弥补这种不确定性。因此，这些买家将提供购买 2.5（1/0.4）次收入的财产。当市场条件恶化时，买家将对自己的前途越来越没信心。他们会选择折现率较高的房地产。这就是为什么价格面对市场的负面影响会下跌。

另一个变化方程（2.1）经常遇到的就是未来的收入可能会增加［在方程（2.1）中，未来的收入预计将保持不变］，这种情况在方程（2.3）中有所体现。

$$价值 = \$10\,000\,(1+g)/(1+0.2)^1 + \$10\,000\,(1+g)^2/(1+0.2)^2 + \cdots + \$10\,000\,(1+g)^n/(1+0.2)^n \quad (2.3)$$

此处，$g = 10\%$。

$$价值 = \$10\,000/(0.2-0.1) = 10 \times \$10\,000 = \$100\,000 \quad (2.4)$$

同样，方程（2.4）只是方程（2.3）的简单表达，表明这些财产目前价值为 10 万美元（10 倍市盈率），因为这些财产收入预计每年增长 10%。基础估值假定可能导致对该财产的价值提出不同意见。如果人们对所使用的收入衡量标准以及贴现率不能达成一致，那么未来利率的涨势判断则很难达成一致。

方程（2.4）是确定价值的最常用框架。也就是说，商业房地产的价值取决于其获得的收入、贴现率以及未来收入的增长速度。

过度借贷

杠杆是一项有益的工具，但过度采用杠杆却有害无益。杠杆增加了一个项目的潜在回报，同时也增加了该项目的风险。因此，杠杆需要的是优化而不是最大化。过度借贷和过低使用杠杆一样，都会影响房地产投资的效果。这是一个平衡的问题，由投资者的偏好和对风险回报的评估决定。

管理所需的专业知识

财产所有权是直接的，商业房地产投资者需要寻找项目，评估项目，为项目融资，并（如收购）管理该项目。即使在商业房地产投资涉及售后回租的情况下，搜寻合适的房产且评估房产也是要事先准备好的，该项目仍需要人来管理，因为出租人（业主）和承租人（租客）之间总有一些问题需要处理。商业房地产投资不是一种被动的活动，而是一种需要积极、专注且高度参与的活动，否则情况会变得非常糟糕。商业房地产投资不适合那些超脱的人。

商业组织形式

对于房地产投资者而言，选择哪种企业形式作为投资房地产的媒介是成功投资的关键。不同的企业形式，税收影响、投资者的债务影响、控制影响、成本影响也都不同。没有一个“最好”的经营形式。所选择的企业形式应能最好地满足个人投资者的需求。投资者的需求应与投资者所考虑的目标、个人情况以及特定类型的投资有关。在这种情况下，投资者必须权衡税收优势、债务、控制和成本的各项利弊。

影响企业形式选择最重要的问题，也许在于投资者委托商业组织或商业机构代理的潜在责任。法律原则是“委托他人做事，自己就要担负委托的责任”。所有企业形式均由代理人管理。代理是一种法律关系，在这种法律关系中，一人被授权（真实或虚拟的，即公司、有限责任公司等）代表另一方行使权利。代理法涉及面相当广泛，涵盖了在一个人代理另一个人的行为时，社会认可和强制执行的所有规章制度。没有代理法，企业就无法作为，因为每个人只能够代表他自己。

企业形式对业主承担的责任会产生影响。企业和投资者在多大程度上是相同的呢？在这两者相同的情况下，投资者需为代理业务的侵权行为负责（侵权行为是指有意或无意的损害或伤害行为，但不涉及违约责任。如果涉及违约责任，那么该问题则按照民事纠纷来处理）。

一个企业的代理商，包括其雇员和被授权拥有企业业务的人，但不包括独立承包商。通常来讲，企业负责人需为雇员的行为负责［根据合同，产生代理机构，并引导代理机构的行为，或通过“禁止反言”（表面权限）引导］。这意味着该企业的雇员只要有表面权限，无论其是否有实际权限，都可能会根据合同约束负责人。此外，即使业主未曾有过任何疏忽行为，但如果其雇员有任何疏忽行为，业主仍被视为有疏忽责任。

原则上，代理商应依法表现出高度的忠诚，包括服从指示、具有专业行为、保护机密资料以及避免利益冲突。反过来，负责人也有责任告知其代理人与代理相关的风险，并负有赔偿责任。当代理人在其受雇范围内行事而涉及侵权行为时，雇员与负责人均需为侵权行为负责。这就是众所周知的连带责任原则。

商业组织的法律框架应以州级法律为基础。虽然各州的形式不同，但此处涉及的关键词是类似的。在一个州有优势的形式，可能并不适用于另一个州。任何一个州都不会为其最具优势的商业形式制造障碍。制定法律的州能影响商业实体的责任和内部事务。虽然在你的家乡建立业务可能更为简便，且节约成本，但在特拉华州和内华达州这样的州建立业务，大多数情况下，都能获取较高额的贷款和其他弥补性优势。

下面就大概介绍一下这些企业形式的属性。涉及投资者个体的具体需求，应与经验丰富的代理人讨论，以确定该州与投资者需求有关的法律条款。

独资

个人独资是最简单、最方便且成本最低的企业组织形式。但对于那些想增加并保持财富的房地产投资者而言，这种形式并不是很好。这类企业为一人所拥有。建立这类企业形式，无须满足正式的要求。对于公司所有的债务，企业主的个人责任是无限的。企业主个人雇用所有的雇员，所以他对所有雇员的行为都负有无限的责任。独资企业并不是一个独立纳税的实体。企业主的个人所得税申报单上的收入并不包括单独的退税申报。由于以上这些原因，投资者通常不会选择这类企业形式。

普通合伙

一个普通合伙（或简单的合作关系）必须有两个或两个以上的业主。创建这类企业没有正式要求。有些州会提供“合作条款”，以公开记录这些合作关系。所有企业主所承担的企业债务责任都是无限的。所有雇员都是由企业主个人聘用，因此企业主为其雇员行为负有无限责任。此外，对于其他业主个人的行为，每名企业主承担的责任也是无限的。合伙关系是一个独立的纳税实体：收入是按比例分配给企业主的，个人报税表及商业文件只是国内税收署（IRS）的信息回报。合伙关系是一个相对简单的商业形式。但是，这种形式和独资一样，是最次的企业形式选择。

有限合伙制

有限合伙制必须有两个或两个以上的企业主，且通常按照州级法律来创建。有限合伙必须有一个或一个以上的企业主是普通合伙人，作为合作伙伴承担无限连带责任。至少有一个所有者必须是一个有限合伙人（通常所有其他业主将是有限合伙人）承担有限责任。作为有限合伙人的企业主不能参与企业管理。有限合伙经常被用来实现建立避税和遗产规划的目的。合伙所获得的收入通过企业主的个人所得税申报文件和公司文件显示，且仅限美国国税局持有此信息。

有限责任合伙制

有限责任合伙制需要两个或两个以上的企业主。这种商业形式是根据州级法律正式设立的，作为一个有限合伙，企业主都被限制了企业的债务承担责任。然而在许多州，这种“有限责任”比有限责任公司或公司的企业主被给予的少。在一些州，特别是加州和纽约州，有限责任合伙只能用于“专业“的公司。收入通过企业主的个人所得税申报文件和公司文件显示，且仅限美国国税局持有此信息。

有限责任有限合伙制

在有些州，有限合伙可以登记为有限责任有限合伙制，且能影响有限责任合伙制。因此，对这种企业组织形式的企业主都限制了对企业的债务承担责任。这种企业组织形式通常管理成本较高，比一开始有限合伙维护成本高，因为它是受制于更为正式的有关人员和记录的法定规则。收入通过对企业主的个人所得税申报文件和公司文件显示，且仅限美国国税局持有此信息。

注册的有限责任合伙制

有些州为有限责任合伙企业的创建提供“注册”服务。当有限责任的伙伴关系是真正的合作关系时，就会出现“注册”的有限责任合伙制，以实现企业主的有限责任制。

有限责任公司

有限责任公司可以有一个或多个企业主。这种企业形式由州法律法规限定，其企业主对企业债务负有限责任。有限责任公司的创建和维护通常成本较低，因为其经营管理规章要求更为宽松。有限责任公司不是一个独立的纳税实体：其收入通过企业主的个人所得税申报体现，当企业为一人所有时，无须再单独申报个税。

在许多州，有限责任公司的所有者的商业利益受到保护，企业主个人享有债权。有限责任合伙制不享有这种优势。这种优势在于能在不利条件下保存财富。因此，有限责任公司由公司实体（所有企业主有限责任制）和普通合伙（无须正式手续、低成本且有税费优惠）两部分组成。对于大多数商业房地产投资者而言，这可能是一个不错的企业选择形式。

应当指出的是，企业主在“有限责任公司”内的责任有限，这种有限只意味着该公司的债务不会影响到企业主的个人资产。在某种程度上，企业主在有限责任公司内的资产不能免于债务责任。由于这种企业组织形式是比较新的业务领域，所以要在某些州（如特拉华州和内华达州）根据《修订统一合伙法》（RULPA）来建立有限责任公司。

C 类公司

C 类公司属州级特许公司，企业主不参与管理。这类公司的建立与管理成本更高，但其对公司本身的保护作用是无与伦比的，债权人不参与企业的管理。企业主推选董事，而董事具有选择与监管公司管理方式的正式责任。C 类公司是独立的纳税实体，其利润通过分红反馈给企业主，分红属于个人所得税范畴（即所谓的双重征税）。

应当指出的是，虽然在 C 类公司，企业主的责任有限，这一限制只意味着公司的债权人不能索取企业主的个人财产。在某种程度上，企业主在有限责任公司内的资产不能免于债务责任。

S 型有限责任公司

S 型有限责任公司与其他公司的区别只在于利润不属于一个单独的公司，且其利润直接分配给各企业主，并纳入企业主个人所得税范围。S 型有限责任公司被称为税收“渠道”。

特许经销商或加盟商

特许经销是某资产或业务形式的所有者（授权方）与另一方（特许经销人）的合同关系，授权方允许特许经销人使用其资产或业务形式。特许经销涉及企业主与用户的关系。有一些情况是，其中一个房地产投资者会发现他不是一个可取的特许或加盟商。一个房地产投资者可作为一个特许加盟商使用，以提供企业经营的资本，为企业提供创业机会，并吸收损失的风险。一个房地产投资者可能希望拥有经验或在某一特定业务需要的专业知识，他们认为特许的品牌或商誉，是一笔宝贵的财富。

有 3 种基本类型的专营权：分销、业务系统以及工艺系统。分销商出售，包括发牌，如德士古加油站的产品。业务系统涉及的操作方法与标准可与像捷飞络（Jiffy Lube）的国际品牌联系起来。工艺系统涉及的成分和过程被用于制造产品如百事可乐。

授权方与特许经销人之间的关系根据特许经营协议管理。由于通常是一个大的特许加盟商和许多小型经销商，特许专营权协议通常要有一个准备，权力要么全要，要么放弃，在它的基础上分割加盟商。既然有这么大的权力，授权方相对于特许经销商，法庭一般在解释专营公司专营者协议时不允许任何含糊之处。法庭主张特许协议本身反映诚信义务，并会认为不执行任何协议规定本身就是不公平的。

专营公司签订协议需要就有关专营权的性质披露交易。这两个州的法规和联邦贸易委员会的规则，都需要这样的披露。信息是商业房地产投资者考虑是否加盟的重要因素。重要的是要评估与特许经营相关的所有数据，并谈谈关于他们的经验与现有的特许加盟商。

第 3 章
商业房地产的类型

【摘要】潜在的商业房地产投资商可获取各种机会。此类机会可能由投资商开发或作为具有历史成本和收益的现有设施收购而来。这一领域的投资可享受来自折旧、利率抵消及财务杠杆的税盾现值优惠。现有商业房地产的价值可通过资本化、与该房地产相关联的预期现金流来确定。由于公寓、单元楼、购物中心、餐饮场所、娱乐设施、汽车旅馆、自储存设施、仓库、办公楼及生产基地不断涌向市场，因此商业房地产市场的动态特性将产生连续不断的机会。

商业房地产的运营范围上至公寓、单元楼、购物中心、娱乐中心、汽车旅馆及自储存设施，下至仓库、办公楼及生产基地。此类投资往往具有可预期现金流的特点，并可获取来自折旧及利率成本抵消的收益。结果便是有吸引力的风险以及潜在投资者的回报机会。如同所有房地产投资，地点是成功的关键。然而，商业房地产的某个特定位置的可取性将取决于该房地产产生收益的能力。这将转而取决于正在考察中的商业房地产类型，它们与人口密度和社会经济特点，交通基础设施，城市区域法规与条例，客户、供应商和竞争对手的接近性相关。

在本章中，我们将介绍商业房地产的不同类型。表 3.1 概述了每种类型的优点与缺点。

表 3.1　商业房地产在类型上的优缺点比较

地产类型	财务杠杆	经营杠杆	通胀率抵抗	税收优势	所有权企业	复利计算财产	缺乏流动性	评估困境	管理专家意见
单户住宅	高	中等	高	高	高	高	中等	中等	中等
公寓大楼	高	高	高	高	高	高	中等	中等	高
共管公寓	高	高	中等	高	高	中等	中等	中等	中等
分时度假	中等	中等	中等	低	中等	低	高	高	低
未开发土地	中等	高	中等	非常低	中等	高	高	高	低
自储存设施	高	高	高	中等	高	中等	高	中等	中等
餐厅	高	高	中等	高	高	中等	高	高	高
购物中心	中等	中等	中等	中等	中等	中等	高	中等	高
娱乐设施	中等	中等	中等	高	高	中等	高	中等	高

公寓大楼

公寓一般可分为 3 种类型：花园式公寓、中层公寓和高层公寓。

花园式公寓有 1 ~ 3 层，且一般包含大型阳台或平台。中层公寓分为 4 ~ 6 层。任何高于 6 层的公寓将被列为高层公寓。通常情况下，区域法律或房地产市值决定了将在指定区域兴建的公寓特定类型。在毗邻中央商务区的中心区开发的公寓大楼通常将成为分期偿还高价房地产的高层公寓。地处郊区的公寓大楼通常为花园式公寓，因为人们认为它们在美学上更好地契合其周围环境且市政服务需求较少。即使那里有兴建中层或高层公寓的经济刺激，这也很可能是由区域法规所促成。一般而言，修建公寓单元的成本与高度成正比。

共管公寓

从根本上而言，共管公寓（简称为公寓）是公寓式建筑中个人所有的单元，但实际上是有关生活方式选择的问题。从两种意义上说，的确如此。第一，公寓代表着传统独户式住宅的另类生活选择。“住宅公寓”的建筑成本较低，通常维护成本也较低，而且没有要修剪的草坪！这往往提供了一种自助的社区意识。第二，现在存在一种“目的地公寓”的典型现象，它在概念上与分时度假房地产相关，但取得的是共管公寓的所有权。无论在夏威夷、巴巴多斯、奥兰多还是在棕榈泉，只要像这样的分时度假公寓，都会是人们的一种向往。拥有一小片属于自己的乐土——谁能够抗拒呢？

我们可将共管公寓形容为一种混合形式的房地产所有权。公寓业主根据契约享有按其单元占用特定面积的所有权，而非土地所有权。因此，公寓会进行代表性的修建以最大限度地提高公寓的地价。最为普遍的是由许多独立单元组成的大型多层建筑。不同公寓单元的业主共同拥有诸如地面、水池、休闲区、电梯这样的公共区域。如果公寓业主为房地产提供资金，则单元将具有单独抵押贷款，业主将为单元支付物业财产税，且公共区域的成本按一定比例分担。由公寓业主选举的董事会将管治此公寓，这样就能按一系列法规控制个别单元和公共区域的使用，并会评估每个单元的维护费。

共管公寓有时会与排屋和合作公寓混淆。这两种形式的所有权共享作为公寓业主的“公共”所有权，但在其他方面有所不同。排屋通常是通过共用墙横向连在一起的一系列单层或多层单元。排屋业主具有其单元及单元所占据土地的所有权，因此排屋单元不能相互堆叠在各自的顶部。排屋业主对其个人单元支付地税。业主协会通常管理排屋综合体并收集所有业主的费用，以便维护公共区域。合作公寓通过合作安排构成。公司拥有所有相关房地产的所有权。买家在合作公寓公司购买股票即被视为股东，但并不是房地产业主。各股东持有让企业得以运作的租赁单元。该公司会纳税。任何抵押贷款通常由该公司持有并偿还。经营此房地产的所有成本均由股东共担。行政委员会通常必须批准新的合作股东。

许多成功的房地产投资商往往先从投资共管公寓开始。最初的实付费用可能相对较低，连同税务优惠的收入流，实质上可能包含所有现金流出量。因此，最重要的回报将会是久而久之的物业升值。精明的投资者将增加他/她的影响力并收购其他共管公寓以实现这种增值。

分时度假

分时度假是指在某个特定时间段拥有一块特定地产。也就是说，如果打算每年春季只在奥兰多共管公寓居住一周时间，就无须购买共管公寓了；只需购买每年特定星期的共管公寓，而无须购买整个共管公寓。这就使得“所有权”更便宜，也使更多人群能够拥有所有权。甚至在最理想的度假胜地，标准型分时度假（就季节和地点而言）在 2003 年年初拥有公寓一周所有权的均价为 4 000 ~ 8 000 美元。

凭借所有权，购买人有权在特定的星期使用该特定房产。虽然指定的房产可能要花费 240 000 美元才能完全拥有，但是购买人可以花费 8 000 美元买下特定一周的所有权（根据供求变化，不同的几周价格也不尽相同）。从这一角度来看，成本节省是显而易见的。

这一形式的度假之所以吸引了分时度假业主，主要是由于他们拥有和交易的度假胜地能够提供高品质标准的住宿与服务。人们认为，与仅租用的房产相比，这些房产能得到更好的维护和人员配备。此外，人们认为这些房产的位置也更优于那些通过租赁市场取得的房产。一家领先的行业协会，美国度假村发展协会（ARDA）声称，有 1/3 的最初进行分时度假的买家最终购买了额外的分时度假单元。

分时度假房几乎遍布各地，而且许多分时度假房都地处绝佳地段。伦敦、巴黎、东京市中心及纽约市都有分时度假房。实际上，能够想象的任何一处理想的度假胜地都将设有分时度假房产。分时度假房产设施可与其他顶级度假房相媲美，而且可能包括游泳池、网球场、按摩浴缸、高尔夫球场、自行车及运动设施，同时还配有划船、滑雪升降机、餐厅和马术设施。大多数分时度假胜地还提供供成人和儿童在现场或附近运动、娱乐和社会活动的全面时间表。这些度假胜地通常配备训练有素的酒店人才。许多分时度假胜地都提供辅助景点游览的礼宾服务。

分时度假房所有的景点均包含经济层面上的价值。分时度假房为个人提供了用整个房产所有权费用的一部分成本购买配套齐全的度假住宿的机会。因一次性购买支出和年度维护费的支付，买家可永久拥有房产。事实上，业主可同时享受其独立使用，并且分时度假房产的共同点，可以确保房产能够随着时间的推移保持良好的维护。

不同于酒店住房或出租平房，分时度假房要求每次使用按一定比率支付，通常每年提升一次比率，分时度假房产的所有权度假者能够年复一年地享受度假。分时度假房的业主可能希望以最低的通胀风险终身享有房产所有权。预计成本可能仅随维护费用的增长而上升。

未开发土地

未开发土地可划分为生地和正在开发的土地。其中，每一种土地都有其各自的显著特点。生地往往位于远离现有发展模式的农村地区。正在开发的土地则位于从农村模式转变为郊区或城镇模式的地区。这两种类型的未开发土地具有不同的投资特点，但都具有缺乏折旧税盾、利用机会少及负现金流等缺点。

由于一些原因，在试图确定未开发土地的地价时遇到了相当大的困难。然而，在房地产研究公司的一项研究，即《房地产新趋势》中提供了目前关于发展潜力的优秀数据来源。此刊物从现有价格趋势、现有商业地点、人口预测以及当地政府对发展的态度这些视角探讨了土地在不同地区的发展潜力。

未开发的土地经常会激起投资者的情感诉求。“恋上这片土地”可能并且确实会发生。但是，因为森林的美丽给人施加一个咒语而去购买未开发土地的这一行为远远不同于购买土地以用作投资这一行为。对房产的强烈情感诉求会模糊投资者的商业意识。购买未开发的土地通常很容易，而出售未开发的土地往往很困难。未开发土地吸引了不止一个投资者以高价买进，然后，在缺乏买家的情况下，却以低价售出。

生地

对生地的潜在升值的收购也常常与情感吸引力相重合。生地所有权可能会使投资者产生“心理收入”——“拥有”一片美国地产，或梦想田园般的隐居生活以远离都市环境的压力。这种吸引力对投资者来说非常危险。几乎可以听到鸟儿歌唱和松鼠在橡树上沙沙作响这类广告对投资者具有极大的感召力。然而，观者觉得美即是美。事实上，生地的总供给相当大，每一片特定土地依据其地理位置和特定属性都具有独特定义，有些土地的供应完全无弹性，而其需求可能根本不存在。

正在开发的土地

不同于生地，正在开发的土地几乎不具有美化市容的价值和更可预见的未来。正在开发的土地是一个介于生地和已开发土地之间的过渡区域。正在开发的土地的典型投资可能为 25 英亩耕地，但被划作居住发展且仅位于郊区边缘以外或计划在 3 年内开始修建的地处州际高速公路的出入口坡道外的土地可能仅有 3 英亩。这种正在开发的土地的预期价值远比生地更可预见，但仍然没有确切的肯定。

正在开发的土地的升值来自于土地利用方式的转变。更多道路、郊区范围扩增及总体经济增长的趋势已在我们的社会中形成。这当然是可想而知的，在 50 年的一个跨度中，地产本来可以从沿着一条土路的农业种植转变为沿着铺设双线道路的家庭住宅，乃至转变为沿着四车道高速公路的地带购物中心。成功投资正在开发的土地的困难在于，这些转变的确切模式和时间是难以预测的。

经济活动的水平或地理区域的发展步伐受制于不可预测事件的变幻莫测。20 世纪 70 年代的石油危机引发了自东北和中西部地区向阳光地带的人口迁移。波士顿的地价在 20 世纪 80 年代初期暴跌，郊区发展开始完全停滞。20 世纪 80 年代的石油价格下跌导致科罗拉多州和得克萨斯州的地价产生灾难性下跌。波音公司从西雅图总部转移至芝加哥。汽车行业决定将其生产设备从底特律和其他传统的北部地区转移到中西部农村和南部地区。工兵部队决定转变其在大沼泽地的排水政策。古巴人口对佛罗里达州的土地利用影响深远。拉斯维加斯将自身重新定义为退休人员的圣地。所有这些事件基本上是不可预测的，所有的人都对他们所在地区的转移土地利用模式产生了重大影响。

无论特定区域的整体趋势如何，特殊地区都将观察到这一趋势所造成的巨大变化。这种变化可能反映了特定土地使用条例、城市规划法、道路模式、公共设施的可用性（供水管道、污水处理区等）、公共服务的有效性（公园、医院等）及之前的土地利用方式。预测这些模式将如何影响特定地区是非常困难的。

即使在一个狭小的地方，也可能观察到土地利用模式的巨大变化：完全开发的高速公路以外的空地、在居民区中的苹果园及毗邻工业用地的公寓大楼无规律地分散空地，所有这些变化使得投资正在开发的土地成为一种风险。

投资正在开发的土地的另外一个风险是与经受有害废物污染的土地相关的潜在赔偿责任。根据 1980 年美国超级基金法（又称《综合环境反应赔偿和责任法》）规定，受污染土地的业主（甚至前业主）应承担清理费用，即使他们与该污染并无关系。购买 20 英亩土地用于建设购物中心，如果其目前大部分未开发而且确实有一些旧的棚屋，则会非常危险！例如，30 年前的其中一个棚屋被用作铸造厂以制造制动瓦模具，这片土地彻底被铅和石棉污染。土地购买者应始终根据由联邦环保局维护的综合环境反应、赔偿和责任系统（CERCLIS）清单审核正在开发的土地。每个国家都有自己的环境保护机构，该机构也应接触此类问题，因为其应最熟悉特定地区的环境问题。

在当今世界，业主也可能受到利益相关者索赔的所有方式的困扰。购买附有一个旧农舍的 50 英亩建筑场地以新建一座办公楼，但此农舍无法拆除，因为它具有当地的历史意义。例如，地面已做好施工准备，但人类骷髅尚未掘出；或已经确认此建筑场占地包含一座迄今未知的印第安人墓园，当地印第安部落的代表提起诉讼以制止修建。可能性是无穷无尽的，从而使所有开发活动与众多的不确定性相重合。

投资正在开发的土地的潜在收益并不像本书中所探讨的其他类型的房地产那样有利。原因在于空地不能贬值的这一事实。因此，那些用于购买包含折旧设施的房地产的税盾不可用于购买正在开发的土地。此外，正在开发的土地一般不会在其持有期间产生收入。但是，该土地可能受到税收及必要开支（如筹备土地利用规划）的影响，从而在持有期间创建一个负现金流。杠杆效率比较容易应用于正在开发的土地，因为债权人对实际开发土地的地价更有把握。

自储存设施

需要适度现金投资的另一种商业房地产投资是自储存设施（SSF）。自储存设施代表了房地产投资中蓬勃发展的机遇。对此类设施的需求源于个人和小型企业所拥有的物品不断上涨。在一个日益富裕的物质社会中，个人逐渐拥有比合理容纳于其现有住房更多的“物品”。在一个日渐流动的社会中，处于转型过渡的个人需要空间来暂时存储他们的财产。一些小的甚至比较大的企业也发现了SSF，它是一种能够存储记录额外设备及季节性产品的有效方式。

目前大约有30 000个SSF遍布美国各地。该行业的快速发展带来了关于此类设施功能的稳步、加速变化。SSF提供具有其他商业房地产所有权特性的财务杠杆、税收优惠及现金流特性。该行业开始于20世纪60年代，那时几乎很少提供以优越的、便利和舒适的方式满足诸如空调、暖气等设施和24小时安全访问的房产——这些基本上等同于C型办公大楼。如今的SSF已演变为配有良好设施的位于市中心的模式，等同于A型办公设施。在许多地方，对这类设施的需求似乎很强劲，并且将推动使此类物业发展盈利的房价结构。

租用SSF是出于储存个人财产的独有目的，通过这种方式，承租人有权访问和控制仓库里的独家财产。因此，SSF不是仓库，不能妄加占有客户的货物。SSF的基本特征在于，它是一种“自助服务”操作，消费者/住户保留“照顾、保管和控制”其个人财产的权利。“个人财产”的定义很广，但不包括国家规定可能违反许可财产的禁止财产。禁止财产通常包括有害物质、易腐食品和弹药。

早期SSF主要包括一层建筑物，它们通常位于密度较低的郊区。此类设施一般不供暖或装备空调，并且功能设计简单。人们最初将这些单元视为“迷你仓”，因此经常受商业和工业区的区划条例限制。

人们正在修建配有供暖、空调设施的多层建筑的现代SSF，这样就提供了多种免费服务。这些SSF通常旨在符合现有架构设置。此类单元正日益设立在住宅区，因为它们不会产生过多的交通流量，不嘈杂，也不会产生污染，并且为市政服务大大减轻了负担。这些设施旨在满足人们对交通便利、小规模存储空间的需求。一个典型的SSF通常占地2~3英亩且由5~6栋建筑物组成，每栋建筑物大约提供10 000平方英尺的存储空间。每存储单元的大小范围可为 25～600 平方英尺。内部车道供个人在存储单元进出车辆和停车。

成功的 SSF 需要一个能够提供优良服务的位置。连接商业区和住宅区之间的交通繁忙的旅游路线、毗邻州际公路及邻接商业区和住宅区的主要街道均能发挥此类设施的潜能。成功的现代 SSF 具有各式各样的设施和服务，为其客户提升了价值。SSF 成功的两个绝对关键因素在于，是否能提供良好的安全性和便利性。

良好的安全性源自于结构坚固的个人存储区域设施和门的外壳、通常由该单元承租人提供的锁（用以控制出入）、大门警报、围墙（通过围墙限制进入）、驻地经理、明亮的灯光以及全天候的视频和地面电子监视、个人出入房屋的准确记录。

便利性涉及：房客及其伙伴的全天候进出，便于进入、离开、装载或卸下物品的设施安排，在适当情况下自动的室内照明，为贷款人提供推车和运货卡车，提供包装、移动、邮寄和储存设备（包括磁带、泡沫包装、纸箱、家具罩等），为汽车、卡车、休闲车、船和补充现有内部存储的外部存储，提供充足的不同大小的存储单元、休息室和清洁设施。

使 SSF 日益受欢迎的另一个方法是对 SSF 的工业或商业房地产转换。根据地区的不同，这些设施可能因此转换而提供便利。房产可能廉价，因为它不再用于其原来的目的。如果 SSF 内已有暖气和空调，那么将设施内部划分几个部分可以使价格相对低廉并带来极佳的租金收入。

餐厅

一个经常被忽视的商业房地产投资机会包括购买提供餐饮业服务的房地产。餐饮业是巨大的，一次性国内生产总值（GDP）几乎占 4%。在美国运营的约 890 000 间餐厅拥有超过 1 200 万名雇员，销售额达 8 000 亿美元，预计未来每年增长 4%～7%。该行业不仅营业额巨大，而且是动态的。老字号歇业，新餐厅迅速涌现。餐厅是否能经营成功取决于多种因素，其中包括广泛的社会问题（“9·11”事件）、广泛的经济问题（能源成本）、整个行业问题（“疯牛病”）、人口趋势（从“铁锈地带”至南部，振兴内陆城市）以及个人消费者的品位与喜好（高蛋白饮食、低碳水化合物饮食、低脂肪饮食、有机食品、民族食品）。所有这些因素都将有助于推动迅速变化的餐厅组合获得成功。

这是商业房地产投资者的好消息。该行业的规模组合连同其动态特性，为商业房地产投资者创造了机会。该行业的投资可以是间接的（通过持有租赁），也可以是直接的（通过拥有房产并管理餐厅本身）。

食品服务行业分为两个基本部分：（1）快餐食品（具有服务速度和有限服务供应量的特点）；（2）提供全方位服务的餐厅。该行业中这两个部分的规模大致相等。全方位服务的餐厅可能会根据其消费档次进一步细分。这些档次包括：①中等规模（平均消费单价低于 20 美元）；②休闲餐饮（平均消费单价为 20～40 美元）；③高档餐厅（平均消费单价高于 40 美元）。每类餐饮业都有其成功与失败的独特性质。但是，所有类型餐厅位置的重要性均不容忽视。

购物中心

当人们想到商业房地产时，购物中心往往是浮现在脑海中的第一类型。确实如此，购物中心包括广泛的投资机会，可以通过合作伙伴、普通合伙、有限合伙、有限责任公司、附属子公司或 REITs 对购物中心进行直接或间接的投资。由于双重课税的问题，很少有大型购物中心以常规公司的形式投资。由于需要筹集大量资金和分散风险，大多数购物中心是间接拥有。

投资者往往忽略了购物中心固有的盈利能力，它经常会为小型或中型的房地产投资者提供巨大的机会。购物中心具有理想的房地产投资特点。购物中心的最大价值部分将折旧，从而产生了大量税盾。购物中心通过持续、相对可预测的现金流产生回报，而不是在遥远的将来一次性获得暴利。投资者收购购物中心通常可以通过杠杆方式进行。此外，购物中心现有的各种类型允许投资者选择其喜好的风险与回报组合。

购物中心根据服务市场所定义。这个市场可以是一个几平方米的地处购物街区的社区购物中心或覆盖整个都会区的大型区域购物中心。位置、进出和交通模式确定了购物中心相对于市场服务的模式。允许在基础设施完备的情况下拍摄购物中心的安全航空照片，其可以帮助投资者分析购物中心的潜力。这些照片随时可从当地或州政府机构获取。主要交通干道附近的交通状况也可从这些机构获取。邮政编码与人口普查区的经济和人口数据也都是现成的，这样就可以针对市场打造服务特色。

购物中心的类型

地带购物中心

地带购物中心表现为聚集于旅客拥挤的马路上的 3～10 个小型独立商店，以及便利店、快餐店、酒店、音像店、加油站、干洗店等，通常主宰着这个环境。这些企业通常依赖于交通流量。

邻里购物中心

邻里购物中心表现为服务于本地化市场的3～10个小型的独立商店，例如，便利店、快餐店、小餐馆、酒店、音像制品店、药店、五金店、玩具店以及具有这种类似特点的店面。虽然易于进入市场服务至关重要，但这样的购物中心不一定要位于高容量干线。邻里购物中心经常位于靠近公寓、办公楼、医院、大型雇主的地方，或位于人口密集的市区。

社区购物中心

社区购物中心表现为5～25个小型商店，配有已证实的交通建设者的一个主要支柱。这种购物中心通常位于旅客拥挤的公路交界处。商店具有产生强烈积极外部因素的足够广度和多样性。社区购物中心有混合租户，它给社区购物中心提供了强大吸引力。

内城购物中心

内城购物中心表现为位于大型建筑一楼的3～10个小型的独立企业。这种购物中心同时为邻里和过渡客户群服务。该购物中心可供大厦业主租赁或作为共管公寓从大厦业主处购得。

区域或超区域购物中心

区域或超区域购物中心是一个重要的零售商联合集中地，以吸引远距离购物者。这样的购物中心包含25～250个独立商店，并可能包含多个主力店，它常常基于一个或多个州际航线。20世纪90年代便出现了这类购物中心过度建设的局面。由此产生的高度竞争导致出现更新、甚至更大的购物中心，从而对较旧的购物中心造成严重损害。为了将一些客户从同一城区中的社区和邻里购物中心吸引过来，这些大型购物中心之间的竞争已达到白热化程度，这将给零售商造成更多的困难。

只要零售市场服务与竞争没有过度饱和，在有合适混合租户的位置有适当的购物中心就使投资者拥有了出色的风险和回报组合。如果投资者具有独自管理购物中心的专业知识，这些机会就尤其具有吸引力。然而，这种管理专业知识也不是绝对必要。在任何特定的都会区，投资者都能找到众多专长于管理购物中心的公司。只要购物中心的投资者是那些起到催化剂作用的企业家就足够了，他们结合经济资源可以创造出之前任何地方都没有的价值。

娱乐设施

随着人们对健康越来越重视，他们的可支配收入中的较大一部分是会用于休闲活动的。不足为奇，各类设施正在开发以适应这一市场，范围从单一用途的室内篮球、足球和溜冰场，到高尔夫球馆、水上乐园、壁球场及室内和室外游泳池，再到有多种用途的家庭娱乐中心。这为那些对独特商业房地产投资感兴趣的投资者提供了绝佳机会。

体育设施的独特需求已对设施的最佳投资产生了影响。体育设施必须规模适当。传统的方法是规划特定规模的体育设施并以最低成本进行修建，或是预估需求、收入和利润并将利润资本化以确定在该设施上的投资。这种简单的方法反映了简单的思维。对设施的需求并不是通用的，应特定具有特殊社会经济属性和生活方式的群体，市场利基与进行的投资之间存在一种互动。

对娱乐设施进行的投资与服务市场之间的关系可以非常精确地界定。这通常是在正式可行性研究中进行分析，包括以下 3 个部分：（1）市场的可行性研究，确定特定市场领域中可行的市场利基；（2）经济可行性研究，分析与体育设施（与特定市场利基目标相关）建设相关的所有成本；（3）财务可行性研究，在一系列预测财务报表中确定所有收入和费用，让投资者来判断投资的风险回报参数。

办公大楼

办公大楼为挑剔的投资者提供了获取风险涉入的丰厚回报的绝佳机会。办公大楼可以是构造新奇的 50 层 100 万平方英尺的出租大厦，也可以是 4 000 平方英尺的简约朴素的一层建筑。无论办公大楼的布局多大，投资这一市场的基本要素是相同的——寻找吸引潜在租户的位置，设计一座符合租户需求的大楼，寻找建筑融资，找寻长久融资，建造大楼，然后根据租户的期望管理大楼。这就是简单的成功秘诀。当然，细节决定成败。拥有成功的秘诀是一回事，而成功执行又是另一回事。

办公大楼市场的周期性很强，但可以预见。周期的最低点通常会形成最佳时间，要么开发办公大楼，要么购买已建成但有财政困难的办公大楼。即使在该办公大楼周期以外，不符合特定位置的办公大楼也仍存在需求。这种情况也可能为投资者提供良好的前景。正如其他房地产投资一样，从投资者的角度来看，办公大楼的寿命周期经历了收购阶段、控股阶段和处置阶段。

在开发办公大楼的过程中，需考虑各种问题：

- 设计。一个社区往往对外观、建筑材料及场地布局具有一种强烈的感受。市政机构可能对社区能否接受物业设计的问题较为敏感。
- 使用强度。其通常是用建筑面积比来表示土地的面积。建筑面积比通常按区划标准处理。

- 进入和流通。办公大楼必须能够有效地对接现有的交通流并具备其自身的安全、有效的交通流。
- 提议的办公大楼对现有的交通模式的影响往往成为当地社区争议的焦点。诸如便利、易于进入和道路质量的交通特点通常是社区所关注的焦点。
- 停车场。办公大楼必须配备宽敞的停车场，以满足未来租户的需要，解除当地居民的忧虑并符合分区条例的规定。
- 下水道和水供应。当地下水道和供水设施达到或接近顶峰，需要巨额的基础设施投资。此问题可能会由市政府通过征收“影响”费来正式解决，或者开发商可能有必要为此类设施拨款以使项目切实可行。
- 环境因素。环境因素日益冲击着土地开发进程。环境因素应包括任何与土地相关的自然特点（湿地、洪水、平原、濒危物种等），以及覆盖洁净空气、干净的水及环境灾害调节的更为普遍的影响变数。
- 残疾人员。《美国残疾人法案》（ADA）要求，类似办公大楼这样的设施应便于残疾人员进入和使用。这就意味着公共入口、停车场和会议室不得对残疾人员设立障碍。

办公大楼的类型

标志性建筑

愿意为造型独特、平面图不寻常的建筑设计和卓越的位置支付更多费用的单个租户，通常会被“标志性建筑”所吸引。这种建筑的特点在于最优质的材料和工艺，并能提供高品质的维护和管理。这类建筑的例子包括建于匹兹堡的PPG① 总部和位于旧金山的美国银行总部。此类建筑始终被视为A级。

特色建筑

特色建筑通常为较小型办公大楼（少于10层），由投资者或开发商创立以显示个人成就感。此类建筑通常以投资者或开发商命名，目的是给创立者树立成就的丰碑。这类建筑一般构建与维护良好，位置也较优越，但一般不像标志性建筑那样奢华。特色建筑可以是A级或B级。

A级建筑

A级建筑一般为特定市场中提供的最好的建筑。这类建筑位置良好、有吸引力且维护良好，并被未来租户视为非常理想的建筑。它们具备出色的电梯、机械系统和空

① PPG是全球性的制造企业，生产及经营涂料、玻璃、玻璃纤维及化学品。——译者注

气控制系统。A 级办公大楼经常供高素质的知名租户使用。

B 级建筑

B 级建筑使用标准建筑技术沿实用线路修建，以指定成本创建更可能多的租用面积。这类建筑的设计和布局通常很宽敞，但主要着重于功能特性。这些建筑还具有良好的电梯、机械系统和空气控制系统。维护服务和建设管理位于平均水平。

C 级建筑

C 级建筑通常是翻新的旧楼或翻新受限的旧楼。其位置可能较差，大楼维护可能不合规格，机械、供暖和空调系统可能存在问题。该建筑租户所支付租金明显低于那些居住在更高级别建筑的租户。

停车场

商业房地产投资中经常被忽略的是停车场投资。但是，此类商业房地产投资机会值得仔细思量。停车场是“生成现金的机器”。停车场可以配备便于简单操作的低成本、低技术设施，也可以配备需要大量工作人员和先进管理控制的高成本、高技术设施。停车场的标志性特点是其高比例的固定可变费用。这意味着成功开发（或购买）停车场的关键在于收入估算。

某个指定停车场的潜在收入易受地点和竞争的制约。地点始终是确定财产价值的最重要因素，就停车场而言，从来没有比这更重要的。在任何郊区或市区，始终会有许多免费停车服务——但只是位置不适合。停车场的需求是非常具体的位置，可以停在会议中心旁或者三英里远的位置，这些地点将不能代替其他位置。

停车场会产生过多的客观性（本身不带来收益）。城市酒店、体育馆、商场、医院及大型写字楼均离不开停车场。因此，停车场经常融入此类人口密集的设施开发中。很多时候，融入的停车场设施将成为其自身权利的主要收入来源。市政府可能会看到作为部分基础设施来提供停车需求，以支持其商业、工业和居住人口。美国是“轮子上的国家”，要在美国文化中生活就会四处奔走。大批人群发现汽车是一件必需品，当他们从一处开到另一处时，就需要停车。

停车市场细分

短期/临时停车者

短期/临时停车者只是需要停车一个小时或几个小时。作为一个群体，他们的需求可能非常具有可预见性和规律性。一般而言，这类停车按小时收费，收入时间表的设定旨在对顾客收取“前期”成本。也就是说，一个小时中的第一部分或前几个小时的停车价格会高于连续小时的停车价格。根据定义，由于短期和临时停车者只有有限的停车消费需求，此价格结构将对停车设施的收入产生有利影响。如果此类停车可以预测，则这将是停车场可以提供的最有利的服务类型。

短期/临时停车者的需求往往对应最小的物理绘图区域。顾客对停车的需求表现为对目的地的直接或立即到达。因此，此需求将局限于目的地的邻近停车设施。

凡要求允许，设定收入结构的目的一般在于在第一小时获取25%的最高日资费（MDR），并在前3个小时获取50%的最高日资费。因此在24小时期限内，很可能在特定场合有3或4个顾客，使该地点的最高日资费收入翻一番。

赶早停车者

赶早停车者的需求产生于停车场充分利用其现有能力的欲望。赶早停车者是对价格敏感的购物者，他们能够在确定停车位置时酌情而定。在有效市场中，如果附近存在竞争对手，那么这些停车者就会因获得价格折扣而被吸引。赶早停车者具有比短期/临时停车者更具弹性的需求曲线。这个市场是通过指定特定停车时间（如上午8：00或下午5：00）并为这些停车者提供最高日资费40%～60%的优惠服务。

特殊事件停车者

特殊事件停车的例子包括体育赛事、游行、马戏团、音乐会等。这种特定于时间和目的地的停车往往具有极高的弹性。如果停车设施和事件地点的物理距离相近，这往往意味着收取的固定费用可以等同于该事件的最高日资费，因为停车是一种相关事件，而不依赖时间。如果停车设施位于有效市场领域的外缘位置，则会批准价格优惠以吸引停车者。

周末

在大多数城市，停车需求在周末时最弱。企业停止办公后，短期/临时的停车需求就会下降。如果停车场的有效市场营销范围包括具有吸引力的零售区域，则价格优惠可能会刺激停车场的使用。如果本地零售区域很大，那么零售商们甚至可能会对补贴停车费感兴趣，以支持他们的业务。市中心零售购物区通常在周末会对郊区购物商场产生严重的不利影响。许多停车场利用统一低利率来吸引周末停车者。

假期

假期停车的需求与周末停车的需求具有许多相同的性质。企业停止办公后，短期/临时停车的需求便下降。但这种情况对圣诞节假期例外，因为在此期间，购物需求非常大，所以停车需求将接近或超过正常工作日的需求。在这种情况下，正常利率表将适用。

每月合同用户

对于每月合同用户市场细分的需求产生于在营销领域就业的潜在客户。根据不同的竞争程度，此类需求往往缺乏弹性。月度停车成本高且停车者早有计划，这种情况将导致广泛分散的费率，其最终确定将取决于特定设施的特殊情况。每月合同停车费用为最高日资费的10～20倍不等。当每月合同停车费用是最高日资费的21.7倍时，将包含整个工作年的260个停车日。提供停车便利设施（如所需地点）、特别出入口及较快票务往往可以降低每月合同用户的开支。

酒店和汽车旅馆

酒店和汽车旅馆为那些寻求良好投资回报机会的被动投资者或那些具有短期现金但期望构建长期企业股权的主动投资者提供了绝好的机会，尽管需求较不平衡，酒店和汽车旅馆的成功机会很有可能在未来增加。我们日益增多的移动生活方式确保了住宿服务需求的不断增长。

总体而言，“好客”业务（即提供住宿和餐饮服务）往往呈现出一种强劲的长期增长趋势，具有人们期望的富足社会的特点。美国人会以各种借口外出旅行，包括度假旅游、游览海洋或国家或地方公园、探亲、聚会、参加婚礼和葬礼或仅仅观光。然而，这一行业很容易受冲击，从而影响旅客的信心或旅行费用。“9·11”事件对全国旅游业及纽约市本身产生了重大影响。在2003年春，发生在华盛顿特区和弗吉尼亚州北部地区的狙击枪杀案导致该地区的入住率急剧下降。在20世纪70年代发生的汽油供应问题对外出度假住宿的需求也产生了重大影响。另外，汽油价格也可能对旅行投资前景产生重大影响。

旅行行业的特点是在一个给定的住宿市场中会提供或多或少的良好替代品。酒店可以大到是巨大的摩天楼，耗资数亿美元，地处靠近会展中心或运动场的市中心，能够容纳成千上万名客人；而在另一端，也可以小到是“夫妻经营”客房，位处与国家森林公园毗邻的郊区溪流的一旁。值得注意的是，这两个极端之间至少有12个细分市场，它们迎合了各种品味、喜好和期望。

工业用地

人们认为工业用地可为投资者提供潜在、良好的风险和回报组合。工业企业不能或不愿为其自身的房地产提供资金时，它们的选择便是吸引一个投资者以承建或承造的租赁安排形式提供该资本。毫无疑问，此安排将有利于工业企业，尤其在受高税率影响的情况下。但是，它往往也对商业房地产投资者有利。

风险对于这种情况下的房地产投资者而言也存在，但可以凭借远见来控制它。投资者遇到的第一个风险是未续期租赁风险。由于税务一般会规定经营租赁的用途，因此租赁不能完全通过房地产寿命进行摊销。投资者可以通过设计建筑来解决此问题，以便使之具有广泛的应用，并使它坐落于能吸引其他工业企业的地区。

第二个风险是承租人违约。此风险可通过在承诺资金之前评估承租人的财务偿付能力来解决。在违约的情况下，出租人面临的风险因财产保留及工业企业债权人不可附加财产的这一事实而降到最低。

第 4 章

商业房地产贷款和证券

【摘要】商业房地产属于一种周期性行业，其发展主要受地方、区域及国家经济形势的影响。同时，商业房地产也是一种资金密集型的行业，它要求投资者为该行业的初步发展、日常维护及改善筹集资金。因此，商业房地产的融资历来都是以银行、人寿保险公司和具备长期投资视野并能注入业界所需资金的私募投资者为主导。然而，近些年来，商业房地产融资已经成功演变成了一个公共大市场，它拥有更多的流动性和透明度，吸引了越来越多的投资者投资。此外，与商业房地产相关的投资手段也日渐复杂，在为投资者带来更多机会的同时也带来了新的风险。

商业房地产（CRE）贷款主要是以商业房地产（如办公楼）或实际拥有房产的公司股份作为担保。通常，这些房产产生的现金流会被用来还贷和支付利息。而对于房地产贷款人或赞助商而言，有的会拿出这些贷款来购置房产，有的对现有债务进行重新融资或偿还现有贷款。

这些年来，商业房地产融资俨然已经从简单的第一留置权商业房地产抵押贷款发展成为各种不同类型的贷款以及与房地产相关的证券。如今，市场上最常见的房地产贷款和证券类型包括：CRE 贷款（全部贷款和 A 票据，B 票据，夹层贷款，优先股），CMBS，REITs。

虽然房地产在一定程度上支持所有这些投资方式，但是它们所承担的风险却是截然不同的。这不仅取决于贷款或证券的类型，而且受到基本财产类型、地理位置以及租赁密集度差异的影响。

在本章中，我们解释了 CRE 贷款和证券的几种不同类型，对其结构、投资考虑因素以及 CRE 贷款、CMBS 和 REITs 所承担的风险进行了分析。

贷款发放

通常，赞助商会从商业贷款发放人那里获得 CRE 贷款。此类发放人包括商业银行、保险公司、REITs、CMBS 渠道和发行债务担保债券（CDO）的 CRE 贷款人。其中有的商业贷款发放人会将这些贷款保留为自己的股份；有的将贷款出售到二级市场；而其他发放人（特别是 CMBS 渠道）则可能会把它当作“仓库”，用来收集一系列贷款，这种做法往往被称为“管道贷款”，之后便被证券化作为 CMBS。

一直以来，承保贷款的工作都是由贷款发放人完成，他们会根据尽职调查报告决定合适的贷款结构和条款。而贷款的特点通常也与发放人所做承保的质量息息相关。实际上，评级机构在为新的贷款评级时，会考虑贷款发放人所承保贷款的历史表现。

如今，很多发放的贷款都汇聚在一起形成 CMBS。而这个汇集贷款中的 CMBS 发行人针对每一种贷款都进行了尽职调查，他们将这个汇集贷款视为一个贷款总数的基础，对股份风险如房产类型、地理位置和贷款等的密集度进行了评估。然后将汇集的贷款按档次分成单个证券出售给第三方投资者。本章稍后会对 CMBS 进行描述。

承保贷款风险

贷款发放人的尽职调查包括核实房产价值、现金流和信贷质量。通常贷款发放人要求并审核：当前房产评估价值，流动租赁和地租账簿，纳税申报和银行对账单，租客信贷质量，实地考察，著名公司制作的环境与工程报告，产权保险和其他合法的房产文件。另外，销箱法要求房产受托人收集所有因房产产生的收入，用以支付所有房产营运费用、其他业务费用以及偿还债务。然后，剩下的现金流分配给赞助商。

保留托管账户持有的现金，以应对突发的现金短缺状况。通常，这个账户中的金额相当于一个月内偿还债务，缴纳房地产税、财产保险的费用，有时甚至还包括重新租赁等支出费用。

保留存有现金的储蓄账户，作为物业维修和待修理支出费用。

贷款人，特别是房地产资金结构中最高级的贷款人，往往都需要制定现金管理规定。如针对较高影响力房地产设立的销箱法和托管/储备账户。由于较高的影响力会增加财产现金流的压力，从而提高贷款风险，造成严重损失。因此，现金管理规定是确保赞助商和房产管理人有效管理和维持房产的重要控制手段。

大部分的商业房地产贷款是无追索权的。也就是说，在发生违约事件时，贷款人唯一的索赔渠道就是房产。赞助商个人并不负责弥补任何亏损。但是，一般贷款发放人都要求无追索分拆，坚持由赞助商承担欺诈、失实陈述、侵吞以及环境问题。此外，大多数的贷款还涉及环境赔偿金，以防贷款人受到第三方就房产环境条件提出相关索赔。

通常情况下，一个优秀的贷款发放人不仅具备专业的房地产知识，而且他还必须对房产（办公室、工业等）、当地房地产市场以及必要的融资手段类型了如指掌。此外，好的贷款发放人还应针对每一种财产承保进行彻底的尽职调查。因为之前由贷款发放人承保的贷款特点能够让其他人对该发放人的承保技能有深刻的了解。

持续强劲的房地产市场以及因此导致的对商业房地产贷款需求的增加使得贷款发放业务更具竞争力。于是，有的贷款发放人便开始放宽他们的承保标准。例如，处理较高影响力的贷款发放、制定更加积极的房产业绩设想，或者减免储备金要求。鉴于这一趋势，贷款发放人的工作质量和动机显得越来越重要了。例如，寻求市场股份的发放人可能更愿意放宽他们的承保。虽然仅仅放宽承保标准并不意味着灾难，但是贷款的条件（即利率和契约）放宽都将提高风险水平。

主服务商和特别服务商

在商业房地产贷款的起初阶段，贷款发放人会对主服务商和特别服务商进行任命。在出现短期的现金短缺情况下，主服务商会提前将本金和利息发放给贷款人，并尽其所能交纳房地产税和保险费。此外，主服务商还需协助审查贷款所需的文件，如年度房地产业绩报告。由于提供了这些服务，贷款人会根据未偿还金额所占贷款总金额的百分比给予主服务商一笔费用作为其报酬。

特别服务商会被委任来解决拖欠或贷款违约的有关问题。通常，在贷款拖欠超过60天之后，主服务商就会将该贷款移交给特别服务商。而特别服务商的作用就是尽量收回拖欠贷款，将贷款损失降到最低。特别服务商将获得所监督的资产余额的基础酬金（一般是主服务商酬金的两倍）、拖欠贷款额外的能力测试费以及经过努力收回的贷款本金和利息的一定百分比。通常情况下，特别服务商还能拥有房产的股权，以增加成功处理并收回拖欠贷款的动力。

房产级贷款

商业房地产贷款中最基本的贷款就是第一留置权抵押贷款。该贷款又名为“抵押贷款”或“全部贷款”，是以房产作为担保的最高级别贷款。起初，抵押贷款的资金余额一般是财产评估价的65%～80%，通常被称为抵押成数（LTV）或放款成数。此类抵押贷款可以分为一个高级部分和一个低级部分，即A票据和B票据。

理论上，剩余的20%～35%的房产属于赞助商股权。然而，根据赞助商的动机，其指标一般为0%～15%的股权。为增加房产的影响力，赞助商会办理夹层贷款，即房产股权中的高级参股。该贷款并不是以房产本身作为抵押，而是以拥有房产的实际公司股份（即赞助商）为担保。其实，夹层贷款能从本质上减少赞助商的房产股权。并且，它可以将房产的整体影响力提高到85%～100%。换言之，抵押贷款和夹层贷款的总和能够达到房产评估价的85%～100%。因此，赞助商的房产股权被迫减少到房产价值的0%～15%。

另外，赞助商还会办理一个房产的第二留置权抵押贷款，以减少权益出资。该贷款类似于夹层贷款，是第一留置权抵押贷款的下级。但与夹层贷款不同的是，第二留置权抵押贷款是直接以房产作为抵押，而不是由房产股权进行担保。因此，第二留置权抵押贷款会提高优先债务拖欠的风险，进而造成比第一留置权抵押贷款更严重的损失。所以，第一留置权抵押贷款人几乎不会允许赞助商办理第二留置权抵押贷款。

不仅如此，有的抵押贷款还会阻止赞助商办理夹层贷款。在这样的情况下，赞助商反而能够发行优先股。房产的优先股从本质上来讲，和普通股权是一样的，但是它在服务房产贷款之后，拥有对剩余的现金流可优先受偿的债权。

图 4.1 展示了一个单一房产的资金结构。每一种房产贷款类型，从 A 票据一直到夹层贷款，都具有各自的范围、结构和所承担的风险。在接下来的章节中，我们会对此进行讨论。

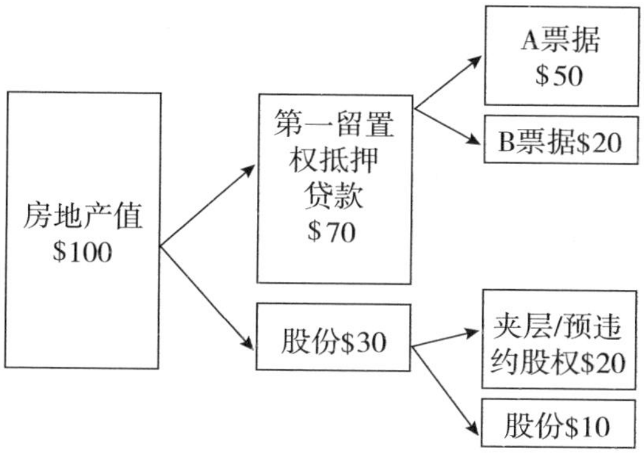

图 4.1　一般房产资金结构

第一留置权商业抵押贷款

第一留置权商业抵押贷款的可贷款范围为 30 万 ~ 10 亿美元。通常，它们属于 10 年膨胀贷款，也就是说，即使仅偿还利息的贷款数额日渐增多，30 年分期还款的计划也依然存在。大多数商业抵押贷款的利率是固定的。一般而言，利率高于 10 年期国债 70 ~ 150 个基点，但是它们会根据不同的影响力和其他具体的房产因素而发生变化。

提前还款风险和延期风险

与住房抵押贷款不同的是，商业抵押贷款承担较低的提前还款风险。这主要依赖于贷款条件中设立的许多买回保障机制。买回保障机制包含以下内容：

封锁　禁止在 2 ~ 5 年的封锁期提前还款。

收益维护　相当于公司债券的“完全偿还”溢价。为提前偿还贷款，赞助商必须补偿贷款人，而收益维护费则相当于所有因贷款而产生的未来现金流的现值，以当时比较成熟的美国财政部的普遍收益率为基准。

契约解除　要解除一份贷款，赞助商必须向贷款人（美国财政部证券）承诺，会按照贷款条件，产生与贷款人规定的现金流相同的现金流。从贷款人的角度来看，现金流是相同的，但是其基础担保物将升级为国债。

提前预付罚金点　在提前偿还贷款的过程中，赞助商会支付给贷款人一笔费用，该费用相当于未偿还贷款余额的 1% ~ 5%。处罚点通常都会随着贷款剩余有效期的减少而降低。如贷款第 6 年，处罚点为 5%，那么在第 7 年会下降为 4%，第 8 年为 3%，依此类推。

所有上述买回保障机制中最常见的就是前5年封锁期结合之后的契约废除。实际上，这种机制在贷款到期时大约6个月之前仍然有效。因此，赞助商便有长达6个月的时间在不受处罚的情况下重新融资。

买回保障机制降低了赞助商对商业抵押贷款进行再融资的经济动力。从本质上讲，赞助商只有在房产被出售但获得的收益超出了预付按揭的成本时，才会愿意预付商业抵押贷款。

虽然商业抵押贷款基本上不存在提前还款风险，但是它需要承担再融资的风险。抵押贷款10年的膨胀结构使得贷款延期不可能实现，这对于很多投资者而言都是一个优势。如果贷款在到期之前没有还清或被再融资，那么这笔贷款将成为拖欠贷款。

然而，对到期贷款进行融资的能力往往取决于那些超出赞助商和贷款人控制范围的因素。如现行利率、当时严格的承保要求、信贷条件以及再融资时的房产使用权。有些贷款发放人允许短期的还款延迟，但是纵观历史，这样做存在许多对于延期的不利因素。可是，在强大的市场中，发起人可能会放宽不利于经济发展的因素，从而将更大的延期风险引入商业抵押贷款中。

有些商业抵押贷款属于部分或全部只付利息贷款，这也是造成延期风险的因素之一。只付利息的贷款面临着更多的延期风险，因为其本金不存在分期偿还，所以为再融资留下了更大一笔未支付贷款。

A/B 票据结构

抵押贷款通常分为一个高级参股和一个低级参股，即A票据和B票据。在这个A/B票据结构中，如同其命名，A票据拥有对房产产生的现金流的高级请求权，而B票据则只有对现金流的次级请求权。第一留置权抵押贷款也存在一个A/B/C票据结构。该结构类似于A/B结构，但是C票据在该结构中表示最低级的票据。由于它们的概念非常相似，而且并不常见，所有本章中我们将着重介绍A/B结构。

本金和利息可以按照比例或顺序进行支付。而A票据的级别决定了每个板块的大小。通常，A票据会分为BBB或BBB-级，B票据则会低于投资级别或未分级。尽管如此，B票据能提高信用度，并从实质上降低A票据的影响力。例如，当整个抵押贷款的LTV为80%时，A票据的LTV可能只有65%，使得A票据和B票据之间呈现80/20的缺口。

A票据通常会被放置在一个证券化信托中，而B票据则由第三方（往往是一个经验丰富的房地产投资者）持有。当遇到最坏的情况时，B票据持有人基本上会成为房产的产权所有者。因此，B票据持有人一般在承保、监督、补救房产业绩（如果有必要的话）等方面积累了相当丰富的经验。由于B票据持有人所处位置的风险日益增加，所以他们也会得到相应的报酬。即使这个回报依赖于房产的特征，尤其是它的影响力。B票据的范围一般从较低的75个基点，延伸至高于国债1 000个基点。

如果赞助商拖欠抵押贷款，A 票据持有人将有权取消抵押品的赎回权，然后占有其房产。在这种情况下，B 票据持有人则会丢失所有担保该票据的抵押品，并只拥有该房产的股权。这个过程可能需要 6 ~ 18 个月，在此期间，房产值可能会降低，从而增加 B 票据持有人的损失风险。为避免这种情况的发生，B 票据持有人会被授予特定的权利，这些权利在参与协议和联营及服务协议中进行了描述。

例如，当抵押贷款出现违约时，B 票据持有人有权对此采取补救措施。因此，他会受 A 票据持有人指示支付本金和利息，以及任意额外的利息、律师费和垫款。如果有足够的房产值超出 A 票据和 B 票据的本金，或者房产属于过渡财产，那么 B 票据持有人有可能会行使这一权利。

过渡房产属于业绩不佳的资产，它们的性能和价值除了会因为整体房地产市场的改善而提高，通过资本支出或新契约改善房产之外；代替现有房产管理人也会增加其性能和价值。在这样的情况下，B 票据持有人通常能够扭转这些房产的不利状况。而在此过程中，B 票据持有人都有 3 ~6 个月的时间行使其权利，来补救收回抵押贷款。

此外，如果抵押贷款出现违约，B 票据持有人同样有权买下所有 A 票据持有人手中所有的股份。在这种情况下，B 票据持有人将转变成高级抵押贷款人，获得整个债务结构的完全控制权，并且可以在任何时候取消房产抵押品的赎回权。要行使这一权利，B 票据持有人必须支付 A 票据持有人其价值以及额外的利息、律师费和垫款。在经济允许的情况下，拥有成功处理经验的 A 票据持有人和 B 票据持有人有可能会选择这种方式。

即使 B 票据持有人既不选择行使补救收回拖欠抵押贷款的权利，也不购买所有 A 票据持有人手中的股票，其也依然有权审核特别服务商和针对拖欠贷款制订的成功处理计划的各项条款。这个权利允许 B 票据持有人对处理过程进行部分控制，从而直接影响 B 票据持有人可能会意识到的潜在损失的级别。

除了拥有应对发生贷款拖欠事件时的各种权利之外，B 票据持有人还有预违约权利。例如，通常情况下，B 票据持有人有权审核年度房产预算，主承租契约，房产管理和契约代理，股票持有人对房产的转移，以及托管/储备开支。

对预算、租赁、房产管理、契约代理和房产转移的审批权为 B 票据持有人提供了对房产性能控制的可能。而对托管/储备开支的行使权则使 B 票据持有人能够保护一些分配给股权所有者的不正当现金流。此外，当房产的现金流引起一个特殊的触发时，B 票据持有人还可以建立现金流陷阱，对股权持有人的现金流进行重新定向。通常，超额的现金触发会设置一个最低的债务偿还比率，稍后我们将在本章中介绍该方法。

夹层贷款

夹层贷款在房产的资金结构中属于最低级的贷款。它们能够让赞助商提高房产的影响力，从而增加整体的 LTV 到 85% ~100%。通常这些贷款都有一个最低的限额——300万美元。

夹层贷款条款主要取决于赞助商的贷款动机。如果目前的利率很高，那么赞助商可能会选择一个拥有较低 LTV 的第一留置权抵押贷款，并加上一个短期的夹层贷款作为补充。这样的安排允许赞助商在日后利率较低或者房产业绩更好的时候，对夹层贷款（如果经济允许，可以对整个抵押贷款）进行再融资。另外，赞助商还有可能会选择一个包含抵押贷款的夹层贷款，以便最大限度地利用套利机会。因此，夹层贷款的期限一般为 18 个月至 10 年；其中有的为分期偿还，有的只需偿还利息，这要根据房产状况和赞助商的考虑因素来决定。

正如以上描述，夹层贷款并不以房产本身作为抵押，而是由拥有该房产的公司股份作为抵押。故而一笔贷款即能导致任意损失或现金流短缺。因此，根据房产及其影响力，夹层贷款需要比 A 票据持有人更高的利率，有时甚至非常高（达到 1 000 基点以上）。纵观历史，夹层贷款一般都是由有经验的第三方房地产投资者持有。

夹层贷款人和 B 票据持有人一样，拥有特殊的权利保护其投资，以尽量减少损失。有关这些权利在抵押贷款人和夹层贷款人之间签订的债权人相互协议中进行了描述。例如，如果赞助商拖欠夹层贷款，而第一留置权抵押贷款依然存在，那么夹层贷款人有权取消赞助商抵押品的赎回权，并控制其房产（受到房产现有的按揭条款影响）。

取消赞助商抵押品赎回权的过程比 A 票据或 B 票据持有人取消房产抵押品赎回权耗时短一些，它不需要 6 ~18 个月，而只要 60 ~90 天。因此，在房产业绩下滑的情况下，夹层贷款人可以比 B 票据持有人更快速地获得房产控制权。贷款人越快获得违约时的房产控制权，就能越早采取行动，补救或扭转房产现状，从而最大限度地降低潜在损失。

在抵押贷款和夹层贷款都出现赞助商违约的情况时，无论是 A 票据持有人还是 B 票据持有人都可以取消房产的抵押品赎回权。在这种情况下，赞助商不再拥有房产，产权归取消者所有。因此赞助商没有抵押品，并且由于夹层贷款是以赞助商的股份作为抵押的，所以夹层贷款额降至零。

为保护抵押贷款拖欠事件中夹层贷款人的利益，夹层贷款人拥有类似于 B 票据持有人所拥有的权利。首先，夹层贷款人有权补救收回抵押贷款。这一点与 B 票据持有人相同，但是夹层贷款人对该权利的行使无时间限制，而 B 票据持有人则只能在 3 ~6 个月内行使此权利。此外，夹层贷款人还可以从抵押贷款人那里购买全部的抵押品，控制房产的整体资金结构，并有权在任意时间取消抵押品的赎回权。夹层贷款人可以根据其房地产专业知识行使合适的权利。

尽管夹层贷款人级别比 B 票据持有人低，但也拥有与 B 票据持有人类似的上述预违约权利，且夹层贷款人有权审核各种对抵押的再融资。此外，抵押贷款人并不允许对抵押贷款文件做出任何不利于夹层贷款人的修改，如提高抵押贷款利率。

其他商业房地产贷款

在 2007 年以前的 10 年里，房地产资产表现强劲，增加了对其他种类 CRE 贷款的要求。最常见 CRE 贷款包括建设贷款、公寓合作社转换贷款、土地贷款。每个都有显而易见的风险，需要再次考虑那些更传统的抵押贷款和夹层贷款。

以建设贷款为例，它们拿正在建设中的房地产作为担保。这些房地产不是现金流，或者可以说几乎不产生现金。赞助商在发放贷款时通常建立储备账户用以支付贷款产生的利息。贷款还款情况取决于工程完工时间表，即长期抵押筹资（或是房地产租赁未完成时的临时融资）落实到位之时。

这些贷款往往是浮动汇率，12 ~ 36 个月到期，提供施工阶段成本。贷款金额取决于施工预算加上 10% ~20% 的意外开支。贷款性质取决于赞助商的信用度以及其管理和监控建筑工程施工工艺的专业知识。

评级机构普遍认为选择其他贷款的风险大于第一留置权抵押贷款，所以要求更细致的承销和监控。如包括 CRE、CMBS 和 CDO 这些类型的贷款，则要求更高的从属度。

CMBS

CMBS 是由一批商业抵押贷款支撑的，其中大部分是 A 票据。这批商业抵押贷款可分为若干分券，优先贷款的本金和利息用以支付抵押贷款的本金和利息，支付顺序按年资排列。优先贷款池的任何损失，按顺序被年资最老的抵押贷款分券抵消。

图 4.2 说明了典型的 CMBS 交易结构。AAA 级分券组成了债务组成的绝大部分，大概占 90%，并且可以按时间分为 5 年期和 10 年期债券。只付息债券也经常被包括在此结构中。

CMBS 交易指定一个主服务商监督自优先贷款流向抵押分券的现金流。如果没有足够的现金来支付所有的安排付款，主服务商将预付本金和利息。只要这笔款项被认为是可收回的，预付就会持续。特别服务商也被指定处理任何拖欠超过 60 天的贷款。

资产种类多元化是资产证券化的主要益处之一，因为不同种类资产的表现受不同风险影响。CRE 的担保资产包括办公建筑，工业建筑或仓库，公寓建筑，酒店，零售机构。资产种类的密集度随时间变动会有微小变动。一般来说，办公室、零售机构、多户型物业产业主导了大部分的 CMBS，占据了 CRE 交易抵押品的 2/3。

整体来说，CMBS 投资者是一个多样化的群体，而特定类型的投资者被不同 CMBS 交易分券吸引。真正持有大量现金的投资者、金融机构、保险公司等，往往会去购买投资级分券。传统的房地产投资者则会将对冲基金、CMBS 和 CDO 混合建立资本结构。购买分券等级为 BB + 及以下的买家统称为“B 部分”，通常是具有承销贷款证券投资组合知识和能够精确估计 B 部分首次损失位置的房地产投资者。顶级 B 部分买家包括美国资本战略公司、AR 资本、J・E・罗伯茨、CW 资本。

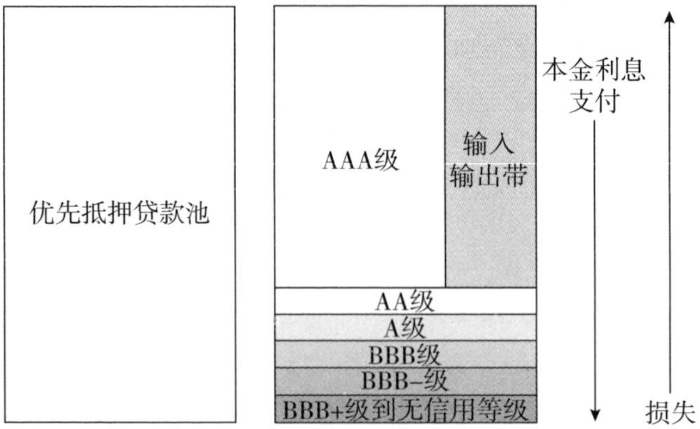

图 4.2　典型 CMBS 组合

预付和延期还款的风险

CMBS 提供的提前还款的稳定性吸引了想接触房地产，而回避住房抵押贷款证券负凸性的投资者。由于贷款的赎回保护机制，除非利率急剧下降或财产价值飙升，优先贷款融资将非常罕见。

然而在一个强劲的商业房地产市场中，预付商业房地产市场以废止的方式增长，因为赞助商看到的是资产价格上涨。然而，废止实际上是 CMBS 的追加额，因为流向分券的现金流量保持不变，而它们的来源变成了国债，于是优先抵押品分券的信用值上升。

CMBS 的连续支付结构提供给交易年资较老的分券一个追加的预付保护。在 AAA 级分券还未完全支付之前，不能支付 AA 级分券。在 AA 级分券还未完全支付之前，不能支付 A 级分券，依此类推。因此，至少在 AA 级分券完全支付之前，必须保证 A 级分券未偿付。然而，贷款违约导致的本金损失自下而上地影响了 CMBS 的结构，所以本金减记可以导致年资较小的分券本金余额降低。

不幸的是，因为优先贷款 10 年的期未满期，CMBS 有延期付款风险。如果不能再次申请贷款并拖欠贷款，那么贷款将进入消耗期，本金的偿付会延迟数月，甚至数年。最低级的 CMBS 交易分券承受最大的延期还款风险，因为它们是最后支付本金的分券。

利息短缺

利息短缺是 CMBS 需关注的一个问题，尤其对于投资级别以下和不够级别的分券。当 CMBS 交易基金不足以支付分券利息时就会发生利息短缺。与其他具有资产保证的交易相比，CMBS 交易更易出现利息短缺，但它们出现时并不那么严重。

在其他具有资产保证的证券中，基础不匹配是导致利息短缺的首要因素。在利率上升环境中，当分券票息比优先抵押品票息提前上调时，基础不匹配频繁发生，这就导致了利息短缺。这种利息短缺不在 CMBS 的考虑范围之内，由于优先贷款和分券票息支付的利率通常都是固定的，因此 CMBS 很少有甚至没有内部基础风险。

大部分的 CMBS 利息短缺是由拖欠贷款导致的。除了拖欠严重到导致贷款损失，当赞助商付清贷款或者当清偿资产时，将会补偿部分或全部利息。CMBS 主服务商预付基金用以补偿可能偿付的短缺利息。由于高密集度的抵押品和贷款拖欠的长期消耗，CMBS 分券会长时间经历利息短缺，但保持偿付的高可能性。

大部分的 CMBS 是可偿付的，但有些不行。例如，主服务商不会支付那些由优先资产重评估为消极价值比率的拖欠贷款导致的利息短缺。在这种情况下 CMBS 分券，尤其是最低级别的，会吸收这些短缺，形成损失。主服务商不会支付那些由不可补偿费用导致的短缺，例如诉讼费用或消耗费用。不可补偿的利息短缺是 CMBS 投资者要考虑的。大众关注的一些 CMBS 交易中的利息短缺导致了分券登记降低和本金损失，一些分券损失了 100% 的本金，因此投资者增加了对利息短缺的考虑。

CMBS 交易类型

CMBS 使投资者得以接触一个多样化的 CRE 池。贷款规模、赞助商、资产类型、地理位置、杠杆水平等方面的变化都有助于 CMBS 产生多样化收益。抵押品表现的这些特点影响了 CMBS 分券的等级和从属水平。

根据交易的潜在贷款类型，CMBS 交易通常可分为 4 组，如表 4.1 所示。管道贷款是由管道贷方发起的单纯的以证券化贷款为目的的抵押贷款。

表 4.1　CMBS 交易类型

交易类型	描述
传统管道贷款	任何一笔贷款的金额不大于交易本金 10% 的贷款池
融合	某些贷款的金额大于交易本金 10% 的贷款池
大额贷款	某几笔贷款的金额大于交易本金 10% 的贷款池
租赁信用贷款	由资产租赁担保的贷款池
单个资产/单个借方	一个贷款由一个资产担保，或者同一个借方的贷款池

这些贷款普遍金额较小，一般小于1 000万美元，但它们的金额可以更大。几乎所有管道CMBS交易都是融合交易，包括一个多样化小贷款池和少量的大额贷款。历史上，管道CMBS交易主宰着CMBS市场。

大额贷款是指金额大于3 500万美元的资产贷款。租赁信用贷款（CTLs）通常是由售后回租交易引起的。承租人出售公司所拥有的房地产，进入资产或房地产长期租赁。如此的租赁结构使欠款风险与承租人的信用等级紧密相连。承租人的欠款风险与传统的CRE贷款的欠款风险有着本质的不同，并经常可获得一个更高的信用等级。单个资产的CMBS交易仅仅包括一个资产，例如一栋办公楼，对应一个大额贷款。单个借方的CMBS交易包括同一个借方或者赞助商的一批资产贷款。通常一批资产贷款交叉抵押，所以如果拖欠一个贷款，贷方有权追索任何甚至全部贷款池的资产。

REITs

REITs是买进、发展、管理和卖出房地产资产的实体。REITs的特征是它们符合传递类实体要求，可以免企业征税。要成为合格的REITs，实体必须支付相当于应纳税所得额90%的股息，超过75%的总资产必须是房地产。REITs的收入来自房地产资产的运营及管理。开始4年之内，资产销售额不能超过REITs净收入的30%。因此，REITs显然是“买进和持有”实体，而不是一个迅速换手投资者或商人。

REITs可分为三大类：权益型REITs、债权型REITs和混合型信托基金。权益型REITs拥有并执行一个房地产资产组合，通常关注某一特定类型的资产，例如办公楼。债权型REITs投资，在一些情况下源于抵押贷款和抵押证券。混合型信托基金通过投资资产和抵押贷款将权益型REITs和债权型REITs的投资策略结合起来。权益型REITs主宰着REITs证券市场，占据了所有REITs证券市场资本的95%。

REITs资本组成包括担保银行贷款、无担保的债务、优先股和普通股。有些REITs也发放信托优先证券（TruPS）。无担保的REITs债券和信托优先证券有显著公约来保护投资者。一个典型的公约包括下列事项：

债务总和不能超过总资产的60%；

无抵押或者债务关系的资产必须至少是无抵押债务的1.5倍；

担保债务不能超过总资产的40%；

利息范围必须大于1.5倍。

根据这些条款，在类似的财务杠杆率和利息范围水平下，BBB级的无担保REITs债务相当于单个A级CMBS债务。然而，REITs的资产组合与担保CMBS的静态资产池不同，其财务比率可随时间变化。同时，REITs 的债务是无担保的，而 CMBS 债务由一批优先抵押担保。因此，在类似的财务杠杆率和利息范围水平下，无担保 REITs 债务的等级很可能在 CMBS 债务之下。

REITs 证券的投资者各式各样，从保险公司、共同基金、CDO 到个体散户。REITs 证券使得投资者接触多样化的没有负凸性的房地产相关资产，与 CMBS 中的投资相反。另外，REITs 证券比 CMBS 更像一个公司，将资产置于一个大型的投资基础上。

REITs 证券和 CMBS 评价

商业房地产投资分析，不管是 B 票据还是 CMBS 分券投资，都始于对优先资产的分析，紧接着是对贷款条目的分析。对 CMBS 投资，在债券或普通股水平上需要追加投资。接下来我们探讨以下 3 种分析。

资产水平上的分析

分析房地产投资的第一步是资产水平上的分析。了解资产，从三楼承租人的信用度到当地情况和大概的经济水平，对资产的财政状况评估至关重要。资产水平上的分析包括认购贷款资产的很多因素，例如资产评价，承租人和租赁检查，可比较的资产分析，诸如此类。这些部分都用来评估资产的稳定现金流。

对资产应用一个合适的资本化比率可得出资产价值。资本化比率或者资本率本质上是一个理想化的非举债已调整风险回报。资本率内含资产相关质量假设，包括此类资产通常的现金流波动，可比较的资产收益，其他种类投资收益，等等。资产价值是资产产生的稳定现金流除以相应资本率。资本率越低，资产价值越高。

贷款水平上的分析

分析一个 CRE 集中于两个度量：债务偿还比率（DSCR），贷款与价值比率（LTV）。债务偿还比率是资产的现金流、较少的租借改进、租赁手续费和必须的资本支出，除以资本贷款的债务还本付息额。信用等级评定机构认为债务偿还比率是贷款拖欠可能的最好的指示器。债务偿还比率越高，或者债务还本付息所需的资产现金流越多，那么在此资产在拖欠任何贷款之前应对逆境的能力就越强。标准普尔报告指出在现有商业抵押贷款中债务偿还比率大概是 1.5，尽管现今许多贷款采用的是 1.2。在 2006 年的第二季度，穆迪公司 21% 的等级为管道 CMBS 贷款，债务偿还比率为 1.2 或更少，从一年前的 6.3% 降至如此。

贷款与价值比率是由本金贷款余额除以资产估计值得到的。信用等级评定机构认为贷款与价值比率可以非常好地预测拖欠事件的损失严重性。贷款与价值比率越低，或者贷款金额与资产价值的百分比越低，贷款在拖欠事件中遭受损失的记录就越少。贷款与价值比率的范围是65% ~90%。标准普尔报告指出债券化的第一留置权商业抵押贷款的平均贷款与价值比率为69%，尽管现今许多贷款采用的贷款与价值比率是80%。

我们用拖欠贷款的可能性和损失的严重性来预测贷款的预期损失。信用等级评定机构计算预期损失时，他们经常对度量进行定性判断。例如，如果资产现金流反复无常，惠誉公司可能评判此资产的拖欠可能性很大。如果贷款的利率浮动，其拖欠可能性也会很大，因为利率浮动的贷款使得债务还本付息的成本增加。资产的损失严重性高低取决于贷款类型，即取决于它是整体项目融资还是夹层贷款，以及贷款契约，贷款摊还，追加借款的强度等。另外一个考虑因素就是债务厚度。资本组成底层的少量债务更易清除，即使在整体损失很小的情况下。最后，惠誉公司会判断预期损失准备，贷款创造者的信用度和承销行为，潜在环境问题，等等。

对未证券化的B票据，夹层贷款和整体项目融资来说，预付风险是一个问题。资产起始处的财政状况对贷款预付可能性至关重要。大部分成为CRE债务抵押债券的B票据，夹层贷款和整体项目融资是由传统资产的利息或高举债经营资产担保的。这些类型资产的现金流波动更大，因此财政支出更高。接近稳定化的贷款可以再次申请更好的条目。与稳定化资产的贷款条目相比，这些情况下贷款条目会提供更灵活的预付功能。

理想情况下的CMBS和CRE债务抵押债券投资者，尤其是非投资等级和普通股投资者，会在资产水平和贷款水平上分析CMBS和债务抵押债券下的每个贷款。然而，这种深入分析不总是可行的，在一个CDO案例中，就是为什么投资者支付管理费用。虽然如此，谨慎的投资者会在潜在资产和贷款上做大量的功课。对资产和赞助商的分析占CMBS和CDO资产池的极大部分，这些分析会增强投资级分券投资者对于整批贷款的信心，但最适合非投资等级和普通股投资者的是对整批贷款的分析。

CMBS债券水平上的分析

对CMBS投资来说，额外的债券水平上的分析是有必要的。这个分析包括将CMBS信托池看作一个整体，然后评价抵押品的密集度。资产类型，地理位置，以及贷款类型密集度都是信托池的重要特征，它们影响着拖欠和损失的可能性和关联性。潜在抵押品的等级和贷款池的加权平均等级也是信托池的重要特征。另外，信用等级评定机构计算CMBS信托池的赫芬达尔指数，这个指数衡量的是信托池中有效资产的数量，并根据贷款大小计算密集度。一个含有N个资产的信托池中，每个穆迪投资者的赫芬达尔指数计算如下：

$$赫芬达尔指数=\frac{1}{\sum_{i=1}^{N}(资产\,i\,过账时的本金余额/信托池的合计本金余额)^2}$$

信用等级评定机构用这些信托池度量和信托池的总体债务偿还比率以及贷款与价值比率来决定要求的信用增级。

除了分析潜在信托池，债券水平上的分析要求模拟现金流。模拟现金流合并了 CMBS 的特定组合，包括超额提供抵押的保护效果和现金流多样化机制。有了一个精确的 CMBS 分券的模型，可以测试现金流对不同水平拖欠、偿付、预付和其他因素的反应。

第5章
商业房地产衍生品

【摘要】尽管在商品、股票、利率、货币和其他应用上，衍生品的使用已经有了极大增长，但商业房地产衍生品的可利用性依然十分有限。只要考虑到房地产资产在基本物资资产中高达1/3的比重，我们就能体会到房地产衍生品的巨大潜能。所以毫不奇怪的是，市场已经开发出了一系列房地产衍生品，因为市场的参与者们已经开始认识到这些衍生品可以发挥的作用。投资银行都愿意提供新的衍生品和相关指数。这些新的指数都是为满足不断变化的房地产衍生品的市场需求而设计的。

本章讨论了目前已经应用的房地产衍生品的类型，包括：总收益互换（TRS 或 TR swaps）、远期合约及结构性票据。这些金融衍生品试图解决房地产投资面临的经典问题，包括：高交易和管理成本、流动性不足、不能卖空。与股票和证券相比，这些弊端限制了它们资本增值的多样化。本章还讨论了评价房地产衍生品回报基本面的两种指数（基于评估/基于交易）。

商业房地产衍生品的作用和投资者

对于不同的市场参与者，房地产衍生品存在着不同的潜在用途。这些例子包括：对商业房地产资本的操控、风险对冲、α 收益、投资组合的平衡、现实价值投资以及价值杠杆。

对商业房地产资本的操控

房地产衍生品为投资者们提供了一个运作商业房地产资本的途径，而且它具有交易更快速、更低廉的管理和交易成本以及更多样性的特性。这些特性无论是对于缺乏直接投资买卖经验的个体投资者来说，抑或是对于寻找和管理投资目标的专业投资经纪来说，还是对于房地产基金来说都大有裨益。例如：某个外国投资者要即时、充分多元化地进军美国房地产市场时就可能会考虑利用房地产衍生品——如期货合同或以国家房地产指数为基础的互换合约。购买房地产衍生品能够通过多样化投资组合规避采购成本或物业管理等非系统风险。类似的情况还有，当一个小型的退休基金试图运作多样化的房地产有价证券时，将发现有限的个人资产无法通过房地产的类型和位置的多样化来规避风险；而且也没有足够的能力周旋在复杂的交易费和管理费标准的资产基金中。

投资经理们常会认为他们过多地吸入了房地产资本。这可能是因为房地产投资比起股票和债券等有价券来表现得更好，或因为他们对房地产有相对悲观的远景预期，但希望能够利用抛售房地产衍生品规避抛售物业的风险，直到完成房地产交易（这能够使得他们有充分的时间来应对市场）。抛售这些产品能够锁定他们在房地产市场取得的利润，他们可以在出售房产之前不用冒房产价值下降的风险。贷款人和 CMBS 的发起人也可能会出于各种目的吸纳房地产衍生品，例如迫于“仓库”或组合的风险考虑，或者在对冲期货或互换中使用，或者仅为了闲置投资。另外，由于存在信用违约互换，所以这部分的交易将会在该指数下降到某一水平时保障投资者的利益。

α收益

房地产投资经理有着收购、管理和出售房地产方面的专业知识，所以可以持续优于房地产市场，并可以在不出售房地产的情况下，积极将α收益货币化，在房地产市场下跌时，仍然能产生利润回报，在衍生品被看空时，有效地“防护”其房地产市场的风险，“风险管理”工具就像房地产市场里的价值“保险”一样，使得投资经理专注于自己的专业知识和比较有优势的领域，不用管当前的低潮，或在资本市场上的流动。

投资组合的平衡

房地产投资组合经理可能也觉得他们关于不同类型或地域的房地产分配已经失去了平衡。例如，他们可能觉得在写字楼物业投入过多，而在零售物业投入太少。这时，他们可能会进行一个交易对手互换，即支付一部分写字楼物业的回报，获取一部分零售物业的回报。同样，投资者可以进行东部和西部的互换。

现实价值投资

对冲基金和其他投机性投资者可能觉得他们更能识别哪些板块或地域的房地产的表现将优于其他。因此，他们可以对衍生品进行看空或看好，以捕捉定价偏差，但他们不一定有拥有或管理现实房地产的愿望。

价值杠杆

期货合约本身不需要预付现金投资，如果投资者不能用债券投资完全规避衍生品的投资风险，这些衍生品可用于房地产投资的有效杠杆，相对于传统的房地产债务而言，这可能会是翘起投资杠杆的低成本方法。

示例：期货合同

外国投资者希望能够快速地通过美国房地产市场多样化地进入美国，但并没有时间和专业知识来确保其个人财产在美国也是多元化的。他欲买入一个为期两年的以全国房地产指数为基础的合约的多头。该指数目前为100。他认为在两年后指数应该在

105～115 之间。他就同意了以 105 买入，并将在两年后付款，以便获得以该指数的实际变动为基础的远期支付价格。该合同支付指数值 50 万美元，无须现金支付，只需要保证金或保释金。所需保证金或保释金通常与相关衍生合约期内该指数值的变化幅度相关，而不是整体的交易总量，所以数额相对较小从而使投资者获得非常高效的杠杆，除非另外有关于整体交易总量的预付现金投资（如债券等）。

假设在两年后的指数是 115（预测的上限）。投资者将获得 50 万美元×（115－105）＝500 万美元。但是，如果在两年后的指数为 95（坏的预测！），投资者将付出 50 万美元×（95－105）＝－500 万美元。当然，也将有会一个以上交易的空头，成为外国投资者的对手。空头得到了在前面的例子相反的现金流，该指数为 95 时，获得 500 万美元，该指数为 115 时支付 500 万美元。空头可能是，CMBS 的发行人，要以对冲来降低其仓库风险，对冲基金认为，指数下降更有可能，或投资经理寻求“α 收益”。CMBS 的发行人试图对冲其“仓库风险”（贷款或暂时持有等待出售的证券），故可能更愿意使用定期现金结算的互换，而不是两年的（因为“仓库”贷款期限都不长，尽管统筹计划发行人一般手头总是有一些仓库贷款）。

α 收益示例

一个专门的房地产资产管理基金根据其专业知识判断是否可以购买、管理和出售房地产，以不断超越基于衍生品（以及相同的风险）的房地产指数。他们希望无论市场是向上或向下，都能从这些超额收益获得这种积极的“α 收益”。由于投资经理无法控制市场，但可以（假定）控制它的 α 收益（基于其专业知识），这个想法使管理者从他们可以控制和特别善于的活动中获利，而不是将风险暴露于他们无法控制的因素下。下面是投资管理公司“风险管理”的一个经典案例。对冲管理者拥有价值 5 000 万美元的资产，经理会卖（空）5 000 万美元我们在前面的例子所描述的指数期货合约的名义价值。他们通过抵消期货卖空和他们名下所拥有的财产降低了他们的“试用”市场风险。这使他们只有 α 收益，并无任何“基础风险”，他们的财产表现和市场（指数）表现之间的系统和非系统的差异与经理人的行为毫无关系。

假设两年后该基金的投资组合价值增加了 20%（包括再投资于基金的收入）。同时假设该指数两年后上升为 115（即该基金超越了指数 500 个基点）。

投资组合升值	$ 10 000 000

短期期货亏损	\$5 000 000
净收益	\$5 000 000

假设两年后对冲基金的投资组合价值下跌 2%，而该指数下降至 95（即该基金超越了市场 300 个基点）。

投资组合亏损	\$1 000 000
短期期货收益	\$5 000 000
净收益	\$4 000 000

因此，市场上涨或下跌只是使基金在这之间的收益是 400 万美元或是 500 万美元而已，仅仅取决于基金财产所获取的积极的 α 收益。

在这种 5 000 万美元的完全对冲的极端例子（没有任何基础风险）中，该基金已变成了一个“α 机器”，完全依靠它与指数的不同表现来获利（或损失），差别纯粹反映了基金经理特殊的专业知识和财产技能及处理指数的相对水平。这种房地产专业知识基础上的，与更广泛的金融资本市场的运作、强度和流动的“脱节”的表现，可以在任何时候以某种形式推动房地产资本市场。

资本回报率互换示例

一个开放式的基金要进行投资，但还没有确定是否要购买物业。他们认为，在未来两年内随物业价值变动的某个指数上的收益要强于大多数市场参与者所估计的，所以决定以一个房地产指数的资本回报率做一个互换，接受指数的资本回报率，并每季度支付固定利率。回想一下，资本回报率是物业价值的变化。假设他们可以寻求资本回报率，并支付了 50 个基点的固定利率。互换的名义金额为 1 亿美元。表 5.1 列出了在今后 8 个季度里假设的实际资本回报率。在第一季度的资本回报率是 2%，这样的基金收到 1 亿美元的 2%，即 200 万美元。他们支付的固定利率为 1 亿美元的 0.5%，即 50 万美元。因此，净值为 150 万美元。请注意，在过去 4 个季度里，他们将为此付出金钱，因为资本回报率并不包括固定利率。他们最终在 8 个季度里净收益将会被扣除为零，毫无疑问，这不是他们所希望的情况，但是这反映了该指数所代表房地产市场的风险。也许市场表现得比投资者所希望的更糟糕，或者他们支付的固定利率太高，都会致使损失增大。

表 5.1　实际资本收益利润率

季度	资本收益率（%）	利润（百万美元）	支出（百万美元）	净利润（百万美元）
1	2.00	2.0	0.5	1.5
2	1.50	1.5	0.5	1.0
3	1.00	1.0	0.5	0.5
4	0.50	0.5	0.5	0.0
5	-1.00	-1.0	0.5	-1.5
6	0.00	0.0	0.5	-0.5
7	0.50	0.5	0.5	0.0
8	-0.50	-0.5	0.5	-1.0

房地产指数

创建商业房地产衍生品所需的计算回报的可用性指标是衍生交易各方的基础。在美国历史最悠久的对于商业房地产的房地产投资信托评议会（NCREIF）物业指数（NPI），由国民议会的房地产投资信托公司发表。NPI 是一种以评价为基础的指数，提供 1978～2006 年年底的每季度资本收益率，大约包括 2 500 亿美元房地产。为了建立一个有可行性的美国衍生品市场，还设立了其他指标，包括最初由麻省理工学院（MIT）开发的基于房地产交易的指数。为了有良好的衍生品合约，我们需要良好的基础指标。

一个房地产衍生品合约不可能优于它所基于的指数，也就是说，不可能有一个用于商业房地产衍生品的完美指数。房地产市场不像股票市场，指数可以用于期货合约，它不可能再用来进行所有的用于房地产指数的投资，甚至某些物业，因为这些物业是由很多不同的投资者由个人所有的不同方式而持有的。此外，物业不像股票交易一样有一个频繁的交易基数，能够简单地测出每个物业每天、每月、每季甚至每年的交易价格指数的变动值。有两种方法可以处理同样的物业不会经常交易的事实。第一个方法是建立一个上一季度的基于评估的指数。它是上述的 NCREIF 物业指数的基础。第二个方法是创建基于确实发生交易的指数，并进行不同时间的物业销售之间的模型控制。

对所有交易来说，可能没有哪个指标是最好的。不同类型的商业房地产的信息化指标的互补性，结合美国的商业房地产行业的异质性和多样性，暗示着多个可用的指标是更有意义的。跨越指数交易使用衍生工具进行的“套利”也可以是一种利润来源、市场定价依据。

房地产指数，特别是以评估为基础的指数，往往比股票指数更具预测性。衍生品的价格更能反映对基础指数的预测。商品期货合约一直反映相应商品现货市场未来方向的普遍预期。由于房地产指数有一个势头，衍生品市场上的衍生品的平衡（或“公平”）定价必须反映这种势头暗示下的该指数的可预测性。这不同于典型的股票指数衍生品，因为它们的基础指标势头相对不明显，而且以该指数为基础的股票直接以现金（或“点”）进行交易，允许在期货和现货市场之间进行套利。

收入和资本回报率

商业房地产的周期回报率，反映的不仅是房地产所产生的现金流（收入回报率），而且还包括各项指标从报告期开始到结束期间房地产的资本价值的变化（资本回报率）。对资本回报率和大部分金融系列产品来说，收入回报率非常接近典型交易时段的恒定值。这是因为长期资产，如房地产，每期的收入至少是要比资本资产价值小一个数量级的。在 NPI 中，1978～2006 年间，收入回报率的季度震幅只有 1.7%，仅仅是资本回报率的 0.3%。（与此相比，在相同的历史时期，国库券的季度震幅为 0.8%，房地产投资信托股票的季度震幅为 6.8%，标准普尔 500 大型股指数的季度震幅为 7.7%。）图 5.1 展示了从 1978～2006 年（每季度的非杠杆收益）的 NPI 回报率的组成（收入回报率、资本回报率和总回报率），揭示了与资本回报率或总回报率相比，收入回报率是怎样保持基本不变的。

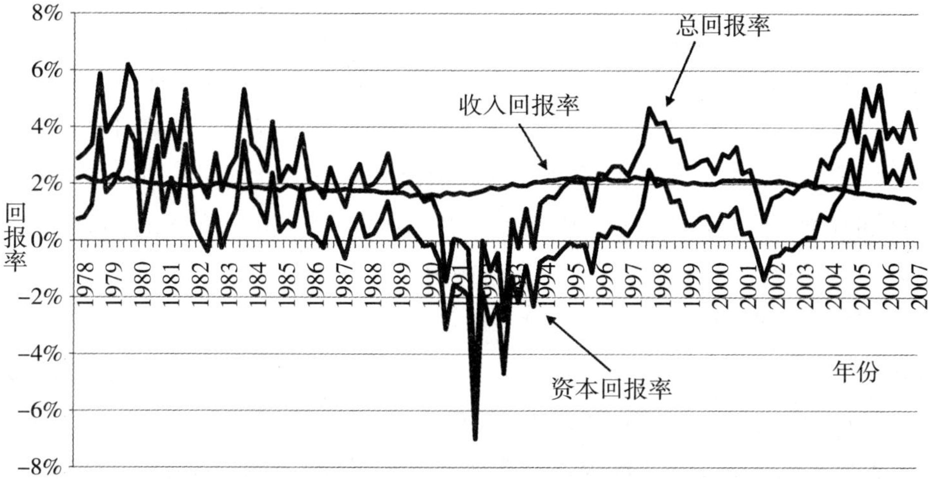

图 5.1　房地产投资信托评议会物业指数收益

如果基础指数反映了总回报率，比如以评估为基础的指数 NPI 或投资房地产资料库（知识产权署）指数，那么在总回报率或资本回报率的基础上就可以建立衍生品了。然而，即使基本指数只反映了资本回报率，衍生工具就可以系统有效地用于创造总回报，因为几乎所有总回报率的指数波动，都仅仅只是资本回报率部分。在 NPI 中，在 1978～2006 年，有超过 116 个季度，99% 的资本回报率和总回报率呈正相关，基本上每一个只有 1.7% 的波动。

基于评估的参数

第一个出现的常规商业房地产价格指数是以评估为基础，为房地产机构投资经理表现的标杆管理而设计的。这些包括美国的 NPI 和英国及其他国家的 IPD 指数。在传统的基于评估的指数中，所有的房地产都是经常进行重新评估的，而且该指数的周期回报率是基于某个周期内这些基于评估的回报率的平均值（通常价值加权）。

这类似于很多机构性的房地产投资基金“以市值计价”资产价值的方式，而且为投资者提供了相应的季度回报率。当然，NPI 反映了房地产的回报率（无杠杆作用，而且在投资者上缴任何管理费之前）。

虽然这种传统的以评估为基础的指数，可以很好地作为投资经理表现的标杆管理工具，它为投资经理在有关盈利衍生品方面提供了特定用途，但是从更广泛的衍生品支持角度来说，它有一些固有问题。例如，在对其的评审过程中往往会存在一些主观的和落后的看法（在美国也许比在英国更加如此）。这往往会赋予财产价值和指数回报一个滞后的偏见。此外，就美国的 NPI 而言，并不是所有的房地产都会在每一个该指数的回报周期内进行重新评估的，这为该指数增加了额外的“陈旧评估”的效果。在 NPI 中，至少在它历史上的某些周期中，第四季度期间更高频率的重新评估已经为指数带来了一些季节性因素（在第四季度该指数可以倾向于“尖峰”）。同样还必须承认，至少在 21 世纪初期，NPI 仅仅代表了美国房地产中人口相对狭窄的部分。2006 年，NPI 样本不到美国商业房地产的 10%，比英国的 IPD 指数比例更小。

例如，2006 年的 NPI 仅覆盖了不到 300 亿美元的房地产销售，而房地产资本分析公司（RCA）的数据库里有超过 3 300 亿美元的商业房地产销售数据。其仅跟踪了其中大于 250 万美元的销售记录。截至 2006 年年底，NPI 只是跟踪了一些价值大于 250 万美元的房地产，而根据 J·P·摩根资产管理公司的《房地产概述报告》，估计当时的美国商业房地产总价值约为 6.7 万亿美元，超过 NCREIF 统计值的 25 倍（尽管这包括房地产和小型企业的“夫妻档”物业，同样也有 RCA 数据库涵盖的以及较大型物业）。

对于较小的分级市场，指标里可能只有少数 NCREIF 房地产可用，并且它们的独特属性至少已被衍生品市场的一些潜在参与者所了解。

上述问题是缺少对机构的房地产投资组合的基准制度的考虑，这些投资组合都是按评估值逐日结算的，但对更广泛的衍生品来说会更加有问题。如果该指数因为滞后使房地产市场不景气（或相反）时仍然保持上升，这可能会使试图使用指数来进行对冲或猜测市场走势的当事方产生混乱。当指数滞后时，对衍生品定价需要来反映这个滞后，这可能使价格发现更加困难，可能会潜在的妨碍衍生品市场的流动性，虽然原则上滞后可以比较容易地把衍生品价格考虑进去（特别是如果没有滞后的指数也可作为反映的信息源）。即使在衍生品定价时考虑了指数滞后，如果衍生品合同期在滞后的价格变动充分反映到指数里之前，那么对冲将不能完成，为使用者提供了一种“基础风险”衍生品。因此，由于种种原因，期货商可能更愿意选择在时间上领先于基于评估指标的指标，在其中真正的波动是没有影响的，因为这种波动是一个有可能促使一些衍生交易的潜在的利润来源。

基于交易的指数

以评估为基础的替代指标是以房地产交易（销售）为基础的指标。原则上，这些指标可以基于全部商业房地产，因为所有房地产的潜在交易（提供了各个时期的总体随机抽样价格），而在美国市场只有某些专门的房地产组合使用评估方法进行定期定价。以交易为基础的指数可以是衍生品的良好基础，在足够数量和交易的观测数据和国家最先进的统计程序来控制被称为“苹果与橘子”不同房地产的贸易分歧期的基础上为其提供了良好的指标，并在不同时期，尽量减少“声音”或房地产总体价格的随机偏差。

一个严格的统计方式中有两个主要的程序用来计算以交易为基础的指数：（1）重复销售回归程序；（2）享乐价值模式。这两个程序均旨在解决建设以房地产价格指数为基础的交易的根本问题，但事实上，某个时期交易的房地产，一般和前一个时期是不一样的，使得价格直接有一个“苹果与橘子”的比较。这两个程序在解决这一问题方面有着不同的方式。

在享乐程序中将价格设定为与影响房地产价格的众多属性相关的一个函数，如房龄、大小、位置、建筑质量等。通过将房地产成交价格回归到这些房地产的“享乐属性”上，并控制和保持销售时间的跟踪，建构一个“恒量”价格变化指数，或跟踪控制不同时间点因为房地产差异的市场价格变化指数。麻省理工学院房地产中心，在与

NCREIF 合作的基础上，基于 NCREIF 指标交易的房地产价格，开始定期发布商业房地产享乐指数。这种以交易为基础的指数使用的是一个“复合”的房地产享乐特性指标的评估值，以此种方式控制出售的房地产的横向差异。由于这种基于交易的指数是基于同一房地产 NPI 而来的，所以它可呈现良好的一个基于交易的和一个基于评估指数的“苹果对苹果”之间的差异。从 1984 ~ 2006 年的这种差异比较如图 5.2 所示。请注意，基于 NCREIF 指标的交易具有更大的波动，往往会微微领先于同时期的 NPI。

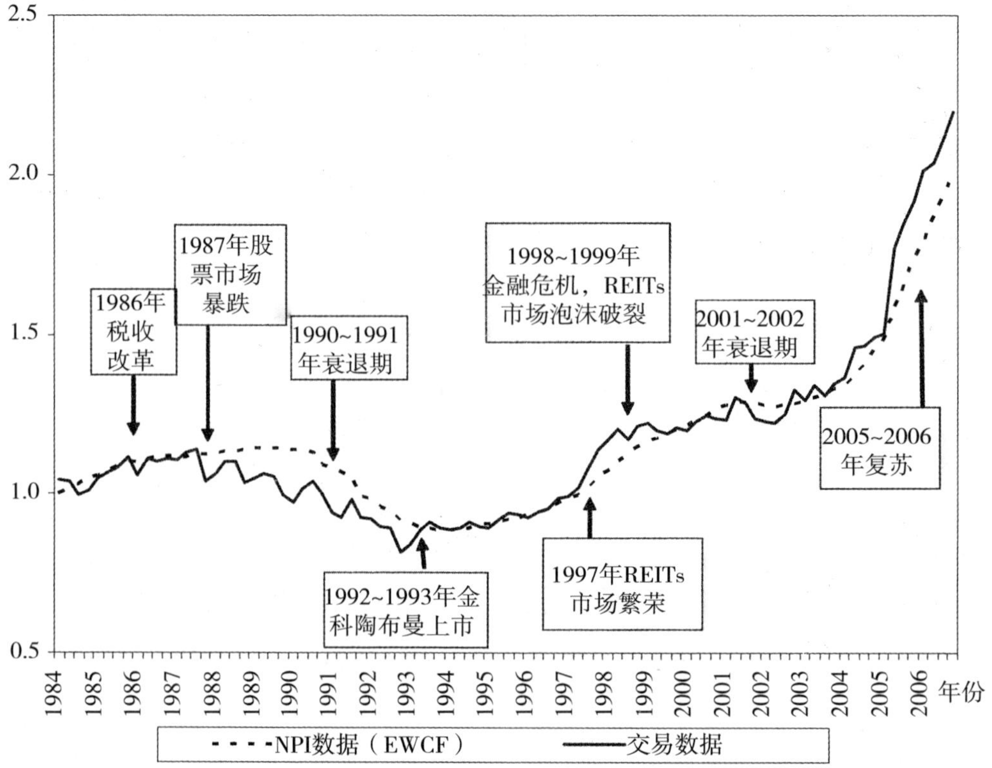

图 5.2　基于评估和交易的数据比较：1984 ~ 2006 年

重复销售指数使用不同的方法来解决“苹果与橘子”的问题。如同其名称所暗示的，重复销售指数依赖于销售一次以上的个别房地产，每次销售之间的价格变化为过去的一段时间内同个房地产的价值是如何变化的提供了一个指示。因此，该指数是基于投资者在房地产中实际经历的价格变动，而且股票市场指数也是基于同一类型的价格变动。股票市场指数也是基于比较某一段时期内股票交易价格与前一时期同类股票的交易价格。由于股票是同质的（本月交易的 IBM 公司股票和上个月交易的 IBM 公司的股票相同），结果是等同于“相同的房地产”价格变化指数，如基于重复销售的指数。还应当指出，股市的股票价格反映由公司所附加的价值不是以红利的现金方式表现出来的，而是在公司的投资。这类似于房地产的资本改善支出的作用。因此，重复销售指数旨在追踪一般不尝试去消除资本改善支出的楼价（虽然一般数据分析适用于消除反映房地产的重大发展、重建或修复的房地产销售）。这是一些基于评估的指数所不同的地方，可能会减少因为指数反映出的增值所引起的资本开支。

计算重复销售指数的统计过程中考虑到了同一房地产销售的时间，以及将价格变动适当地分派给每个时期所报道的基于其他各个时间框架的重复销售信息基础上的指数。重复销售价格指数被广泛应用于房屋价格指数，诸如芝加哥商品交易所（CME）于 2006 年推出的期货贸易的基础——标准普尔 Case-Shiller 房价指数。

第一个定期发布的商业房地产的基于重复销售交易的指数是由麻省理工学院的房地产中心在 RCA 的数据基础上从 2006 年开始发布的。该指数是基于比基于评价的 NCREIF 指数更广泛的房地产样本，RCA 数据库企图跟踪所有的超过 250 万美元的美国销售商业房地产，而 NIP 只跟踪 NCREIF 中的房地产。

附录：重复销售指数原理的数值计算

在本部分，我们简单介绍重复销售回归（RSR）过程如何建立一个基于同一房地产价格变动的周期资本回报指数的简单数值计算。在这样的过程中，我们也将突出介绍重复销售模型的并不明显的特点，诸如该模型是如何可以检测到市场低迷的，即使在个人房地产的投资都产生了积极的回报甚至超过了他们持有阶段的时候；以及没有任何一个时期的收益预估是仅仅基于这一时期的二次交易的。要了解重复销售回归指数的建设过程，必须退后一步，并简要回顾一些基本的统计。回归分析是一种估计相关变量之间的利益关系的统计技术。在回归模型中，一个特定变量被称为因变量，与一个或多个其他的变量相关的被称为解释变量。回归模型作为一个公式时，因变量位于等号的左边，而所有的条件位于等式的右边，考虑到所有的解释变量都要乘以一个由回归预估的参数，这些参数将解释变量和因变量联系起来。

举例来说，设因变量为“Y”，并有单一解释变量为“X”，那么简单的 Y 为 X 函数的回归模型可以表达为：

$$Y = aX$$

该模型认为，变量 Y 的值等于变量 X 的值乘以参数“a”，我们将使用相关经验数据的回归分析来估算“a”的值。这一过程被称为回归的“估计”，或模式的“校准”。

如何才能使这种技术推动房地产价格指数的发展？让我们举一个很简单的数值计算例子。假设在 3 个连续的时期（比如 2011 年、2012 年和 2013 年），真正的市场回报率分别为 0%、10% 和 −5%。因此，一个开始于 2010 年年底的真正的价格指数为 1.00，在 2011 年年底将仍然维持在 1.00，到 2012 年变为 1.10，然后在 2013 年回落为 1.045［因为（1.045 − 1.10）/1.10 是 −5%］。现在假设我们有 3 个房地产重复销售的数据，即 3 年中至少每年有一个，每次都与真正的回报率保持一致，但其中没有一个数据可以直接地揭示任一时期的回报率，因为持有房地产的时间不止一个时期。房地产 1 是在 2011 年年初花 10 万美元购买的，3 年后，在 2013 年年底，以 104 500 美元售出。房地产 2 也是在 2011 年年初购买的，但花了 20 万美元，并在 2012 年年底以 22 万美元售出（持有了 2 年）。房地产 3 是在 2012 年年初花 30 万美元购买的，并在 2013 年年底以 313 500 美元售出（同样持有了 2 年）。此例在表 5.2 和图 5.3 中进行了总结，数字都指出了这两个的真实市场价格指数（实线）和 3 个每个投资者在这 3 个物业里的资本回报率（虚线）。

表 5.2　年末价格

年份	2006	2007	2008	2009
真实价格指数	1.00	1.00	1.10	1.045
真实资金回报率		0%	10%	-5%
房地产 1	$ 100 000	无数据	无数据	$ 104 500
房地产 2	$ 200 000	无数据	$ 220 000	无数据
房地产 3	无数据	$ 300 000	无数据	$ 313 500

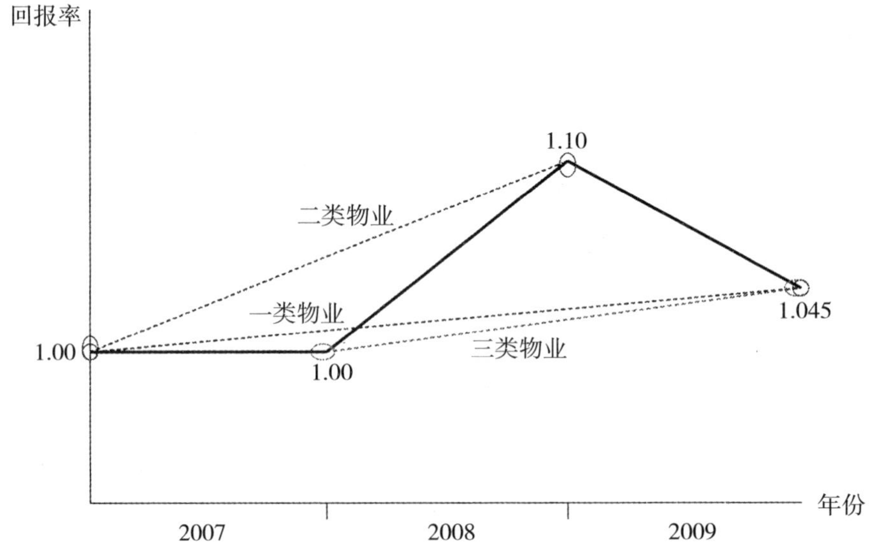

图 5.3　重复销售回归模型案例

现在让我们用 RSR 模型来解决此问题。对因变量“Y”，取第二次销售与首次销售的价格比的自然对数，对每个重复出售都是如此。因此，基于房地产 1 的第一个重复销售的数据，Y 值为的 1.045 的自然对数。

同样，基于房地产 2 的第二个重复销售数据，值为 1.10 的自然对数，等等。

在我们的 RSR 模型的右侧，不仅仅是一个变量“X”，现在有 3 个变量，对应 3 个连续的时期，我们希望构建它们的指数周期回报率。我们将它们记为“X2011”

“X2012”和“X2013”。这些右端的变量就是我们所称作的“虚拟变量”，这意味着它们的值不是0就是1。变量“X2011”代表2011年。如果2011年是在首次交易之后或重复销售的第二次交易的当年或之后，那么该值为1（换句话说，如果虚拟变量所代表的一年是在房地产投资者的持有期之间，即他购买和出售上述房地产期间）；否则，此虚拟变量值为零。同样，如果2012年是在首次销售之后或者第二次交易的当年或之后，则“X2012”值为1。因此，前面描述的价格观测数据在表5.3给出了RSR的预估数据。例如，对于相应的重复销售房地产，313 500除以300 000等于1.045，而这个值的自然对数恰好约是4.4%，即为RSR预估数据库中的Y值。

表5.3　RSR估计数据

	$Y=\ln(P_s/P_f)$	X2011	X2012	X2013
观测值1	ln（1.045）	1	1	1
观测值2	ln（1.10）	1	1	0
观测值3	ln（1.045）	0	1	1

我们的回归方程可以表示为

$$Y=a_{2001}(X2011)+a_{2012}(X2012)+a_{2013}(X2013)$$

现在从数据统计方面回想一下回归模型的估算，也就是说，前面的公式中的参数值的“校准”，是一系统联立方程的数学解法。每个方程对应于一个“观测”，数据库中的一个数据点用来估算回归模型。因此，在上例中，我们有3个方程，每个对应表5.3中的一行（每个重复销售观测值），下面就是那3个方程：

$$\ln(1.045)=a_{2011}(1)+a_{2012}(1)+a_{2013}(1) \tag{5.1}$$

$$\ln(1.100)=a_{2011}(1)+a_{2012}(1)+a_{2013}(0) \tag{5.2}$$

$$\ln(1.045)=a_{2011}(0)+a_{2012}(1)+a_{2013}(1) \tag{5.3}$$

化简得：

$$\ln(1.045)=a_{2011}(1)+a_{2012}(1)+a_{2013}(1)$$
$$\ln(1.100)=a_{2011}(1)+a_{2012}(1)$$
$$\ln(1.045)=a_{2012}(1)+a_{2013}(1)$$

因此，我们有一个未知数和3个线性方程（a_{2001}、a_{2012}和a_{2013}，代表3个时期的真实价格比值的对数值）。

这样一个方程组总是可解的，在这个例子中，可以找到如下解决方案：

利用方程（5.2）得出：$a_{2012}=\ln(1.1)-a_{2013}$，然后将其代入方程式（5.3）中得到：$a_{2013}=\ln(1.045)-\ln(1.1)+a_{2011}$，现在将它们都代入方程（5.1）得到：

$\ln(1.045) = a_{2011} + [\ln(1.1) - a_{2011}] + [\ln(1.045) - \ln(1.1) + a_{2011}]$,

$a_{2011} = \ln(1.045) - \ln(1.045)$,

$a_{2011} = 0$。

现在，这个结果返回到方程（5.2）和（5.3）得到：

$$a_{2012} = \ln(1.1) \text{ 和 } a_{2013} = \ln(1.045) - \ln(1.1)。$$

其结果是 $a_{2011} = 0$，只是意味着估计的价格指数水平在2011年没有变化。从对数的定义上来讲，我们有 $0 = \ln(1)$，从代数上来讲，我们可以将其表达为 $\ln(1/1)$。同样，我们可以将 $a_{2012} = \ln(1.1)$ 表达为 $\ln(1.1/1)$。因此，隐含的价格指数最终值的价格比的对数值可以分解为其每年的初始值为：

对2011年来说，$a_{2011} = \ln(1/1)$；对2012年来说，$a_{2012} = \ln(1.1/1)$；对2013年来说，$a_{2012} = \ln(1.045/1)$

将这些值取幂，我们可以得到潜在的每年年底的直线水平价格指数如下：

2006 = 1.000

2007 = 1.000

2008 = 1.100

2009 = 1.045

由此带来的隐含价格变化百分比（资本收益率）如下：

2007 = 0%

2008 = +10%

2009 = −5%

因此，我们看到，重复销售模式得出了各个时期所产生的真实资本回报率，即使在相应的一年里没有观测到任何重复销售价格的变化。该模型正确地得出了在2013年将出现负回报率的结论，即使在估算时使用的重复销售价格本身没有表现出任何负的价格变化。

换句话说，所有投资者在他们的持有期间都获得了正的转售收益。还要注意的是，在这3个时期，每年的收益估算是受所有的3个重复销售观测的影响的。例如，2013年的−5%的回报估计是部分由房地产2所获得的10%的回报得出的，即使该房地产的第二次销售发生在2013年开始之前。

虽然这是一个简单的例子，在这里显示的结果却具有普遍性。

原则上说，重复销售模型只需要每个时期的一个销售数据就可以了（无论是首次还是第二次销售），以便能够估算每个时期的真实回报率，即使没有任何的相应时期的重复销售比。而且模型使用所有数据来估算每个时期的回报。因此，认为在当前阶段，估算的回报率仅仅取决于第二次销售数据的看法是不正确的。

当然，在现实的世界中，任何特定时间里，个体的交易价格会在平均水平（标准化）附近随机分散，这使得指数估算成为了一个统计过程。每个时间段采用多个数据会使这些估算可以以多种方式进行优化，而且该方法已应用到 RSR 模型中了。

第二部分
另类投资

第 6 章

另类资产类别

【摘要】说明什么是另类资产并非易事。在认定某种资产类别为“另类”资产之前必须确定基本资产类别，那么与基本资产不同的便是“另类资产”。区分的底线是另类资产不在普通投资组合的范围内。另类资产有着与传统股票、债券投资组合明显不同的风险和回报特性。这使得投资组合有极佳的多样性，赢利能力也可能在股票和债券之上。然而，投资另类资产并不像购买股票和债券那样直截了当。与传统资产投资相比，另类资产投资要做的工作更多，因此另类资产往往被人们忽略。

认清另类资产的难题之一是界定另类资产类别。它是独立的资产类别还是现有资产类别的子集？会限制还是会扩大投资机会集？是在交易所上市还是在场外交易市场交易？

在大多数情况下，另类资产是现有资产类别的子集。这可能与大众观点背道而驰，大众观点认为另类资产是独立的资产类别。但我们认为，所谓独立的“类别”其实只是现有资产类别的不同投资策略。

通常另类资产会扩大而非限制投资机会。其一般在私人市场买卖，而不在任何交易所交易。对冲基金、私募股权和信贷衍生产品均符合这些标准，但商品期货并不符合这些一般规则。

因此，另类资产就只是现有资产的另类投资。具体来说，大多数另类资产的价值来自债务市场或股权市场。例如，大多数对冲基金的策略涉及购买和出售股票或债务证券。此外，对冲基金管理机构可能会投资那些价值源于股权市场或债务市场的衍生工具。

另类资产可以分为5种类型：对冲基金，商品和管理期货，私募股权，信贷衍生产品和公司治理基金。这是安森（2006）采用的分类方法。其中，对冲基金和私募股权是最为人熟知的另类资产。通常情况下，这些投资通过私人有限合伙公司的有限合伙人单位购买来完成。商品期货投资可以是依赖商品期货指数的被动投资，也可以是通过商品池或投资咨询账户操作的主动投资。私募股权投资是对非上市公司股权或上市公司非公开交易股权采取的投资策略。信贷衍生产品可通过有限合伙单位购买（此时该衍生产品是特殊目的机构所发行证券的一部分），或者直接购买信用违约互换或贷款期权。公司治理基金也是旨在改善上市公司内部控制的一种股东行为形式。

在讨论另类资产之前，有必要解释“资产类别”。本章首先定义主要资产类别，然后定义什么是“另类资产”。

超级资产类别

超级资产主要分为如下3种：资本资产、为创造经济价值而投入的资产和保值资产。

资本资产

资本资产因其对企业未来现金流的要求而得名。资本资产提供正在形成中的价值。

因此，可以根据资本资产预期收益的净现值来估算资本资产的价值。

根据莫迪利亚尼和米勒的经典理论（1958），一个公司不能通过改变其融资方式来改变其价值（在无税收优惠的情况下）。莫迪利亚尼和米勒证明了公司价值取决于现金流。股东与债券持有人如何分割现金流与公司价值无关。因而资本资产并不以拥有有形资本为特征，而是以对相关企业现金流的要求为特征。对冲基金、私募股权基金、信贷衍生产品和公司治理基金都属于资本资产的超级资产类，因为这些基金的价值都是由所投资证券产生的预期现金流的现值决定的。

因此可以得出结论，对冲基金、私募股权基金和公司治理基金有别于传统资产类别不在于这些基金所投资的证券类型，而是这些基金的另类投资策略将它们与传统股票和债券投资区分开来。

可作为经济价值而投入的资产

某些资产在生产周期中会消耗掉。可消耗资本与可转换资本可以转化为另一种资产。一般来说，这种资产由实物商品组成，如粮食、金属、能源产品和牲畜。这些资产作为生产周期的经济投入用于生产其他资产，如汽车、摩天大楼、新住宅和电气用具。

这种资产一般不能用净现值分析法来估价。例如，一磅铜本身并不会产生收益，也没有多少资本增值价值。但是铜可以转变为用在办公楼的铜管或成为电子设备电路的组成部分。

虽然可消耗资产不能产生现金流，但在有关商品的章节会说明这种资产类别能为投资组合提供极佳的多样化特性。事实上，与资本资产相比，不依赖未来现金流产生价值是商品具有重要多样化潜能的原因之一。

保值资产

艺术品被认为是保值的典型资产。艺术品不是资本资产，因为现金流与拥有一幅画或一件雕塑无关。因此，艺术品不能以贴现现金流分析法来估价。艺术品也不是可作为经济价值而投入的资产，因为艺术品是成品。

艺术品要有所有权和占有权，其价值只能通过出售及转让所有权来实现。同时，持有人保留一件艺术品会希望该艺术品将来的售价至少相当于其当时支付的购买价。

没有一个合理的方式可以衡量艺术品价格的涨跌，因为艺术品价值完全取决于拥有艺术品所带来的主观（和个人）视觉享受。因此，对持有人而言艺术品是保值品，它既不能带来经济效益，也不能作为经济投入，但可以保留购买时的价值。

黄金和贵金属也是保值资产。在世界新兴市场国家，黄金和白银是用来保持财富的重要手段。这些国家的国民并不像较发达国家的国民那样可以拥有种类繁多的金融产品。因此，他们通过积累有形资产而不是资本资产来积累财富。

然而，这3种超级资产之间的界线较模糊。例如，黄金可以租借给珠宝商和其他金属制造商。珠宝制造商在季节性需求时期租借黄金，希望在公开市场上购买黄金并在租期结束之前将黄金还给出租人。黄金租赁形成了现金流，其价值可以用净现值分析法估算。

贵金属也可作为可转换/可消耗资产，因为在金属中贵金属的热导率和电导率最高。举例来说，大多数电话和照明开关的电路中都使用了银，电视机、汽车、飞机、计算机、火箭的电路中使用了金。

房地产

房地产是独特的资产类别，但它是另类资产吗？出于以下若干理由，本书中并未将房地产看作另类资产类别。

第一，房地产在股票和债券成为投资选择之前早就是一种资产类别了。在过去，土地是最重要的资产类别。那时，国王、王后、领主和贵族以拥有地产的数量来衡量财富。“大地主”这一称号非常恰当，只有社会中最富有的人才能拥有土地所有权。

然而，在过去200年里经济社会发生了转变，其基础由土地所有权变为法人所有权。这种转变发生时社会从农业时代进入工业时代。产品和服务的生产成为财富和权力的新来源。

股票和债券的出现支持了生产实物产品和提供服务的新企业的融资需求。股票和债券成为房地产的“替代品”，而房地产不能替代股票和债券。随着股票、债券交易所的出现以及对拥有公司股票和债券的普遍接受，人们有时候会忘记房地产曾经是社会原始的和主要的资产类别。

事实上，在25年前的美国房地产还是大多数个人投资者投资的主要资产类别。这是因为人们想拥有一套基本住房。长期牛市始于1983年，直到这时投资者们才开始多样化投资，他们将财产投入当时的“另类”资产——股票和债券。

第二，由于房地产长期作为一种资产类别存在，房地产的估价方法已写入一些条约中。

第三，本书认为房地产是一种附加资产类别而非另类资产类别。房地产不能替代股票和债券，它是一种基本资产类别，应包括在每个多元化投资组合之内。本书所指另类资产可使单个投资组合中的股票、债券组合方式多样化。

资产分配

资产分配，通常是指投资者的投资组合在多种资产类别中的分配。资产分配的性质决定其重点在投资组合层面而不在证券层面。资产分配是一种投资分析，根据风险和收益值提供构建投资组合的框架。从这个意义上讲，资产分配的根源可追溯到现代投资组合理论及哈里·马科维茨的著作（1959）。

资产类别和资产分配

资产分配最初涉及4个资产类别：股票、固定收益债券、现金和房地产。每种类别中的资产可以进一步划分到子类，例如：股票可分为大盘股、小盘股、外国股等；同样的，固定收益债券可分为美国国债、投资级债券、高收益债券和主权债券。

新定义的“另类资产”范围有所扩大，这可能会让投资者弄不清楚另类资产的多样化特性及其与整个多样化投资组合的配合方式。投资者需要将资产分配理解成有助于增加收益、降低风险。

例如，20世纪80年代最大的私募股权交易是上市公司私下交易股权。一个曾公开交易股票的公司私下交易股票是否意味着该公司转向新的资产类别？此外，公开销售证券是退出私募股权的主要战略。私募股本的结束就是公共所有权的开始。因此，可以认为私募股权只是股权市场的延伸，分界线根据流动性而划定。

同样，信贷衍生产品扩大而非限制了固定收益资产类别。对冲基金也投资于股票和债券市场，但采用的交易策略与传统买进并持有的策略有很大不同。商品所属的资产类别与股权、固定收益债券、现金不同，本书将单独进行介绍。

最后，公司治理基金是投资上市公司的一项策略。公司治理基金看起来最不可能是一项另类投资策略，但其有许多同其他另类投资策略一样的特性。

战略性分配与战术性分配

另类资产应用于战术性分配，而非战略性分配。资源的战略性分配适用于基本资产类别，如股票、固定收益债券、现金和房地产等。这些是必须包含在多样化投资组合中的基本资产类别。

战略性资产分配与长期资产组合有关。战略性资产组合旨在实现长期目标，如积累退休金收益或匹配长期负债。在决定战略性资产分配时要考虑规避风险，但当前的市场状况并非如此。一般来说，政策目标是为战略性资产类别设定的，这些目标有特定的允许范围。设定允许范围是为了保证投资组合管理的灵活性。

战术性资产分配本质上属于短期策略。这种策略是为了利用当前市场状况（相对其他资产类别而言，当前市场状况可能对某种资产类别更有利），实现收回长期债务、使收益最大化这个目标。

战术性资源分配取决于使某种资产类别多样化的能力。这是另类资产能够最有效发挥增值作用之处。提出另类资产概念的目的并非限制基本资产类别，而是扩大基本资产类别。因此，另类资产应被视为更广泛的资产类别中的一部分。

信贷衍生产品就是一个例子。它是拓宽信贷风险投资边界的投资。固定收益资产仅有两类产品可以选择，一类是被认为不会违约的美国国债，另一类是有违约风险的差额产品。差额产品包括未在美国政府取得票面价格信用评级的任何固定收益投资产品。因此，差额产品与美国国债之间的信贷差额进行交易，这种信贷差额反映了差额产品的违约风险。

信贷衍生产品是扩大差额产品投资领域的一种方式。传统上，固定收益管理机构通过买卖传统债券建立理想的信用风险—回报记录。然而债券市场有可能效率不高，也许很难确定准确的信用记录以配合投资者的风险预测。信贷衍生产品可以帮助填补固定收益投资组合中的缺口，通过更有效的形式抵御信贷风险，扩大固定收益投资范围。

高效资产类别与低效资产类别

另一种区分另类资产类别的方法是以市场效率为基础的。美国公开的股票和债券市场通常被认为是世界上最高效的市场。这些市场通常被认为是“半强式有效”市场。这意味着与某上市公司有关的所有公开信息（无论是过去的还是现在的信息）都在该公司交易的证券上有所反映。

事实上，所有的公开市场和私募市场都有低效率的时候。如果公开股票市场没有信息低效的情况，那也就没必要进行主动管理了。但无论如何低效状况总是存在的，这种状况很少而且短暂。原因是在公开交易的证券市场很容易获取信息、传播信息。公开股票市场中的顶级管理机构每年获得约1%的超额回报（超过其基准）。

单就另类资产而言，信息是很难获取的。因为大多数另类资产（商品除外）都是私下交易的。这包括私募股权、对冲基金和信贷衍生产品。私募股权的最佳业绩与最差业绩之间的差距可高达25%。

现在讨论私募股权市场的一个子集——风险投资。投资新成立的公司时，需要密切调查公司设想的产品定位、公司的管理层背景、对未来现金的预算规划、退出策略、潜在竞争、β测试明细表等。公众投资者并不容易得到这些信息，因为收集这些信息很费时费钱。此外，大多数投资者没有时间或没有能力去获取并过滤与私营公司相关的粗略资料。另类资产管理机构收取高额管理费和奖金的原因之一是它们要收回收集信息的成本。

这形成了区分另类投资与传统资产类别的另一个要素：投资中介。大多数风险资本投资都是通过有限合伙公司、有限责任公司或特殊目的机构完成的。据估计，美国80%的私募股权投资都是通过金融中介这一环节进行的。

另类资产投资的流动性不及公开市场相似资产的流动性。投资者紧握资产，因而流动性很小。此外，如果没有公开交易证券，投资者就不能根据市场交易确定私募证券的价值。私募证券的价值必需根据账面价值或鉴定估算，或根据现金流模型确定。

受限投资与自由投资

在1981～2001年的牛市期间，资产管理行业倾向于投资股市以获得稳定且高达两位数的回报。在这个鼎盛时期，投资管理机构和金融机构投资者将其资产分成股票和债券这两个传统资产类别。由于在新千年开始之际市场行情走低，资产管理公司和金融机构投资者发现自己被这些传统资产类别的特性“框住”了。他们发现自己的投资团队是沿着传统资产类别的界线组织起来的，投资组合受到有效基准的限制，而该有效基准正是这种“资产框”方法的表现。

因此，传统资产管理机构在重组投资结构上晚了一步。这使得对冲基金和其他另类投资机构蓬勃发展起来，因为它们没有受到传统资产类别界线的限制——它们的投资可以打破基准。这些另类资产可以自由利用落在传统基准框之间的投资机会。由于缺乏限制，另类资产管理机构的自由程度超越了传统资产类别机构。传统资产管理机构深陷泥潭，它们的组织结构受到了传统资产类别界线的限制。这本身又形成了另一种限制，因为这阻碍了组织内信息和投资观点的流动。

资产定位与交易策略

威廉·冯和大卫·谢（1997）有关对冲基金的第一篇也是最佳的一篇论文说明了共同基金和对冲基金操作上的明显差异，表明共同基金的经济风险主要是由共同基金的投资去向决定的。换言之，共同基金主要的经济风险是其投资的资产类别定位决定的。因此，共同基金有大盘积极型股票基金、小盘成长型基金、国债基金等。

另外，他们还说明了对冲基金的经济风险更多是由交易方式决定的。也就是说，与资产类别定位相比，资产类别的交易策略更能决定对冲基金的收益风险。因此，对冲基金管理机构往往使投资组合的周转量远高于共同基金的周转量。

另类β与有效边界

战略性资产分配（SAA）以股票、债券及其他资产类别的最高效组合为中心，目的是获得收益和风险之间的最佳平衡。这就划定了有效边界（多种资产类别的组合的风险与收益之间最有效的平衡）。从这个意义上说，战略性资产分配是为了找准多种资产类别投资中存在的系统性风险溢价。但是，如果资产组合中加入新的资产类别，有效边界会被“挤出去”，这样投资者面临的风险就更大了，同时获得的回报机会也更多了。

换一种方式思考另类资产，可以将其看作是与传统股票、债券组合不同的另类β来源。另类资产能提供的系统性风险溢价明显不同于股票、债券所提供的系统性风险溢价。商品是一个很好的例子，其风险不同于股票或债券的风险。因此，商品的风险溢价并非完全与传统金融市场相关。这是一种“另类 β”。投资另类资产不应只关注追求超额回报，当另类资产与传统股票、债券投资组合混合在一起时，还要考虑另类资产的多样化特性。另类 β 是一种增值形式，这种增值并非通过对超额回报的追求而是通过多样化特性实现。

资产类别风险溢价与交易策略风险溢价

风险溢价与交易策略、投资定位有关。不承担风险，就不可能获得收益。传统投资管理机构赚取风险溢价用于投资大盘价值型股票市场、小盘成长型股票市场、高收益债券市场。换句话说，投资管理机构的投资是基于所投资资产市场的定位的。

不同的是，另类资产管理机构还将所得收益用来冒险，但这种风险表现为一种交易策略，而不是与广泛金融资产类别系统性风险有关的经济风险。例如，通过实施可转换套利、统计套利、股票市场中性策略等对冲基金策略可以赚取“综合”风险溢价。在这些策略中，买卖类似的证券以期这些证券在今后价值趋同。将这些策略综合实施会导致市场定价低效。此外，由于许多投资者只做多头，使得市场中定价低效的情况长期存在，因而对冲基金能够获得收益。

第7章

对冲基金

【摘要】全球对冲基金的市场估值有14 000亿美元。这些资本流入对冲基金是因为对冲基金未受限制，可以投资多种资产类别和长短期证券，而且投资没有传统基准的负担或限制。但是，投资对冲基金并不简单。对冲基金投资有时需要实施复杂的策略，为提高回报有时还需要大量举债。然而，对冲基金的受欢迎程度依然不减，这是因为它们可以基于金融市场的定价差异获得回报。成功投资对冲基金需要做大量谨慎调查，这个过程既需要时间又需要耐心。

“对冲基金”是一个专门术语。1933年颁布的《证券法》和1934年颁布的《证券交易法》均未对对冲基金下定义；而且1940年颁布的《投资公司法》、1940年颁布的《投资顾问法》《商品交易法》以及《银行控股公司法》也未定义“对冲基金”。尽管美国证券交易委员会（SEC）曾尝试监管对冲基金（但未果），但该机构也未在其证券规则中定义对冲基金。这种似乎让每个投资者都熟悉但却缺乏监管指导的投资机构到底是什么呢？第三版《美国传统词典》中对对冲基金的定义是：使用借贷、卖空等高风险方法以期获得高额资本收益的投资公司。

这是一个良好的开端。但是，许多对冲基金倾向于采用严格受限、低风险的策略来产生稳定但保守的收益率，并不会为了赚取高额利润而“孤注一掷”。

本章将对冲基金定义为一种私人组建的投资机构，这种机构管理由公共证券、私募证券及两者的衍生工具集中组成的投资组合，可以进行多头投资和空头投资，并能进行杠杆操作。另外，还将根据对冲基金的投资策略来讨论各种类型的对冲基金及需要考虑的事项。

对冲基金与共同基金

共同基金是与对冲基金相似但更传统的一种基金。在共同基金的定义中，有6个关键要素将对冲基金与共同基金区分开来。

第一，对冲基金是汇集高级投资者资源的私募投资机构。对冲基金仅为高净值投资者服务，这是对冲基金避免美国证券交易委员会和商品期货交易委员会（CFTC）监管审查的方法之一。根据美国证券交易委员会的规则，对冲基金的基金受信投资者不得超过100人。受信投资者是净值至少超过100万美元的个人投资者，或过去两年年收入达20万美元（已婚夫妇达30万美元）且本年度预计收入不低于该数额的个人投资者。此外，对冲基金接受的基金“合格购买者”不能超过500人。合格购买者是指净值超过500万美元的个人或机构。

对冲基金对私密性要求很高。对冲基金不能通过公开发售筹集资金，也不能为新基金做广泛宣传或大力招揽投资者。对冲基金的营销和筹资必须以资金实力雄厚的个人和机构为目标，这些目标的范围很小。因此，对冲基金的主要投资者是家族理财机构、基金会、捐赠基金以及小部分养老基金。

第二，大多数对冲基金没有采用广泛使用的证券基准，其拥有的投资组合往往比共同基金拥有的投资组合集中程度高得多。原因之一是大多数对冲基金管理机构认为它们的投资方式“以技术为本”，不能以市场回报来衡量。因此，对冲基金管理机构不必根据基准来决定证券持有量，也不需要担心“基准”风险。这使它们在组建投资组合时只集中投资那些它们认为能使投资组合增值的证券。

投资组合集中的另一个原因是对冲基金管理机构所采用的投资策略往往比较局限。这些策略一般表现为只关注一个经济部门或一个市场领域，以使对冲基金管理机构从范围较小的投资部门或领域获得最大价值。此外，与只做多头的管理机构相比，对冲基金管理机构的集中型投资组合与金融市场方向无关。

第三，在采用衍生工具策略这一点上，对冲基金往往远远超过共同基金。例如，在可转换套利策略等策略中，出售或购买期权的能力是套利的关键因素。使用衍生工具策略可能会导致产生非线性现金流，此种现金流可能需要更先进风险管理方法来控制风险。

第四，对冲基金可以买空、卖空证券。卖空公开发行的证券及衍生工具的能力是对冲基金与传统资本经营者之间的主要区别之一。对冲基金管理机构明显将其卖空证券的能力纳入了投资策略中。例如，股票买空/卖空对冲基金往往买卖同一行业的证券，目的在于利润最大化及风险控制。这与被买空证券基准牵制的传统资本经营者有很大不同。

第五，许多对冲基金策略用于投资非公开证券，也就是没有发起招股说明书及公开销售就已定向发售给投资者的证券。许多债券，包括可转换债券和高收益债券作为“144A 证券”发售。“144A 证券”不公开销售，而是通过私下交易发售给金融机构投资者。这些证券有时有私募备忘录（PPM），但并没有公开招股说明书。此外，美国证券交易委员会会对公开销售证券进行审查，而这些证券的发售无须经过此程序。需要注意的是，投资者投资“144A 证券”需谨慎。美国证券交易委员会允许“144A 证券”交易是因为大型金融机构投资者可能比普通小型投资者更精明。

第六，对冲基金采用杠杆操作，有时举债金额庞大。举例来说，共同基金的举债金额有限，举债上限可能是净资产值的 33%。而对冲基金没有这种限制。因此，举债高达净资产值 10 倍的对冲基金策略并不罕见。

可以看出，对冲基金与传统的只做空头的投资管理机构有所不同。

对冲基金的种类

似乎每个人都有自己的对冲基金分类方法对冲基金确实有些难以归类。

本书将对冲基金分成四大类：市场定向型、企业重组型、趋同交易型及投机型。市场定向型对冲基金是仍有某些系统性风险的对冲基金。例如，股票买空/卖空（有时称为股票对冲）通常是包含某些净多头市场风险的对冲基金。

举例来说，买入150%价值的看涨的股票，同时卖空80%价值的看跌的股票，余下的净多头市场风险是70%。故这种基金可能会调高对冲基金的杠杆率，同时也会留存将受到股市走向影响的系统性风险。

企业重组型对冲基金利用合并、收购或破产等重要的企业进行交易。这类基金一般将投资组合集中于少数几家公司，对这类基金而言，了解企业交易完成的可能性比确定企业估价过低还是过高更重要。

趋同交易型对冲基金是运用套利策略的对冲基金。事实上，这类对冲基金中的专门子类通常在描述中都含有套利这个词，如统计套利、固定收益套利或可转换套利。一般来说，这些对冲基金赌定相似但价格不同的两种证券在投资持有期间价值会趋同。

最后一个类别是投机型对冲基金。本书将全球宏观对冲基金也归于此类别中，属于基金中的基金（FOF）。这类基金旨在利用一切机会展示自己，投机型对冲基金由此得名。例如，FOF往往根据FOF管理机构所认为的当前有望获得最好结果的对冲基金策略，对冲基金进行战术性资产分配。这种资产分配基于FOF管理机构对FOF中每种对冲基金赚取可观利润的机会的评估。

对冲基金策略

对冲基金与传统的只做多头的管理机构一样，投资于同一股票和固定收益证券。因此，能将对冲基金与只做多头的管理机构区分开来的并非对冲基金所投资的另类“资产”，而是对冲基金所采用的另类投资策略。本节将更详细地介绍对冲基金管理机构采用的各种策略。

市场定向型对冲基金策略

市场定向型对冲基金采用的策略是要么留有一些股市系统性市场风险（如股票买空/卖空），要么专门由股市动向（如市场时机或卖空）推动。

股票买空/卖空

股票买空/卖空对冲基金管理机构的投资组合建立方式是将一组核心的股票多头，与股票卖空或股票指数期权/期货结合起来。它们的多头净市场风险减去空头往往是正值。也就是说，股票买空/卖空对冲基金管理机构往往会有多头市场风险，其风险程度取决于当前市场状况。举例来说，在1996~1999年股市飙升期间，这些管理机构的股票风险往往是最高的。然而，在2000~2002年股市进入熊市之时，这些管理机构出售更多的股票空头或股票指数期权、期货，降低了它们的市场风险。

在市场中买空和卖空的能力是赚取超额收益的有力工具。完整实施策略（包括预计升值股票或行业的策略，以及预计贬值的股票和行业的策略）的能力让对冲基金管理机构将自身市场洞察力的价值最大化。

股票买空/卖空对冲基金主要有两种形式：基础型和定量型。基础型股票买空/卖空对冲基金对某公司及其竞争对手的经营前景以及当前经济环境进行传统的经济分析。其走访公司管理层，与华尔街分析师会谈，联络客户和竞争对手，进行自下而上的分析。因此，这些对冲基金与只做多头的管理机构相比，表现为卖空它们认为业绩会走低的股票，买进那些有望在市场上有卓越表现的股票。

基础买空/卖空股票对冲基金往往只投资于一个经济部门或市场领域。例如，专门购买和出售网络公司（部门焦点）的股票，或者购买和出售小市值公司（领域焦点）的股票。

相比之下，定量股票买空/卖空对冲基金管理机构往往不会只投资一个经济部门或市场领域。事实上，情况与基础买空/卖空股票对冲基金正相反，定量对冲基金管理机构会尽可能扩大其分析范围。这些管理机构常常被称为统计套利者，因为它们的交易选择是以定量统计而非基本股票选择为依据的。

市场时机把握者

顾名思义，市场时机把握者试图把握市场中最有利的时机，以现金或其他方式进行投资。更具体地说，市场时机把握者试图把握市场时机以便在牛市期间充分投资，在熊市期间严格控制现金流。

与股票买空/卖空对冲基金策略不同，市场时机把握者使用自上而下的方法而非自下而上的方法，不靠选股，它们通过分析财政政策、货币政策以及关键宏观经济指标来确定经济是加速还是减速。

市场时机把握者可能分析的宏观经济变量有劳动生产率、企业投资、商品价格、消费者信心指数、兴建住宅、零售、工业生产、国际收支、经常项目逆差/盈余、耐用品定购，还会购买管理机构调查报告。它们利用这些宏观经济数据来预测下一季度的预期国内生产总值。预测模型通常以多因素线性回归为基础，分析某个变量是领先指标还是滞后指标，并分析该指标是否受到季节性影响。

一旦市场时机把握者对下一季度（或今后若干季度）做出预测，他就会根据预测在市场中定位它们的投资组合，此方法相当简单。他不需要购买个股，相反，他根据需要买进或卖出股票指数期货和期权，以增加或减少市场风险。在任何时候，投资者的投入资本都储存在短期、无风险的计息账户上。投资者经常会购买国债，因为国债不仅有无风险利息，还能在购买股票指数期货时充当保证金。

若某市场时机把握者预测行情看涨，他就可能购买经济风险与投入资本均相当的股票指数期货。他可能会采用杠杆方法，此时股市经济风险高于期货合同资本风险。然而，市场时机把握者一般不借入投资资本。

若该市场时机把握者预测行情看跌，他就会出售期货合同以减少市场风险。如果他完全不看好行情，他会出售自己所有的股票指数期货和认购期权，只保留现金投资组合。有些市场时机把握者可能更积极，他们卖空股票指数期货，买入股票指数认售期权以利用熊市进行对冲。

总体而言，市场时机把握者不论何时都有市场买空风险，这使他们必须紧跟市场走向。然而，在市场行情看涨时他们会试图降低这种风险。这在2000～2002年的熊市期间有所表现。因此，我们发现市场时机把握者的风险预测与股市预测类似，但略为保守。

卖空

卖空对冲基金的风险与传统只做多头的管理机构的风险相反。从这个意义上讲，这些基金的收益分配与只做多头的管理机构的收益分配也正相反：股市下跌时盈利，股市上涨时亏损。

卖空对冲基金管理机构通常存在股市净空头风险，这也是将其与股票买空/卖空对冲基金管理机构区分开来的因素。卖空对冲基金往往采用某种市场时机选择方式。也就是说，其在股市上涨时减少空头头寸，在股市下跌时完全卖空。另外，在股市上扬时，卖空者会保留短期计息账户中未用于卖空交易的那一部分投资资本。

企业重组型对冲基金策略

许多有关对冲基金的文章称企业重组型对冲基金策略为“事件驱动”或“风险套利”，但这并没有真正说明这类战略的核心，其关键之处在于企业重组的形式，如合并、收购或破产。正经历重大转型的公司一般会提供围绕转型事件做交易的机会。这些策略是由交易驱动的，而不是由市场驱动的。

不良证券

不良证券对冲基金投资于破产或可能破产的公司的证券。负债过多、经营业绩不佳、账目违规、竞争压力等一系列原因都可能使公司陷入困境。对冲基金并不那么关心陷入困境的企业的基本价值，它们更关注这种企业已发行但尚未偿还的证券带来的交易机会。

应对困境有许多不同的方法，但大多数方法可归于3类。从受困企业获利最简单易行的方法是卖空这种企业的股票。这就要求对冲基金管理机构从一级经纪人处借入股票，然后在市场上出售这些股票。实际交易中，对冲基金管理机构期望能够在公司每况愈下的情况下稍晚一些以更低的价格买回这些股票。这只不过是“高价卖出低价买进”。然而，卖空受困企业的证券会使对冲基金管理机构在企业命运突然逆转时承受重大风险。因此，在这个领域，大多数对冲基金管理机构通常会采纳公司资本结构内的对冲策略。不良证券投资的第二种形式被称为资本结构套利。假设有A公司，该公司有4个级别的未偿资本：高级担保债务、次级附属债务、优先股和普通股。标准的不良证券投资策略应该是：

1. 买进高级担保债务，卖空次级附属债务。
2. 买进优先股，卖空普通股。

在公司破产的情况下，高级担保债务优先于任何破产支出造成的次级附属债务。同样，优先股也优先于A公司的普通股。高级担保债务和优先股在破产过程中享有的地位高于次级债务和普通股。因此，当困境产生或发展时，相对于次级附属债务而言，高级担保债务应升值。此外，优先股与普通股之间的价格差幅应该有所扩大。发生这种情况时，对冲基金管理机构会抛售头寸，锁定价格差幅扩大带来的收益。

最后，不良证券对冲基金可能参与破产过程，以发现价值被严重低估的证券。这与私募股权公司的情况相同。从这个方面来说，不良证券对冲基金愿意耗时耗力掌握破产过程的神秘运作方法并成为债权人委员会的成员，这样如果受困公司能够重组并重新立足，就可以累积巨大的价值；类似的，如果受困公司期望与公司债权人有积极决议、向破产法庭宣布重组计划，那么就可以提前购买该公司的证券。

兼并套利

兼并套利可以说是投资者和对冲基金管理机构最熟知的企业重组投资方式。兼并套利一般需要购买即将被收购的公司的股票，并出售收购公司的股票。兼并套利对冲基金管理机构设法赚取兼并成功后这些公司的价值增值。

目标公司股票的交易价格通常低于公告的兼并价格。这种折扣反映了交易固有的风险。一般其他市场参与者不愿完全承担交易风险。兼并套利受到事件风险的影响。两家公司无法达成协议并取消交易的风险是存在的；中途出现另一家公司参与招标竞争，破坏最初的兼并动力的风险也是存在的；还有监管风险也是存在的。例如，多家美国和外国监管机构可能因反垄断而阻止兼并发生。因此，兼并套利者会专门评估事件风险并建立多样化投资组合以分散风险。

兼并套利者对涉及合并的公司展开重点研究。他们要审查这些公司当前和以往的财务报表，收集美国证券交易委员会电子化数据，分析及检索系统（EDGAR）中的文件、代理声明、管理结构，重新考虑运营中的成本节省、兼并的战略原因、监管问题，负责新闻发布，分析合并公司在竞争行业内的竞争地位。另外，兼并套利者还要计算当前差幅所暗示的回报率，并将其与交易相关的事件风险进行比较。如果差幅足以弥补预期事件风险，他们就会实行兼并套利。

如前所述，有许多与兼并通告相关的事件风险存在。从兼并套利中赚取的收益并不是无风险的。现在来说一说弗莱森电讯公司（以下简称“弗莱森”）收购美国世界通信（MCI）公司这一传奇事件。在整个2005年，弗莱森都在与奎斯特通讯公司（以下简称“奎斯特”）竞购MCI公司。2005年2月3日，奎斯特宣布报价63亿美元并购MCI。奎斯特的出价在2月10日就被弗莱森追了上来。这场竞购战持续了数月之久，最终弗莱森在2005年11月以84.4亿美元的收购价赢得竞购。

为了说明兼并套利运作中发生的变化，在此特别分析弗莱森对MCI公司的成功竞购以及奎斯特的失败竞购。

先从弗莱森开始：在宣布竞购MCI时，弗莱森的股票交易价格是36美元/股，MCI公司的股票交易价格是20美元/股。因此，兼并套利交易的情况如下：

以每股36美元的价格出售1 000股弗莱森的股票（卖空收益为36 000美元）。

以每股20美元的价格购买1 000股MCI公司的股票（现金流出20 000美元）。

而对奎斯特竞购而言，交易情况如下：

以每股4.2美元的价格出售1 000股奎斯特的股票（卖空收益为4 200美元）。

以每股20美元的价格购买1 000股MCI公司的股票（现金流出20 000美元）。

在2006年的春季和夏季，奎斯特和弗莱森都在争夺MCI公司，弗莱森最终于2005年11月赢得这场竞购。当时MCI公司的股票已涨到25.5美元/股，而弗莱森的股票贬值，交易价格变成30美元/股，奎斯特股票最终的交易价格不变，仍是4.2美元/股。

MCI公司—弗莱森兼并套利交易的总收益是：

MCI公司多头获利：1 000 × （\$25.50 − \$20） = \$5 500

弗莱森空头获利：1 000 × （\$36 − \$30） = \$6 000

卖空返还款利息：4% ×1 000 × \$36 ×240/360 = \$960

总计：\$12 460

投资回报率是：\$12 460 ÷ \$20 000 =62.3%

如果兼并套利对冲基金管理机构在该交易中使杠杆率为50%，即借入了一半的净流出资金，那么回报率应该是（忽略理财成本）：\$12 460 ÷ \$10 000 =124.6%。

转向MCI公司—奎斯特兼并套利交易，总回报率是：

MCI公司多头收益：1 000 × （\$25.50 − \$20） = \$5 500

奎斯特空头收益：1 000 × （\$4.20 − \$4.20） = \$0

卖空返还款利息：4% ×1 000 × \$4.20 ×240/360 = \$112

总计：\$5 612

投资回报率是\$5 612 ÷ \$20 000 =28.06%

若有50%的借入资本，回报率应为\$5 612 ÷ \$10 000 =56.12%。

虽然两笔兼并套利交易均有收益，但很明显，赌MCI公司—弗莱森合并要比赌

MCI公司—奎斯特合并更有道理。兼并套利对冲基金管理机构评估一方战胜另一方的可能性，这是它们的生财之道。此外，在有两方竞购一家公司的情况下，极有可能其中一个竞购者收购成功。因此，许多兼并套利对冲基金管理机构会赌两头。这正是MIC并购交易中出现的情况——许多兼并套利对冲基金管理机构既赌MCI公司弗莱森交易又赌MCI公司奎斯特交易，希望两个竞购者中有一个可以成功收购MCI公司。

有些兼并套利对冲基金管理机构只投资已公布的交易。但是，也有些对冲基金管理机构会根据传闻或猜测来投资。采用这种战略，交易风险会高得多，但兼并价差（能赚取的溢价）同样也高得多。

为了控制风险，大多数兼并套利对冲基金管理机构会设定损失限度风险，到达了该损失限度它们就会平仓。有些兼并套利对冲基金管理机构只关注一到两个行业，将它们的专业知识应用到对它们有利的某个经济部门。还有些兼并套利对冲基金管理机构进行多样化投资，跨越多个行业，这样做是为了分散事件风险。

兼并套利是由交易而非市场驱动的。兼并套利的收益来自两家公司股票价格的相对价值，而不是由当前市场状况决定的。因此，兼并套利收益不应与普通股票市场高度相关。

事件驱动

就投资方法而言，事件驱动对冲基金与不良证券对冲基金、兼并套利对冲基金非常相似，唯一的区别是事件驱动对冲基金的任务比其他两种企业重组策略更广泛。事件驱动交易包括并购、分拆、追踪股票、会计销账、重组、破产、股票回购、额外红利以及任何其他重要市场活动。事件驱动对冲基金管理机构无差别对待交易选择。

就本质而言，这些特殊事件是非经常性事件。因此，金融市场通常不会及时消化与这类交易相关的信息。出现大型独立的交易时，金融市场的效率较低。这使事件驱动对冲基金管理机构有机会迅速采取行动并获得市场中的溢价。此外，这些事件中的大多数都可能受到特定条件的约束，比如股东或监管机构批准。因此，与这种策略相关的重大交易风险是存在的，精明的对冲基金管理机构会冒此风险赚取收益溢价。在此类策略中，盈利能力取决于在预期时间范围内企业交易是否会成功完成。

趋同交易型对冲基金策略

对冲基金管理机构使用套利这一术语时往往并不那么精确。一般套利仅仅是指无风险利润，即以某价格现金购买某证券，然后立即以更高的价格转售同一证券获利；或者以某价格现金购买证券A，同时以更高的价格出售相同的证券B获利。在这两种情况下，套利没有风险。没有市场风险是因为持有证券的时间很短，没有基本风险是因为证券是相同的，没有信用风险是因为是用现金进行交易的。

与无风险利润不同，在对冲基金领域，套利通常是指低风险投资。不是购买和出售相同的证券，而是购买和出售相似的证券。证券也可能并不是以现金出售，所以在收账期可能会面临信用风险。最后，购买和出售也不是即刻完成的。套利者可能需要在一段时间内持有其头寸，这样就有市场风险。

固定收益套利

固定收益套利，是要购买固定收益证券并同时出售相似的固定收益证券，以期在投资持券期间这两种证券的价值会趋于相近。对冲基金管理机构在所有固定收益市场不断寻找这种低效定价。这无非是低价买进高价卖出，即等待价值被低估的证券升值或价格被高估的证券贬值，或等待这两种情况都发生。

出售一种证券是为了避免另一种证券的潜在市场风险。通常情况下，两种证券在统计上或经济上相关，因此它们的市场动向相似。一般而言，两种证券的价差很小，然而这个价差正是固定收益套利者希望得到的。对冲基金管理机构购买和出售紧密相关的两种固定收益证券，希望获得随时间推移使两种证券价格趋同的价格差异。

由于价格差异的可能性很小，对冲基金管理机构增加更多价值的方法是举债购买投资组合，它们直接向一级经纪人借贷或通过掉期及其他衍生证券借贷。原理是它们发现价格异常，然后通过举债“加量投资”。

固定收益套利不需要使用外国证券。例如，可以只买卖美国国债。在债券市场，流动性最强的证券是国债新券。这是美国财政部最新发行的债券。当然，还有其他特性与新券特性相似的未偿美国国债。它们的区别在于旧券发行时间较早，流动性比新券差。因此，价格差异就产生了。价格差异可能不超过1/2个点或1/4个点（25美元），但当投资者的资金转向流动性最强的美国国债时价差就会增加。举例来说，在俄罗斯债券违约危机期间，美国国债新券的价值比到期日相同的类似美国国债旧券高出100美元之多。

然而，当持有至到期日时这两种债券的价格归于相同。到期时任何差异都会消失，此前的任何价格差异都可能使对冲基金管理机构获利。

固定收益套利并不限于美国国债市场，也适用于公司债券、市政债券、主权债券或抵押贷款证券（MBS）。

固定收益套利还可以交易快到期的固定收益证券，这是收益曲线套利的一种形式。这种类型的交易是由利率期限结构暂时失衡驱动的。

还有其他形式的固定收益套利使用MBS。MBS代表一种所有者权益，存在于银行及其他金融机构借出的个人抵押贷款所汇集的贷款池中。因此，住房抵押贷款是有潜在提前还款期权的固定收益证券。故住房抵押贷款对冲基金会设法抓住美国抵押贷款市场定价效率低下的机会。

MBS套利在固定收益市场上实现，如购买MBS并出售美国国债。这种投资策略旨在获取美国国债和 MBS 之间的信贷息差。MBS 交易时与美国国债有息差，这反映了 MBS 现金流动的不确定性，而美国国债的信贷风险是很低的。

在追求品质的过程中，投资者往往想找出流动性最强的市场，如美国国债新券市场。这可能会导致信贷息差暂时超出历史上或经济上合理的水平。在这种情况下，MBS 会比美国国债“廉价”。套利策略是购买 MBS 并出售美国国债，此时两者的利率风险十分相似，足以消除两种证券大多数（即使不是全部）的市场风险。投资者期待的是 MBS 和美国国债之间的信贷息差会下降，MBS 比美国国债升值更多。

MBS 套利有时相当复杂。MBS 对冲基金管理机构利用专有模型按照期权调整利差（OAS）来给 MBS 的价值分级。对冲基金管理机构设想提前还款期权实施的概率，由此评估 MBS 的现值。在实行中，对冲基金管理机构计算 MBS 的期权调整利差，并将其与 MBS 的当前市场价格对比。期权调整利差反映了 MBS 与偿债期相似的美国国债之间的平均利差，这里考虑到抵押人可能行使提前还款期权提早清偿了 MBS。

与美国国债相比，期权调整利差最高的 MBS 被购买后，利用国债、期权、掉期、期货和股票来中和利率风险就对冲为零。MBS 对冲基金管理机构设法维持风险为零的持续时间。这使它们能够集中精力选择期权调整利差最高的 MBS。

有许多与 MBS 套利相关的风险存在，主要有持续时间、凸性、收益率曲线旋转、提前还款风险、信贷风险和流动性风险等。为避免这些风险，可能需要购买或出售其他 MBS 产品，如利息分拆证券、本金分拆证券、美国国债、利率期货、掉期和期权等。

值得注意的是，固定收益套利策略不取决于共同金融市场的动向。套利者不赌市场走向，而是想找到两种证券之间的定价低效。

可转换债券套利

可转换债券兼具股票和债券的特征，拥有将债券转换为公司股票的选择权。

可转换债券套利基金建立可转换债券多头头寸，然后通过出售标的股票或股票期权对冲债券的股票部分。出售适当比例的可转换债券期权标的股票，可以对冲股票风险。这种套换率就是所谓的“δ”系数，旨在衡量可转换债券价值对标的股票变动的敏感性。

交易时转换价值溢价较低的可转换债券往往与标的股票的变动关联更紧密。这些可转换债券之后的交易更像股票交易而不是债券交易。因此，对冲可转换债券的股票风险要求有高套换率或高 δ 系数。交易时有转换价值溢价的可转换债券因其有与债券相似的保障性而大大增值。因此，较低的 δ 系数或套换率是必要的。

然而，转换率较高的可转换债券更像固定收益证券，因此相比有较高股票风险的债券，其利率风险更高。这种风险必须通过出售利率期货、利率掉期或其他债券来管理。此外还应该注意的是，应对股票风险和利率风险的套换率不是一成不变的，它是随着标的股票价值及利率的改变而改变的。因此，对冲基金管理机构必须不断调整套换率以确保套利保持不变。

也许这一切听起来很复杂，但这正是对冲基金管理机构的生意经。它们利用先进的期权定价模型和利率模型跟踪可转换债券所有的变动部分。对冲基金管理机构套利赢利的方法是找到可转换债券与其组成部分之间的价格差异，然后持续监测这些组成部分，观察这些组成部分与可转换债券之间的关系是否有变化。

看看下面的例子：某对冲基金管理机构购买了 10 只可转换债券，面值为 1 000 美元，息票率为 7.5%，市场价格为 900 美元，债券转换率为 20。转换率是根据标的股票的当前价格（45 美元/股）和可转换债券的当前价格计算的。债券的 δ 系数或套换率为 0.5。因此，要对冲这些可转换债券的股票风险，该对冲基金管理机构必须卖空如下数量的标的股票：

债券数 10 × 转换率 20 × 套换率 0.5 = 股票 100 股

为了套利，该对冲基金管理机构购买 10 只可转换债券，出售 100 股股票。股票风险对冲后，可转换债券变成传统的息票率为 7.5% 的固定收益证券。

此外，该对冲基金管理机构赚取了股票卖空后现金收益的利息。这就是所谓的"卖空返还款"。现金收益属于该对冲基金管理机构的一级经纪人，但该对冲基金管理机构有权获得卖空所得现金结存的利息（卖空返还款由对冲基金管理机构和一级经纪人协商决定，通常大型、完善的对冲基金管理机构能够得到较多的卖空返还款）。假设该对冲基金管理机构获得 4.5% 的卖空返还款。因此，如果该对冲基金管理机构持有可转换债券套利头寸一年，那么它希望获得的不仅是债券头寸买空的利息，还有股票头寸卖空的利息。

这种套利的关键是债券的价格可能会改变，标的股票的价格也可能会改变。假设股票价格上涨到 47 美元/股，可转换债券价格上涨到 920 美元。如果该对冲基金管理机构在持券期间未调整套换率，这种套利的总利润计算如下：

债券增值：10 × （$920 − $900） = $200

股票增值：100 × （$45 − $47） = − $200

债券利息：10 × $1 000 × 7.5% = $750

卖空返还款：100 × $45 × 4.5% = $202.50

总计： $952.50

如果该对冲基金管理机构未举债支付这 10 只债券，则持券期间的利润率是：

$952.50 ÷ $9 000 = 10.58%

假设标的股票的价格从 45 美元/股降到 43 美元/股，可转换债券的价格从 900 美元下降到 880 美元。该对冲基金管理机构获得的利润计算如下：

债券增值：10 × （$880 − $900） = − $200

股票增值：100 ×（$45 - $43）= $200

债券利息：10 × $1 000 ×7.5% = $750

卖空返还款：100 × $45 ×4.5% = $202.50

总计：$952.50

这个例子说明，有确定的 δ 系数或套换率，可转换债券套利对冲基金管理机构就应该不受标的股票价格变化的影响，因此不管股票价格上涨或下跌，预期收益应该都是相同的。

假设该对冲基金管理机构用 4 500 美元的初始投资和 4 500 美元的借款购买这些可转换债券，并且进一步假设该对冲基金管理机构是从其一级经纪人手中以 6% 的最优惠利率借入这笔资金以追加投资资本，那么总利润计算如下：

债券增值：10 ×（$920 - $900）= $200

股票增值：100 ×（$47 - $45）= - $200

债券利息：10 × $1 000 ×7.5% = $750

卖空返还款：100 × $45 ×4.5% = $202.5

借款利息：6% × $4 500 = - $270

总计：$682.5

资本总利润率为 $682.5 ÷ $4 500 =15.17%。

可转换债券的举债金额与买空头寸和投资组合目标的规模成正比。在前面的例子中可以看到，在购买可转换债券时使用 2∶1 的保守杠杆率是如何给该套利策略增加了近 500 个基点的，并使总利润率相当于可转换债券息票利率的两倍。

不难理解，对冲基金管理机构为何总试图使用杠杆，因其所赚利润的每个额外基点都可以让对冲基金管理机构赚取奖金。此外，杠杆是把双刃剑，既能扩大损失又能增加收益。尽管如此，即使杠杆率对对冲基金管理机构不利，但它们也不会蒙受损失。换句话说，对冲基金管理机构使用杠杆只会赚不会赔。

卖空策略也必然使用杠杆，因为必须借入标的股票卖空头寸。可转换债券套利的举债金额可以是投入资本的 2 ~6 倍。这似乎很多，但已低于其他形式套利的举债金额。

利用可转换债券套利赚取利润有一系列风险，例如：（1）流动性风险（可转换债券一般作为私募证券发行）；（2）信用风险（可转换债券通常是由达不到投资等级的公司发行的）；（3）事件风险（发行公司可能被降级或宣告破产）；（4）利率风险（作为一种债券，可转换债券会有利率风险）；（5）负凸性风险（大多数可转换债券可随时赎回）；（6）模型风险（将与可转换债券相关的所有变化部分放入模型很复杂）。只有当使用杠杆时以上风险才会上升。

由于可转换债券套利对冲基金管理机构通过 δ 系数中性对冲避免股票风险，美国股市的影响应该微乎其微。此外，承担上述所有风险，可转换债券套利对冲基金管理机构应该能赚取美国国债的收益溢价。

市场中性

市场中性对冲基金也可以做买空卖空交易。其特殊性在于市场中性对冲基金保持综合投资组合，目的是中和市场风险。这意味着在普通股票市场保持中立，并且使各行业的证券风险中和。证券选择是关键。

市场中性对冲基金管理机构一般遵循“一个 α”规则。这意味着它们建立的是只产生一个 α 系数来源的综合投资组合。这与建立两个独立投资组合的股票买空/卖空对冲基金管理机构不同：一个买空，一个卖空，有两个 α 系数来源。建立综合投资组合旨在中和市场风险和行业风险，将精力集中放在股票选择上。换句话说，投资组合没有股票市场或任何行业的 β 系数测量出的风险，只有选股问题和 α 系数问题尚存。

市场中性对冲基金管理机构一般持有相同数量的股票多头头寸和股票空头头寸。因此，这些管理机构保持美元中性，没有买空、卖空市场净风险。此外，市场中性对冲基金管理机构一般不使用杠杆，因为杠杆没有市场风险。然而，在股票借入及卖空时往往要借款。虽然如此，这一策略的本质是没有信用风险。

一般而言，市场中性管理机构的策略有 3 个步骤，具体如下：

第一步，初步筛选“可供投资”的股票。这些股票在管理机构所在地的交易所交易，有足够的流动性可以快速买入和卖出头寸，而且有足够的浮动性，因而可以从对冲基金管理机构的一级经纪人手中借入这些股票建立空头头寸。此外，对冲基金管理机构可能会限制股票资本总额的范围，比如限定在中盘股。

第二步，对冲基金管理机构通常会建立因子模型。因子模型通常被称为“α 工具”，其目的是发现影响股票价格的金融变量。这些自下而上的模型仅关注企业财务信息而不关注宏观经济数据，决定了对冲基金管理机构的选股能力。

第三步，建立投资组合。对冲基金管理机构将使用计算机程序来建立投资组合，建立的投资组合保持市场中性及行业中性。对冲基金管理机构可以使用商业“优化程序”——这种计算机软件可用来衡量市场风险，并能根据管理机构预期的市场风险生成可供执行的交易清单。管理机构还可使用自己的计算机算法来衡量及中和风险。

大多数市场中性管理机构使用优化程序中和市场风险及行业风险。然而更复杂的优化程序设法让投资组合保持几种风险因子中和。这些风险因子包括规模、账面价值、价格/收益比率、市场价格与账面价值的比率。这就是要确保任何可能危及投资组合中性的预期或未预期到的风险都不存在。可以预计，市场中性管理机构能够获得不受普通市场支配（它们在市场中保持中立）的收益。

统计套利

统计套利对冲基金管理机构与股票市场中性对冲基金管理机构相似。它们关键的区别在于定量投入的量不同。股市中性更多以基础研究为基础，而统计套利则完全由定量因子模型驱动。

这些管理机构运用数学分析，根据若干定量因素审查公司过去的业绩。例如，这些管理机构有时建立回归模型来确定市场价格与账面价格之比（价格/账面价值）对股市及不同市场领域或经济部门中公司的影响，或者它们可以分析股息率变化对股票价格表现的影响。

用线性和二元回归方程识别一贯对股票价格有影响的经济因素，这个过程与已讨论过的股票买空/卖空对冲基金管理机构相关的过程类似。事实上，这两种策略在选股方法上非常相似。区别是股票买空/卖空对冲基金管理机构往往面临市场净买空风险，而市场中性对冲基金管理机构不会面临这种风险。

建立α工具的关键是用定量模型分析以前的股票价格表现，看看是否可以预测某公司股票未来的涨跌情况。如果用历史数据实验证明该模型有效，对冲基金管理机构之后就会对该模型进行“样本外”测试。这要用没有在模型建立阶段使用过的历史数据子集来测试模型。

如果某对冲基金管理机构确定了一个成功的定量策略，就会自动使用相关模型。模型会生成买卖订单，订单生成之后会提交给订单处。实际上，对冲基金管理机构会对模型加以限制，比如最大卖空风险或建立股票头寸使用的最高资本限额。此外，定量对冲基金管理机构通常会进行质量监督以确保模型运行稳定。

统计套利程序往往被贴上“黑箱模型”的标签。这是一种缺乏透明度的复杂计算机算法。与这种投资策略相关的透明度缺乏有两种形式：第一，对冲基金管理机构本来就守口如瓶，它们不愿意透露自己专有的交易程序；第二，即使对冲基金管理机构透露其专有计算机算法，这些算法往往也太高级、太复杂，让人难以理解。

需要注意的是，这种策略并不会卷入起伏不定的股市周期。它能获得稳定的收益，虽然收益不如股市收益多，但还是能超过美国国债收益。请记住，这一策略的目标是中和市场风险，并从同一行业或部门的股票之间的微小价格差异中获利，关键是要获得稳定的利润，避免下大的赌注。

相对值套利

相对值套利称为综合套利可能更好。这是因为相对值套利对冲基金管理机构使用的投资策略很广泛，各种套利策略都有涉及。最知名的相对值套利经营者是美国长期资本管理公司，该公司的交易策略涉及兼并套利、固定收益套利、波动率套利、存根交易和可转换套利等。

一般而言，相对值套利对冲基金管理机构的策略用于投资差价交易：当两种证券之间的经济关系（即“差价”）错位时，买进一种证券的同时出售另一种证券。价格差异可能以历史平均水平或数学公式为基准。在这两种情况下，相对值套利对冲基金管理机构购买“便宜”的证券并出售“贵”的证券。因为某种证券是“便宜”还是“贵”是以另一种证券衡量的，所以这种套利称为相对值套利。因此，相对值套利对冲基金管理机构并不直接赌金融市场。相反，它们主要赌两种证券的定价关系。

相对值套利对冲基金管理机构试图消除金融市场对它们投资策略的影响。做到这一点很简单，同时购买和出售类似的证券就可以。因此，每种证券的市场风险应该都可以被消除。任何其他风险都可以通过使用期权或期货来中和。最后只剩下证券选择：购买相对便宜的证券并出售相对昂贵的证券。当这两种证券之间的差价恢复正常时，相对值套利对冲基金管理机构就可以出清头寸并获利。

我们已经讨论过固定收益套利、可转换债券套利和统计套利。相对值套利的另外两种通用形式是存根交易和波动率套利。

存根交易是一种以股票为基础的策略。很多时候有些公司收购其他公司的大多数股份，但这些公司的股票价格并不能充分反映其从收购公司获得的利益。举个例子，A公司的股票交易价格是50美元/股。A公司拥有B公司的大多数股份。B公司保留已发行股票（或存根），交易价格是40美元/股。A公司的价值应该是A公司自有股份（估计每股45美元）与所持有的B公司大多数股份（估计每股8美元）价值之和。因此，相对于B公司给A公司股票增加的价值而言，A公司的股票价格较低。A公司的股票价格应该在53美元/股左右，但实际交易价格为50美元/股。投资策略应该是购买A公司的股票并以适当的比例出售B公司的股票。

假设A公司在B公司的所有权贡献了A公司合并经营收益的20%。那么，B公司的股票应贡献A公司股票价格的1/5。合适的对冲比例应该是4股A公司股票比1股B公司股票。

套利策略如下：

购买4股A公司股票：4 × \$50 = \$200

出售1股B公司股票：1 × \$40 = \$40

相对值套利管理机构现在买空A公司股票以避免B公司股票价格波动带来的损失。假设在3个月的时间里B公司的股票价格上升到每股42美元，A公司的业务价值保持45美元/股不变，那么A公司的股票价格恰恰能够反映B公司业务做出的贡献。头寸价值如下：

A公司业务价值：4 × \$45 = \$180

B公司业务价值：4 × \$42 ×20% = \$33.6

卖空B公司股票的损失：1×（$40－$42）＝－$2

B公司股票卖空返还款：1×$40×4.5%×3/12＝$0.45

总计：$212.05

初始投入资本是200美元，3个月里的收益为12.05美元，收益率为6.02%。假设B公司的股票价格下跌到30美元，但B公司的业务在A公司的股票价格中估价良好。头寸的价值如下：

A公司业务价值：4×$45＝$180

B公司业务价值：4×$30×20%＝$24

卖空B公司股票的损失：1×（$40－$30）＝$10

B公司股票卖空返还款：1×$40×4.5%×3/12＝$0.45

总计：$214.45

初始投资资本为200美元，3个月里的收益为14.45美元，收益率为7.22%。存根交易不是套利。虽然B公司股票的价值被对冲，但对冲基金管理机构必须在市场承认A公司股票的正常价值之前继续持有A公司股票头寸。

波动率套利涉及期权和认股证交易。期权价格的组成中有一部分价格用于波动。也就是说，可以观察某期权的市场价格并通过使用各种期权定价模型将当前价格中隐含的波动价值抽离。套利者可以比较 同一标的股票的各种期权以确定其价格隐含的波动率是否相同。

期权定价模型分析出的隐含波动率应是标的股票的预期波动率，可以在期权使用期限内实现。因此，同一标的股票的两种期权应有相同的隐含波动率。如果不相同，就有套利机会。此外，如果标的股票的隐含波动率与历史波动率大不相同，相对值套利者会希望隐含波动率回到历史平均水平。

通常有两种波动率套利模型可以使用。第一个模型是平均回归模型。这种模型将当前期权价格中的隐含波动率与标的证券的历史波动率做对比，希望当前期权价格反映出的波动率能恢复到历史平均水平，期权价格也做出相应调整。

第二种波动率套利模型采用一种统计方法，被称为广义自回归条件异方差（GARCH）。GARCH模型利用已实现的波动率的历史数据点来预测将来的波动率，之后再将对冲基金预测数据与当前期权价格隐含的波动率做对比。

这两种模型能让对冲基金管理机构确定哪些期权价格“便宜”，哪些期权价格“昂贵”。相对值套利对冲基金管理机构再次出售那些隐含波动率高于历史波动率的期权，购买那些波动率低于历史波动率的期权。

投机型对冲基金策略

根据对相对值套利对冲基金综合性的评论，这些策略在金融、商品和期货市场的任务最广泛。这些无所不包的任务可能会把赌注押在货币、股票或多样化投资组合上。

全球宏观

顾名思义，全球宏观对冲基金在投资策略中采用了全球宏观经济方法。这些采用自上而下方法的管理机构投机性地投资金融市场、货币、国家边界和日用品，并根据对利率变化、汇率波动、货币政策及宏观经济指标的预测大量持仓。

全球宏观对冲基金管理机构的投资范围最广。它们不受市场领域或行业部门的限制，也不受地理区域、金融市场或货币的限制。全球宏观管理机构还可以投资商品。

事实上，全球宏观对冲基金中的基金提供了最多样化的投资策略。

全球宏观对冲基金往往拥有投资者的大量资金。这对执行其宏观经济策略而言是必要的。此外，这些基金可以使用杠杆来扩大宏观赌注的规模。因此，全球宏观对冲基金往往得到金融市场最高的关注和最多的宣传。

对冲基金中最让人熟知的是乔治·索罗斯经营的量子对冲基金。该基金在 1992 年赌英镑贬值（事实也如此）获得巨额利润，这是有据可查的。该基金还被谴责为 1997 年秋天的“亚洲金融风暴”推波助澜，当时泰国政府将其货币泰铢贬值，引发东南亚货币走势的多米诺骨牌效应。

但是近年来全球宏观对冲基金不景气。原因之一是许多全球宏观对冲基金遭到 1998 年 8 月俄罗斯证券违约危机及 2000 年 3 月科技股泡沫破灭的重创。这两大事件使全球宏观对冲基金蒙受重大损失。第二个原因是全球宏观对冲基金所使用的对冲基金策略最广泛。广泛投资于货币、商品、金融市场、地理边界及时间区域是一把双刃剑。一方面，它使全球宏观对冲基金能实施策略的范围最广。另一方面，它缺乏重点。越来越多的金融机构投资者进入对冲基金市场，他们要求有更佳的投资重点而不要自由投资。

基金中的基金

最后谈一谈组合对冲基金。这是将资金投资到其他对冲基金的对冲基金。这些机构实行战术性资产分配，当认为某些对冲基金策略优于其他对冲基金策略时会重新分配各对冲基金策略涉及的资金。举例来说，在 2000 ~ 2002 年的熊市期间，卖空策略在所有对冲基金策略中表现最好。基金中的基金常用的其他策略有全球宏观、固定收益套利、可转换债券套利、统计套利、股票买空/卖空及事件驱动等。

基金中的基金的一个缺点是双重收费。除了对冲基金管理机构要支付管理费和奖金以外，组合对冲基金的投资者通常还要向组合对冲基金管理机构支付管理费和利润分成。这种双重收费使基金中的基金管理机构很难很好地实施某些更积极的策略。然而，这种平衡能较好地控制多样化投资组合的风险。

对冲基金应该是投资计划的组成部分吗

已有大量研究用于检验几种对冲基金类型的回报潜力。此外，多项研究将对冲基金放在投资组合中考察，也就是说，将对冲基金与其他资产类别混合在一起。

有关对冲基金的研究反映了对冲基金的两大关键条件，具体如下：

第一，1989~2000年期间，对冲基金的回报是绝对的。回报最高的是全球宏观对冲基金，回报最低的是卖空对冲基金。并非所有类别的对冲基金都能超过标准普尔（S&P）500指数。然而，在许多情况下，对冲基金回报的波动率低于标准普尔500指数的波动率，这就造成了较高的夏普比率。

第二，实证研究表明对冲基金提供了良好的多样化利益。换句话说，对冲基金对冲了其他金融资产。对冲基金与标准普尔500指数的相关系数是从-0.7（投资美国市场的卖空对冲基金）到0.83（投资美国市场的投机对冲基金）。对冲基金与金融资产不完全正相关表明对冲基金可以扩大资产管理的有效边界。

总之，最近关于对冲基金的研究显示对冲基金与传统资产类别的相关性较低，有稳定积极的业绩，其可以扩大投资者的投资机会集，提高回报并提供多样化利益。

对冲基金的业绩稳定吗

这个管理机构是否可以再现过去的良好业绩呢？这是个不单针对对冲基金，而是与所有资产管理机构有关的老生常谈的问题。这个问题对对冲基金市场而言尤为尖锐，原因有两个：第一，对冲基金管理机构通常声称它们的收益源于其使用的技巧，而不取决于一般金融市场的状况；第二，与传统货币管理机构相比，对冲基金管理机构的跟踪记录往往更少。

不妙的是，有关对冲基金管理机构业绩持续性的证据很混杂。解答这个问题的少数实证研究证明，对冲基金管理机构能否获得持久业绩的证据并不充分。部分原因是大多数对冲基金管理机构的记录很少。3年或5年的记录对估算准确的预期回报或对冲基金管理机构的风险而言太少了。

此外，对冲基金管理机构声称以技术为本，因此评估其业绩的难度比用基准评估的难度要大。如果没有基准指数用来做比较就很难确定对冲基金管理机构的业绩是高于还是低于其业绩“定额”。因此，在得到对冲基金管理机构更多业绩记录数据之前，对冲基金管理机构业绩的持续性仍旧是个悬而未决的问题。

对冲基金投资策略

前面的讨论说明对冲基金可以扩大投资者的投资机会集。现在问题是对冲基金投资计划要完成什么任务？策略可能只是对额外收益来源的搜索，也有可能用于风险管理。不论目的如何，对冲基金投资计划可以考虑使用3种策略中的一种。套利基金可以选择投机型对冲基金并将其作为组合对冲基金或一种绝对回报策略。第四种可用的策略是联合投资，投资者为新的对冲基金管理机构提供原始资本和投资资本，以此获得专业的对冲基金管理并分得“一杯羹”。

投机型对冲基金投资

对冲基金这个词可能会让人误解，其实不一定要对冲投资组合。相反，对冲基金可以用来扩大投资机会集。这是对冲基金的投机属性——它可以为投资者提供不能从传统单纯买空投资中获得新的投资机会。

对投机型对冲基金投资的理解有几种方式，其中一种是许多对冲基金管理机构可以通过专注于某个部门或市场的策略来使现有投资组合增值。这些管理机构不赚取可携α收益，而是通过运用高级技巧或知识来缩小市场和策略的范围，并由此获得市场收益。

假设有一个专注于生物技术行业的投资组合管理机构，该机构跟踪该行业多年，并已开发出一个鉴别赢家和输家的高级信息集。在单纯买空方面，该机构会购买它认为会增值的股票，避免买入那些它认为会贬值的生物技术股。然而这个策略并没充分发挥高级信息集的作用。对冲基金同时买空、卖空生物技术股票是使该管理机构信息集价值最大化的唯一方法。因此，生物技术股对冲基金提供了一个新的机会：从生物技术股市场买空和卖空中获取价值。

这种策略的目标是确定现有投资组合涉及的特定经济部门或特定细分市场中最好的这些管理机构能够提高现有投资组合的风险—收益平衡性，而不是套利。

投机型对冲基金往往有一个基准。以生物技术股买空/卖空对冲基金为例。美国证券交易所生物技术股指数包含17家生物技术公司，是一个合适的基准。另外，如果投资者认为生物技术部门的业绩会优于普通股票市场，投资者可以使用更广泛的股票指数做基准，如标准普尔500指数。问题在于投机型对冲基金不是绝对回报机构（稍后讨论），它们的业绩可以用基准衡量。

另一个例子是大多数金融机构投资者证券投资组合涉及的范围很广。投资组合可能包括指数基金、对外价值及成长型管理机构，还可能有私募股权投资。但是这种投资组合中存在投资差距。例如，很多对冲基金将后期私募投资与公开发行的证券结合起来。这些混合基金是机构投资组合的自然延伸，因为它们将私募股权和指数基金之间的差距连接起来。因此找到了一个新的机会：在一个投资策略中混合私募股权和公开发行证券的能力。

另类“资产”其实是另类投资策略，这些另类策略可用来扩大而非限制投资机会集。总之，对冲基金的选择不一定会降低现有投资组合的风险，但有可能补充投资组合的风险和回报属性。投机性投资旨在选出可以提高涉及面更广泛的投资组合中业绩的对冲基金管理机构。

还有另一种方式来理解投机型对冲基金投资。投机型对冲基金是成品，因为其投资策略或细分市场补充了金融机构投资者现有的资产分配。换言之，这些混合型基金可以填补现有投资组合的空白。这些机构没有额外的工作要做，因为混合产品的增加已扩大了投资机会集。这些“空白”可能存在于国内股票、固定收益或国际投资之中。此外，由于投机型对冲基金是成品，确定业绩基准就更容易。

构建对冲基金投机型投资组合取决于投资计划运作所受的限制。例如，如果投资者的对冲基金计划不受范围或结构的限制，对冲基金跨结构的多样化组合是可行的。但如果对冲基金的范围局限于扩大的股票投资机会集，策略中选择的多样性就会被削弱。表7.1显示了这两种选择。

表7.1　实施投机型对冲基金策略

多样化对冲基金投资组合	股票对冲基金投资组合
股票买空/卖空	全球宏观
卖空	固定收益套利
市场中性	相对值套利
兼并套利	市场时机把握者
事件驱动	
可转换债券套利	

组合对冲基金

组合对冲基金是对一组（5～20以上）对冲基金的投资。组合对冲基金的目的是降低任一对冲基金管理机构的特殊风险。换句话说，多数对冲基金是安全的。这就是对冲基金市场的现代投资组合理论（MPT）。多样化是MPT基本原理之一，既适用于股票和债券，也适用于对冲基金。

绝对回报

对冲基金通常被描述成绝对回报产品。绝对回报这个词来自该行业以技巧为基础的特性。对冲基金管理机构普遍宣称其投资回报源于证券选择技巧而非广泛资产类别组合技巧。这是因为大多数对冲基金管理机构构建由相对较少的投资头寸组成的集中型投资组合，而不去跟踪股票指数或债券指数。威廉·冯和大卫·谢（1997）的著作中表明对冲基金产生的回报与共同基金产生的回报大不相同。

此外，由于对冲基金管理机构的运作环境普通未受管制，因而它们比传统只做多头的管理机构在交易方式和实施方面有更大的灵活性。这种灵活性使对冲基金管理机构更有可能达到收益目标。因此，对冲基金经常被描述成无论市场指数反映的业绩情况如何都能瞄准特定年收益率的绝对回报机构。

所有传统的只做多头的管理机构以某些消极指数为基准。设定基准的本质是让管理机构不得不专注于所设定的基准以及与基准相关的跟踪误差。对设定基准的关注导致原本活跃的管理机构将投资组合的很大一部分用于跟踪基准。因为考虑每笔交易对投资组合与基准之间跟踪误差的影响会降低投资管理机构的灵活性。

此外，只做多头的活跃的管理机构卖空证券的能力有限。它们可能只会“做空”某证券使其达到基准指数的权重。如果证券只是指数中很小的一部分，这些管理机构卖空这些股票就会更为艰难。由于无法以高于基准的权重卖空证券，所以管理机构在市场中失去了大量赚取差价的机会。此外，只做多头的管理机构不仅无法利用标价过高的证券，也不能充分利用定价低的证券，因为它们没有必需的空头头寸来平衡过多的高价证券。

对冲基金管理机构的灵活性使其可以不受基准限制进行买空卖空，这让它们可以设定目标回报率或“绝对回报”。

绝对回报计划必须设定具体参数。这些参数将指导对冲基金计划的构建和实施，参数中应包括风险和回报目标以及可能选择的对冲基金策略类型。绝对回报参数有两个层面：单个对冲基金管理机构层面及整体对冲基金计划层面。投资者为每个对冲基金管理机构设定目标回报范围，还要为绝对回报计划设定具体的目标回报水平。单个管理机构的参数可能与计划的参数有所不同。例如，单个对冲基金管理机构可接受的波动率水平可能高于绝对回报计划可接受的波动率水平。

对冲基金管理机构的计划参数可以以波动率、预期回报、交易证券类型、杠杆率、历史下降水平等因素为依据，也可以包含跟踪记录时长、周期流动性、最小投资、被管理资产等其他质量因素。流动性尤其重要，因为投资者需要确切了解对冲基金回报减少时绝对回报计划付现的时限。

表7.2显示了一个绝对回报计划策略。请注意，该投资组合的目标回报率是15%，而单个对冲基金的目标回报率是10%～25%。此外，该绝对回报投资组合有风险及下跌

的目标水平，而单个对冲基金的风险及下跌水平有一个可接受的范围。但也有些参数是相同的，例如，绝对回报投资组合的流动性必须与单个对冲基金管理机构的流动性相同。

表 7.2 绝对回报计划策略

绝对回报投资组合	单个对冲基金管理机构
目标回报率：15%	目标回报率：10% ~25%
目标风险率：7%	目标风险率：5% ~15%
可接受的最大下跌率：10%	最大下跌率：10% ~20%
流动性：一年两次	流动性：一年两次
对冲基金类型：股票	对冲基金类型：股票买空/卖空、市场中性、兼并套利、卖空、事件驱动、可转换套利
跟踪记录时长：3 年	最短跟踪记录时长：3 年

原因是投资者要变现投资组合时，不可能接受流动性有一个范围。投资者必须能在所设定的投资组合流动时限内让每个对冲基金兑现。

选择对冲基金管理机构

对冲基金行业仍然是一个比较新的行业。大多数有关对冲基金的学术研究都是在20 世纪 90 年代进行的。因此，对大多数对冲基金管理机构而言，2 ~3 年的跟踪记录已经算是长期记录了。事实上，帕克、布朗和戈茨曼（2001）发现，对冲基金行业的损耗率约为每年 15%，对冲基金的半衰期约为 2.5 年。梁兵（2001）证明对冲基金每年的损耗率为 8.54%。韦斯曼和阿伯内西（2000）指出依赖对冲基金管理机构过去的业绩档案可能会导致令人失望的投资结果。因此，业绩档案虽然有用，但选择对冲基金管理机构时并不能完全依赖业绩档案。

除了业绩数据，在初步筛选过程中每个对冲基金管理机构还有 3 个基本问题需要回答。这 3 个问题对了解对冲基金管理机构投资计划的性质而言至关重要，具体如下：

1. 该对冲基金的投资目标是什么？
2. 该对冲基金管理机构的投资流程是怎样的？
3. 是什么使该对冲基金管理机构如此精明？

第一，对冲基金管理机构应对其投资目标有一个明确、简洁的说明。第二，对冲基金管理机构应确定其投资流程。例如，是定量投资还是定性投资？第三，对冲基金管理机构必须证明自己比其他投资管理机构更精明。

这些问题是基本问题，是缩小对冲基金管理机构选择范围的筛选工具。但是，这些问题并不能替代全面的尽职审查。

投资目标

对对冲基金管理机构投资目标的疑问可以分成以下3个问题：

1. 该对冲基金管理机构投资于哪个市场？
2. 该对冲基金管理机构总的投资策略是什么？
3. 该对冲基金管理机构的基准是什么（如果有的话）？

虽然这些问题看似简单，但往往很难回答。看看以下某对冲基金公开文件中的文字：

> 本基金的主要目标是资本增值，主要途径是购买和出售证券、商品及其他金融工具，包括但不仅限于公司、市政府、主权国家或其他机构发行的股票、债券、短期债券、公司债券、票据；期权、认股权证、可转换债券、可交换证券、综合和/或结构化可转换或可交换产品、参股收益、投资合同、抵押借款、抵押借款和资产抵押证券、房地产及房地产收益、货币、其他期货、商品期权、远期合同、货币市场工具、银行票据、银行担保、信用证、其他形式的银行债务；其他互换和其他衍生工具；有限合伙公司利息及其他有限合伙公司证券或工具；与前项相关的合同；以上所述业务现在存在或在将来开展。

现在从投资目标的3个问题着眼来分析以上说明。

问题1：该对冲基金管理机构投资于哪个市场？回答：所知的所有存在的市场。

该对冲基金管理机构列出了目前存在的（或将来可能存在的）各种金融产品、商品或投资合同，涵盖了所有选择，但却让投资者一头雾水。该对冲基金管理机构未对可能的投资领域设限制，这不利于缩小该机构投资目标的范围。

问题2：该对冲基金管理机构总的策略是什么？回答：资本增值。

这个答案依旧没有意义。罕有投资者投资对冲基金是为了资本贬值。一般来说，对冲基金不作为避税的手段。此外，许多金融机构投资者是免税的，因此无须考虑纳税问题。大多数投资都是为了资本增值，包括对冲基金投资。这个回答太过于笼统，不能说明问题。

问题3：该对冲基金管理机构的基准是什么（如果有的话）？回答：没有有效的基准。该管理机构的投资领域太广，任何基准都无效。

以上公开文字虽然很详细，但有效的信息却很少。说明涵盖了该管理机构所有合法交易项目，但没有向投资者提供有效信息。

该管理机构属于哪一类对冲基金呢？该对冲基金的投资目标如此广泛，应属于全球宏观对冲基金。因为它的投资领域太广，不可能是套利基金；同理，它的策略太宽泛，不能当作股票买空/卖空计划。所以，唯一合适的类别是全球宏观对冲基金。

与此相反，看看下面另一个对冲基金公开文件中的文字：

> 本基金的投资目标是投资长期回报高于美国公开股票市场整体回报水平的公开发行证券，同时通过选择性空仓降低投资组合的市场风险。

这一句话回答了全部有关投资目标的3个问题：第一，该管理机构确定投资美国公开股票市场；第二，该管理机构透露会使用买空/卖空投资策略；第三，该管理机构说明其目标是超过美国股市的整体回报水平。因此，标准普尔500指数、罗素1000指数或某部门指数都可能是合适的基准。

可以确定，该对冲基金使用股票买空/卖空策略，采用这种策略的主要目的是承担市场风险而非信贷风险。

总之，长篇大论的公开说明没有必要，深思熟虑的投资策略可以用一句话概括。

投资流程

大多数投资者喜欢投资机构有一个说明如何投资的明确投资流程。这个流程的连接和记录与该流程产生的投资结果一样重要。看看下面另一对冲基金公开文件中的文字：

> 本机构在制定、实施许多投资决策时广泛应用计算机技术。在许多情况下，购买和出售决策的制定和实施以本机构计算机设备或其他用来支持本基金交易活动的计算机所运行的计算机分析软件中的定量分析交易策略为依据。

这是一个“黑箱”。黑箱是指对冲基金管理机构智能的算法延伸。计算机算法的开发量化了管理机构的技能或投资见解。

对黑箱管理机构而言，黑箱本身就是投资流程。这并不是说黑箱是不好的投资。事实上，有关对冲基金的研究表明，专有定量交易策略可以相当成功。但问题是业绩良好是否就能证明没有明确的投资流程也可以呢？

黑箱计划往往用于套利或相对值对冲基金计划。对冲基金管理机构使用定量计算机算法，找出相似证券或投资合同之间的价格差异，出售“昂贵”的投资，买进“便宜”的投资。套利计划的本质是尽量减少市场风险，然后利用杠杆从较小的市场净风险中获取最高的价值。

黑箱仅是有关流程与投资结果的一个例子。对冲基金行业认为本行业是“以技巧为本的”。然而，将管理机构的技巧转化成流程很难。当对冲基金的业绩依赖特定某个人的技巧时情况更是如此。

再来看看另一个广为流传的以技巧为本的投资流程。2000 年春天，乔治·索罗斯管理的对冲基金失败，导致索罗斯基金管理公司的首席投资策略师斯坦利·德鲁肯米勒离职。《华尔街日报》（2000 年 5 月 1 日 C1 版）评述了该对冲基金集团的集中型技巧投资方式：

多年来，索罗斯基金管理公司形成了一种创业文化——一名员工骨干竭尽所能说服德鲁肯米勒先生进行投资。德鲁肯米勒先生没有震惊，但他可能非常固执。也许需要 3 天或 3 个星期才能说服他，也许根本没法说服他。

这个说明没有提到投资流程，而是对个人的描述。该对冲基金管理机构的投资分析和决策都集中由一个人来完成。这是一个“以技巧为本”的投资的完美示例。没有明显的投资流程，所有的信息都经由一个人的大脑来筛选。从本质上讲，金融机构投资者必须信任某个人的判断。

德鲁肯米勒先生任索罗斯量子基金公司经理时编制了一份出色的跟踪记录。然而，决策权集中带来的并不是经济风险，而是流程风险。

投资者应该接受的是经济风险而不是流程风险。索罗斯基金管理公司是一家著名的全球宏观对冲基金管理机构。全球宏观基金投资的主要风险是信贷风险和市场风险。

投资者一般都不愿意承担对其战术和战略资产分配无重大意义的风险。流程风险并非根本性风险，而是对冲基金管理机构结构及运营的特殊化风险。

一般而言，流程风险不是投资者愿意承担的风险，也不是投资者希望得到补偿的风险。此外，投资者如何给对冲基金管理机构的流程风险定价呢？这无法量化，也无法标准化。因此，没有办法判断一个金融机构投资者是否得到了合适的风险补偿。例如，帕克和史都（1998）论证多样化基金中的基金计划能基本消除特殊化流程风险。他们表明由 15 ~ 20 个对冲基金组成的投资组合可以消除对冲基金投资的许多特殊化风险。

流程风险还引出缺乏透明度这个问题。以技巧为本的投资通常是不透明的。关键人物的决策是定量的还是定性的？这无从得知。这与之前讨论过的黑箱问题类似。

总而言之，流程风险不可能被量化，也不是投资者愿意承担的风险。流程风险还引出有关透明度的问题。投资者要的是清楚明了而不是含糊不清。

是什么让对冲基金管理机构如此精明

投资者在对对冲基金管理机构进行投资之前，必须确定以下事项中的一项。其一，对冲基金管理机构必须能够证明它比其他管理机构更精明。比其他对冲基金管理机构精明的一个方法是拥有过滤信息的高超技巧。也就是说，对冲基金管理机构必须能够获得和其他管理机构一样的信息集，并能够从这些信息集中得到更多的投资见解。

其二，如果某对冲基金管理机构不比其他管理机构精明，它就必须证明它有更好的信息集；它的竞争优势不是过滤信息而是收集信息。为了取得成功，对冲基金管理机构必须证明自己拥有这两项竞争优势中的一项或两项。

一般而言，计算机驱动的定量管理机构符合第一个标准。也就是说，使用计算机模型的对冲基金管理机构获得和其他机构相同的信息集，并有比其他管理机构更好（更精明）的算法，即能够从单个信息单位中获取更多的价值。这些管理机构往往是相对值管理机构。

相对值管理机构获取价值的方法是比较两种证券的价格并据此同时买进和卖出。市场中的所有投资者都能获取这些信息。但是相对值管理机构能够迅速处理这些信息，锁定市场中出现的定价差别。这些套利策略使投资者要承担信贷风险。

将自己限于某一细分市场或部门的对冲基金管理机构通常符合第二个标准。它们有更大的信息集，因此它们在所选择的市场中有竞争优势。它们的优势是长年累月积累起来的专有信息集而不是专有数据筛选系统。

以下是某对冲基金公开文件中的说明：

> 顾问希望投资集中在生物技术市场中的小盘股或中盘股公司，以此获得稳定的高回报。

这种类型的管理机构的竞争优势是它们拥有的有关特定经济部门及该部门特定细分市场（小盘股和中盘股）的知识。这种类型的管理机构承担的市场风险往往高于信贷风险，并且一般采用股票买空/卖空策略。

识别某对冲基金管理机构的竞争优势是确定该对冲基金管理机构能否保持业绩的关键。之前已指出业绩的持续性是不能保证的。

因此，投资者不能依靠对冲基金的历史业绩数据来选拔好的管理机构、淘汰差的管理机构。此外，每个对冲基金公开文件中都含有与以下文字相似的文字：

> 过去的业绩不代表将来的结果。

本质上讲，这句话是要投资者忽略对冲基金管理机构过去的业绩。

为了评估业绩持续的可能性，投资者必须确定对冲基金管理机构是信息采集者还是信息筛选者。以下是某对冲基金公开文件中的文字：

> 普通合伙人公司将利用自己的专业知识、人际关系及用11年时间建立起来的数据库来鉴别公司的投资理念，并分析这些投资机会，采用其已证实有效的方法及其他方法来确定价值。

该对冲基金管理机构拥有开发超过11年的高级信息集。该管理机构是一个信息采集者，在特定市场部门采用股票买空/卖空策略。

最后来看一下某兼并套利对冲基金管理机构的公开文件中的文字：

> 本调研集团的团队由经验丰富的“兼并和收购”律师组成，他们非常了解交易周期，拥有美国各州公司法、美国及外国涉及代理竞争的证券法、（美国和欧盟）反托拉斯法方面的丰富经验，已向监管机构提交相关文件并已完成多种兼并收购交易。

该对冲基金管理机构是一个信息筛选者。它的专长是分析涉及兼并的未解决的法律和监管问题，并测定兼并交易完成的可能性。

总之，应该了解的是成功的对冲基金管理机构竞争优势的确切性质，也知道如何利用其竞争优势。

第8章 风险投资简介

【摘要】私募股权部门购买私募股票或与非上市但有望上市的公司股票挂钩的证券，或为可能想私售股份的上市公司（或分支机构）提供资本。这两种情况的关键点是所购证券的私有性质。根据定义，私募股权是不公开交易的。因此，私募股权投资不能立即兑现。私募股权市场的投资者必须有长期投资的准备——投资年限可能长达5～10年。私募股权是一个统称，包括市场中私募投资的4种不同战略：第一种是风险投资，这是初创公司融资；第二种是杠杆收购（LBO），上市公司购回其所有已发行股份并将这些股份转变为股权不公开的公司；第三种是夹层融资，这是私募债务和股权融资的混合体；最后一种是不良债务投资。对陷入困境的老牌（而不是初创）公司的私募股权投资是存在的。

私募股权与哥伦布美洲之旅一样古老。西班牙伊莎贝拉女王卖掉自己的首饰资助哥伦布的小型船队探险，哥伦布要以在美洲新大陆获得的战利品作为回报。这种风险很大，但潜在的回报更大。用一句话简单地总结私募股权市场：失败的风险很大，但有获得巨额收益的可能性。

一般来说，私募股权为未在任何交易所上市、不能通过公开股票市场筹集资本的公司提供长期股本基础。私募股本提供周转资金帮助股权不公开公司的成长和成功。这是一个长期投资过程，需要耐心的尽职调查和实际监控。

本章主要讲私募股本中最为人熟知的那些种类。风险投资是初创公司解决增资扩股问题的方法。这些公司没有足够跟踪记录吸引传统渠道（如公开市场或借款机构）的投资资本。制订商业计划的企业家需要投资资本来执行这些计划。然而，这些初创企业往往缺少可以作为借款抵押的有形资产。此外，初创公司在数年内不大可能产生正盈利。负现金流是公开股票市场、银行及其他借款机构不愿意提供资金支持商业计划的另一原因。

风险投资机构正是在这个新生行业中出现的不确定领域运作。风险投资机构购买尚未公开股权的公司的高级股权，以此为高风险、无流动资金、未经证实的商业计划提供资金。初创企业的产品未经考验，但只要有希望获得合理的回报，风险投资机构就愿意为这些企业提供资金并承担无流动性的风险。风险投资机构通常会设定33%或更高的目标收益率来支持它们所承担的风险。由风险投资支持的成功初创公司有思科系统公司、克雷研究所、微软公司和基因技术公司等。

本章首先介绍风险投资机构对筹集风险投资基金的初创公司的作用；接下来考察风险投资行业的核心——商业计划，然后考察该行业目前的结构；再接下来考察风险投资融资的不同阶段。

风险投资机构的作用

风险投资机构在该行业中有两大作用。从投资者那里筹集资金是第一个作用，第二个作用是将这些资本投资于初创企业。

风险投资机构不是被动投资者。它们一旦投资了一个公司就会以顾问的身份或该公司董事会董事的身份发挥积极的作用。它们监控该公司的发展进程，实施激励创办人和管理层的计划，并确立公司的财务目标。

风险投资机构除了提供管理见解，通常还有权雇用和解雇关键管理人员，包括公司创办人。它们还能提供与顾问、会计师、律师、投资银行家结识的机会，最重要的是能提供出售初创公司产品的机会。

本部分关注风险投资机构与其投资者之间的关系。下一部分将考察风险投资机构选择投资的过程。

风险投资机构与投资者的关系

在给初创企业投资之前，风险投资机构必然经历向外部投资者筹集资金的时期。大多数风险投资基金的构成形式是有限合伙公司，风险投资机构是普通合伙人，投资者是有限合伙人。每个风险投资基金首先要经历资金筹集的时期，然后才能将从有限合伙人那里筹得的资金用于投资。

风险投资机构是风险投资基金的普通合伙人。所有其他投资者是有限合伙人。作为普通合伙人，风险投资机构拥有全部经营管理权，能按照自己的意愿管理基金，但要服从基金文件中包含的协议中的限制条款。

风险投资行业在20世纪80年代到90年代成长和成熟起来，养老基金、捐赠基金、基金会、拥有高净值的个人等高级投资者开始要求将合同条款放在与建立和管理私募股权基金相关的文件和认购协议中。这些条款确保风险投资机构恪尽职守，为投资于风险投资基金的有限合伙人谋求最高利益。

这些保护条款可分成三大类投资者保护条款：（1）与基金整体管理相关的条款；（2）与普通合伙人活动相关的条款；（3）确定什么是可行投资的条款。

对风险投资基金管理的限制

通常情况下，最重要的条款涉及风险投资基金对某初创企业的投资规模。这通常按投资于该初创企业的资金的百分比计算。设立该条款的目的是确保风险投资机构不把资金押在单个投资上。任何风险投资基金都有不能带来回报的初创企业。这是可以预计到的结果。做多样性风险投资可以降低风险。

其他条款可能包括对风险投资机构利用债务或杠杆的限制。即使风险投资机构没有因举债使基金风险升级，风险资本投资的风险也已经够大了。

此外，风险投资机构控制的旧基金或新基金的共同投资可能受限。如果某风险投资机构对旧基金的投资很糟糕，当前基金的投资者就不愿该风险投资机构对糟糕的投资投入更多资金。最后，通常有关于利润分配的条款。当利润产生时，这样的条款对投资者获取利润是有利的。此外，已分配的利润会减少投入给风险基金的资金数额，从而减少支付给风险投资机构的费用。守住利润才能保证风险投资机构的经济利益，而投资者却想在利润产生时分得利润。

对普通合伙人活动的限制

对普通合伙人活动的首要限制是限制风险投资机构私募投资任何由风险投资基金资助的公司的投资金额。如果风险投资机构自己对一组选定的公司进行私募投资，这些公司可能会比风险基金所投资公司的投资组合更引人注意。

此外，普通合伙人向第三方出售从风险基金获得的普通合伙人利益通常会受到限制。这种交易可能会使普通合伙人不太有兴趣监控风险基金的投资组合公司并为其制定有效的退出策略。

另外两项条款是有关风险投资机构对风险基金的关注。首要的是要限制未来基金筹集的金额。筹资很耗费时间且分散注意力，这样风险投资机构用于管理基金投资的时间就更少了。此外，有限合伙人通常会要求普通合伙人花大量时间管理基金的投资，因此风险投资机构的外部利益有限或受限。

对投资类型的限制

一般而言，这些条款有助于让风险投资机构集中精力投资其最有把握的公司、行业及交易。因此可能会限制或禁止风险投资机构投资杠杆收购、其他风险投资基金、外国证券或超出风险投资机构专业知识领域的公司或行业。

风险投资费用

风险投资机构通过两种方式收取费用：管理费和特定比例的风险基金利润。管理费的范围从1% ~3.5%，大多数风险投资基金将范围定在2% ~2.5%。管理费是风险投资机构为风险投资基金寻找有吸引力的投资机会的酬劳。

关键的一点是管理费是根据承付资本金额而非已投资本金额而定的。看看下面的例子：某风险投资机构为其风险投资基金筹得1亿美元承付资本。管理费为2.5%。迄今为止只投资了筹得资金中的5 000万美元。即使并未投资所有的资本，风险投资机构收取的年管理费为250万美元，即1亿美元的2.5%。

下面分析一下这种费用收取方式的影响。即使有限合伙人至今未投资一分钱，风险投资机构也要从投资者签订投资风险基金的认购协议时开始收取管理费。此外，根据认购协议，风险投资机构为基金找到合适的投资时会利用认购期权要求投资者注入资金。这对风险投资机构而言是一宗好交易，有限合伙人资本的认购期权让风险投资机构获得大笔费用。这是种不错的商业模式，后面将讨论这种商业模式对杠杆收购基金的重大影响。

风险投资机构所获报酬的第二个部分是利润分成或奖金。这才是风险投资机构的生财之道。奖金是风险投资机构从风险投资基金利润中分得的一部分。奖金通常在 20% 左右，但较知名的风险投资基金收取的奖金可高达 35%。也就是说，最好的风险投资机构可获得风险基金利润的 1/3。

奖金对于风险投资基金而言是一种免费期权。如果风险投资机构为风险投资基金带来利润，它就可以获得一部分利润。如果风险投资基金亏损，则风险投资机构就不能获得奖金。这个期权对风险投资机构而言有重大价值，而且当用来衡量价值时，风险投资利润分成费对风险投资机构有一些有趣的刺激。

例如，提高认购期权价值的一个方法是增强标的资产的波动性。这意味着风险投资机构受到鼓舞，为使自己奖金的价值最大化，它们会利用风险投资基金的资产池做更大风险的投资。增加的风险可能违背有限合伙人保持低风险特性的意愿。奇妙的是，风险投资机构得到这笔奖金无须付出任何代价。事实上，风险投资机构除了获得风险基金利润的免费期权外，还得到管理费。正如前面提到的，这对风险投资机构而言是种不错的商业模式。

幸好在风险投资界对奖金有制约与平衡。即使不是百分之百，大多数风险投资有限合伙协议中会包括奖金的限制性条款。主要的条款有 3 项，具体如下：

第一，大多数风险投资合伙协议中包括回拨条款。回拨条款规定如果有限合伙人在风险基金终止/清算时仍赔钱或投资亏损，有限合伙人可以回拨之前支付给风险投资机构的奖金。这可以防止投资机构在有限合伙人未赚取利润的情况下赚钱。

第二，通常会有一个代管协议，风险投资机构奖金的一部分存于一个独立的代管账户中，到基金清算时才能取出。这再次保证了只有当有限合伙人获得利润时风险投资机构才能获得利润。如果每个有限合伙人都获得了利润，那么代管收益会发放给风险投资机构。

第三，通常有禁止条款。在承付资本还给有限合伙人之前禁止将利润分成费分配给风险投资机构。换言之，在风险基金利润分成之前必须首先将已投资本还给有限合伙人。有时候这项条款也规定风险投资机构在收取奖金之前，所有管理费都必须由有限合伙人收回。

有趣的是，这些类型的利润分成条款在对冲基金有限合伙协议中并没有出现。

商业计划

风险投资机构有两大支持者：一是投资者，二是初创投资组合公司。先前已经讨论过风险投资机构与投资者之间的关系。这一节将讨论风险投资机构如何选择适合风险基金的投资。

商业计划书是风险投资机构决定投资某初创公司时所要参考的最重要的文件。商业计划必须全面、条理分明、内部协调，必须明确经营策略，确定新公司将占据的领域，并说明占据这些领域所需的资源。

商业计划还必须反映初创管理团队制订和提出明智、战略性行动计划的能力。商业计划不仅要说明商业机会，还要让风险投资机构了解管理团队的生存能力。

最后，商业计划必须是现实的。所有商业计划都有一部分是对收入增长、现金消耗率、资金注入附加次数、预期盈利和/或首次公开募股（IPO）日期的设想。商业计划中定下的财务目标是必须要实现的。此外，商业计划中确定的财务目标可以成为管理层股权授予、推迟投资承诺解除以及董事会控制的重要条件。

本部分将概述初创企业商业计划的关键元素。这是风险投资行业的核心，是新观念诞生和提出资金投入之处。

执行摘要

执行摘要是商业计划的公开说明。在简短的摘要中，必须明确什么是初创公司的独特卖点，是新产品、销售渠道、制造工艺、芯片设计还是消费服务？不管独特卖点是什么，它都必须有清楚的说明，即使是非技术人员也能够理解（见英国风险投资协会，2004）。

执行摘要应迅速总结商业计划的 8 个主要部分：

1. 市场。
2. 产品或服务。
3. 知识产权。
4. 管理团队。
5. 经营和经营历史。
6. 财务预测。
7. 融资额。
8. 退出计划。

接下来简要说明商业计划中的各个部分。

市场

这里的关键问题是初创企业是否有切实可行的商业机会。首要的问题是是否已有市场存在。如果答案是肯定的，结果有好有坏。好的方面是其他人已经探明了商业机会，坏的方面是其他人已开发出能满足现有需求的产品或服务。

这就引出了竞争的问题。几乎每一种新产品在最初都有一些竞争。有种情况最不可能发生，即产品或服务极具创新性以至于没有任何形式的竞争存在。即使某初创企业是第一个进入市场的企业，商业计划中也必须解释现在如何用现有（但待完善）的解决方案来填补市场空白。

现存产品能从表面上说明市场需求，但初创企业必须说明其产品或服务如何对现有市场解决方案加以改进。此外，如果有现存产品，初创企业应进行直接的产品比较，对比的方面包括价格、质量、保修期、易用性、产品分销以及目标受众。

除了考察竞争情况，初创企业还必须说明其市场计划。市场营销计划必须包括3个要素：定价、产品分销和促销。

定价问题是十分清楚的。如果产品是首次推向市场，可以有一定溢价。此外，由于电子市场价格下跌非常快，初创企业必须说明其原始利润以及科技进步对这些利润产生的影响。

产品分销就是初创企业将产品推向市场。产品分销是通过批发商、零售商、互联网销售还是直销？是否需要销售人员？是否需要24小时咨询服务？此外，不同的分销渠道可能要求不同的定价。例如，批发商需要价格折扣，这样他们将产品出售给零售商时才能获得利润。不同的是，初创企业可能愿意向那些直接向初创企业订购产品的人提供折扣。

最后，初创企业必须说明其促销策略，应详述贸易展、互联网、大众传媒、搭售等促销方法。初创企业应说明其产品是销售给目标受众还是广大消费者。促销宣传材料和活动的费用必须作为商业计划的一部分进行估值。

产品或服务

对产品或服务的描述应围绕构成初创企业独特卖点的各个方面。此外，描述应使用浅显的语言，不烦琐，也没有通常会出现在技术产品说明中的术语。

事实上，有关商业计划的这一部分的关键内容是加强产品或服务的独特卖点。在市场中是否是新鲜事物？是否能以较低的价格获得？质量是否更好？用时是否更短？是否有更优质的客户服务？是否体积更小、更易操作……？这些卖点能形成竞争优势，在这些竞争优势的基础上可以产生新的产品或服务。

一次性单一产品是风险投资机构所关注的产品。随着市场中竞争的出现，优势不可避免会受到限制。因此，第二代产品的商业计划通常更受青睐。

知识产权

商业计划的第三个重要组成部分是对知识产权的说明。近年来大多数有风险资金流入的行业都与技术相关，如计算机软件、电信、生物技术和半导体等。

大多数初创技术企业及其他成长型部门的商业机会建立在专利技术申请之上。有一点很重要，初创企业对知识产权的申请和权利应是独立的。企业拥有的任何知识产权必须由第三方（通常是企业家和管理团队）明确无误地转让给企业。企业家仍拥有知识产权但许可初创公司使用知识产权的结构并不受风险投资机构的欢迎，因为许可协议会到期或终止，到那时风险投资机构只剩下初创公司的空壳。

一般来说，在投资初创公司之前，风险投资机构会进行专利和商标调查，咨询专利律师的意见，并可能请第三方对初创公司拥有的技术进行秘密评估。

此外，风险投资机构可能会要求关键员工签署无竞争协议，协议中他们同意在合理期限内不创办或加入与初创公司同一行业的其他公司。关键员工也可能被要求签署保密协议，因为保护初创公司的专利技术是成功的重要因素。

管理团队

风险投资机构为“想法”和“人”投资。风险投资机构一旦审查了初创公司的独特卖点，就会转向管理团队。理想情况下，管理团队应具有互补的技能：营销、技术、财务和运营。每个管理团队都有缺陷。商业计划必须详细说明如何弥补这些缺陷。

风险投资机构会密切审查管理团队中每个成员的履历，其中，学历、工作经验、介绍信都要审查。风险投资机构最看重的是管理团队的专业背景。已成功使曾管理过的初创公司首次公开募股的管理团队最受青睐。

一般来说，一个拥有良好商业计划的优秀管理团队比一个拥有优秀商业计划的良好管理团队更受青睐。世界上最好的商业计划也会败在执行不利上。因此，能够证明过去能遵循并执行商业计划的管理团队比拥有巨大商业机会但自身能力未经证实的管理团队更有机会成功。

然而，风险投资机构可以通过巨大的商业机会增值。如果商业机会巨大但管理团队能力不足，风险投资机构可以将自己的专业经验用于初创公司，还可以为初创公司引进其他经验更丰富的管理专家。虽然这样做常常会使风险投资机构与企业初创者之间产生一些摩擦，但最终的目标是为了赚钱。如果可以赚钱，妥协往往成为必要。

除了弥补管理团队的缺陷外，风险投资机构还需要完善初创公司的董事会。风险投资机构自己团队中的一员将占有董事会的一个席位。可以添加其他董事来弥补管理团队的缺陷，这些缺陷可能包括分销专门技术。此外，风险投资机构可能会邀请成熟公司高级管理人员加入初创公司的董事会，以便在初创公司准备寻找战略买家时提供业内联系人。而且，成功企业中经验丰富的董事会成员能在初创公司决定上市时证明初创公司的信誉。

最后，管理团队需要一位经验丰富的首席财务官（CFO）。首席财务官主要负责初创公司上市。他与投资银行合作确定初创公司首次公开募股的股票价格。首次公司募股对风险投资机构、某些创始人和重要员工而言往往是退出策略，因此首席财务官拥有首次公开募股的经验至关重要。

经营和经营历史

商业计划的运营部分说明如何生产产品和提供服务，包括对生产设施、劳动力需求、原材料、税收鼓励、监管部门批准、货运等的说明。

此外，如果尚未开发出样品，商业计划必须列明生产时间表及生产成本。商业计划中必须说明生产成本，因为这是计算毛利润时考虑的因素，是财务预测的一部分（稍后讨论）。

最后还应说明进入市场的壁垒。最初初创企业的生产成本可能较高，之后还要阻止竞争进入市场。

风险投资机构并不总是初创企业的第一个投资者。事实上，风险投资机构可能是公司融资的第三个来源。许多初创公司刚开始是找朋友、家庭成员、商业伙伴集资。接下来，初创公司可能会寻找所谓的“天使投资者”。天使投资者是富有的个人或机构，他们给公司投资但并不积极管理或指导公司策略。接下来是风险投资机构。

因此，初创公司向风险投资机构提出商业计划之前可能已经有经营历史。在这个阶段，风险投资机构要确保初创公司没有任何不良记录，如破产或倒闭。

风险投资机构还将严格审查初创公司之前给家庭、朋友、商业伙伴和天使投资者的股权。商业计划中应清楚说明这些股权，还必须说明任何其他特殊的股权供给。股权包括普通股、优先股、可转换债券、权利、认股权证和股票期权。另外，必须还有足够的股权及升值潜力可供风险投资机构投资。最后，所有与以前证券相关的问题必须妥善记录，同时遵守适用的证券法。

风险投资机构还要检查初创公司的公司章程以确定该公司的法律立场是否正确。此外，风险投资机构要检查初创公司的规章制度以及股东和董事会所有会议的会议纪要。会议纪要能说明初创公司是有明晰的方向感还是踌躇不前。

财务预测

考虑到经营和预算成本，这些信息有助于财务预测。一套全面的财务报表是必要的，其中包括利润表、资产负债表和现金流量预测。这些预测必须实事求是，但同时也要能吸引风险投资机构，以保证有足够的回报来收回投资资金。

首先，利润表中必须显示哪一年能达到损益平衡点。大多数商业计划表明首次融资后第三年实现盈利。利润表中应包括切实的销售预测、折扣补贴，准确的销售成本数额。对销售及其他营业间接成本的合理估计。毛利润和净利润必须达到风险投资机构提出的回报要求。

其次，资产负债表对确定有多少债务及其他形式的资金应添加到初创企业的资本结构中而言很重要。资产负债表还应反映从产品销售得到的应收款以及对这些应收款收取时间及方式的合理安排。

最后，现金流量表应向风险投资机构说明现有现金切实的消耗率。最初，所有公司都需要注入资本作为周转资金。但是到了一定时候，初创企业必须能够经济自给，从产品销售获得的资金可以满足它们运营和扩张的需求。

所有这些财务预测必须考虑不同的情况。如果新的竞争者快速进入市场或一段时间内经济衰退，那会发生什么情况呢？一般而言，预测应包括基本情况、悲观情况及乐观情况下的销售增长预测。

融资额

商业计划的这一部分讨论到实质性问题：初创企业要多少资金？这与财务预测紧密相关。作为现金流量评估的一部分，初创企业需要评估其现金消耗率。现金消耗率是指初创企业每月使用现金的速度。所需融资额必须与初创企业预计的一定时间内的现金消耗率相等。

退出计划

风险投资机构必须清算在初创企业的投资，以便使自己及投资者获得收益。在审查一份商业计划时，风险投资机构不会忘记考虑退出计划的时间和可能性。

除了给初创企业提供资金以外，退出策略是风险投资机构实现增值的另一种方法。风险投资机构往往与成熟公司有很多联系。初创企业的技术是产品种类战略扩张的重要因素，成熟公司可能因看中这一点而愿意收购初创企业。风险投资机构还与投资银行家保持密切联系。当初创公司决定进行首次公开募股时，这些银行家是不可或缺的。此外，风险投资机构可能会邀请其他风险投资机构投资初创公司。这有助于分散风险，并能给运营公司、投资银行家提供更多的联系资源。

风险投资机构几乎总是投资初创公司的可转换优先股。在初创公司上市前可能会有几轮（或一系列）优先股融资。可转换优先股之所以是风险投资机构认可的投资方式，是因为这些股票在股息、投票权、优先清算权方面优于普通股。此外，风险投资机构可以选择将这些股票转换成普通股以享受首次公开募股带来的利益。

风险投资机构使用的其他投资结构包括可转换票据或公司债券（风险投资机构可自由选择将这些票据或债券转换成等同于债券或证券本金金额的普通股或优先股）。可转换票据及公司债券可能在合并、收购或首次公开募股等事件发生时进行转换。风险投资机构也可能被授予认股权证，可以在首次公开募股时购买初创公司的普通股以及股权。

风险投资机构使用的其他退出策略有赎回权和认售期权。这些策略通常是公司重组计划的一部分。赎回权和认售期权通常不受青睐，因为它们的回报率没有收购或首次公开募股的回报率高。在没有其他可行办法时，这些策略往往作为最后的尝试。赎回权和认售期权通常在风险投资机构投资初创企业时转让（通常被称为注册权协议）。

风险投资机构一般要求回报不低于优先股投资时优先清算规定的最低回报。赎回权或认售期权也可以用普通股换算值确定，普通股换算值通常由投资银行评估决定。赎回权或认售期权的价值可以以销售或收益的倍数为基础，有3种估价方法，即清算优先、鉴定价值以及收效/销售位数。有些赎回权采用3种估价方法中估价结果最高的那一种。

总之，从识别商业机会到法律、监管问题，在投资初创公司以前风险投资机构有许多问题需要考虑。在这个过程中，风险投资机构必须评估管理团队的质量、资本注入历史、专利技术情况、公司经营历史（如果有的话）、退出计划的时间和可能性等。

风险投资行业当前的结构

风险投资行业的结构在过去20年里发生了巨大的变化。本部分主要讲三大变化：风险投资资金来源和用途、风险投资机构和风险投资行业的专门化。

风险投资资金的来源和用途

自1985年以来，风险资本市场的结构发生了很大变化。例如，1985~1990年，风险投资资金的主要来源是养老基金。这是由于1979年养老基金个人投资标准做了修改。1985~1990年，养老基金约占风险投资资金的70%，而捐赠基金和中介机构只是风险投资基金较小的资金来源。此外，这一期间政府机构投资约占风险投资基金总资金来源的11%。

到2005年，风险投资资金的情况发生了很大变化，养老基金只约占风险投资基金来源的50%。政府机构在2005年几乎没有提供资金用于风险投资，其份额被私募投资挤占。联邦政府和州政府不再需要支持风险资本行业。几乎所有的资金都是由愿意承担初创公司风险以换取可观收益的金融机构投资者及其他投资者提供的。

风险投资基金的3个新资金来源在过去15年发展起来，取代了养老基金和政府机构。这3个新资金来源分别是：捐赠基金和基金会，中介机构，个人。捐赠基金的投资期限是永久性的，做私募股权的投资者理所当然。此外，随着美国财富的增长，富有的个人将很大一部分资产用于风险投资。像基金中的私募股权基金、对冲基金、交叉基金、期间基金这样的中介机构也已进入风险投资市场。

风险投资机构

由于对风险投资的兴趣增强，风险投资机构对新的风险融资机构做出了反应。这些机构包括有限合伙公司、有限责任公司、企业风险投资基金、基金中的风险投资基金。

有限合伙公司

美国风险资金投资的主要形式是有限合伙公司。风险投资机构运作“3（c）（1）”基金或“3（c）（7）”基金是为了避免按照1940年颁布的《投资公司法》的规定将公司注册为投资公司。有限合伙公司所有的收入和资本增值通过合营流入有限合伙投资者的手中。合伙公司也不用缴税。自1996年美国税法增加“勾选”税收规定（允许有限合伙企业自由选择按合伙公司方式或按股份有限公司方式缴纳联邦税）以来，有限合伙机构的吸引力增加了。

在此之前，有限合伙公司必须做几项测试以确实其主要经营特性更像合伙公司还是更像股份有限公司，并且生存期有限等特性被包括其中。没有资格成为有限合伙公司意味着要为投资基金双倍缴税——第一重税是基金税，第二重税是投资者缴税。

然而，情况有所改变。美国国家税务局决定让机构自行决定缴税方式，只需简单地在年度纳税申请表上勾选按股份有限公司缴税或按合伙公司缴税。“勾选”极大地鼓舞了投资基金将自己定位成有限合伙公司。

一般而言，有限合伙公司的预期生存年限是10年，可以选择延长1~5年。有限合伙公司由普通合伙人管理。普通合伙人的常规职责是管理风险投资基金的投资，还要承担处理对基金的诉讼的一般责任。顾名思义，有限合伙人在合伙公司中只起有限的（投资者）作用。他们不参与基金管理，也不承担承诺投资资本以外的任何责任。

基金的所有合伙人在有限合伙公司建立时会投入一定的资金。但是有限合伙人在普通合伙人通知之前是不用为基金出资的。通常情况下，普通合伙人会提前一到两个月向有限合伙人发出通知，说明何时需要有限合伙人追加投资。普通合伙人找到适合投资的初创公司时就能调用资本。普通合伙人能调用的资本的金额上限是有限合伙人首次出资的金额。

关于有限合伙公司风险基金，很重要的一点是普通合伙人即风险投资机构也会为基金投入资本。这向有限合伙人保证了风险投资机构的利益与有限合伙人的利益一致。通常情况下，有限合伙协议中会规定普通合伙人必须投资给有限合伙公司的资本金额（用百分比或美元金额表示）。

有限责任公司

风险投资行业另一种融资机构是有限责任公司（LLC）。与有限合伙公司相似，净收入或损失以及资本收益都归有限责任公司的股东所有。有限责任公司还有一点与有限合伙公司相同，即有限责任公司必须遵守 1940 年《投资公司法》中的安全港条款。此外，有限责任公司的年限通常是 10 年，可以选择延长 1 ~5 年。

有限责任公司的常务董事与有限合伙公司的普通合伙人相似。常务董事对有限责任公司负有管理职责，管理职责包括对投资初创公司的决策和对有限责任公司股东承诺投资资金的管理。有限责任公司的常务董事自身可能是另一家有限责任公司或股份公司。有限合伙公司的情况也是如此：普通合伙人不一定是自然人，也可以是法人，如股份公司。

总之，有限责任公司和有限合伙公司的目标相同——将投资者的资金汇集成中央基金，再用中央基金做风险投资。选择有限责任公司还是有限合伙公司取决于所寻找的投资者的类型。如果风险投资机构希望从大量被动且不太知情的投资者手中筹得资金，有限合伙机构是首选。如果风险投资机构想找少数在行的投资者筹资，有限责任公司是首选。原因有二：第一，有限责任公司通常有更具体的股东权利和特权，少数在行的投资者能很好地利用这些特权。第二，有限责任公司的结构能让股东控制有限责任公司额外股份向新股东的销售。这让股东在两个方面更有权力，即增加有限责任公司的承诺投资资金以及决定从谁手中获得资金。

企业风险投资基金

在 20 世纪 90 年代末科技公司呈现爆炸性增长，许多科技公司有大量现金资本。例如，2005 年微软的流动资产（现金、约当现金及应收款）超过 480 亿美元，活动现金流超过 150 亿美元。微软及其他公司需要用这些现金投资，为其投资者赚取可观回报。

企业风险投资基金是利用企业一部分现金的不错方法。首先，在多年前微软也曾得到风险投资的资助，不会排斥风险投资资金。其次，微软能提供自己的技术专长来帮助初创公司。最后，初创公司可以给微软提供新技术和节省费用。在某种程度上，资助初创公司可以让微软无须调遣、转移自己的人员就能使创意性思维得到实践。

企业风险投资基金通常单独由母公司的资本建立。外部投资者不得参与。除了微软风险投资基金，其他企业风险投资基金还有施乐风险投资、惠普公司、企业投资、英特尔投资和阿莫科风险投资。投资初创公司是大型上市公司补充研发预算的一个方法。企业风险投资基金除了能够使用新技术，还能生产新产品，开发新产业或减少现有产业，从未来潜在竞争对手手中收购股权，获得有吸引力的回报增加现金结存，以及了解新市场动态。

也许企业风险投资基金存在的最佳理由是获得新技术。以威斯康星超级计算机系统公司为例。克雷研究所前首席执行官史蒂夫·陈离开克雷研究所开创自己的超级计算机公司。克雷研究所是一家超级计算机公司，原是从控制数据公司脱离，而控制数据公司也是脱胎于斯佩里公司。史蒂夫·陈成立新公司时IBM是他首批投资者中的一个，尽管当时IBM已将其主要业务从大型计算机转移到笔记本电脑、个人电脑和劳务合同中。

另一个例子是英特尔投资，它是英特尔公司的风险投资子公司。英特尔投资的目标是建立以股权投资和收购为主的战略性投资计划，以此发展互联网经济，包括支持英特尔主营业务（为个人电脑和笔记本电脑提供电脑芯片）的基础设施、内容及服务。为了推动这一目标的实现，英特尔投资为多家公司提供了风险投资资金，其中包括派更半导体公司。派更半导体公司是一家初创技术公司，该公司为宽带光纤、无线和卫星通信市场设计、生产、销售高速通信集成电路。

英特尔投资自1991年成立以来，已为30多个国家的约1 000家公司投资了40多亿美元。其中，1 000 160个投资组合公司被收购，150家公司已在交易所上市，初创企业的总成功率为31%。现在英特尔投资的项目已经相当成熟，有5个独立的初创企业投资基金。

然而，企业风险投资项目有一些潜在的缺陷。风险投资子公司与母公司的目标可能相互冲突。此外，大多数风险投资5～10年的投资年限对于母公司短期获利的要求而言可能太长。而且，受资助的初创公司可能并不愿意被母公司收购。不过，企业风险投资项目的好处似乎多于这些潜在的问题。

企业风险投资基金的另一个缺陷是损失风险。正如每一个风险投资机构都会遭受企业投资组合的损失，企业风险投资机构也不例外。这可能会转化成母公司的重大损失。以戴尔电脑公司为例。戴尔在2001年第二季度损失了2亿美元，这是因为该公司的风险投资基金戴尔风险遭受损失。此外，在2001年6月，戴尔报告称其投资组合价值下跌超过10亿美元。最后，戴尔决定完全退出风险投资业务，在2005年将余下的风险投资组合以1亿美元出售给旧金山一家私募股权公司——雷克街资本公司。

2001年，英特尔公司报告称其科技股投资组合的价值下跌超过70亿美元。在2000年第二季度，英特尔报告称出售风险资本投资获利21亿美元。英特尔科技股投资组合的收益有助于保持英特尔盈利增长不变。然而在2001年第二季度，英特尔出售风险投资子公司的投资仅获得300万美元的收益。

虽然戴尔没有成功，但英特尔已恢复元气并重建了风险投资组合。2005年，英特尔的财务报表显示风险资本投资超过10亿美元。

也许不良企业风险投资最极端的例子是康迪斯科公司。康迪斯科公司曾向初创公司出借30亿美元，但这些初创公司无法偿还大部分资金。2001年7月，康迪斯科公司寻求破产保护。其风险投资部门向初创公司出租电脑设备，注销了风险投资部门1亿美元的贷款，还拿出2.06亿美元储备金来应付这些风险投资带来的损失。

基金中的风险投资基金

基金中的风险投资基金是风险资金池。然而该风险资金池并不是直接投资于初创公司，而是投资于其他风险投资基金。基金中的风险投资基金是风险投资行业比较新鲜的事物。基金中的风险投资基金的普通合伙人不选择初创公司进行投资，而是选择有希望找到合适初创企业投资的最佳风险投资机构。

基金中的风险投资基金为投资者提供了几个好处。首先，投资者可以广泛接触各类风险投资机构，继而接触各种各样的初创企业投资。其次，投资者在选择最佳风险投资机构进行投资时，可以受益于基金中的风险投资基金管理机构的专业经验。最后，基金中的风险投资基金能更方便地与受欢迎的、资金雄厚的风险投资机构接触，而这些投资机构的基金可能是不对个人投资者开放的。为了回报这些好处，投资者要向基金中的风险投资基金管理机构支付管理费（有些情况下还要支付奖金）。管理费是托管资产净额的0.5%～2%。

基金中的风险投资基金的投资也会给风险投资机构带来好处。首先，风险投资机构能（从基金中的风险投资基金）获得一个大型投资而不是几个小型投资。这使筹资和投资者管理变得更有效率。其次，风险投资机构能与经验丰富的基金中的风险投资基金管理机构合作，而不是几个可能经验不足的投资者。

风险投资基金的生命周期

风险投资基金是长期投资。通常情况下，投资者的资金最少会被锁定10年，这是风险投资有限合伙公司的标准期限。在这漫长的投资期间，风险投资基金通常会经历5个阶段的发展。

第一个阶段是筹集资金阶段，此时风险投资机构从外部投资者手中筹得资金。资金是投资者承诺投资的资金，而不是筹集到手的资金。这是前文提过的一个重要区别。投资者签署法律协议（通常是订购协议），该协议规定他们向风险投资基金投资一定数额的现金。这些资金是投资者承诺投资的，但还未被取用。风险投资机构/普通合伙人也会投入巨额承诺投资资金。筹集资金一般需要6个月到1年的时间。但像克莱纳、帕金斯、考菲尔德、拜尔斯这样较为成功的风险投资基金通常只需2～3个月的时间筹资。

第二个阶段是寻找投资项目、阅读商业计划、准备对初创公司进行严密的尽职调查、确定每个初创公司的独特卖点。这个阶段开始时基金对投资者关闭。这一阶段通常会占用风险投资基金生存期中前5年的时间。

在第二个阶段，风险投资基金不但不产生利润，反而会产生资金损耗，因为风险投资机构要继续收取年度管理费（可高达承诺投资资本总额的3.5%）。在风险投资机构开始从风险投资基金的投资中获取价值之前，这些费用是风险投资基金的损失。

第三个阶段是资金投资阶段。在这个阶段，风险投资机构确定给每个初创公司的投资金额、融资水平及投资方式（可转换优先股、可转换公司债券等），还会要求风险基金的投资者动用有限合伙人的资金。需注意的是，这一阶段还未产生现金流动，风险投资基金仍在亏损。

第四个阶段是从资金投资后开始，几乎持续到风险投资基金期限的最后。在此期间，风险投资机构与接受风险投资基金资助的投资组合公司合作。风险投资机构会帮助改善管理团队、建立新产品销售渠道、改进原产品以产生最佳销售业绩，通常还会为随后的公开发售或战略性投资者购买对初创公司进行相应安排。在这段时间内，风险投资机构开始为风险投资基金及有限合伙投资者赚取利润。这些利润最初抵消之前支付的管理费，之后风险投资基金才有正资产净值。

风险投资基金的最后一个阶段是基金终结和清算阶段。此时所有承诺投资资金都已投资，是风险投资机构的收获阶段。每个投资组合公司要么出售给战略性投资者，要么进行首次公开募股进入公开市场，要么按照破产清算程序进行清算。利润分配给有限合伙人，普通合伙人即风险投资机构收取奖金或利润分成。

风险投资机构的这些阶段形成了所谓的“J 曲线效应”。图 8.1 显示了 J 曲线。可以看到，在生命周期的早期，风险投资基金产生负收益（损失），但最终从成功的公司获得利润，而且这些现金流超过了之前的损失，为基金产生了净利润。很明显，在风险投资基金投资之初的 4 ~5 年会有损失累积，因此这种类型的投资只适合有耐心的长期投资者。

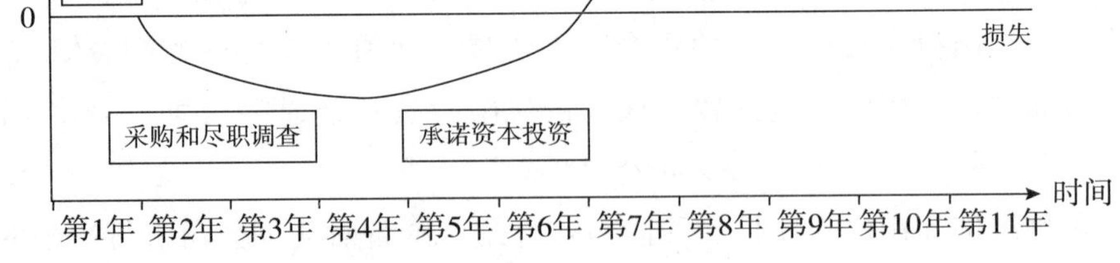

图 8.1　风险投资基金的生命周期

风险投资行业的专门化

和任何发展并成熟起来的行业一样，扩张和成熟导致专门化。风险投资行业的专门化趋势存在于以下几个层面：行业、地域、融资阶段和“特殊情况”。第一，流入风险投资基金的大量资金促使风险投资机构减少投资重点，其专业性使其有别于其他基金。第二，过去 10 年里多项新技术的发展使风险投资机构为获得最高投资利润而专注于特定领域。

行业专门化

行业专门化是风险投资机构特定投资领域的另一个原因。正如初创企业创办人变得更专门化，风险投资机构也纷纷效仿。生物技术产业就是一个很好的例子。

1980 年 10 月 14 日，基因技术公司上市，股价从 39 美元/股涨到 85 美元/股，由此生物技术行业诞生。后来基因技术公司作为《财富》杂志评出的世界 500 强公司之一，市值达 280 亿美元。其他成功的生物技术初创公司有塞特斯公司、生物基因公司、安进公司和森托克公司。

自基金技术公司成立以来，生物技术领域的格局有所改变。基因技术公司以基因定位和基因剪接科学来治疗疾病。然而最初该公司并没有具体的产品，只关注基因定位技术的研发，没有向市场推出产品。将这种情况与纽约应用微生物学公司的情况做比较。这家公司主要研发生产两种产品，并得到默克、辉瑞这两大制药公司的资助。这两种产品中有一种是治疗牙龈疾病的抗菌剂，辉瑞公司研发的一种药品中就含有这种抗菌剂。

由于专门化生物技术初创公司的存在，专门化风险投资机构也应运而生。例如，新泽西普林斯顿的产业联合投资公司专门投资分子工程新技术。所以不只是生物技术行业才有专门化。加利福尼亚门洛帕克的通信风险投资公司主要投资电信行业的初创公司，田纳西州布伦特伍德的美国健康投资公司专门投资新的医疗保健公司。

区域专门化

随着科技公司在硅谷、洛杉矶、西雅图的繁荣发展，许多总部位于加州的风险投资机构的投资集中在美国西海岸就不足为奇了。这样做不仅是因为在这个地区有很多投资机会，而且风险投资机构可以更方便地在当地监控其投资。纽约、波士顿、得克萨斯等科技中心的情况也是如此。

再举一个例子，马凯特风险投资公司是一家总部设在芝加哥的公司，该公司主要投资中西部地区的初创公司。虽然也曾为其他地区的公司提供过风险投资资金，但该公司的主要投资模式是对中西部各州公司的投资。同样，田纳西州纳什维尔的梅西伯奇投资公司已给位于其根据地纳什维尔的很多公司及位于东南部各州的其他公司提供过风险资金。

区域专门化对更方便监控投资资金较为有利。此外，较大的风险投资机构可能没注意到美国更远地区的可行初创公司投资机会。区域风险投资机构正好填补这些区域。

区域专门化有两个方面的缺点：第一，区域集中可能无法给风险投资组合提供足够的多样性。第二，位于关注度较低的区域的初创公司可能较难吸引更多其他风险投资资金。这可能会限制初创公司的发展潜力，也可能会限制区域风险投资机构的退出机会。

特殊情况风险投资

企业失败在任何行业都存在。并非每个初创公司都能走到首次公开募股的阶段。然而，这开辟了风险投资行业另一专门领域：周转风险投资交易。周转风险投资交易与原始资金投资一样有风险，因为初创公司可能会面临来自债权人的压力。周转风险投资机构之所以存在是因为主流风险投资机构不太精通如何重建转机局面。

来看下面的例子。某初创公司股权的50%归早期及中期风险投资机构所有，另50%归创始人所有。产品上市延迟及管理不善造成了1 000万美元公司资产的损失及1 500万美元的负债。该公司资本净值是负数，严格来说已经破产。

周转风险投资机构出资购买该公司创始人50%的所有权及公司常务这一职位。该周转风险投资机构之后向初创公司债权人偿还了1/2的债务。其动用的850万美元中有100万美元是自有资本，其余750万美元是以1 000万美元资产抵押的银行贷款。因此，周转风险投资机构以100万美元获得初创公司50%的所有权，并将初创公司的资产净值恢复为正数。

该公司的创始人很满意，因为他以一家破产公司换得了100万美元，还保留了自己的常务职位。风险投资机构也很满意，因为现在它要与另一家风险投资专业机构谈判，而且初创公司也已恢复财务健康。再多一些努力这家公司可能会走到首次公开募股那一步。而债权人并不满意，但也可能会做这笔交易，因为风险投资机构提供的1/2的还款可能比他们通过正式清算程序得到的更多。

新泽西州花园城的瑞普莱兹投资公司（Reprise Capital Corporation）就是这样一个周转专家。1997年，该公司为周转风险投资交易筹集了2 500万美元。

总之，风险投资行业的发展创造了对风险投资专门机构的需求。新的商业机会多种多样，单个风险投资机构根本不可能掌握所有行业的所有机会。因此，风险投资机构必须会缩小投资范围，将精力集中在初创公司投资领域的特定几点。专门化也导致差异化，正是差异化使风险投资机构将自己与其他投资基金区分开来。

融资阶段

虽然有些风险投资机构是根据区域或行业来分类的，但目前为止风险投资机构最显著的特征是在融资阶段。有些风险投资机构提供第一阶段资本或“原始资本”，而有些机构则等着投资已经历过最初发展期的公司。在首次公开募股之前，仍有其他风险投资机构加入投资。各层次的投资要求不同水平的尽职调查，因为初创企业在成功的路上已到达又一个里程碑。风险投资供资共有5个独立的阶段：天使投资、原始投资、早期风险投资、晚期/扩大风险投资和夹层风险投资，接下来分别讨论各个阶段。

天使投资

天使投资者通常是两个F：朋友和家人（Friends and Family）［有时候，风险投资机构还有第三个F，即傻瓜（Fools）］。在新企业的这个阶段通常会有一位孤独的创业者，他仅有创业的想法，这些想法也许是在餐桌上或车库里想出来的。此时没有正式的商业计划，没有管理团队，没有市场分析，有的只是想法而已。

天使投资者除了是家人和朋友，还可能是对初创公司“有兴趣”的富有的个人。这个阶段的融资通常不签订私人配售备忘录或认购协议，协议可能是非正式的，就像“鸡尾酒纸巾”协议。如果没有天使投资者，在找到更传统的风险投资机构之前许多想法都会中途夭折。

在这个融资阶段，创业者开始开发原型产品或服务起草商业计划，评估市场潜力，甚至还要召集管理团队中的重要成员。这个阶段不进行营销或产品测试，这个阶段的融资额非常少，一般在5万～50万美元。如果高于这个金额可能就会让家人、朋友或其他天使投资者觉得困难。这些资金主要用于完善创业想法，使创业想法变成明智的商业计划。

原始投资

原始投资是风险投资机构资本投资的第一个阶段。在这一阶段，商业计划已完成并提交给风险投资公司。此时已召集到管理团队的部分人员，市场分析工作已经完成，创业者及其小型团队也已将本章前面说到的商业计划中的其他要点问题解决。风险投资机构提供的资金用于完成产品开发，可能也用于启动面向潜在消费者的原型产品营销。这个阶段的融资通常能筹集到100万～500万美元。

在这个融资阶段，初创公司可能已开发出原型产品并已开始在消费者中进行产品测试。这通常被称为“β测试”，在测试过程中初创公司会向潜在消费者免费发放原型产品，让他们体验产品的可行性、设计和用户便利性。

这个阶段获得的收入非常少，初创公司肯定还没有盈利。风险投资机构在这一阶段的投资是基于对多项因素的考虑：管理团队尽职调查，自己进行的产品需求市场分析，在时间允许且无竞争对手的条件下将产品推向市场的可行性、将来需要增加的管理团队成员，同一风险投资机构或其他风险投资基金追加投资的大致时间。

加州门洛帕克的技术创业投资者公司、波士顿的先进技术风险投资公司和硅谷的昂塞特公司都是原始投资公司。原始资本风险投资机构往往是较小的机构，因为大型风险投资机构不愿意为了一笔小型投资（通常在100万~200万美元之间）在一个创业者身上花如此长的时间。

早期风险投资

在早期风险投资这一阶段，初创公司应有已经过β测试的可行产品。α测试可能也已经开始，这是对潜在最终用户进行的第二代原型产品或服务测试。通常情况下，产品或服务都是要收费的。此时初创公司正在获得营业收入，且已证明产品或服务的商业可行性。早期风险投资融资额通常是200万美元或更多。

早期融资资金通常用于扩大生产设施的商业规模。产品不再在创业者的车库或杂货店的空地上生产。公司是由一个刚起步而非完备的管理团队继续经营的企业。在这个阶段，风险投资机构至少要有一个人是公司董事会成员。

初创公司的目标是将产品渗透入市场。产品的β测试和α测试已经朝该目标迈进了几步。然而，此阶段还有更多的营销任务必须完成。在此阶段，应确定分销渠道，也应准备好通过这些渠道销售的产品，达到盈亏平衡点是财务目标。

晚期/扩大风险投资

在晚期/扩大风险投资阶段，初创公司可能已有一个季度盈利，或刚刚达到盈亏平衡点，此时已经可以确定商业可行性。在这个阶段，现金流管理很关键，因为公司的现金流还不足以独自支撑公司发展。

晚期/扩大风险投资阶段的风险投资资金用于帮助初创公司渡过现金危机。追加的投资用来开发销售渠道、建立呼叫中心、增加生产设施以及吸引更多所需的管理人才和经营人才，使初创公司业绩长青。因为这项投资是为了让公司扩大规模，所以融资需求通常比原始投资阶段、早期投资阶段的需求更高。融资额可能在500万~1 500万美元这个范围内。

在这个阶段，初创公司要经历所有成功公司都要经历的成长的痛苦，然而痛并快乐着。由于重心放在产品开发和销售上，公司可能需要更多周转资金，但会发现客户应收账款很多，必须及时收回。初创公司非常擅于将产品推向市场，但很不擅于收回应收账款并将销售变成实实在在的现金。

晚期/扩大风险投资融资能帮助成功的初创公司渡过最初的现金危机。最终初创公司会收回应收账款并产生足够的内部现金流，成为一家能够自力更生的公司。在此之前，初创公司可能需要一轮或多轮融资。

夹层风险投资

夹层风险投资是初创公司上市前或出售给战略投资者前的最后一个投资阶段。此时，如果还未开始销售第二代产品，也可能已经在生产第二代产品。管理团队稳定团结，公司正致力于更好地管理现金流；生产设施已经完备，公司可能已经在考虑打入国际市场。融资额取决于过渡融资将持续的时间，但一般在 500 万 ~1500 万美元这个范围内。

夹层风险投资阶段的融资被视为“过渡”融资或夹层融资，其目标是防止公司在首次公开募股前或进行战略性销售前用尽现金。初创公司可能还有大量产品的应收账款没有收回，需要得到短期资助。初创公司正在盈利，但应收款项的金额也正以与销售增长相同的速度增长。

夹层风险投资阶段的融资方式可能是可转换债券。此外，公司可能有足够的收入和强大的盈利能力，在这个阶段可以增加传统银行贷款。这意味着初创公司可能要清理资产负债表和现金流量表。商业可行性分析不仅仅是看销售收入，还需要将应收账款变成实实在在的现金。

初创公司的 J 曲线

图 8.2 显示的是某初创公司的 J 曲线。与风险投资基金的 J 曲线相似，初创公司在最初几年有亏损。将想法变成原型产品，而后在潜在消费者中进行产品 β 测试是耗费阶段。这一期间收益很少，或者没有收益。直到产品进入 α 测试阶段才可能产生收益，初创公司才成为一个有生存力的公司。

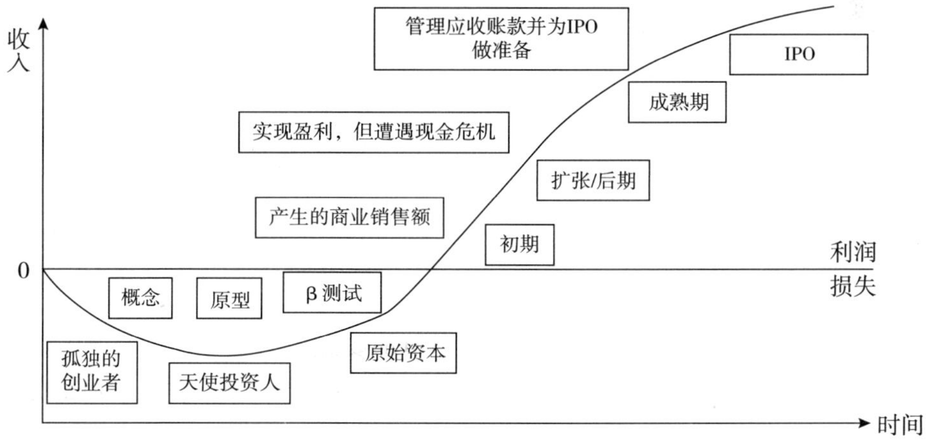

图 8.2　初创公司生命周期

一旦具备关键条件，即销售变成利润，应收账款变成现金，接下来就是初创公司实现公开上市前的时间安排问题。公司首次公开募股之前可能还需要几轮融资。此时，商业可行性已确定，但应对现金短缺危机就变得至关重要了。

第9章

评估共同对冲基金策略中的对冲基金投资风险

【摘要】专业对冲基金投资者的主要任务是寻找在市场波动性增强或市场出现大混乱的时期很容易受到损失的投资。专业对冲基金投资者应不断评估市场环境的波动性、流动性变化，这样才能预测投资组合的风险。波动性、流动性情况不同，证券在投资组合风险测量中的表现也不同。本章将探讨主要对冲基金策略中可能出现的许多重要投资组合风险：政府债券套利、抵押贷款证券套利、公司债券套利、新兴市场、资本结构套利、不良证券、兼并套利、买空/卖空股票、复合策略、市场中性股票和可转换债券套利。

专业对冲基金投资者（包括基金中的基金管理机构、顾问及其他提供顾问服务的人）不仅要了解风险投资组合管理机构在构建投资组合时预计承担的风险，还要了解自己可能在无意识情况下承担的风险。专业对冲基金投资者必须确定每个投资组合管理机构是否能够对市场环境的突然变化做出有效的防御反应和投机反应，并且在彻底了解市场情况和现代风险分析软件的基础上利用分析工具和市场经验做出这些判断。

另外，专业对冲基金投资者还必须了解有关风险的术语，对总体风险进行定量测量，并且研究市场，了解市场波动性发生变化继而资产估值发生变化时会出现什么不良状况，进而紧跟市场，在第一时间了解新的市场证券及这些证券反映市场风险的方式；还必须了解每种策略适用的杠杆率，知道信用贷款人对资本市场的态度。贷款人的风险承受意愿变化起来相当快。了解并跟进投资组合管理机构的清算、会计程序也非常重要。像衍生工具这样的新兴市场工具对会计核算、清算及风险评估软件应用提出了很大挑战。

专业对冲基金投资者的主要任务是寻找在市场波动性增强或市场出现大混乱的时期很容易受到损失的投资。专业对冲基金投资者应不断评估市场环境的波动性、流动性变化，这样才能预测投资组合的风险。投资组合管理机构在评估证券的相对值时可能没考虑到某些风险。波动性、流动性情况不同，证券在投资组合风险测量中的表现也不同。对投资组合管理机构而言，未能预见这些变化不但可能导致其对杠杆率及头寸规模判断失误，而且还会导致其对自身承担头寸损失的意愿和能力判断失误。

这些评估远不止审查对冲基金业绩记录那么简单。

固定收益策略

固定收益套利投资组合管理机构要确定某一债券的当前市场价格是否不同于它们自己对该债券的估值，来赚取特定债券临时性价格差异带来的利润。固定收益套利有许多原则。这些原则主要围绕政府发行的债券及私募发行债券。重点放在政府发行债券上的策略被称为利率套利策略，重点放在私募发行债券上的策略被称为信用套利策略。

政府债券套利

政府债券套利对冲基金从全球政府债券市场中现金和衍生证券之间的临时性定价

异常中获取利润，使用的策略包括收益率曲线套利、基差交易、波动率交易、交叉汇率和资产掉期交易。

专业对冲基金投资者在分析一个政府债券套利投资组合时最重要是，要评估投资组合管理机构是赌利率的宏观交易还是做利率风险很小的相对值交易。赌利率的宏观投资组合与投资组合所涉及国家的利率方向性变化高度相关。收益与损失（P&L）的突然变化与利率政策变化或利率政策预期变化有关。预先确定这些变化可能很容易，也可能很难。宏观投资组合可能不是公开买空、卖空的政府债券，但可能含有某些靠利率水平变化盈利的头寸。宏观交易中有一些有巨大的收益率曲线风险，例如 2 年对 10 年的交易，2 年、5 年、10 年的蝶形交易，权重不平衡的欧元期货交易。与此相反，相对值交易基本上与利率变动不相关，且让投资组合的盈亏波动平缓。最常见的相对值交易是掉期利差交易、基差交易、新券旧券交易及没有重大收益曲线风险的欧元交易。

在所有对冲基金策略中政府债券套利使用的杠杆率最高。真正的相对值投资组合中会包含从轻微基点波动中牟利的利差交易。抵押物通常被视为与现金等同。美国政府债券套利是一个例子，为了相当小的预期变动就要使用很高的杠杆率。政府债券套利策略的子策略有适量的举债金额。基差交易（现金）或曲线风险暴露期不到 3 个月的新券旧券交易比曲线交易要求更多的举债金额。基差交易或新券旧券交易合适的债务与资产比率在 99% 的风险价值（VaR）达到资产净值的 5% 前很容易超过 30 倍。风险价值能说明投资组合贬值的可能性。例如，99% 的风险价值是指在任意一天投资组合的损失有 99% 的可能不会超过指定标准偏差的指定风险价值金额。互换利差的杠杆率应较小。曲线风险暴露期长于 6 个月且涉及互换的头寸（有波动性风险）应该大大降低杠杆率。

如果投资组合中包含利率期权，专业对冲基金投资者必须监控专门从期权溢价中盈利的投资组合管理机构获利的频率和金额。评估预测投资组合管理机构风险的一个关键问题是指数利率波动率增加 1% 时的美元维加值（Dollar Vega）。如果美元维加值是负数，管理机构就会有短期波动。这个值越大，波动率上升带来的潜在损失就越大。即使投资组合不单纯从溢价获利，了解管理机构是否获得溢价以及在波动率的何种情况下获得溢价还是很重要的。波动峰值能到达不同的高度，这导致尾部风险损失。如果投资组合纯粹通过期权溢价获利，尾部风险就会增加，且尾部风险会随着所获溢价金额的增长而增长。

期权有不对称风险。这种不对称性随着标的资产的每个新价格水平的出现而发生改变。其不利的方面是，对出售期权的管理机构而言有潜在的尾部风险；有利的方面是，对购买期权的管理机构而言有固有的有利凸性对冲特性。有利的不对称性以支付溢价的形式消耗资金。在正常情况下，波动率不会低于零且可能上升到惊人的水平。

总之，利率市场的重大市场动向可能会使赚取期权溢价的投资组合遭受损失。

期权的杠杆率是一个重要的评估因素。评估这种隐含杠杆率的一个方法是将相关政府债券的期权参考金额抽象化（任何市场变化都可能改变这个δ数额）。另外，还有其他有用的测量方法，如兰姆达指标，这是测量期权价格如何随证券参考价格变化而变化的一个衡量标准，其测量结果是隐含在期权中的杠杆率。这种测量方法对发现看跌期权中（其中的隐含杠杆率可能相当高）隐含的杠杆率特别有效。也就是说，利率的微小变化可能使期权溢价大幅改变。投资组合贬值的可能性取决于期权杠杆率。

另一类潜在尾部风险是头寸风险，这些头寸在市场混乱时期一贯有可能产生损失。在全球政治动荡或经济动荡时期，AAA级主权债券比评级较低的主权债券及银行信贷工具的业绩要差。政府债券市场中的利率掉期最常发生这种风险。利率掉期交易中交易人在指定的每半年一次的支付日将伦敦银行同业拆借利率（LIBOR）交换成固定税率主权债券。因为总有可能违约，所以与低于AAA级的主权债券的买家及LIBOR的接受者相比，不对称交易更青睐AAA级主权债券的买家。专业对冲基金投资者应该将政府债券套利账薄划分成AAA级信用及其他信用，然后合计风险以确定投资组合管理机构是否在投资组合中只买入评级较高的债券。

政府债券套利是一个高杠杆率策略，所以容易受到被大量卖空的政府债券空头轧平的影响。大量卖空的债券或有大量公开卖空利息的证券很少，它们不能交付使用。即使是发行量超过20亿美元的证券也可能被轧平，这时可能需要监管机构干预来缓解这种情况，但有时候，这种干预在投资组合管理机构觉得这些空头成本太高之前是不会发生的。投资组合管理机构采取风险措施的一个衡量标准是：它们是否会付清款项补足或买回正在被轧平的空头头寸？多久以后采取行动？

大多数政府债券套利投资组合管理机构会向投资者提供风险价值报告。但是，了解利率大幅变化（如50或100个基点）时投资组合资产净值（NAV）如何变化是有用处的。这有助于使管理机构拥有的投资组合中的不利不对称风险暴露出来。这对那些做利率波动交易的管理机构而言特别有用。

抵押贷款证券套利

抵押贷款证券套利对冲基金主要投资住房抵押贷款和利率市场。投资组合管理机构通常会采用对冲技巧来对冲抵押贷款证券提前还款功能中固有的不利投资风险。抵押贷款证券包括金融机构和政府赞助企业汇集的抵押贷款。投资组合经理的投资方式有多种多样，包括息票套利、基差交易、综合息票和信贷交易。

抵押贷款证券套利有许多子策略。最重要的初步评估是确定投资组合是否有信用风险。概括来说，信用评级低于AA级的证券都有这种风险，其比AA级或AAA级抵押贷款证券违约的可能性更高。

抵押贷款证券是最复杂的金融证券之一，它隐含的市场风险很难被发现，除非可以得到模拟预期现金流的高级风险系统的计算结果。这些证券的提前还款功能中隐含可选择性，因此可能有大相径庭的收入来源。利用好的风险软件分析抵押贷款投资组合至关重要。对无信用评级的投资组合进行的最重要的压力测试包括对收益率曲线、利率、预先还款、（抵押贷款与财政部头寸之间的）基差、波动率所发生的变化的测试。买空抵押贷款投资组合有隐含的卖空期权风险。买空抵押贷款证券的持有人卖空了提前还款期权。风险测量软件能测量利率波动率发生变化时投资组合有多大风险（以美元计算）。通过收益率曲线、利率、基差和提前还款压力测试可以了解抵押贷款投资组合中最重要的风险。专业对冲基金投资者可能仅去判断投资组合是否存在太大风险会影响到当前预期回报。

与抵押贷款投资组合最相关的压力测试是违约敏感性测试。投资者需对贷款人评级最低的抵押贷款池进行许多其他指标的评估，如拖欠率和拖欠天数。所有投资组合的压力测试结果应为评估尾部风险提供依据，因为抵押贷款市场可能在很长一段时间内不会发生重大混乱。任何一年的回报波动性都可能会很好地掩盖潜在的尾部风险。

使用定量风险分析软件很重要，用这种软件评估投资组合中的所有头寸是可靠的。但需要注意的是要确保软件使用的提前还款模型是被广泛接受的。错误的提前还款设定会得出错误的投资组合尾部风险评估结果。可靠的压力测试结果能为专业对冲基金投资者提供用来判断尾部风险可能性的参数。具体而言，专业对冲基金投资者可以评估标的市场特定变化发生的可能性，并利用软件评估结果来了解投资风险。

抵押贷款证券套利投资组合的潜在风险取决于对冲投资组合的程度。除了高级风险评估软件计算出的头寸总体风险结果外，专业对冲基金投资者还应按套利子策略证券组合来考察投资组合。例如，基差交易、综合抵押贷款（如仅付利息和仅付本金的剥离式抵押贷款证券）、息票息差等交易的风险有多大？这种定性法或实证研究法使专业对冲基金投资者可以评估投资组合在利率市场出现不利变化时可能遭受的损失。例如，可以对利率市场中的预期投资转移对每个子策略带来的风险进行分别评估。

对大多数策略而言，审查头寸比压力测试结果更有启迪作用。但是由于抵押贷款证券有隐含的选择性，未来的价格有多种可能，因此相较其他策略而言，头寸审查对抵押贷款证券套利策略的作用较小。当相关市场发生变化并暴露出投资组合风险时，必须依靠风险评估软件来重新确定现金流。

应评估的主要风险因素是投资组合对以下各方面的敏感性：利率变化、曲线变化、提前还款加速、波动率增加、抵押贷款与美国国债之间的利差扩大。但同样重要的风险因素还有投资组合的期限、凸性和杠杆率。按资产净值减损的比例来说明所有这些指标最容易让人理解。

为了评估抵押贷款证券套利投资组合的风险和收益，专业对冲基金投资者应设想近期市场波动率以及发生重大或极端利率变化或曲线变化的可能性。当然，投资组合管理机构可以改变对冲策略或动态地改变投资组合中的交易。在评估投资组合风险时专业对冲基金投资者还要考虑这些可能性。一般来说，如果有一系列压力事件可能发生，或有一些压力事件可能接连发生，且这些压力事件对投资组合的损害超过其最大损失容忍限度，那么专业对冲基金投资者应关注此风险。

公司债券套利

公司债券套利对冲基金以相对值为基础对投资级贷款和非投资级贷款进行交易，所采用的策略包括（现金债券与信用违约互换之间的）基差交易、买空/卖空、配对交易和结构化信贷交易。

当评估公司债券套利投资组合管理机构的交易方式时，最重要的是确定是相对值交易还是宏观交易。对冲投资组合管理机构买空、卖空名义账簿在平均息差、评级和行业说明方面没有明显差别。来看两个极端的例子：有一个基差交易投资组合和一个含有买空高收益证券、AAA 投资级债券的投资组合。前者的基差交易者可以买空公司债券并持有信用违约互换作为保护。平均息差的差异是有限的，多头、空头交易账簿上的评级、行业说明是相同的。含有高收益多头和 AAA 投资级债券空头的投资组合的多头、空头在评级、息差上有很大差异，也许在行业上也有很大差异。有时多头和空头的交易完全不相关。经过很长一段时间，基差交易应该是较为保守的交易，业绩下降较少，波动率也较低。这两个投资组合都无法界定是好投资还是坏投资，但是它们的类型非常不同，要靠投资组合管理机构来说明两者之间的差异。

公司现金债券/衍生品交易与政府现金债券/期货交易的风险相似。在清算之前，能证明对供给能力的假设是错误的还是恰当的。如果杠杆率够高，很小的计算错误就能导致巨大的盈亏波动。发生这些变化是由于供求操作延长（这通常会更频繁地影响现金交易市场）。若有公司进行重组，重组行动改变了受影响机构债券的价值，这样会导致投资级公司债券市场发生混乱。这些债券会成为卖空者的目标，可能很难借入。这又将导致基差交易波动。两种相似的投资级证券可能有很大的盈亏区别。专业对冲基金投资者必须警惕不相关贷款买空、卖空交易时可能经受的风险。

评级较低的贷款也有公司现金债券/衍生品交易，但比评级较高的债券更容易发生违约风险。这种风险使贷款评级显著降低时现金和衍生品的价格轨迹变得不稳定，出现长期混乱，且现金空头借入昂贵。这种风险很难预测或防止，只能限制其对投资组合价值的潜在损害。

可以预料，杠杆对公司债券套利投资组合起一定作用。如果杠杆率够高，即使是较为保守的基差交易型投资组合的波动率也会变得不稳定。20 倍杠杆率的基差交易可能比 2 倍杠杆率的买空/卖空交易（且多头和空头之间价差大且评级差距大）风险更大。每个子策略都规定了市场波动率水平的合适范围。从低到高排列的顺序为：不相关买空/卖空信贷、经β系数调整过的净买空信贷风险、结构化信贷、配对交易和基差交易。看似不相关的买空/卖空交易或有隐含杠杆的交易（结构信贷证券通常有这种情况）应使用最低杠杆率。高度相似的证券的交易可以使用最高杠杆率。

评估杠杆率时要考虑相关市场的波动率。头寸的杠杆率越高，盈亏波动就越大。专业对冲基金投资者不仅需要评估投资组合当前的盈亏波动，还要预测将来的盈亏波动。专业对冲基金投资者在预测未来盈亏波动时应考虑当前信贷周期及市场历史记录。

投资组合的净信贷风险比配对交易或基差交易有更大的盈亏波动，应进一步评估净信贷风险。在经过β系数调整后应考虑买空交易与卖空交易之间在价差、曲线位置、信用评级、行业等方面的差异。大多数投资组合不能被完全对冲，且有与公司债券指数高度相关的净买空信贷风险。进行买空、卖空账面的β匹配时要确定净信贷风险，β匹配也会影响投资组合的持续时间，尤其是投资级投资组合的持续时间。如果息差、曲线、评级及/或行业存在差异，也可认为买空、卖空名义匹配账面有净信贷风险。专业对冲基金投资者对这些差异的看法是：投资风险越大，净持续时间越长，息差风险越大。

发行机构单一集中或交易规模单一集中是投资组合值得研究的一个重要风险特性。稳定预测单个发行者的信用问题通常很难，但通过投资组合多样化就可以限制单个发行机构的信用问题造成的潜在投资组合损失。有时意想不到的行业问题会出现，或者预计会出现的问题却没有出现。因此，对行业集中的限制也要谨慎对待。例如，一个国家可能失去在某一行业的竞争力，该行业的供应商会因素受到负面影响。各部门的情况也是如此。多样化应以资产净值的百分比而非投资组合总价值的百分比来评估。杠杆对不可控头寸的成本起着关键作用。投资组合策略采用的杠杆率越高，市场环境不利时单个头寸使整个投资组合价值减损的可能性就越大。如果一个行业出现问题而投资组合未对行业多样化设限，且未将行业多样化限制当作风险防范过程的一部分来监控，那么投资组合的价值会更快减损。

多头比空头拥有的单一发行者发行的证券的比例更高。流动性对投资组合管理机构而言非常重要，它可以让投资组合管理机构在选定的最佳时机购入和售出头寸。大量持有单一发行者发行的证券可能会使投资组合管理机构有能力定价，但没有能力售出头寸。从多方面考虑，售出头寸的能力对专业对冲基金投资者而言更重要。大量头寸集中的另一个风险是影响投资组合管理机构从其他盈利交易中获利。多头中有10%～15%某单个发行者发行的证券可能是为了保持最佳交易灵活性所能允许的最高比例。空头可能被轧平，因此单个发行者发行的证券所占比例应限制在5%～10%。如果出现轧平，小型空头比大型空头更容易回补。有时，单个发行者发行证券太过集中的空头在很长时间内不能回补。

公司债券套利可包括结构化证券交易。结构化证券由多种资产类别构成，比如公司债券（包括现金债券及衍生工具）、资产抵押证券（包括抵押贷款证券和银行贷款证券）及其他证券。投资组合的风险取决于结构化证券拥有哪些份额。评级是份额定位中第二个要考虑的问题。低等级份额包括股票、优先股或夹层股。这些份额的主要风险是违约风险（在发行日，每个结构化信贷证券都有过量抵押，这意味着证券所汇集资产的市场价值超过了结构化证券的票面价值）。这些过量抵押的违约首先会减损股票份额。与最高等级证券份额相比，股票、优先股和夹层股的份额较少。从某种意义上来说，低等级证券份额的隐含杠杆率很高。这就是说，投入小额资本就要承担较高证券的风险。标杆作用是隐含的，但是可以通过违约情况和现金流支出条件模型推断出隐含杠杆。如果投资组合中包含结构化证券的次级证券份额，专业对冲基金投资者需要更谨慎地审查名义市场价值中的杠杆。

低等级证券份额能获得较高的息票回报，股票份额的定价需基于对最高内部收益率的考虑。这些收益取决于相关抵押品的供求。收益在相对基础上可能不高，但在历史基础上很高。必须根据其他结构化交易而非公司债券来审查等级。专业对冲基金投资者应注意投资组合中的次级证券份额，并时时关注资产池新的违约情况可能带来的损失。一般情况下，持续时间长的交易抵押品减值会越来越多，也就是说，交易时间越长，违约的可能性就越大。结构化产品证券通常有信托人，其职责是衡量抵押品的统计质量，确定抵押品是否符合涉及证券多样性的证券出售文件及其他原则，保持证券等级。专业对冲基金投资者应不时要求信托人提供信托报告样本以确认个人投资业绩。结构化信贷市场有许多衍生产品。这些产品涉及单项资本抵押证券交易、累计贷款池或这些贷款池的份额。它们往往比现金市场的流动性更强，所以必须注意波动率、流动性、杠杆率等问题，交易需谨慎。

虽然文件和等级评估可以在很长时间内保持标准化，但发生变化时就会影响投资者。时时关注文件和评级的变化对专业对冲基金投资者而言很重要。

新兴市场

新兴市场中的信贷对冲基金投资于经济发展中国家的债券。这些国家往往人均收入较低，股票和债券市场的规模也比发达国家的市场规模要小，倾向于使用以硬通货和当地货币发行的证券进入公开交易市场。

这种策略的某些潜在风险源自主权投资环境。主权投资环境有时包括地方政策改变，货币贬值，控制经济增长和通胀的央行政策无效，信贷利差不稳定和流动性不可靠。

经过很长一段时间，新兴市场债券的评级可能会发生很大变化，而且债券很容易受到本金减损和货币贬值的影响。出于这些原因，很难保证在相当长的一段时间内投资不蒙受损失。政府及公司债券套利部分讲过的风险规则同样适用于此策略。即使处于经济繁荣、利差微小的时期，审慎管理的新兴市场债券投资组合使用的杠杆率应比由投资级主权债券构成的投资组合使用的杠杆率低。如果所有其他因素保持不变，那么与由硬通货构成的投资组合相比，那些包括当地货币债券的新兴市场投资组合使用的杠杆率更低。正如政府债券套利，当大量收益率曲线或直接国家风险给投资组合带来买空、卖空风险时（同一条收益率曲线上得到的到期差价较少），专业对冲基金投资者应使用较低的杠杆率。

由于存在潜在的波动性和显著的收益率曲线变化，受到认真监控和积极管理的新兴市场对冲基金有巨大的机会。考虑到风险，监测和对冲交易必须十分适时且主动。

事件驱动策略

事件驱动对冲基金的目标是从预期会发生的公司事件中获利。这些事件将改变特定公司的债券及股票的估值。事件驱动投资组合管理机构确定债券及股票估值可能发生的变化，并调整投资组合以取得预期成果。事件驱动投资组合管理机构对公司事件发生的时间有一个预期。这些事件会推动债券和股票价值重估。事件驱动交易有许多方法。这些方法针对公司所遭遇的财务困难（如资本结构套利、不良交易）或公司预期的结构变化（如兼并套利）。

资本结构套利

资本结构套利对冲基金调整特定公司资本结构内的冲销多头和空头。这些多头和空头可能是遭遇财务困难的公司的债券或股票。套利者们根据他们对更新价值的理解购买并出售资本结构内的证券。资本结构套利交易的目标是从特定公司资本结构内的相对定价差异中获利。

资本结构套利者除了要评估特定公司债券的更新价值，还必须评估买空、卖空头寸的相对数量。信用受损公司资本结构中不同部分的市场走向不可预知，变化轨迹通常与较大的相对价格波动相关。由于证券的价格轨迹易受不断变化的违约可能性的影响，因此预期估值及价格预测可能大相径庭。不仅错估公司发展代价高昂，错估对冲交易也会扩大潜在损失。可能违约的公司的债券价格变化比更新价格的变化更快。因此，在比重确定的情况下，专业对冲基金投资者应评估这样的资本结构交易：买空高级债务、卖空次级债务，或者风险低于卖空高级债务和买空次级债务/股票交易的股票。当然，这个说明的精确度取决于交易规模的大小。什么是合适的规模很难评估，只有在极端的情况下可以假设在偿还优先顺序中靠后的证券更不稳定，应比在偿还优先顺序中靠前的证券交易规模小。交易规模与这种预期相反的投资组合的买空、卖空交易会直接受到公司财务结果的影响。

投资组合管理机构在定位每个交易时通常都会想到一个驱动事件。它们根据自己对最终结果的看法来确定交易规模。资产结构套利者会利用多头、空头进行防御，以期从驱动事件的预期结果中获利。例如，如果投资组合管理机构认为一家公司将好转，它们可能购买将增值最多的证券并用增值较少的证券对冲。抵制风险的资本结构套利者的做法会与之相反，但只以多头或买空来决定交易规模。

这一策略本身就有净买空、卖空信贷风险，即使是最能抵御风险的套利者也不能幸免。专业对冲基金投资者审视这种风险时应考虑这种风险在波动中是否平衡。适合的比重和净风险仅仅是评估，不一定是测量结果。相对波动率在变化，这对专业对冲基金投资者评估交易比重提出了挑战。在极端情况下，资本结构套利者只做多头，风险评估较容易。但通常情况并非如此。专业对冲基金投资者应从资本结构套利者那里找到足够的证据，证明套利者在监控波动率并根据基本原理动态地调整对冲策略。

资本结构套利的成功与否取决于投资组合管理机构借入证券的能力。很多时候管理机构想借入的证券很稀有。谨慎的管理机构会小心维护与证券出借人的关系以确保能尽可能多的得到自己想借入的证券。与各贷款机构的沟通很重要，专业对冲基金投资者应注意投资组合管理机构被借贷机构要求还清空头（这使资本结构套利者不得不平仓）的频率。

和大多数战略的情况相同，专业对冲基金投资者应关注资本结构套利者投资组合的多样化。由于投资组合有非系统性风险，系统性因素不会引发非系统性风险这个论断不一定正确。例如，如果企业违约率在上升，许多有困难的公司可能会受到影响。如果利率上升，借贷成本对有困难的公司而言可能太高。高度多样化有利于投资组合保值。

不良证券

不良证券投资组合管理机构投资高额举债且流动性差的公司的债券和股票。这些公司需要采取法律行动或重组来提高资产价值和财务稳定性。这种策略通常采用较低的杠杆率，且比大多数其他对冲策略的投资时间长。通常情况下，潜在有利的重组、资本结构调整或公司情况的根本性改善会带来投资机会。

不良投资组合风险评估并不会让投资组合过分依赖定量风险分析工具。不良证券有非系统性风险。对这些证券的估值取决于特定公司形势的结构性变化。管理层及商业环境的变化对单个公司的影响可能是特别的或独特的。由大市场指数表现出来的相关市场变化影响处于困境的公司的可能性最小。因此，必须逐一评估不良投资组合中的各个证券可能给投资组合带来的风险。

专业对冲基金投资者要考虑的一个关键因素是违约特性。首先，公司是否已经违约？如果是，专业对冲基金投资者要评估预测回收率或债券持有者可能收回的债务占票面价值的比例。在债券违约的情况下，收回价值被认为是当前价格。如果违约债券未频繁交易：估值非常高，应表明管理机构的交易账目可能与事实不符。对每个陷入困境但并未违约的公司而言，投资组合管理机构不仅应通过莫顿模型（一种风险模型）了解违约概率，还应估计可能的回收价值。每个投资组合管理机构指定的收回价值应与每个贷款的有效资产相符。

一般而言，不良证券最容易受到市场流动性不足的影响，但是，有时有相当复杂资本结构的大型公司可以打破这个规则。这一策略使用杠杆的空间不大。当市场压力很大时，使用杠杆的不良投资组合的生存会受到威胁。没有使用杠杆的投资组合也许能挺过艰难时期，只要头寸未被收回，即使每日减价也能存活。对冲基金的流动性可能无法满足这些公司在市场疲软期的要求。有一点很重要，专业对冲基金投资者需要评估对冲基金的流动性是否适合投资组合涉及的受困公司在市场疲软期的要求。

不良投资组合通常有两重风险。也就是说，公司的生存取决于董事会投票、财务或监管干预等事项的结果。这些结果会给投资组合带来风险，加剧价格波动。因此，与大多数策略的情况相同，规模确定变得非常重要。头寸较少的投资组合最危险，可能会有大幅价格波动。

投资组合管理机构可能参与债权人委员会的活动。这项工作需要大量时间和关注。这些时间要好好管理，因为这是从投资组合管理时间中抽出来的。专业对冲基金投资者必须关注投资组合如何管理这些时间。这些工作（包括法律责任）有实际成本也有隐性成本。

兼并套利

兼并套利是一种投资方法，具体操作是购买目标公司的证券或出售收购公司的证券。这种方法涉及已宣布的交易或投标，包括交换发盘、现金投标、换股并购、杠杆收购等。主要风险是交易条件发生不利的变化或交易中断。

兼并套利交易面临不同程度的风险，这取决于特定交易实现的可靠性。收购公司和被收购公司达成协议情况下的交易风险最低。不可预见的情况对套利者而言通常只是一项风险因素。风险较大的交易及结果取决于监管部门批准的交易（如反垄断、激进对冲基金融资、更高报价的投机交易、恶意收购）等，对套利者而言有较高风险。一些兼并套利投资组合管理机构积极参与兼并条款的谈判，目的是方便自己的投资得到预期的结果。它们的成功与否取决于它们对目标公司董事会的说服力。因此，交易息差或交易的预期收益可能刚刚超过 LIBOR，也可能高于 LIBOR 几千个基点。专业对冲基金投资者应该知道自己兼并套利基金所投资的交易的息差。

投资组合中的交易类型不同，风险套利投资组合的风险状况也会大不相同。但是，不论投资组合中含有哪种类型的交易，一种风险对任何套利投资组合的威胁力是一样的。即使是保险性最高的低风险交易也可能受到来自更广泛股票市场的外部冲击（这种冲击对投资组合的资产净值有威胁）。如果一个投资组合不够多样化，这个组合的潜在减损风险就更大。除了适当的多样化（可能意味着每种头寸都不超过资产净值的7%），投资组合管理机构还应了解交易中断时投资组合下跌的价值。这是目标公司和收购公司的收购前价格。

风险价值或股票压力并不是衡量兼并套利投资组合风险有效的指标，其作用不如交易中断时的投资组合易损性半定量的评估。兼并套利投资组合可能被对冲，风险分析软件可能无法精确计算某些交易类型中的风险。有一种方法对专业对冲基金投资者很有效，即假定所有交易中断或失败，然后再审视投资组合。重新定价可以回到目标公司和收购公司交易前的状态，是一种非常有效的方法。

股票策略

股票投资组合管理机构企图建立一个从股票价格临时性价差中获利的投资组合。投资组合管理机构确定某一股票的当前市场价格是否与自己的估值相左。有许多不同的股票策略，包括关注点为全球股票、国家股票或部门股票的策略。此外，买空/卖空股票对冲基金可能有突出的定量或定性投资过程。有些对冲基金可能保持市场中性，这通常是指投资组合管理机构会尽量减少 β 系数所反映的风险。可转换债券套利是混合债券/股票策略，往往是股票综合策略基金的组成部分。

买空/卖空股票

买空/卖空股票对冲基金持有股票的空头和多头。投资组合中有时间较长的投资，也有时间较短的投资。投资组合往往是净多头，这样可以减少市场低迷时期的净风险和杠杆率。买空/卖空股票投资组合反映出对部门、市值和净风险的投资和风险决策。

投资银行历来给固定收益和货币市场交易者分配较多的专有资本，给股市交易者分配较少的专有资本。投资银行的股票部门关注的是分配。股票专有资本通常分配给风险套利投资或特殊情况投资，而使用买空/卖空股票对冲基金策略的交易仅得到较少的专有资本。买空/卖空投资组合管理者曾是声名显赫的分析师或总收益管理人的情况很常见。买空/卖空投资组合管理机构使用的风险管理方法不同于其他对冲基金采用的方法。

专业对冲基金投资者应评估买空/卖空股票对冲基金如何测量及监控风险。股票的回收率可以假定为零。因此，投资组合管理机构必须谨慎管理风险以保证投资组合的活力和成功。监控的重要内容包括多头和空头之间的市值倾斜、部门和行业风险。在这种策略中，买空交易账和卖空交易账之间越不平衡，收益波动的可能性就越大。为了谨慎管理这些风险，投资组合管理机构必须监控这些风险损失。

占资产净值超过7%的头寸通常被认为是集中型头寸。多头持仓限额应大于空头持仓限额。空头有不利的不对称风险，且筹资比多头困难。在空头轧平时，规模限制在一定程度上能保护投资组合的总风险价值。

专业对冲基金投资者应熟悉投资组合管理机构的止损规则。止损限额的有利之处是给投资组合价值加以非情绪化、非分析考量型的保护。止损可能意味着某个未平仓交易结束或部分结束，但并不会阻止投资组合管理机构重新开始同样的交易。损失巨大有可能混淆投资组合管理机构的判断。

投资组合管理机构往往认为，如果有某种程度的损失，受损的交易将受到更严格的监督。但是，如果新颖的论点完整，那么它们会继续交易。这种做法比清算或部分清算止损限额给投资组合带来损失的可能性更大。加倍下注交易要求交易者增加头寸（股票）数量，由此利用当前多头较低的价格或当前空头较高的价格，因此投资组合管理机构让与投资组合背道而驰的交易的风险增加，故而是最冒险的做法。

专业对冲基金投资者应认同的另一个考虑事项是买空/卖空投资组合管理机构在进行小型股、不良股票及评级低的主权国家的股票交易时使用较低的杠杆率。例如，专业对冲基金投资者希望用于德国股票的杠杆限额比新兴市场股票的杠杆限额高。此外，卖空低价股票会给投资组合带来不利的不对称风险。

许多买空/卖空股票投资组合管理机构被要求向美国证券交易委员会（SEC）提交交易报告。这些报告是现成的，专业对冲基金投资者应持续审查这些报告。在审查提交给证券交易委员会的报告时，专业对冲基金投资者应确认报告的交易与投资组合管理机构提供的印刷材料上的内容一致。

新兴市场股票基金买空/卖空股票的交易（但比七国集团政府套利和一般买空/卖空股票投资组合的杠杆限额低）也应受到监控。专业对冲基金管理机构还应了解新兴市场投资组合的小型股。这些股票的估值更容易控制，其估值不仅可能影响投资组合的真实价值，还可能成为监管审查对象。

综合策略

对冲基金综合策略包括本章讲到的策略中的多种策略。这种策略的风险评估首先要将投资组合划分成几个策略，然后使用本章讲到的各种风险监管方法。专业对冲基金投资者应整体地对投资组合进行评估，具体来说，就是评估投资组合是否有很多重复主题或有重复的集中风险。

除了本章讲到的各种策略，综合策略还包括特殊情况或公共机构私募投资。这些子策略很少用到杠杆，但会给投资组合带来特别的风险。通常属于特殊情况或公共机构私募投资的投资组合所持有的资产流动性较低或没有流动性。通常这些投资有侧袋投资（对冲基金管理机构通常可以自由投资自己基金的10%），其清偿期限不同于投资组合中其他的投资。在财政困难时期，这些投资的流动性会严重受限，因此很难为其定价或估值。因为这些投资机会可能会带来不容易在流动市场中得到的长期收益，所以投资组合管理机构会被这些投资机会吸引。如果投资组合中包含这些投资，则专业对冲基金投资者必须注意投资组合管理机构估值的基础。这些投资可能推动管理机构基金加强资金撤回限制。

专业对冲基金投资者应评估综合策略对冲基金集中型风险控制的效率以及使用风险资本和杠杆的方法，以防综合策略对冲基金独特风险的发生。

股票市场中性

股票市场中性投资组合有定性和/或定量投资方式。市场中性有市场价值中性，β值中性。通常情况下，市场中性投资组合比有净多头的买空/卖空对冲基金有更强的抗市场波动能力。许多股票市场中性对冲基金使用高级计算机模型和电子交易系统协同工作以消除市场净β系数所反映的风险或市场定向风险。

定量和定性市场中性投资组合可能有非市场中性的元素，弄清管理机构交易账中可能出现的风险是必要的。需要监控的重要内容有市值倾斜，部门和行业风险，多头和空头集中度。这种投资组合的空头、多头交易账中的这些因素越不平衡，潜在的收益波动就越大。为了审慎管理这种风险，投资组合管理机构必须监控这种风险可能带来的损失。专业对冲基金投资者了解这些情况有助于预测大市场发生变化时投资组合的估值变化。如果策略是以期权为基础的，那么专业对冲基金投资者应遵循政府债券套利部分详细说明的净溢价风险原则。卖空增加值或只赚取溢价的风险原则也适用于债券和股票期权。

从学术上来讲，真正的市场中性投资组合是在任何时候都保持β中性的投资组合。因为市场价值和β值在不断变化，投资组合保持市场中性几乎是不可能实现的。即使可以实现，这种策略也可能不是制造α值的最佳策略，而α值通常是对冲基金投资的目标。

可转换债券套利

可转换债券套利通常是购买能以特定转换率转换成相同公司股票的债券，并出售相同公司的股票。其使交易者有机会利用债券及其相关股票的定价低效。交易时间可能由事件驱动，也可能取决于交易者对可转换债券及相关股票之间相对价差的看法。进行资产交换交易，可以消除可转换债券套利的信贷息差风险。在这种情况下，交易的目的是从期权转换成股票的波动率变化中获利。不涉及资产互换的可转换债券套利头寸通常通过信贷、波动率以及股票业绩获利。

适合用于套利的资产可以以某些可预测的方式进行转换。如果价格有偏离，可以认为这种偏离只会持续很短的一段时间。套利者希望在一定价格范围内，他们不仅可以套利，还可以在需要的时候进行退出或清理交易。为了实现这个设想，必须有一些积极且不同类别的买家和卖家。可转换债券的持有人一般更有可能是举债投资者而不是其他类型债券的持有人。这种情况带来的风险是在财政紧张时期套利者没有交易对手来实现套利。持有人越同质化，所有持有人对某一可转换债券做出相似评估的可能性就越大。更直接地说，在买家不太可能出现的时候，某一债券的所有持有人可能同时退出交易。尽管如此，专业对冲基金投资者应审查投资组合中每种可转换债券持有的比例。每种债券的持有率在15% ~20%的范围内。专业对冲基金投资者还应设法评估投资组合中证券的其他持有人。所评估投资组合中套利者集中持有证券是一个重要的流动性风险因素。因此，如果其他持有人是对冲基金或举债投资者，该投资组合的风险会增加。

可转换债券的级别比同一公司发行的其他债券的级别低。由于有可转换的特性，可转换债券比资本结构中其他债券的收益率低。由于可转换债券持有人以沽亏的价格将可转换债券转换为股票，可转换债券的价格会下降，或者收益会随公司其他债券的上涨而上涨，这反映了可转换债券的支付优先级较低。投资者可能会认为市场会按照支付优先级高于可转换债券的其他证券给可转换债券更新价值，但是必须要有积极的市场参与者认识到可转换债券的价值并出价购买。可转换债券的持有人可能发现沽亏可转换债券的收益不仅会上涨，而且上涨的水平会超过套利者之前预期的水平。在市场非常时期，比如在1998年，可转换债券缺少购买者，可转换债券套利者将面临市场对可转换债券和股票之间隐含关系的无视，这两者之间的关系可能恶化或中止，投资组合可能严重受损。在这种时候，债券交易日益显现出信用优先的特点。流动性风险是可转换债券套利投资组合管理机构要承担的一项重要风险。

如果可转换债券套利者的主要活动是以低价购买有波动率的证券，那么专业对冲基金投资者应评估可转换债券的价格波动，评估时不仅应考虑可转换债券内含期权的隐含波动性，还要考虑相关股票的历史波动率。专业对冲基金投资者应了解这些波动率偏差及投资组合管理机构对这些偏差的敏感度。如果这些波动率之间的偏差很大，而且投资组合管理机构实际上并没有购买更便宜的债券，那么投资组合的业绩可能不佳，因为股票期权会吸引期望以最低代价赚取股票波动率利润的边际购买者。如果可转换债券套利者的波动率投资组合由高价且有波动的证券组成，流动性风险就会增加。

历史上有使用矩阵定价模型确定基金资产净值而导致可转换债券套利对冲基金失败的著名案例。投资者必须了解这些历史，并特别关注可转换债券如何定价的问题。

第 10 章

用有形商品使投资组合多样化

【摘要】 有形商品是有别于股票、债券的资产类别。商业多样化投资组合的历史回报与股票的投资回报一样高，且与股票的投资回报无关。因此，在典型的股票、债券投资组合中加入一些商品会带来多样化好处，可以减少投资组合的风险，但不会减少回报。投资只做多头的商品基金是进行稳定商品投资使投资组合多样化最有效的方法。

以多样化投资减少损失风险并不是一个新概念。“不要孤注一掷”是古老的至理名言。这句格言的深意是什么？商品如何与多样化投资关联在一起？

本章帮助读者了解为何在股票、债券投资组合中增加合理数量的商品能够减少投资组合的整体风险，但并不会减少投资组合的整体回报。本章还将解释为何只做多空的商品基金是商品投资最合适的方式。

有形商品的优势

投资者持有股票等待增值，持有债券求稳定，但在投资组合中加入商品是一个比较新的想法。在所有的商品中，只有黄金有悠久的投资历史。在20世纪90年代之前，牲畜、铜、棉花等其他有形商品并不用于投资目的。

在那之前，理论家、投资机构及其顾问（20世纪70年代初，在芝加哥商业交易所的金融期货交易中出现）对有形商品知之甚少，他们认为商品比股票的波动大得多，大多数商品投资者都破产了。

大多数商品投资者赔了钱可能是真的，但这并不是因为投资商品固有的风险，而是因为购买商品期货支付的保证金非常少，投资者面临的平均风险是这有限的保证金金额的10倍甚至20倍。因此，哪怕只有很小的价格变化都有可能导致利润或损失发现巨大波动。正是因为这一点，使得人们认为商品自身的价值很不稳定，但这是不正确的。当理论家真实测量过商品价格的波动率后，他们发现有形商品的波动比股票小。由于这个事实外加有形商品与股票、债券缺乏关联性，理论家认为商品是一种独特的资产类别，被添加到投资组合中去以后可以提供大量的多样化收益。

传统上，商品市场由“套利交易者”和“投机者”组成。套利交易者利用市场减少风险，投机者试图从价格变化中牟利。对商品使用资产分配原则后，我们发现出现了第三大主要市场参与者——商品投资者。与自己决定买卖或由经纪人指导买卖的投机者不同，商品投资者通常会请第三方基金管理机构来做决定。

由于能源和金属价格上涨（且中印两国经济体的长期经济增长会促使能源和金属价格进一步上涨），预算赤字扩大造成民众对美国通胀的恐慌，越来越多的机构和民众开始投资商品。有一些机构和投资者已经将多样化的有形资产添加到投资组合中，不仅他们相信，而且我们也认同将商品加入投资组合是可行的，因为：

- 商品的历史回报和波动性与股票相似。
- 商品回报与股票或债券的回报不相关。
- 1960 年以来的任何一段时间里，商品为其加入的大多数“股票加债券”投资组合提高了风险调整回报率，并降低了遭遇巨大损失的风险。
- 商品能防范政治危机和自然灾害的影响。
- 商品能有效防范通胀的不利影响。

本章将研究有形商品的这些特点，其间会利用一个真实商品投资组合 20 年来的回报数据，这个投资组合名为 TAP®（有形资产计划®），是亨利·亚雷茨基在 1987 年根据马柯维茨投资组合理论中的资产分配原则创建的，是一个多样化投资组合的商品部分。

商品的历史回报与股票的历史回报相似

TAP 从 1987 年 1 月创建起到 2007 年 3 月止的回报与股票的回报相当。TAP 中商品的回报率为 11.6%，而标准普尔 500 指数的回报率是 11.7%。更重要的是，如图 10.1 所示，尽管标准普尔 500 指数中的股票数量是 TAP 商品组合中的商品数量的 28 倍（资产池中不同的产品越多，波动率就可能越低。从逻辑上讲，标准普尔指数中的 500 只股票就有更多的内部弥补，因此应比 TAP 交易商品的 18 种商品组成的资产池的波动率低），商品的标准偏差较低——商品的标准偏差为 12.6%，股票的标准偏差为 15.2%。较高的回报和较低的波动率大幅提高了 TAP 的风险调整回报率。TAP 的夏普比率（计算投资组合每承受一单位总风险，会产生多少的超额报酬）约为 0.54，这几乎和债券的夏普比率一样高，且大大高于同期 0.45 的股票夏普比率。

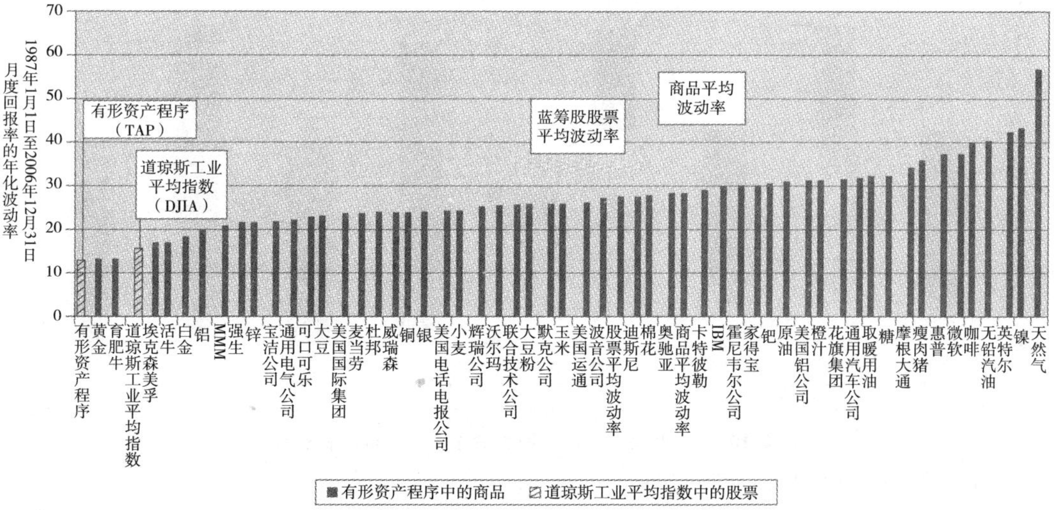

图 10.1　商品、股票的波动率对比：1987 年 1～2006 年 12 月

资料来源：格雷沙姆投资管理公司

TAP 投资组合在图 10.1 所列出的所有商品中平均波动率最低（12.6%），第二、第三低的是黄金和育肥牛，然后才是道琼斯工业平均指数（15.2%）。图 10.1 还显示个别商品的波动率不高于个别股票的波动率。商品的平均波动率（28.6%）略高于 30 只蓝筹股的平均波动率（27.6%）。

商品的回报与股票、债券的回报不相关

商品有助于使投资组合多样化，因为它们的回报与其他资产类别的回报不相关。的确，商品回报与美国股票、外国股票、美国债券有点儿负相关，相关系数分别为 -0.18、-0.11 和 -0.13。有良好回报的资产类别之间缺乏相关性能减少回报的波动率（标准偏差）并产生更高的风险调整回报。在发生对股票、债券回报有负面影响的事件时（如自然灾害、地缘政治不确定或能源价格迅速上涨），商品与股票、债券的负相关性还能抵御投资组合价值下跌。

商品与股票的低相关度可以这样解释：股票是预期资产，投资者根据未来的现金流来给股票估值；而商品是根据供求定价的，商品价格反映了生产与消耗的平衡及商品库存情况。人们生活富裕，购买了很多物品，这样是否会让制造这些物品的商品变得更稀有更昂贵呢？人们是否会紧缩银根不去买东西呢？如果当前的库存和未来的生产预计不足以满足当前及未来的需求，现行价格就会上涨以平衡供求。

基于上述原因，商品能够成为跨市场周期的回报来源。如图 10.2 所示，商品期货过去在股票、债券下跌或上涨时均取得了正回报。

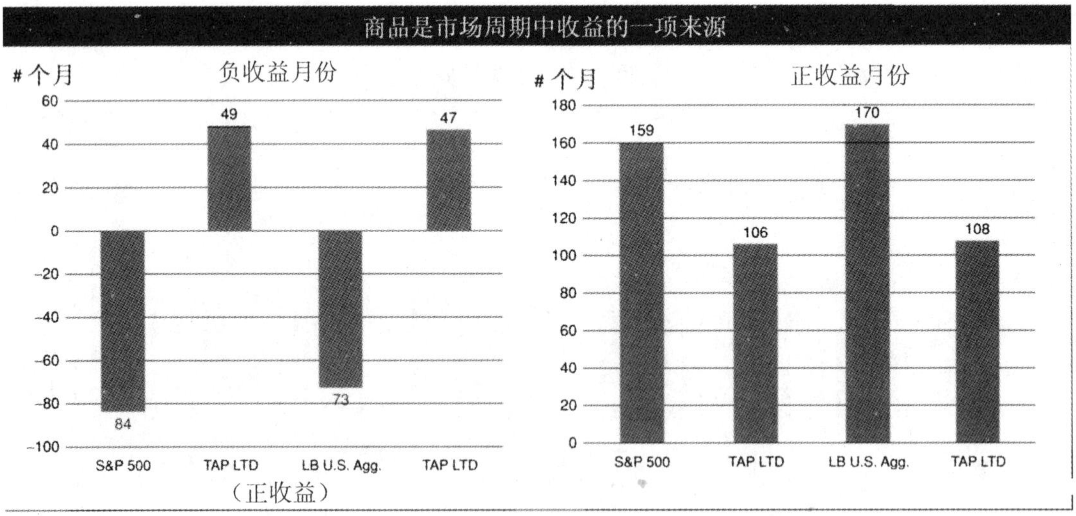

图 10.2　收益比较：1987 年 1 月 ~ 2007 年 3 月

资料来源：格雷沙姆投资管理公司

在经济扩张初期，人们对未来现金流有很高预期，股票回报会达到最高点，而商

品回报却在经济扩张接近尾声时达到最高点，此时消费率很高，库存耗尽，新产品还未投产，因此商品和股票的回报有交替价格周期。这可以解释股票价格和商品价格的反周期特性。

在投资组合中增加商品以提高风险调整回报率

资产分配者致力于改善投资组合的整体回报/风险特性，以减少发生巨大损失的可能性。但是他们当然希望不牺牲回报，这就是商品所起的作用。从1987年起（那时TAP建立），投资组合中分配只做多头的有形商品有助于提高投资组合的总回报并降低风险，即使在投资者为购买商品而减少股票分配时情况也是如此。图10.3显示了在传统的股票债券投资组合中加入商品可能带来的好处。

如果观察仅含国内股票和国内债券的投资组合的有效边界，可以发现1987～2005年这18年间，加入不同数量（5%、10%、20%，如图10.3所示）的商品改善了任一股票/债券组合（40－60、50－50或60－40）的回报/风险情况，并且原有股票债券组合增加的每一种商品形成了更有利的有效边界。

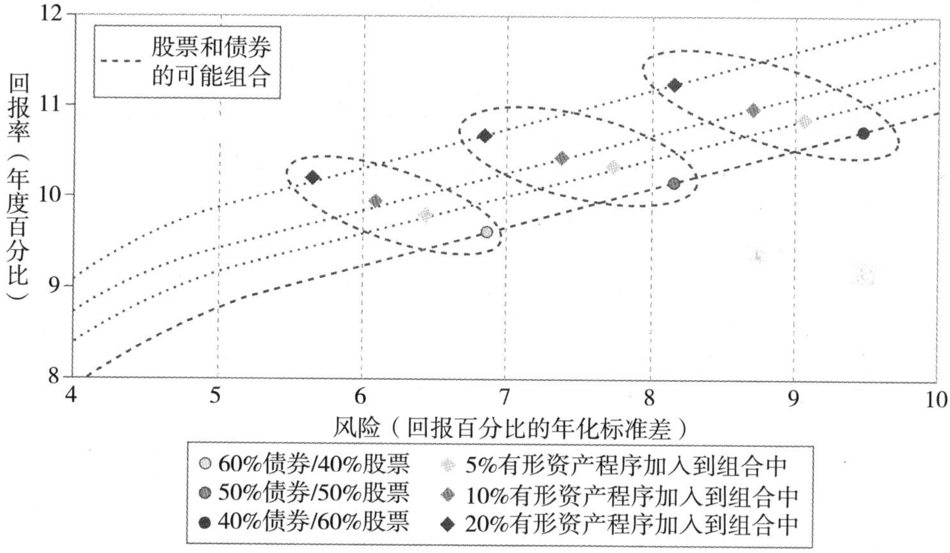

图10.3　回报对比：1987年1月～2007年3月（2）

资料来源：格雷沙姆投资管理公司

商品能在不确定时期保护投资组合

如前面提到的，商品可以保护投资组合的整体回报，因为它们在历史上与股票、债券市场的下跌动向几乎没有或根本没有关联性，在发生对股票、债券回报有负面影响的事件时，商品往往能增值。

发生政治危机和自然灾害时，大多数金融资产（美国国债可能例外）的相关性往往会增强。投资者抛掉他们认为风险较大的资产，这些资产的价格会一同下跌。但是商品在这种时候能防止损失。此外，较大的商品价格变动往往是上升而不是下降。专业人士很了解这些关联性，有时候会说商品“不降反涨”。

如图 10.4 所示，股票和对冲基金与美国消费者物价指数呈负相关关系，而商品与消费者物价指数呈正相关关系（相关系数为0.44）。这并不奇怪，由于商品价格是生活费用的一个主要决定因素，因此也是通胀的一个主要决定因素。当本国货币贬值时，以本国货币计价的商品在短期内往往业绩良好。

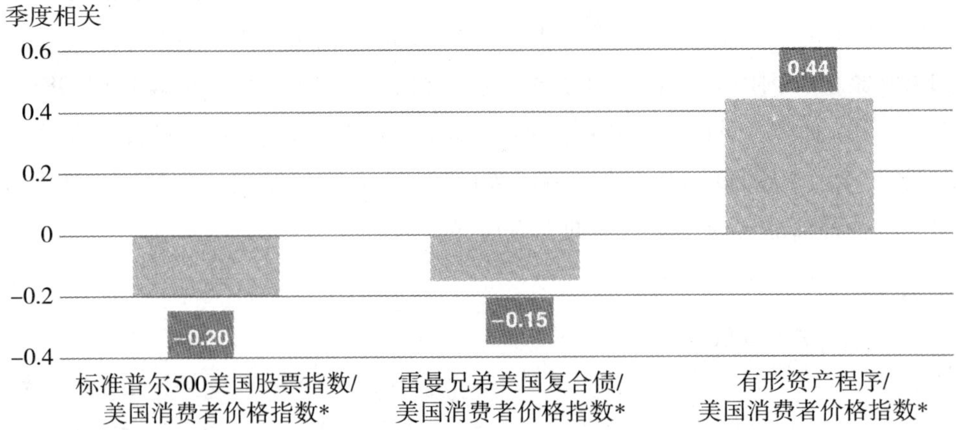

图 10.4 回报率相关系数季度变动对比：1987 年 1 月～2007 年 3 月

如何进行商品投资

给投资组合添加多样化商品投资的最佳方法是什么呢？对大多数投资而言，购买一系列实物商品是不切实际的，因为购买、运输、储存、损坏、贬值都是问题，而且无法重新平衡。这种投资只有 4 种切实可行的方法：投资自然资源股票或基金、管理期货基金、非多样化商品部门基金以及多样化商品基金和指数。

- 自然资源股票或基金。有些投资者认为自己进行了商品投资，因为他们持有自然资源股票。这并不像人们预期的那样可以奏效，因为这类股票的价值并不受商品价格的影响，而是受行业竞争、管理层成功执行策略、与生产相关的套期保值等因素的影响。这些因素都会影响股票业绩，进而影响分红和股票价格。商品生产者股票的价格与商品自身价格之间几乎没有什么关联。例如，在

1990～2006年这段时间，美国证券交易所石油公司指数与纽约商业交易所原油期货合约之间的相关系数是0.31。

- 管理期货基金。有些投资者希望通过购买管理期货（或商品交易顾问的）基金来进行商品投资。这种基金不一定会提供理想的回报，这并不是商品投资的有效方法。大多数商品交易顾问计划涉及金融期货策略，而不是有形资产策略。即使商品交易顾问在基金中加入有形商品投资，计划可能会大量举债，还可能做卖空交易，因此投资者的商品投资与预期相距甚远。从交易的角度来看，商品交易顾问收取的费用不一定合理，但如果投资者的目标是增加商品这一资产类别的投资，则收取的费用会很高。

有些投资者寄希望于管理期货基金可以补充多样化商品基金中的核心投资，利用赋予有能力的资本经营者的机会来获得α增益。这种策略对了解积极管理计划固有风险的人来说是行得通的。

- 非多样化商品部门基金。其具有交易所交易基金（ETF）和无流动性结构，这种类别的基金有很多的新老投资工具，如石油和天然气租借，矿产权，木材，代用能源，单一商品和单一部门交易所交易基金，商品数量极少且结构类似的基金。其中有些是易变卖的，有些则要求投资者给管理机构延长提款通知期限（即买空锁定期）。根据定义，尽管这些交易工具可以满足某些投资者的需求，但多样性较差，因此会比多样化基金的波动率更高。由于没有多样性，这些投资工具不能提供有效的商品资产类别投资。
- 多样化商品基金和指数。投资商品最有效的方法是投资遵循规则、只做多头的基金产品或投资给流动的有形期货合约投资的私人账户。这种投资收取的费用要比积极管理的基金收取的费用低得多，提供资产类别投资这一项管理机构通常不收取费用。

有形资产计划是一个只做多头的商品基金。TAP的方法包括一系列规则，这些规则涉及商品选择及每种商品的数量（相对权重），这两项每年都会更新。这些规则简单透明，反映了自1987年以来维护TAP所获得的经验。TAP较为重要的“规则”包括：

- 尽可能购买和出售没有高额交易费用的商品，TAP仅限于交易所交易商品期货合约。
- TAP的管理人员计算所有期货合约的交易价格（以美元计），并用得数除以2倍的相关商品全球生产价值（这反映了实际商品价格是商品出售机构决定的，而非由交易所决定）。
- TAP的管理人员选出6个独立商品组各自前三名的商品。

- 不使用杠杆。如果模型要求给玉米投资 100 万美元，TAP 会买空（购买）票面值为 100 万美元的玉米期货合约，交存保证金（约为商品头寸价值的 5% 或 5 万美元）并将剩余的资金用于投资短期、低风险的货币市场证券，如美国短期国债。
- 限制每种商品和每组商品的权重以确保投资组合是真正的多样化，不会被某些主要商品左右。
- 最后，当价格变动导致最初的比重失衡时，要重新平衡每种商品的权重。其结果是价格上升时减少头寸，价格下降时增加头寸。

2007 年 TAP 的组成如图 10.5 所示。投资组合中总共有 18 种实物商品，没有一种商品占主导地位。

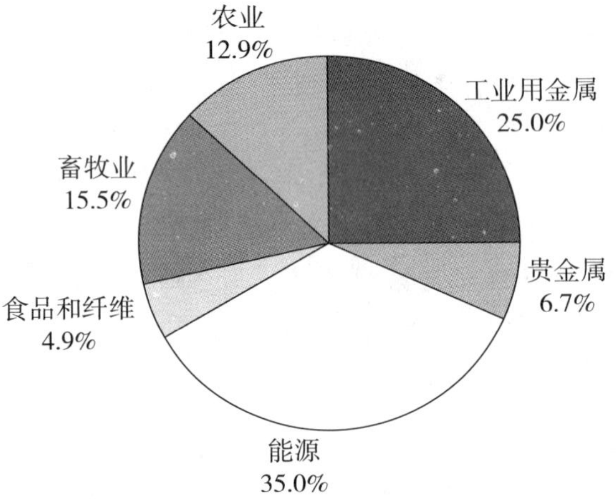

图 10.5　TAP 的组成

资料来源：格雷沙姆投资管理公司

TAP 是一个遵循规则、只做多头、多样化的综合商品策略，于 1987 年建立。自从有了 TAP 这种开拓性的方法，人们越来越有兴趣使用有形商品来使投资组合多样化，高盛商品指数（GSCI）和道琼斯－美国国际集团商品指数的出现就是个佐证。近年来人们对 TAP 等基金兴趣大增，此类基金现在已有超过 1 000 亿美元的投资。

只做多头的商品基金会过于多样化吗？有 30 ~ 35 种商品的基金肯定是多样化的，这种多样化应该可以带来回报稳定的益处。但是，这样的基金存在两个潜在的问题：第一，期货合约缺乏流动性，而基金必须购买和周转；第二，如果期货合约在国外时区交易且不用美元清算，基金则缺乏可仿制性/透明度。由于期货合约必须比到期日提前一个月进行交易，交易量必须足以支持周期性交易，否则基金的稳定收益会减少。由于以美元结算的美国、英国交易所最多能交易 20 ~ 25 种流动的有形商品，投资者应注意投资期货合约的基金或不支持美元交易的交易所。

第 11 章

商品投资基本原理

【摘要】根据学术著作，投资商品市场被认为是投资者使传统投资组合多样化的一个有效途径。商品多样化的有利之处源于它们与股票、债券市场的低相关性（有时甚至是负相关）以及与通胀较高的正相关性。因此，在价格上涨时期，商品是可以有效避免通胀的实物资产。此外，由于商品有不同质资产类别的特点，商品部门的风险和回报可能差异明显，甚至朝相反方向变化。此外，考虑到投资者对此资产类别进行投资的不同方式，商品投资的复杂性可能会显露出来。商品股票、商品基金、商品期货和期货指数均都有独特的优点和缺点。

由于商品的高回报及金融机构投资者（如养老基金）和传统投资组合管理机构对商品更多的需求，商品在21世纪掀起新的热潮。与外汇或股票市场相比，中央银行几乎没有办法干预商品市场。因为生产对市场扭曲的反应很迟钝，短期供求冲击仅以价格变动作为补偿。尽管商品与债券、股票的低相关性可以给传统证券投资组合带来有价值的多样化好处，但这种资产类别固有的波动率成了许多投资者从前抵制商品投资的主要原因。

本章将讨论商品投资的基本原理，介绍市场参与者、商品子部分、商品交易所和投资者可以利用的各种商品投资机构。通过商品期货指数来研究商品期货的风险及回报特性，并提供传统证券投资组合资产分配的实证分析，这些投资组合中包括商品期货。

市场参与者

期货市场参与者可分为对冲者、投机者（商人）和套利者。商品生产者将极不稳定且很难预测的商品期货市场带来的价格风险转嫁给投资者，因此支付了额外费用他们一般对提前对冲产品的价格（空头对冲）特别感兴趣。

以典型的农业市场的情况为例。农产品供应取决于天气，具有波动性，而需求相对稳定。与家畜饲养费用或种子购买费用不同，产品的售价一般只有到交易时才能知道。

而制造业的情况却相反：制造业要对冲上升的商品价格（多头对冲），选择了与商品生产者所持空头相反的头寸。例如，航空公司通常进行多头对冲以预防燃油价格上涨。如果通过相反的期货补偿现有或预期现金头寸，这种市场参与者就是对冲者。因此，商品生产者有固定净利润，商品制造商有固定购买价格。

投机者是期货市场中最大的群体。他们的主要任务是一手提供流动性，一手平衡多头和空头对冲。商品生产者或制造商设法避免对不利价格变化的敏感性，而投机者的目的则是持有某种市场头寸，从价格变化中投机获利。为了赚取利润，投机者有意承担风险，赌价格上升或下降。与对冲交易相比，因为投机者没有持有补偿现金头寸，所以投机交易可能有巨额收益，也可能有巨额损失。

第三种市场参与者是期货市场中最小的一个群体，即套利者。为了获取无风险的利润，他们试图利用商品期货市场中的时间价格差异或地点价格差异或现货市场和期货市场之间的价格差异。显然，这个群体也是想赚取利润的，但他们的交易活动并不涉及持有有风险的头寸。此外，他们利用经济和金融数据来检测现有的时间、地点价格差异，如果这些价格差异超过了现货市场跨地区或跨时间的转移成本（如运费、利率、仓储费用、保险费用），就可以实现无风险盈利。因此，市场之间的价格差异得到调整，市场之间的价格关系得以恢复，套利者也保证了市场平衡。

如果是现购自运套利，当前杠杆现汇头寸的转售价格在商品期货出售的同时确定。这种期货空头头寸意味着无条件承诺在期限到达时购买相关货物。期货到期时，按照到期卖空期货合约提交指定商品。如果实物商品现货交易的利润超过期货价值与举债融资成本之和，那么套利者能获得基差交易利润。

商品部门

国际商品市场投资与其他投资在几个重要方面有很大不同。首先，商品是实物资产——主要是消费品而不是投资品。商品有固有价值，能在工业生产或消费中提供实用性。此外，供应是有限的，因为在任何时期商品的供应数量都是有限的。例如，像谷物这样的可再生商品的生产几乎不受任何限制。但是这些商品每年的收成严格受限。此外，某些商品的供应有很强的季节性。金属几乎终年可以开采，但像大豆这样的农产品的供应取决于收获周期。

商品作为资产类别的另一重要特性是异质性。商品质量没有标准化，每个商品有都其特定属性。常用的商品分类方法是将商品分为软商品和硬商品。硬商品是能源、贵金属、工业用金属部门的产品。软商品通常是农业部门的受气候影响且易腐坏的商品，这些商品用于消费，如谷物、大豆，或是牛、猪等牲畜。图11.1显示了商品部门分类。

耐贮性和可供应性（或可再生性）也是商品的重要特征。由于耐贮性对定价起着决定性的作用，商品可分为耐贮藏商品和不耐贮藏商品。如果某种商品不易腐坏且贮藏费用相对商品总价值而言较低，那么可以说这种商品有很高的耐贮性。铝或铜等工业用金属是最好的例子，它们这两项标准的水平都很高。相比之下，牲畜耐贮性非常有限，因为必须按现时成本持续圈养牲畜并给牲畜喂食，且仅在牲畜特定的生命周期才可以盈利。

像银、黄金、原油、铝这样的商品是不可再生的。不可再生商品的供应取决于生产者开采量多质优的原料的能力。

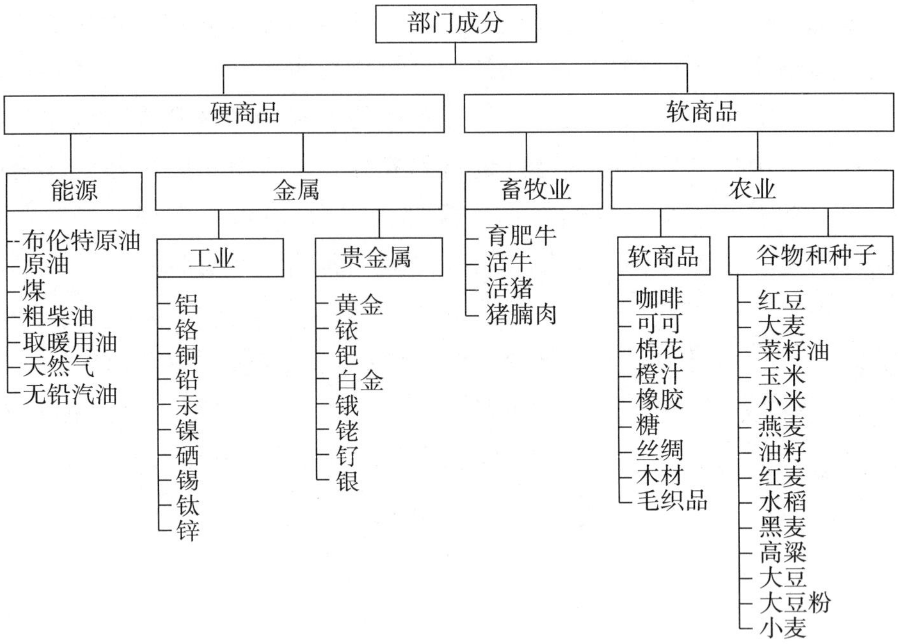

图 11.1　商品部门分类

商品生产能力也会影响供应。就某些金属（不包括贵金属）及原油而言，发现和勘探原料新储备仍是很重要的问题。在供应量一定的情况下，不可再生资源的价格很大程度上取决于投资者当前的需求，而可再生资源的价格则更多取决于未来预计生产成本（发生在 2005 年卡特里娜飓风之后的事件清楚地说明原油和天然气的供应能力不足，这个领域的投资下降多年，已到达瓶颈。工业用金属部门缺少投资也制造了供应方面的问题）。

实际持有商品而非购买期货带来的货币效益被称为便利收益。便利收益反映了市场参与者预期某种不可再生商品将来可能短缺。

自有商品作为一种资产类别

作为专属资产类别的商品领域中的学者和实践者达成一种广泛共识：与其他另类资产相比，商品在投资组合中可以被视为一种专属资产类别（事实上，对冲基金、私募股权等大多数另类投资并非专属资产，而是现有资产类别中的另类投资策略）。根据定义，一个资产类别由相似的资产组成，这些资产有相似的风险/回报特性（内部关联性高），且风险/回报特性与其他资产类别不同（外部关联性低）。关键的属性是有共同的价值驱动因素，而不一定是共同的价格模式。这基于一种观点，单个资产类别有独特的风险溢价，结合其他资产类别并不能复制这种风险溢价。此外，投资者普遍要求从资产类别中获得较多的长期回报和流动性以调整资产分配。

为了说明现有资产类别，格里尔（1997）解释了所谓的超级资产类别：资本资产、保值资产、可消费或可转让资产。连续业绩是资本资产的一个特点。像股票这样的股本资本可以不断提供股息，而固定收入能保证在债务人违约的情况下也能定期支付利息。

所有资本资产的共同点是估值遵循净现值法（预计未来现金流贴现）。相比之下，作为资产类别的房地产有混合分类。一方面，房地产可划分为资本资产，因为房地产不但有租金收益，还有市场价值。另一方面，房地产的某些特征可将房地产归入保值资产类别（例如，房地产是所有人自己使用的）。这种保值资产不会被消耗，也不能带来收入，典型的例子是外汇、艺术品和古董。

商品属于第三种超级资产类别——可消费或可转让（C/T）资产。与股票、债券相比，能源、谷物、牲畜等实物商品不会产生持续的现金流，但拥有经济价值。例如，谷物可以食用或用作加工原料，原油可加工成多种产品。这种差别就是商品成为独特资产类别的原因。

显然商品价格不能用未来现金流贴现来确定，所以利率对商品价格的影响很小。此外，商品价格是特定市场供应与需求互相作用的结果。在这种情况下，资本资产定价模型（CAPM）不能充分说明商品期货回报也就不足为奇了。正如之前提到的，商品不是资本资产。

黄金模糊了超级资产类别与其他资产类别之间的分界线。一方面，作为商品，黄金有很好的导电性，可用在电子电路等地方。另一方面，作为保值资产，黄金是一种贵金属，可以像通货一样用于投资。自2002年股市下跌以来，人们对商品的需求越来越旺盛，这正清楚地说明了商品的这一特点。因为黄金可以租赁，安森甚至将黄金归入资本资产（以市场租赁利率出租黄金、白金等贵金属可以带来丰厚收益）。

将商品与资本资产区别开来的另一特殊标准是商品在世界范围内都可以以美元计价。此外，商品的价值是由全球供求情况而非区域供求情况决定的。相比之下，股市反映的是不同国家或地区各自的经济发展状况。

商品市场投资方式

一般而言，利用不同种类的金融工具投资商品市场有几种方法。其中最重要的方法是：（1）直接投资实物商品；（2）间接投资自然资源公司的股票；（3）投资商品共同基金；（4）投资商品期货和/或投资商品期货指数结构性产品。

购买实物商品

首先，直接投资商品看似就是在现货市场上购买实物商品。但对投资者而言，即时交货或在两天之内交货往往不现实。根据杰曼（2005）的观点，金、银、铂等贵金属是例外，因为这些金属没有很高的流动成本，而且所需的存储空间也很小。但是仅由贵金属组成的投资组合对投资者而言并不是一个充分多样化的投资组合。

商品股票

投资商品股票（自然资源公司，此类公司的主要利润来自实物商品买卖）可能容易被认为是一种另类投资策略。一般来说，"商品股票"这个词很笼统，它包括与商品有关的上市公司（即勘探、开采、提炼、制造、贸易或向其他公司供应商品的公司）。这种商品间接投资（如购买石油化工公司的股票）不足以替代直接投资。投资者投资这种股票并不能直接投资商品，因为上市自然资源公司都有各自的特点和固有风险，为了避免其商品有太大风险，这些公司会采取行动，适当进行套利交易。

格奥尔基耶夫（2005）说明了这些特定部门的股票与商品价格仅略有相关，商品股票的价格不能完全反映相关市场的业绩。这是因为股票反映的是其他价格相关因素，如公司的战略定位、管理质量、资本结构（债务/股权比率）、对公司及利润增长的预期和评级，风险敏感度以及信息透明度和信息可信度。例如，1995 年布伦特史帕尔储油平台报废事件发生时壳牌公司糟糕的信息政策导致股票价格大幅下跌。

股市还对可能影响公司价值的预期变化有快速的反应，且反应更明显。因此，独立市场定价还有其他原因，且这些原因不同于纯粹商品投资。此外，股市可能存在短暂的市场失衡，特别是公众持股量低的股票鲜有买卖交易引起重大价格反应的情况。自然资源公司还存在人为失误或技术失败、内部监管或外部事件造成的运营风险。这意味着投资一家在证券交易所上市的公司，投资者必须谨慎考虑相关市场风险及所有特殊风险。还应注意的是，为了稳定年利润，大多数大型石油和能源公司会避免与石油产品买卖相关的风险。

价格波动并不能完全反映商品股票的风险。

第一，在能源和金属行业存在这样一种矛盾：各公司消耗有限的资源盈利，但这也会危及自身的业务基础。一方面，总储量的长期下降意味着价格上涨，这对投资者和商品生产者而言是积极的。另一方面，当资源耗尽时商品生产者会遭受损失。

第二，如果价格下降到低于总生产成本且停止开采某商品，总损失风险就总是存在。戈顿和罗文霍斯特（2006）建立了一个商品股票指数，经验表明商品股票指数与商品期货之间的回报相关性比其与标准普尔 500 指数之间的相关性还要低。此外，商品股票指数的历史回报比直接商品投资的历史回报低。例如，欧洲石油公司的回报与道琼斯欧元区绩优股 50 指数的变化很同步，但与油价回报的同步性较低。但黄金、白银股票是个例外，黄金、白银股票的国内股票指数 β 系数小于黄金、白银价格的 β 系数。

商品基金

与投资商品股票大不相同，投资者可以主动投资商品基金，以较低的交易成本实现充分多样化带来的利益。商品基金在管理方式、分配策略、计价货币投资地区和期限、投资动态方面有所不同。投资者区分主动基金和被动基金（即指数跟踪基金）也很重要。商品股票指数（如摩根士丹利资本国际世界材料指数，富时世界矿业指数，汇丰银行世界矿业指数，摩根士丹利商品相关指数，富时世界石油、汽油指数或富时金矿指数）和商品期货指数可用来给所管理的商品基金定基准。商品交易顾问（CTA）也是主动管理投资产品之外的又一个选择，而且目前使用能源、商品相关交易策略的对冲基金约有 450 个。

商品期货指数

现在投资者可以从日渐增多的可投资商品指数中选择一种作为被动商品投资（见表 11.1）。商品在另类投资中有特殊地位，因为商品能够提供可投资的各种商品指数。根据多伊尔、希尔和杰克的观点，2007 年 3 月有 550 亿 ~600 亿美元投资于高盛商品指数（GSCI），还有 150 亿美元投资于道琼斯—美国国际集团商品指数。2006 年 12 月的评估指出养老基金和共同基金中有 900 亿美元的投资资本用于商品指数或产品投资（2001 年，投资于高盛商品指数的总资本在 40 亿 ~50 亿美元之间。2007 年年初，标准普尔收购了高盛商品指数，该指数随即更名为标准普尔高盛商品指数）。

表 11.1　商品期货指数

	路透社/杰富瑞 商品研究局（RJ/CRB）	高盛商品指数 （GSCI）	道琼斯/美国国际集团 商品指数（DJ-AIGCI）
推出年份	2005	1991	1998
可用的历史数据起始年份	1982	1970	1991
商品数	19	24	19
权重方案	基于流动性和经济相关性，在包含四组商品的分级系统内	全球产量的滚动五年平均数	流动性数据，与过去五年的美元加权产量相结合
重新调整的频率	每月一次	每年一次	每年一次
分配限制	无	无	每个部门最多 33%；每种商品市场最低量 2%
指数计算所依据的有关期货价格	下一期货到期/交割月份	有足够流动性的下一月	下一期货到期/交割月份
滚动期	4 天	5 天	5 天
计算方法	算术	算术	算术

对大多数投资者而言，指数投资是商品投资或商品部门个人投资最合理的方式。使用以下两种类型的金融产品无须太多成本就可进行这类投资：

- 投资商品指数的交易所交易基金。
- 与商品指数密切相关的商品指数证书。

指数基金相对更容易交易，且定价合理，这是指数基金的优点。与证书相比，基金还有另一个优点，即没有发行人的信贷风险。由于交易所交易基金是特殊资产，即使投资公司破产，投资者的资金也是安全的。

证书是合法合同契约，银行可以快速、正当、廉价地发行证书。商品指数证书的发行机构投资于期货市场并对期货合约收取费用。凭证一般于一个固定日期到期（如标的物是各种次级指数或资产类别的彩虹凭证，或贴现及红利证书）。

但是这些与商品相似的指数是以美元计价的，投资者要承担货币风险。币种证书及有货币对冲功能的贴现证书可用来降低风险。

指数证书通常使用超额回报指数作为标的，这是指数证书的主要缺点。因为超额回报指数与总回报指数相比，没有考虑到回报的所有组成部分，这可能导致在高利率时期回报较低。但与投资总回报指数相比，投资业绩低的超额回报指数仍有优势，因为投资超额回报指数初始成本很低甚至无须初始成本，而且不收年度管理费。因此，对于做短期投资的投资者而言，在低利率时期投资回报较低的超额回报指数证书是一个明智的选择。

指数商品投资还有一个缺点，即由于结构问题，指数商品投资只能投资短期期货合约。而与商品指数不相关的商品基金可以自由决定最佳投资期限，可直接投资商品期货合约。与购买不同资产类别的彩虹证书相似，投资者也有可能购买不仅投资商品指数还在一定程度上投资商品的商品基金。

商品期货

除了期权和其他衍生工具，商品产品投资主要基于期货合同。期货合同约束合同双方按特定的价格，于某一特定的时间，交收一定数量、标准的货物（此处为商品）及收付款（或现金结算）。期货可以被称作对双方有约束力、在交易所交易的“无条件”期货合同，因为如果没有相反的补偿交易，期货合同的订立就对完成期货交易有约束力。相比之下，如果是像期权这样的有条件期货合同，期权持有者并无义务行使其选择权，可以在到期时放弃期权。

商品市场的合同规模是标准化的。可交易的最小单位是一个合同，期货可能发生的最小的价格变动被称为一个点。最小价格变动的价值是以美元及美分计价的点乘以商品合同规模（也被称为点值）。通常的做法是为每个期货合同交保证金。保证金金额由交易所决定，通常是合同金额的2%～10%。（期货佣金商收取的保证金可能比交易所收取的保证金更高）。保证金的变化取决于合同的价格和波动率。

由于这个原因，我们还要区分原始保证金（期货合同要求的最低储备金金额）和维持保证金（投资者持有期货头寸时存放于交易所账户上的最低储备金金额）。如果价格变动导致账户上的资本储备金等于或低于维持保证金的金额，经纪人会发出追加保证金通知，要求补偿客户资金的原始价值。如果投资者不愿增加保证金，也可以关闭部分头寸或整个头寸交易并承担损失。对于作为原始保证金的担保品，期货投资者可以获得以货币市场利率计算的利息收益。

一般来说，商品期货有两种结算方式：到期时交付商品（发生率为2%）和关闭期货头寸（即到期前买进或卖出相同金额的合同）。每日价格限幅是商品期货市场的一个特点。正如爱德华兹和内夫特奇（1998）所指出的，设立每日价格限幅是为了让市场在发生极端变化的时期（如冷却期）保持稳定。因此，由交易所决定的每日价格限幅是前一个交易日某种商品结算价基础上的最大升幅或降幅。在涨停板（跌停板）的情况下，卖家（买家）的数量超过愿意以高（低）价格限幅购买（出售）的买家（卖家）的数量。有这个价格限幅，也许仍有交易活动，但不会超过（涨停）或低于（跌停）价格限幅。

以下是期货交易所定期公布的合同说明书：

- 相关期货的类型和质量：商品类型、简称和期货交易所。
- 合同规模：每个期货合同涉及的相关资产的金额和单位。
- 价格规定：期货合同在期货交易所的正规计价。
- 交易时间。
- 点数：允许的最低价格波动。
- 期货合同报价时采用的币种。
- 每日价格限幅。
- 最后交易日。
- 交货规定（如交货月份、结算方式）。

商品期货投资者可以从相关商品的价格变化中获利，不必履行直接购买商品的物流或存储要求。但这只有在到期日之前平仓才可能实现。商品期货投资的资本需求量很低，因此期货头寸有很大的灵活性和杠杆特性，这是期货投资的特别优势所在。因此，可以随时改变现有期货头寸，即使是在短期内也可以实现。投资者可以通过持有多头或空头从市场上升或下跌中获利。此外，期货市场有高度的流动性，且交易成本很低。

尽管主动型商品期货投资有众多优点，但投资者持有这种波动商品期货头寸并非总是可取的。即使有很多不同的期货合同来保障投资的多样化，投资者仍面临一个问题，即不完成相关合同的实际交割，同时抵御商品价格风险。这就要求增加更多期货合同，不断关闭现有期货头寸并重新建立新的头寸。这被称为期货合同展期，根据期货市场的远期收益，期货合同展期的成本可能很高。购买期货合同并在到期前结束交易是一种主动、直接的商品投资。为了保持商品投资，投资者必须购买到期日更晚的其他期货合同（这就是所谓的“展期”，必须在每个到期日之前重复进行）。

此外，期货价格下跌可能不断要求投资者追加保证金（虽然期货价格上涨时可以撤回保证金）。但整体而言，与管理传统资产相比，管理期货头寸需要大量时间和精力。投资商品掉期或远期合约也是可行的。但是这些工具的流动性很小，因为它们是为个人投资者量身打造的投资工具。此外，这些衍生工具不在交易所交易，因此不便于观察个人投资者的商品投资策略。

商品交易所

商品期货的交易在专门的交易所进行，这些交易所就像公开市场，在此商品在固定交货日以固定价格出售和购买。商品期货交易所大多是会员制，为会员的利益服务。交易必须有标准化的期货合同，合同由入会的经纪人拟定。只有会员才能进行交易。商品交易所的会员仅限于通常以投资银行、经纪人或生产商名义交易的个人。商品交易所的主要任务是提供一个有统一规则及标准合同的有组织的交易场所。

第一个商品交易所由在大阪交易稻米期货合约的日本农民创立。在美国，于1848年建立的芝加哥交易所是第一个商品交易所。即使在今天，大部分商品仍在这些交易所交易。根据杰曼（2005）的观点，美国大多数期货交易所仍是大声吆喝的公开集市，而世界上许多交易所已在电子平台上操作。英国伦敦金属交易所成立于1877年。

能源期货交易是在1980年国际石油交易所（IPE）成立后才开始的。2005年，国际石油交易所更名为伦敦洲际期货交易所。在纽约商业交易所（NYMEX）交易西得克萨斯中质原油始于1983年，布伦特原油交易始于1988年。就交易量而言，成立于1998年的芝加哥商业交易所（CME）是世界上最重要的期货交易所。世界上大约有30个商品交易所，表11.2列出了最重要的商品交易所。根据交易量，大多数商品期货交易在美国、英国、日本和中国进行。

表 11.2　主要商品交易所

交易所名称	缩写	国家	交易的期货	网址
芝加哥交易所	CBOT	美国	农产品和石油	cbot. com
芝加哥商品交易所	CME	美国	农产品和牲畜	cme. com
纽约商品交易所	NYMEX	美国	能源和金属	nymex. com
洲际交易所	ICE	英国	能源	theice. com
伦敦金属交易所	LME	英国	金属	lme. co. uk
温尼伯商品交易所	WCE	加拿大	农产品	wce. ca
东京商品交易所	TOCOM	日本	能源和金属	tocom. or. jp
上海金属交易所	SHME	中国	金属	shme. com
大连商品交易所	DCE	中国	农产品和石油	dce. com. cn
巴西商品和期货交易所	BM&F	巴西	农产品	bmf. com. br
德国汉诺威商品交易所	RMX	德国	农产品和牲畜	wtb – hannover. de
全国商品和衍生工具交易所	CDEX	印度	农产品和金属	ncdex. com

风险和业绩特点

根据历史回报、风险和相关性数据，商品投资有优于传统资产投资之处，但也与股票投资有相似之处。例如，卡普兰和拉默（1997）在实证调查中推断：从长远的观点来看，商品会显示出与股票相似的性能。这一发现也得到了其他许多研究的支持。例如格里尔（2000）总结道，1970～1999年非杠杆商品指数的业绩平均起来是正数，在回报和波动率上可与股票匹敌。

博迪和罗桑斯基（1980）对从1949～1976年权重相等的商品期货投资组合进行了分析，戈顿和罗文霍斯特（2006）于1956～2004年也进行了类似研究。两项研究都证明了商品投资有与股票投资相似的回报。此外，在20世纪70年代的高通胀时期，商品在所有资产类别中有最高的实际回报。戈顿与罗文霍斯特还发现了商品与传统资产的差异。他们表明，商品回报有正偏斜性，而股票有负偏斜性，因此股票的下跌风险更高。

图11.2显示了在1993年12月以100点参考基点作为起点的传统资产和另类资产。经过2006年的巩固，着重投资于能源的高盛有非常强劲的表现，业绩骄人的还有间接房地产投资和对冲基金。相比之下，新兴市场的股票投资价格增长幅度最小。

从1994年12月～2006年12月这段时间，商品的年算术回报率是9.64%（几何平均回报率为7.61%），波动率为20.25%（见表11.3）。波动率高可归因于高盛对能源

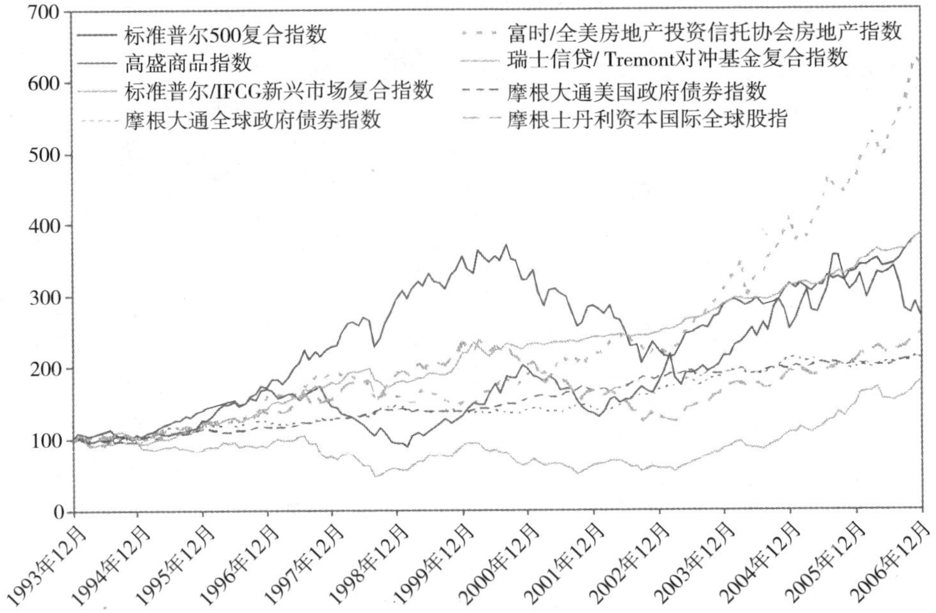

图 11.2　高盛商品指数与其他金融资产业绩对比

大份额投资。能源投资占所有投资70%以上（2006年年底数据），其中包括40%的原油，在2006年过去几年原油价格有很大波动。因此，与其他所考察的资产类别相比，商品的平均波动率很高。但是请注意，标准普尔500综合指数、标准普尔—国际金融公司新兴市场综合指数、富时/美国国家房地产投资信托协会房地产指数的下跌风险较高，因为这些指数有负偏斜性，而商品有正偏斜性。

表 11.3　1994年12月～2006年12月期间的回报率、波动率

	年平均回报率	几何年平均回报率	标准偏差	最低年化算术回报率	最高年化算术回报率	倾斜率	峰度	夏普比率
摩根士丹利资本国际综合指数	9.64%	7.61%	20.25%	-14.41%	16.88%	0.063	0.024	0.281
标准普尔500综合指数	11.43%	10.41%	14.27%	-14.46%	9.78%	-0.622	0.838	0.524
摩根士丹利资本国际全球指数	7.91%	7.00%	13.43%	-13.45%	8.91%	-0.658	0.890	0.294
新兴市场	6.76%	4.58%	20.62%	-25.56%	12.37%	-0.765	1.877	0.136
对冲基金综合指数	10.71%	10.42%	7.66%	-7.55%	8.53%	0.099	2.465	0.882
房地产指数	14.99%	14.14%	13.04%	-14.58%	10.39%	-0.510	1.472	0.846

（续表）

	年平均回报率	几何年平均回报率	标准偏差	最低年化算术回报率	最高年化算术回报率	倾斜率	峰度	夏普比率
JP 摩根美国政府债券指数	5.91%	5.80%	4.65%	-4.68%	3.71%	-0.509	1.084	0.421
JP 摩根全球政府债券指数	5.98%	5.79%	6.23%	-4.30%	5.65%	0.320	0.336	0.325
国库债券利率	3.96%	3.95%	0.49%	0.07%	0.53%	-0.644	-1.049	—

夏普比率最有利的投资是 CS/Tremont 对冲基金指数。然而，对冲基金投资者也有过度峰度风险。如果仅考虑回报和波动率，房地产间接投资似乎也不太有利，因为有负偏斜性和正过度峰度。此外，图 11.2 显示新兴市场股票业绩欠佳，这也可以用描述统计来证实，这种统计方法特别考虑到几何平均回报率及过度波动。

如之前提到的，商品与股票、债券、房地产、对冲基金的长期相关性很低，而且能产生绝对业绩，因此商品对资产分配多样化有很大作用。根据格里尔（2000）的观点，商品指数与股票、债券价格负相关，与通胀率正相关，尤其与通胀的意外变化正相关。但商品部门之间也有很大的差异：能源、金属、牲畜和糖有最佳通胀对冲能力。格里尔还发现在不同商品部门之间有很高的相关系数。

根据卡特和欧门（2007）的观点，商品期货和传统资产（如股票和债券）是不相关的。在特定阶段，两者的相关性确实有所增加，因此不是所有商品在每个市场阶段都有利于投资组合多样化。即使在下跌的市场，商品作为一个资产类别仍具有其多样化的潜力。根据安森的观点（2006），商品与股票/债券低相关或负相关有 3 个原因：第一，通胀对商品价格有积极影响，但对股票和债券市场有负面影响；第二，投资者对商品市场的预期不同于对股票、债券市场的预期；第三，工业生产中存在资本回报与商品回报之间的平衡。

表 11.4 显示了各种资产类别总回报指数的回报相关性结构。可以看出，商品和对冲基金之间相关系数的有效性仅有 5%，两者之间的相关系数也较低，仅有 0.167。可以从商品交易顾问（CTA）和 CS/Tremont 对冲基金指数中包括的管理对冲基金开始找原因。

但是，货币市场与商品市场的回报是负相关关系。因此，一些学术研究的结果在这段期间均被证实：商品在传统及另类证券投资组合中均有很高的多样化潜能。庄和米弗尔（2006）也发现在市场下跌期间，商品期货与标准普尔 500 指数下跌之间存在有条件的（当市场风险上升、非常需要多样化时）相关性。另外，债券波动率上升时，商品和固定收益证券之间有条件的相关性也增强了。

表 11.4　相关系数矩阵

	高盛商品指数	标准普尔 500 复合指数	摩根士丹利资本国际全球股指	标准普尔/IFCG 新兴市场	瑞士信贷/Tremont 对冲基金复合指数	富时/全美房地产投资信托协会房地产指数	摩根大通美国政府债券	摩根大通全球政府债券	美国国库债券率
高盛商品指数	1								
标准普尔 500 复合指数	0.003	1							
摩根士丹利资本国际全球股指	0.068	0.937[b]	1						
标准普尔/IFCG 新兴市场	0.136	0.643[b]	0.724[b]	1					
瑞士信贷/Tremont 对冲基金复合指数	0.167a	0.487[b]	0.493[b]	0.503[b]	1				
富时/全美房地产投资信托协会房地产指数	0.005	0.299[b]	0.314[b]	0.350[b]	0.223[b]	1			
摩根大通美国政府债券	0.079	-0.098	-0.159[a]	-0.216[b]	0.098	0.032	1		
摩根大通全球政府债券	0.156	-0.016	0.064	-0.069	-0.050	0.118	0.597[b]	1	
美国国库债券率	-0.063	0.084	0.008	-0.180[a]	0.102	-0.066	0.105	-0.084	1

注：a 和 b 表示相关系数有效性的可信度分别是 95% 和 99%。

用商品优化投资组合

本节分析由美国及全球股票、固定收益证券、无风险资产（以国库债券利率为代表）组成的投资组合中加入商品是否会带来多样化好处的问题（也就是说，在预期回报标准偏差曲线图中有效边界是否会在左上角）。根据马科维茨（1952）的做法，所有投资组合置于最小方差（MVP）和最高回报投资组合（MaxEP）之间形成一条边界线，这些高效率投资组合（高效率是指其他投资组合的风险/回报结合不如这些投资组合）位于边界线上。

图 11.3 显示了在传统投资组合中添加商品会提高投资组合的效率，从而使有效边界围绕最小方差（国库债券利率）逆时针旋转。有效边界向上偏移也带来了更高的风险调整回报。传统投资组合的有效边界以 98% 的国库债券投资为最小方差，以 100% 的标准普尔 500 指数投资为最高回报投资组合。

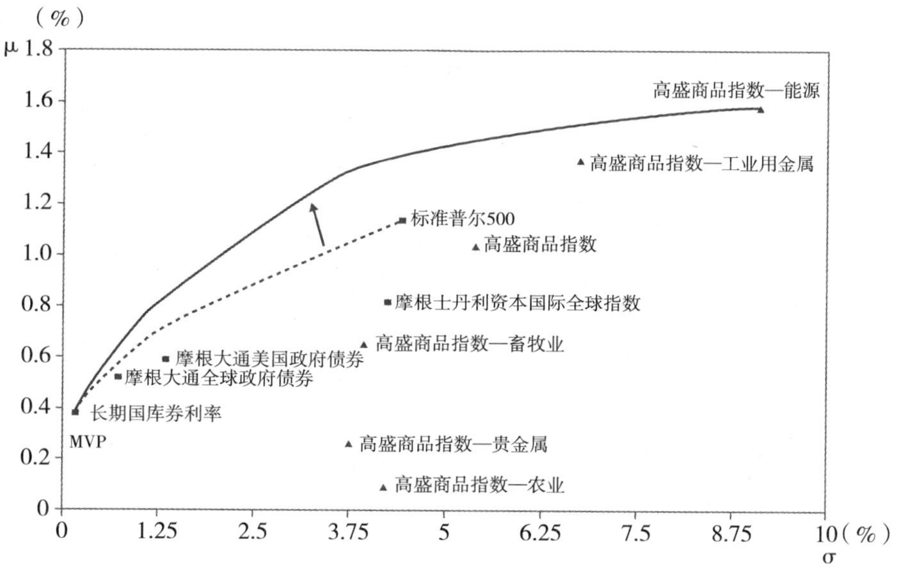

图 11.3　预期回报标准偏差（μ－σ）投资组合优化（月回报以百分比计）

全球债券部分以最小方差为起点并混入了个别商品部门，最初上涨到 69%（见图 11.4）。随后，能源和工业用金属部门以及美国股票的比例持续上升。畜牧业的月回报率约为 1%，所占比例为 4% ~5%。但是资产分配中完全没有农产品和贵金属。该投资组合仅由标准普尔 500 指数（28%）、能源部门（37%）和工业用金属部门（35%）组成，月回报率约为 1.4%。

因此，随着回报率的不断上升，投资组合中商品所占的比例随着美国股票分配的增加而扩大。值得注意的是，所有资产分配中都不包括综合指数。直接投资各个子部门看来是明智的。

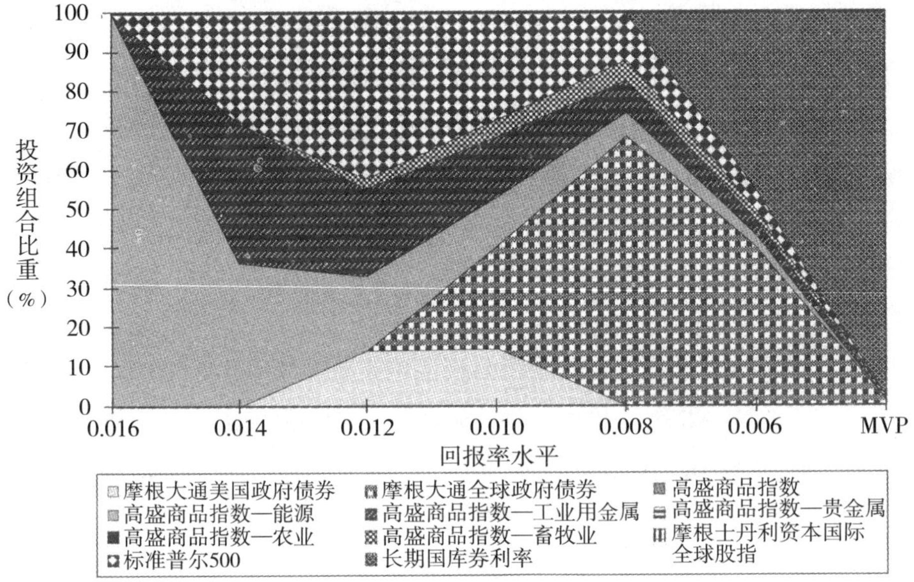

图 11.4　μ-σ 投资组合分配（月回报以百分比计）

第 12 章

艺术品金融

【摘要】艺术品金融是国际金融中迅速发展的一个领域。虽然艺术品直接投资并不新鲜，但艺术品间接投资的结构化解决方案表明艺术品被视为一种另类资产类别。近来出现很多艺术品基金，还有许多小型奢侈品基金积极进行艺术品投资和交易，唯一的目的是经济获益。随着越来越多的资金投入艺术品市场，银行对艺术品抵押也越来越感兴趣。研究艺术品这种另类资产及艺术品银行业务、艺术品金融的发展时，了解艺术品定价及风险回报特性对艺术品金融领域中的投资组合管理很重要。

艺术品在拍卖市场和私人交易商品市场的交易已有几个世纪的历史，因此艺术品交易的概念并不新鲜。纯粹为了经济获益而进行艺术品投资组合交易和将艺术品视为资产并利用其潜在价值获得资金是近年才有的现象。

通常情况下，市场中交易的艺术品主要是美术绘画，占艺术品销量的75%；素描、水彩和雕塑占10%；版画和摄影作品的份额较小，只有5%（查看全球艺术品价格网可获得年报数据）。本章主要讲美术品市场，不涉及装饰艺术市场。世界上大多数的艺术品都在纽约交易，全球50%的艺术品拍卖在纽约举行，有25%的艺术品拍卖在伦敦举行。这两大交易中心主宰了全球拍卖市场，在全球市场的占有率为75%。法国和中国占有5%的份额，剩下的20%由其他更小的市场分割。佳士德拍卖行和苏富比拍卖行是主宰市场的两大拍卖行。这两个拍卖行占据了最大的拍卖市场份额，每个拍卖行都占有全部拍卖近40%的份额。交易商市场的数据不可靠，私人交易商完成的销售额数字很难获取。交易商市场占整个艺术品市场的40%～60%。中国和印度的经济日益繁荣，主要拍卖行已在这两地开设分支拍卖行，目前地方艺术品交易量激增。西方收藏家、投资者的投资资金遣返及其对亚洲艺术品日益浓厚的兴趣为这一区域创造了巨大的需求。

艺术品市场正在急剧变化、快速发展，对当代艺术品的需求在持续增长。艺术品金融是全球金融中一个比较新的领域，涵盖了艺术品投资及将艺术品作为资产进行集资的理念。

艺术品市场指数

由于可以获得更多有关艺术品价格的信息，投资美术作品的风潮更劲。需求正在增长，这导致艺术品价格屡创新高，买家可以从许多数据提供者处得到艺术品以前的价格。数据库、指数和市场报告现在是投资者评估财务业绩的必要分析工具。通过利用各种不同艺术品市场的各种指数，我们可以了解艺术品过去的回报以及与艺术品价格相关的风险程度。这也有助于将艺术品作为一种投资来分析，且有助于观察艺术品基金的业绩及指明在多样化投资组合中艺术品的业绩。

梅摩艺术品指数、艺术品市场研究指数以及艺术品价格指数是3种最广为使用的艺术品市场业绩指标。这3种指数都以两大拍卖行的销售数据为依据。正如本章前面提到的，仅有拍卖结果不能完整说明市场业绩，因为拍卖行只是整个市场的一部分。由于可获得的数据不多，交易商市场基本上被忽略。虽然人们对交易商市场所占份额有不同意见，但不能否认交易商对艺术品市场有重大的（尽管无法量化）影响。艺术品指数中没有交易商市场交易数据可能对指数表明的回报率有影响。这是由于交易商可能以较低的价格购买，但以较高的价格售出，这就降低了艺术品投资者的回报率。

从历史上看，艺术品投资的经济回报适中。艺术品回报可分为经济回报及非经济回报，非经济回报是持有艺术品的审美价值。纯粹从经济角度来看，非经济回报的存在意味着艺术品回报往往只是中等水平，与风险程度相当的其他另类资产相比时情况更是如此。可以说，艺术品持有人获得的审美价值不可估价，也不包括在财务经济收益中，因此承担风险并不代表有经济补偿。

建立艺术品价格指数主要有4种方法：几何法、平均价格法、重复销售回归法和享乐回归法。夏奈尔、杰拉德瓦雷和金斯伯格（1996）的研究表明，长久以来这些方法密切相关。金斯伯格、梅建平和摩西（2007）的一篇论文中重点强调了有关各种指数定价方法的问题，其中特别将享乐回归法与重复销售回归法做了对比。

享乐估价法考虑了艺术品的特性。艺术品的主题、大小、媒材、出处、完好程度以及艺术家知名度都对艺术品的经济价值有重大影响。虽然这些考查项目是必要的客观调查，但最终还是买方的主观意见对收购价格有决定影响。因此，艺术品不同于股票和债券，它的价格中含有无法量化的因素：感觉。对于一个收藏家而言，感觉在决定是否购买一件艺术品的过程中起很大作用。

阿什费尔特和格雷迪（2003）根据艺术品价格数据（目前）提供了一份优秀的平均回报调查，现在这份调查在学术文献中可以找到。这里我们还用另外一些研究做进一步证明。表12.1列出了不同时期的风险回报水平评估。

这些指数表明，历史上美术品平均实际回报率适中。回报率高于通胀率，而且往往高于政府债券的回报率，但低于股票的回报率。

表12.1显示的艺术品定价方法调查表明：在相近时期，重复销售回归法比其他方法的平均回报估值略高。举例来说，安德森（1974）提供了1780~1970年及1780~1960年的重复销售价格指数和享乐价格指数，夏奈尔、杰拉德瓦雷和金斯伯格（1996）提供了1955~1960年的价格指数，并得出结论：观察市场的长期趋势并注意到有些时期艺术品回报大大高于平均水平是有意义的。

市场上艺术品的价格一直有上升的总趋势。图12.1显示了1976~2003年1 000美元的艺术品市场投资的业绩。这是纯理论分析，因为这种交易在目前是不可能的。

表12.1 20世纪70年代至21世纪估计艺术品市场表现（按学习期间划分的各种学术论文所报告）

作者（出版年份）	取样	期间	方法	名义回报率	实际回报率	标准差
Baumol（1986）	一般绘画	1652～1961年	秩和比法		0.60%	
Frey 和 Pommerehne（1989）	一般绘画	1635～1949年	秩和比法		1.40%	
		1653～1987年	秩和比法		1.50%	5.00%
		1950～1987年	秩和比法		1.70%	
Buelens 和 Ginsburgh（1992）	一般绘画	1700～1961年	享乐模型		0.91%	
	一般绘画	1780～1970年	秩和比法	3.70%	3.00%*	
Goetzmann（1993）	一般绘画	1716～1986年	秩和比法	3.20%	2.00%*	5.65%
		1850～1986年	秩和比法	6.20%	3.80%	6.50%
		1900～1986年	秩和比法	17.50%	13.3%	5.19%
Anderson（1974）	一般绘画	1780～1960年	享乐模型	3.30%	2.60%*	
		1780～1970年	秩和比法	3.70%	3.00*	
Chanel、Gerard-Varet 和 Ginsburgh（1996）	一般绘画	1855～1969年	享乐模型		4.90%	
		1855～1969年	秩和比法		5.00%	
Mei 和 Moses（2002）	美国印象派画家和早期绘画大师	1875～1999年	秩和比法		4.90%	4.28%
		1900～1986年	秩和比法		5.20%	3.72%
		1900～1999年	秩和比法		8.20%	3.55%
		1950～1999年	秩和比法		7.80%	2.13%
		1977～1991年	秩和比法			2.11%
Goetzmann（1996）	一般绘画	1907～1977年	秩和比法		5.00%	
Fase（1996）	19世纪	1946～1966年		11.00%	7.50%	
		1972～1992年		10.60%	1.10%	

（续表）

作者（出版年份）	取样	期间	方法	名义回报率	实际回报率	标准差
Stein（1977）	一般绘画	1946～1968 年	几何平均数	10.47%		
Barre、Docclo 和 Ginsburgh（1996）	杰出的印象派画家	1962～1991 年	享乐模型	12.0%	5.00% *	
	其他印象派画家	1962～1991 年	享乐模型	8.00%	1.00% *	
Czujack（1997）	毕加索绘画	1966～1994 年	享乐模型		8.30%	
Deutschman（1991）	早期绘画大师	1971～1991 年		12.30%	6.04%	
Angnello 和 Pierce（1996）	19 世纪美国	1971～1992 年		9.30%	3.25%	
Campbell（2005）	一般绘画	1976～2004 年	平均价格	5.73%	1.44%	8.27%
	美国绘画	1976～2004 年	平均价格	7.94%	3.66%	8.73%
Pesando（1993）	现代版画	1977～1992 年	秩和比法		1.51%	19.94%
Pesando 和 Shum（1996）	毕加索版画	1977～1992 年	秩和比法	12.00%	2.10%	23.38%
Frey 和 Serna（1990）	早期绘画大师	1981～1988 年	享乐模型	10.59%	3.20%	
Candela 和 Scorcu（1997）	现当代绘画	1983～1994 年		3.89%	0.21%	

注：* 表示真实收益率来源于另外的文献（Ashenfeter，Graddy，2003）。

可以看到，重复销售评估提供的这一时期的平均回报估值大大高于艺术品市场研究指数提供的平均价格。在预测未来回报时，应谨慎使用过高的历史平均回报估值，

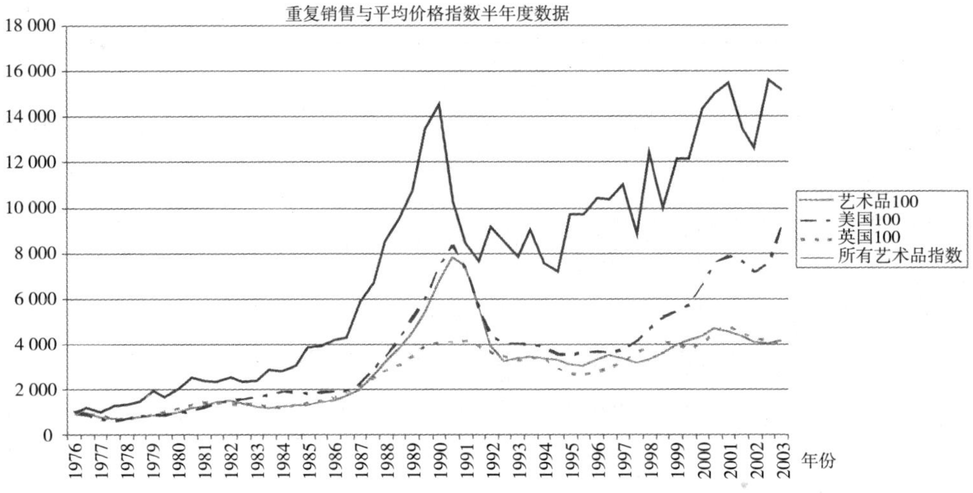

图 12.1　1976～2003 年艺术品价格指数

因为重复销售估值法一贯认为价格有上涨趋势。此外，未考虑交易成本的指数也要慎用，因为交易成本也占相当大的比重。

由于可以收集和获得艺术品价格数据，有关艺术品金融的思想开始蓬勃发展。许多大型银行提供艺术品银行服务，并提供将艺术品作为贷款抵押的机会。重复销售指数所涉及范围在迅速扩大，可以提供各种艺术品经济回报的估值，投资者也更有兴趣将艺术品视为另类资产。

将艺术品视为另类资产

对另类资产类别的持续研究表明，另类资产与更传统的资产类别历来相关性都很低，并指出艺术品市场是从投资组合多样化中获利的一个有吸引力的途径。虽然艺术品市场的低流动性饱受诟病，但似乎能为投资者提供一种与大多数其他资产类别仅略有相关的另类资产类别。30 年里艺术品与商品的相关性最高，但仍低于 10%。其他风险，尤其是流动性风险意味着很难评估这个市场的真实风险/回报平衡。但是可以获得的已售艺术品价格的数据越来越多，对艺术品市场的金融分析及研究也越来越普遍。

虽然回报仅是中等水平（尤其是加入交易成本后），但投资艺术品的好处是艺术品的价格似乎与其他金融资产类别的相关性非常小。增加少量艺术品投资会给投资组合带来好处，这是因为在回报相同的情况下风险更低。也就是说，从多样化投资的角度来看，低相关性是非常必要的，这能降低整体波动率，从而降低投资组合的风险。虽然艺术品本身的波动率很高，但如果在投资组合中将艺术品与股票、债券结合在一起，投资者就能在风险水平一定的情况下获得比不加入艺术品的投资组合更高的预期回报。

此外，从艺术品市场就能获得多样化投资的好处。持有由各种类型（早期绘画大师作品，印象派画家作品，现代、当代作品等）、不同国家不同艺术家的作品组成的投资组合可以大大降低艺术品投资组合的整体风险。尚不清楚需要多少作品才能彻底消除艺术品价格的非系统性风险，并达到艺术品市场指数显示的风险回报率，事实上，很可能高于股票投资组合的风险回报率。但是由于艺术品投资者可以获得不同种类、不同国家的指数，各“艺术品行业”的相关性数据让他们看到了有吸引力的多样化投资利益。

投资技巧在于理解所获信息，评估风险/回报率是否可以接受并确定新投资是否适合现有投资组合。在艺术品市场中，这是非常主观的。即使已进行了市场分析，感觉还会给艺术品投资添加无法量化的因素。尽管按照个人感觉购买意味着已获得了审美方面的利益（这种利益可能高于任何经济利益或损失费用），但将艺术品作为直接投资仍会带来风险投资机会。

重复销售所有艺术品指数与综合艺术品市场（APT100）价格指数、美国艺术家作品（US100）价格指数及英国艺术家作品（Uk100）价格指数相比，显得更异常和低效，这可能导致其反映出高得多的现实回报率。由于几乎没有监管，艺术品市场低效现象很普遍。靠“内幕消息”进行合法交易的可能性很大，投资者从不同市场的价格差异中获利，而且在很大程度上会去造市。

艺术品市场参与者可能以相当“不理智”的行为来彰显自己的财富，将购买的画作作为社会地位的象征。这种行为在拍卖行时常可见，参与者对物品的竞价使价格迅速上涨，最后的成交价会高于买家打算支付的金额。对竞拍失败的厌恶情绪及其他此类情绪对艺术品市场的影响似乎大过对其他金融资产类别的影响。

艺术品市场存在许多标准市场没有的异常情况。请参考阿什费尔特和格雷迪（2003）对某些不合常规情况的详细介绍，这些情况在学术文献中有案可查。举例来说，艺术品市场并不总是遵循一物一价法则，未转手的艺术品（以前未在拍卖会出售、未被买入的艺术品）价格较高，相似的其他艺术品价格较低。市场参与者的行为可能导致艺术品市场定价低效，因此较少受到情绪影响的艺术品基金（艺术品基金对艺术品很冷静，其唯一感兴趣的是经济回报）有能力获得高于基准指数的回报。此外，市场缺乏流动性意味着没有流动资金限制的买家立即提供流动资金就能以相对低的价格买到艺术品。艺术品市场经常有强制拍卖，这些强制拍卖起因于债务、离婚和死亡（3D），发生此类情况时通常都要求以更快的速度完成交易，因此这种强制拍卖的价格都被压低了。

艺术品可能对想让投资组合多样化的投资者也有吸引力。首先，持有充分多样化的艺术品投资组合可以降低单个艺术家的作品行情走低的风险。其次，艺术品与其他金融资产的低相关性意味着艺术品可能是最优投资组合资产分配的一部分，投资者持有各种资产，如股票、债券、房地产、艺术品及现金。通过评估各种资产类别之间的相关性数据可以发现，在过去30年艺术品与股票之间的相关性约为5%。艺术品与其他资产类别的相关性也很低，其中与商品期货的相关性是最高的，但也仅有10%。

艺术品基金

近年来，市场的不合常规催生出许多艺术品基金，这些基金的专有策略是买卖艺术品获得投机利润。尽管在艺术品市场低迷时期缺乏流动性，但艺术品价格与其他金融资产类别的相关性很低，与这种时期下跌的销量相关性也很低，相关系数会持续下降。这是艺术品投资另一个有吸引力的地方。

第一个大型艺术品基金是2003年在伦敦成立的美术基金。这种类型的基金动作更像私募股权基金，或者采用与对冲基金相同的策略。这类基金的最新成员是艺术品交易基金，运营者以前是一位对冲基金经理。银行也正在进入这个领域，荷兰银行操作基金中的基金以失败告终，兴业银行另类资产综合管理机构最近成立，该机构在巴黎境外有一个基金。专业知识是这类基金成功的关键因素，只有极少数基金能成功吸引资金，它们有专用资源且有能力发现并利用市场的定价低效。这是由于交易商往往以较低的价格买入，并能以相对较高的价格卖出，这更大幅度地降低了投资者的回报率。当前的艺术品基金资本总额不到1亿美元，这表明仅占当前美术品交易的一小部分，在此阶段不可能对艺术品市场的价格控制产生重大影响。

但是，艺术品市场最大的投资者对价格变化有影响。正如我们所看到的，与大多数其他金融资产相比，艺术品市场中投资者与管理机构之间的信息不对称的情况更甚。在艺术品市场，信息是不完善的，参与者也未必很了解艺术品的品质、转售价值、价格以及替代品的有效性。与其他金融市场不同，私人艺术品交易商、艺术品基金和其他有“影响力”的投资者能够“造市”。艺术品基金有较大的影响力，可以通过宣传某些艺术品和艺术家来影响市场对艺术品的需求。在这方面，艺术品市场与传统投资策略有所不同：其他金融市场的价格异常很快就会消失，而艺术品市场似乎可以容许这种价格异常持续更长时间。

当然，这种低效提供了牟利的机会，但也给不知情的投资者带来风险。艺术品市场中存在的定价低效和异常情况能带来异常报酬，但也能给投资新手带来损失。当然，这种情况持续不长。艺术品市场的参与门槛很高，艺术品基金管理者必须有专门技能和知识，许多有前途的基金无法筹集到足够的启动资金，在第一步就已宣告失败。但如果更多的基金进入市场，赚取非正常利润的机会会变少。在此之前，市场低效意味着如果能精明地选择艺术品，专门投资艺术品及艺术品共同基金的另类投资机构可能在不久的将来获得有吸引力的回报。

艺术品结构性产品的发展使艺术品投资变得更主流，使全世界更多的投资者能接触到艺术品投资。许多基金对典型封闭式基金设立的门槛很高。然而，德国的艺术财产基金（一家专注于德国、美国市场的艺术品基金）有意向让投资金额达到 2 500 欧元的所有投资者更多地接触这些基金。可以说，这将使社会各界了解艺术品投资的概念，从而使投资者对艺术品市场及崭露头角的艺术家更有兴趣。艺术品市场的税收优惠增强了艺术品投资作为另类投资对投资者的吸引力。

不是只有艺术品基金和提供艺术品结构性产品的银行可以选择参与艺术品投资。艺术家养老基金通过集资投资少量艺术品的计划为艺术家提供养老金，这是一种新颖的方式。这种类型的基金在将来很有可能发展起来，为收入来源迥异的行业提供退休金。

第13章

寿险保单贴现投资

【摘要】人寿保险是一种资产，可以在市场上出售。多年来，人寿保险公司充当唯一的市场，向保单持有人支付退保解约金。近年来，寿险保单贴现市场已发展起来，这为保单持有人提供了不同于退保解约金价值的有竞争力的市场定价，让他们可以处理不需要的保险。寿险保单贴现风险框架的发展要求投资者了解死亡风险及预期现金流。

寿险保单贴现对投资者而言是一种新的资产类别。有些投资者要求产品具有投资级信贷质量、持续时间长、具有吸引力的息差且与其他资本市场相关性低，相信寿险保单贴现拥有的投资特性可以吸引这些投资者。本章主要介绍资产管理机构的寿险保单贴现现金流，调查估值的驱动因素并提供风险管理初级分析框架。

投资特点

保单持有人做出不需要人寿保险这一经济决策后，他们可以设法出售保单或终止保单，从出保单公司获得退保金（如果有的话）。如果保单持有人将保单出售给投资者，投资者将支付将来所有的保费并获得被保险人去世后的保单赔偿。假设有一份赔偿费为100美元的保单，每年的保费是3美元，没有退保金。在这个例子中，投资者要支付25美元，25美元比退保时保险公司给的钱多。投资者要每年支付3美元的保费以维持保单有效。从投资者的角度来看，收购成本与保费都是负现金流。如果被保险人在保单出售10年后去世，投资者可以获得100美元。这个现金流约有7.5%的内部收益率（IRR）。当然，我们不可能预先知道被保险人的寿命有多长，但是可以根据保险统计数据和医疗数据来推测。这种现金流的不确定性对债券市场的参与者而言很常见。许多债券市场投资的现金流没有确定的时间，或特定现金流没有确定的价值。例如，抵押贷款证券（MBS）和信用违约互换（CDS）都有大型且成熟的市场，但仍存在这种现金流不确定的情况。

本节将说明寿险保单贴现的投资特点，包括：

- 具有吸引力的内部收益率和更长的投资时间。
- 与其他资产类别的低相关性。
- 高信贷。

更高的预期内部收益率/更长的投资时间

在确定现金流计算中使用的数字在寿险保单贴现市场中很典型：从个人手中购买的保单的预计期限（LE）通常是8年以上。最简单的形式是在寿险保单贴现交易中不支付利息，但是有来自定期保费的资本增值。被保险人死亡时保险公司支付的大额保险费可以弥补寿险保单贴现的长期投资。购买保单时的贴现是为更高的预期内部收益率做准备，较高的预期内部收益率将弥补投资者的资产现金流动不足及降低监管风险。

与其他资产类别的低相关性

寿险保单贴现的现金流包括保费支出流出现金流及保险赔偿费流入现金流。最简单的形式是保费支出及保险赔偿费是已知数。不能确定的是保险赔偿费支付时间及保费支付持续时间。现金流动时间取决于被保险人的剩余寿命。因此，寿险保单贴现的最终回报与经济周期不相关，而与被保险人的预期寿命相关。

高信贷质量

寿险保单贴现投资者的根本信贷风险是提供寿险保单公司不能支付保险赔偿金。有 3 点有助于保护投资者：

1. 在已申请保单赔付但出单机构不履行赔偿的情况下，许多国家通过保证金来保障高达 30 万美元的保险赔偿金。

2. 保险索赔在保险公司资本结构的最顶端，保险赔偿金的支付必须优先于任何形式的贷款。

3. 只能选择投资级公司的寿险保单贴现。

如果从评级较低的保险公司购买保单，投资者可能要承担更高的风险。

估值

寿险保单贴现的公平市场价值是保单面值的预期净现值减去保持保单有效所要支付的保费的预期净现值。计算预期保单面值及保费现金流的期限时需要使用的概率数据会在保险统计中制定和说明。现金流发生概率与被保险人寿命紧密相关，现金流的预期值和方差都能计算出来。这里将说明保单价值如何随时间而增长。之后将研究保单投资组合及量化风险的公式（方式与金融管理相似），并且我们会始终关注根据某年某日的信息预计有多少现金流这个问题。

虽然今天的保险统计理论采纳了许多现代概率论的观点，并且完全在现代概率论的框架内，但保险统计数学的应用知识会从寿命表的概念发展起来。最早的人寿保险、年金统计研究是从寿命表研究开始的。以下的保险统计方法主要来自格柏（1997）和蒋庆琅（1983）。

在寿命表中，首先确定数量合适的人群，在年末标明还健在的人数（埃德蒙·哈雷爵士因 1693 年创建第一个寿命表而著名）。表 13.1 是一张寿命表，该寿命表跟踪了

1 万名在调查开始时年龄为 75 岁的女性，当初她们的健康状况相同，人口条件也相同。该表的年龄上限是 100 岁。“t” 这一列标明的是间隔一年的开始。“Age，x” 这一列指的是在 t 时间健在者的年龄。“lx” 这一列指的是在 t 时间健在者的人数。“dx” 这一列标明的是活到 x 岁，然后在次年死亡的人的人数。

表 13.1　1 万名初始年龄为 75 岁的女性的寿命表

t	Age，x	lx	dx	qx	px	tP75	tP75
0	75	10 000	238	0.023 75	0.976 25	1.000 00	0.023 75
1	76	9 763	255	0.026 10	0.973 90	0.976 25	0.025 48
2	77	9 508	273	0.028 69	0.971 31	0.950 77	0.027 28
3	78	9 235	291	0.031 55	0.968 45	0.923 49	0.029 14
4	79	8 944	310	0.034 64	0.965 36	0.894 36	0.030 98
5	80	8 634	329	0.038 08	0.961 92	0.863 38	0.032 88
6	81	8 305	356	0.042 85	0.957 15	0.830 50	0.035 59
7	82	7 949	383	0.048 24	0.951 76	0.794 91	0.038 35
8	83	7 566	405	0.053 57	0.946 43	0.756 56	0.040 53
9	84	7 160	426	0.059 45	0.940 55	0.716 04	0.042 57
10	85	6 735	445	0.066 09	0.933 91	0.673 47	0.044 51
11	86	6 290	453	0.072 00	0.928 00	0.628 96	0.045 28
12	87	5 837	474	0.081 13	0.918 87	0.583 67	0.04 735
13	88	5 363	486	0.090 64	0.909 36	0.536 32	0.048 61
14	89	4 877	491	0.100 76	0.899 24	0.487 71	0.049 14
15	90	4 386	482	0.109 94	0.890 06	0.438 57	0.048 22
16	91	3 904	445	0.114 02	0.885 98	0.390 35	0.044 51
17	92	3 458	425	0.122 83	0.877 17	0.345 84	0.042 48
18	93	3 034	413	0.136 28	0.863 72	0.303 36	0.041 34
19	94	2 620	402	0.153 46	0.846 54	0.262 02	0.040 21
20	95	2 218	388	0.174 88	0.825 12	0.221 81	0.038 79
21	96	1 830	357	0.195 08	0.804 92	0.183 02	0.035 70
22	97	1 473	318	0.215 88	0.784 12	0.147 32	0.031 80
23	98	1 155	252	0.217 88	0.782 12	0.115 51	0.025 17
24	99	903	206	0.228 37	0.771 63	0.090 35	0.020 63
25	100	697	171	0.245 85	0.754 15	0.069 71	0.017 14

注：该表引用《2001 年不抽烟女性基本死亡率评估表》（通常被称主 VBT2001 表）中有关 75 岁女性的最终数据。

数量 d 和 l 是健在人数和死亡人数的整数值。数量 p 和 q 是健在或死亡的比率或概率，范围是 0～1 之间。在解释寿命表余下的内容之前，请注意最初的 1 万人里只有 697 人活到 100 岁，有一半的人大约在 13.5 年以后去世。

这群人中活到年龄 x 的人数为 l_x。在 t 年后健在者的人数为 l_{x+t}。从初始年龄往后活了 t 年的人的人数与初始年龄者人数的比率为：

$$\frac{l_{x+t}}{l_x} = {}_t p_x \tag{13.1}$$

t 年间死亡人数 $l_x - l_{x+t}$。t 年间死亡人数与初始健在人数的比率为：

$$\frac{l_x - l_{x+t}}{l_x} = 1 - {}_t p_x = {}_t q_x, \tag{13.2}$$

也可以用健在者的百分比来表示。

当时间间隔限于1年时，之前下标的 t 可以去掉。符号 p_x 是“年龄为 x 岁的健在者中再活一年的人的百分比”。符号 q_x 是“年龄为 x 岁的健在者中在接下来一年内死亡的人的百分比”。一年内死亡的人的人数为 $d_x = l_x - l_x + 1$，初始年龄为 x 的人之中在一年内死亡的人数的百分比也可以写成：

$$q_x = \frac{d_x}{l_x}，\text{简单地，} p_x = \frac{l_{x+1}}{l_x}. \tag{13.3}$$

$p_x + q_x = 1$ 这种关系是必然的。一个年龄为 x 岁的人在一年内活着或死亡加起来的概率是100%。概率 q_x 是保险统计表给出的数量。

一个人初始年龄为 x 岁，往后活了 t 年，然后在（t，$t+1$）的时间区间内死亡。这种情况的概率是条件概率。

$$\begin{aligned}&\Pr\{\textit{matures in } (t, t+1) | (x) \textit{ survives to age } x+t\}\\ &= \frac{l_{x+t}}{l_x} \times \frac{d_{x+t}}{l_{x+t}} = \frac{d_{x+t}}{l_x},\end{aligned} \tag{13.4}$$

或使用保险统计符号：Pr｛死亡时间在（t，$t+1$）区间内｜（x）活到 $x+t$ 岁｝：

Pr｛死亡时间在（t，$t+1$）区间内｜（x）活到 $x+t$ 岁｝$= tp_x q_{x+t}$

$$\Pr\{\textit{matures in } (t, t+1) | (x) \textit{ survives to age } x+t\} = {}_t p_x \, q_{x+t}. \tag{13.5}$$

请注意：

$$\sum_{t=0}^{\infty} \frac{d_{x+t}}{l_x} = \sum_{t=0}^{\infty} {}_t p_x \, q_{x+t} = 1 \tag{13.6}$$

这表明了死亡人数等于这一人群原有存活人数，或未来某年的死亡率为100%。

一个年龄为 x 岁的人再活 t 年的概率也可以表示为：

$${}_t p_x = \prod_{k=0}^{t-1} p_{x+k} = \prod_{k=0}^{t-1} (1 - q_{x+k}), \tag{13.7}$$

可以理解为一个年龄为 x 人活到 $x+1$ 岁，再从 $x+1$ 岁活到 $x+2$ 岁这样延续下去的概率。如果保险统计表只提供了 q_x值，上式会特别有用。

根据表 13.1，在 $t=3$ 那一年的年初，健在者人数是 $l_{78}=9\ 235$，这些健在者的年龄都是 78 岁。在 $t=3$ 这年年末，$t=4$，$l_{79}=8\ 944$。根据这些数据，310 人在这一年年满 78 岁，在 79 岁之前去世，$d_{78}=310$。

78 岁死亡的人在进入这一年仍健在的人中所占的百分比是 $q_{78}=3.155\%$。由于被观察的人口数量足够多，q_{78}可以代表 78 岁不抽烟的女性在 79 岁生日之前去世的概率。

$$\frac{d_{x+t}}{lx}=\frac{d_{78}}{l_{75}}=2.914\ 90 \text{ or } {}_tp_xq_{x+t}=3p_{75}q_{78}$$
$$=0.923\ 49\times 0.031\ 55=2.914\%$$

这两种方法给出的结果相同，但通常保险统计表会给出 q_x数据，能直接利用这些数据是最好的。

一个年龄为 x 岁的人的预期寿命是

$$e_x=\left(\sum_{t=1}^{\infty}{}_tp_x\,q_{x+t}\,t\right)+\frac{1}{2} \tag{13.8}$$

式中：1/2 是生命最后一年的分数。表 13.1 所示人群的预期寿命是 13.64 年。在这种情况下，平均寿命比中值寿命约长一年，或者说在某个时间点只有 1/2 的人健在。

图 13.1 显示了被观察人群是怎样随时间推移而改变的。在健在者曲线的起点，被观察人群 100% 健在，曲线随死亡人数的增加而下降。死亡人数达到被观察人数 50% 的时间是中值剩余寿命。预期寿命比中值剩余寿命略长。

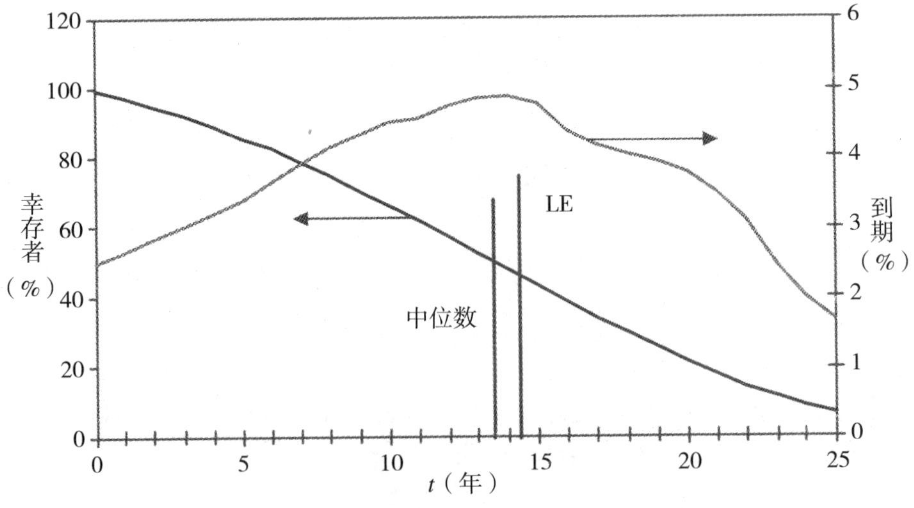

图 13.1　健在者曲线及死亡年龄分布图

方差估值

寿命表是一个二项式方法。一个 78 岁女性能活到 79 岁生日的概率是 $1-q_{78}$，在 79 岁生日之前死亡的概率是 q_{78}。任一年 x 估值的方差是

$$\mathrm{var}(q_x)=\mathrm{var}(p_x)=\frac{1}{l_x}p_xq_x \tag{13.9}$$

预估健在者能从今天起再活 t 年的方差是

$$\mathrm{var}({}_tp_x)=\frac{1}{l_x}{}_tp_x(1-{}_tp_x) \tag{13.10}$$

对预计会再活 t 年的人的估值的方差是

$$\mathrm{var}({}_tp_xq_{x+t})=\frac{1}{l_x}{}_tp_xq_{x+t}(1-{}_tp_xq_{x+t}) \tag{13.11}$$

在所有情况下，l_x是独立测试的结果，或者是寿命表中个别群体的人数。

基础人寿保险

首先，假设有一份终身人寿保险合同，在被保险人死亡那年的年末一次性偿还或提供死亡保险金。根据表 13.1 中所示被调查人群的数据，终身人寿保险赔偿金的净现值（NPV）是多少呢？使用贴现系数 v，r 是贴现率，

$$V=(1+r)^{-1} \tag{13.12}$$

保险人在第 t 年死亡，保险赔偿金在 $t=T+1$ 年获得，净现值是 v^{T+1}。虽然赔偿金的金额是已知的，但赔偿时间 T 是随机的。将 Z 作为随机变量

$$Z=v^{T+1}$$

预期净现值 Z 是赔偿金的概率加权现金流，即

$$\mathrm{E}[Z]=A_x=\sum_{t=0}^{\infty}{}_tp_xq_{x+t}v^{t+1} \tag{13.13}$$

式中：A_x是一次纯保费，支付了 A_x就可购买缴清保费的终身寿险保单，不需要再交保费。

可以用上式得出定期保单赔偿金的净现值，在第 n 年后赔偿金的金额为零，由此得出一个截尾级数：

$$A^1_{x:n} = \sum_{t=0}^{n-1} {}_t p_x q_{x+t} v^{t+1} \tag{13.14}$$

Z 的方差是：

$$\begin{aligned}\sigma^2_{A_x} &= \text{var}(Z) = E(Z^2) - E(Z)^2 \\ &= \left(\sum_{t=0}^{\infty} {}_t p_x q_{x+t} v^{2(t+1)}\right) - A_x^2\end{aligned} \tag{13.15}$$

基础人寿年金

如果受益人健在，终身人寿期初年金应一次性支付，支付时间为合同生效的第 t = 0，1，2，3……年的年初。这种现金流的净现值是：

$$E(Y) = \ddot{a}_x = \sum_{t=0}^{\infty} {}_t p_x v^t \tag{13.16}$$

当被保险人健在时要支付而不是获得一定金额，这可以与平均保险费现金流匹配。终身人寿年金的方差是：

$$\sigma^2_{\ddot{a}_x} = \text{var}(Y) = \left(\frac{1+r}{r}\right)^2 \text{var}(Z) \tag{13.17}$$

远期价值

从二项树结构图能很快能看出一段时间后的价值，即数量 A_x 和 $\ddot{a}_x$ 的值：

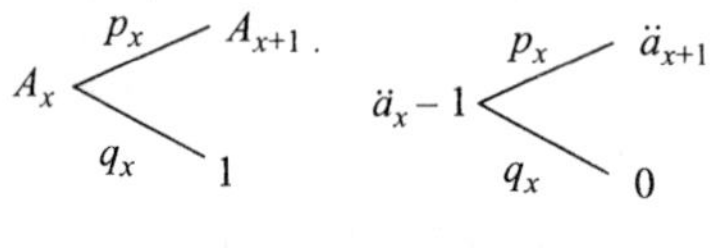

$$A_x = vp_x A_{x+1} + vq_x \quad \ddot{a}_x = 1 + vp_x \ddot{a}_{x+1} \tag{13.18}$$

今天的 A_x 值可以理解为一段时间以后 A_{x+1} 值的贴现值。今天的 $\ddot{a}_x$ 值是一段时间后的 $\ddot{a}_{x+1}$ 的贴现值加上一次性即时付款。

基础保费

使终身寿险保单有效力获得赔偿金 F 要求缴纳年度平均保费 Π，Π 可以用方程（13.13）和（13.16）计算出来。

$$F A_x = \Pi \ddot{a}_x \text{ which gives } \Pi = F\frac{A_x}{\ddot{a}_x} \tag{13.19}$$

如果平均保费适当，终身寿险赔偿金的净现值应等于终身人寿年金的净现值。用

保费 Π 除以赔偿金 F 得出的是保费面值比率（pfr）或 π_x。

$$\pi_x = \frac{A_x}{\ddot{a}_x} \tag{13.20}$$

这个保费不包括附加费用，只包括购入费用、收账费用、管理费或更高赔偿金的风险费。寿险保单贴现的 π 值一般在3%～7%。

如果被保险人死亡，一年期保险到期时要支付的无附加费用的最低保险费及预先支付的保费可以写成 pfr 或 q_x。

副标准健康保险

目前的分析参考了基础案例健在者曲线，反映了众多人的存活率，这些人的年龄、性别、抽烟状况等主要因素相同。利用寿命表可以计算 q_x，这些数据可以表明某年的死亡人数与同年年初健在人数的比率，或者健在者在一年内死亡的概率。

个人健康状况可能与这群人的平均水平有所不同。如果与一群人相比，一个人病得很厉害，那么他在一年内死亡的概率会高出3倍。与基础人群相比，心血管很健康的健康人一年内死亡的概率要低10%。当罹患某些疾病（如癌症）时，有的人的死亡风险会更高，但一旦治愈又会恢复到标准健康水平。

相对于群组的死亡风险用乘数 m_k 表示，m_k 会随时间而改变。《多种医学缺陷研究》提供了死亡率乘数，数据来自1962～1977年对各种缺陷人群进行的研究。虽然该项研究时间久远，但提供了一个研究多种医学缺陷的框架和基准。

根据不同的医学缺陷，乘数可能随时间推移而减小。第一个原因是一个人在诊断后最初几年健在，之后又恢复到基础风险。第二个原因是一个人随着年龄增长其健康水平会下降，同龄人也可能有同样的状况。前一个原因例子是一个人罹患某种疾病（如癌症）时死亡风险会升高，但一旦治愈又恢复到标准健康水平。心血管疾病可以作为第二个原因的例子。

将方程（13.5）和方程（13.7）合并可以得到某年死亡概率，其中包含乘数 m：

$$_t\hat{p}_x\hat{q}_{x+t} = \left[\prod_{k=0}^{t-1}[1-\min(m_k q_{x+k},1)]\right]\min(m_t q_{x+t},1) \tag{13.21}$$

in（）函数确保 $m_t q_{x+t}$ 不会超过1，因为任何一年的死亡率都不会超过100%。

图13.2显示了70岁无显著健康风险及80岁有轻微健康问题的人的死亡率分布。为简单起见，乘数分别是常量350%和130%。这两条曲线形状几乎相同，中值和预期寿命几乎相同。请注意，70岁的人的预期寿命比80岁的人的预期寿命对乘数 m 的变化更敏感。

保险业承保合约根据标准健康水平做调整，以保险统计表上的0，1，2，3……额定值承保。额定值 tr 与乘数 m 的关系为

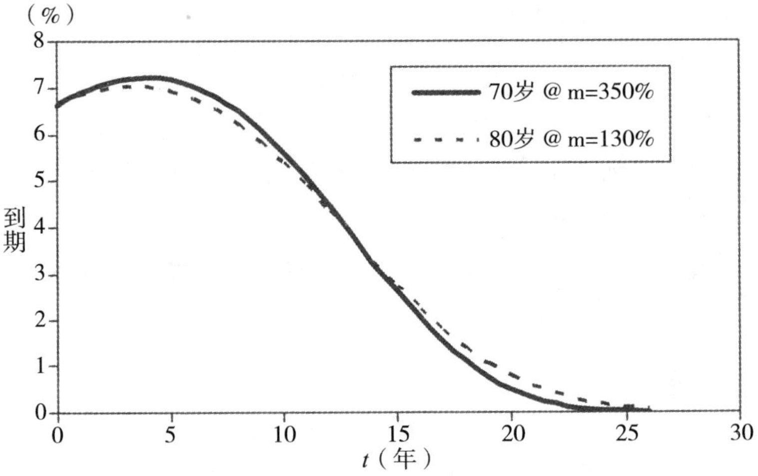

13.2　70 岁无显著健康风险及 80 岁有轻微健康问题的人的死亡率分布

$$m=1+\frac{1}{4}tr$$

虽然保单上通常都有额定值，但保单使用的相关保险统计表并不是众所周知的。

基础寿险保单贴现估值

保单赔偿金的净现值（NPV）减去保费净现值等于寿险保单贴现的价值。使用保险统计中的 A_x 及包含 a_x 的等式，副标准死亡率的效应以乘数 m 表示，寿险保单贴现的价值是：

$$P=F\left[A_x(m)-\pi\ddot{a}_x(m)\right] \text{ or } p=A_x(m)-\pi\ddot{a}_x(m), \qquad (13.22)$$

其中 P 是保单价值或价格，F 是保单面值，π 是保费与面值之比。贴现率或寿险保单贴现的内部收益率隐含在 A_x（m）和 $\ddot{a}_x$（m）中。保单价值用面值的百分比数量 p 表示。图 13.3 是现金流图解。这些现金流的净现值赋予了保单价值。

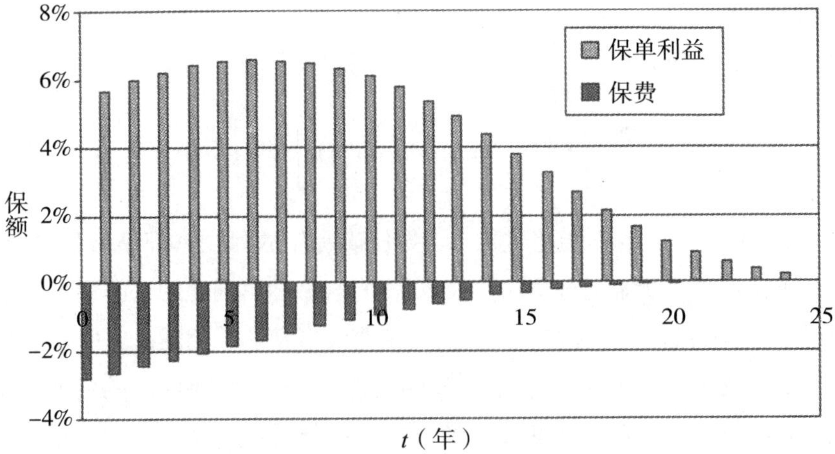

图 13.3　80 岁不抽烟女性人寿保单（平均保险费是面值的 3%）现金流图解

方程（13.19）假设有平均保费和平均保单面值，保单没有附加费，但可以很容易归纳附加费并对等式做变动。利用远期价值的方程（13.18）可以预测寿险保单贴现的远期价值。图 13.4 显示保单价格的预期上涨情况。

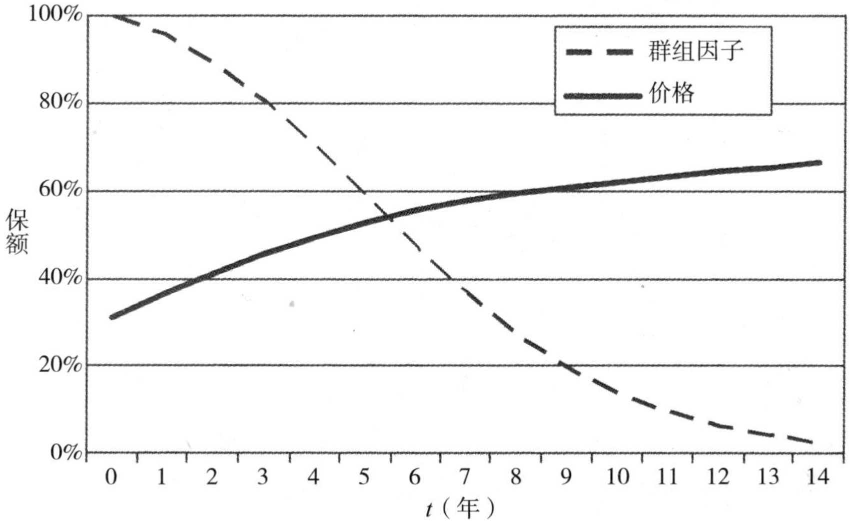

图 13.4　保单价值的远期价值

寿险保单贴现投资组合

方程（13.22）是保单面值预期净现值减去维持保单有效所需保费的预期净现值。现在在投资组合中加入 $N_{policies}$ 这个数量（policies 是指保单）。用保单面值加权将价格和其他属性平均。假设投资组合中的每个寿险都没有相关性，且投资组合的方差估值已给定。按照已知价格支付后，可以用这个方差来估算出更有效的数量，即预期内部收益率的方差和保险统计方差。

以美元计算，寿险保单贴现投资组合中 *ith* 保单的价值是：

$$P_i = F_i \left\lfloor A_{x_i}(m) - \pi \ddot{a}_{x_i}(m) \right\rfloor$$

合计所有保单：

$$\sum_{i=1}^{N_{policies}} P_i = \sum_{i=1}^{N_{policies}} F_i A_{x_i}(m) - \sum_{i=1}^{N_{policies}} F_i \pi_i \ddot{a}_{x_i}(m)$$

除以投资组合中所有保单的面值之和得出面值加权值 Φ：

$$\Phi = \sum_{i=1}^{N_{policies}} \omega_i \left[A_{xi}(m) - \pi_i \ddot{a}_{x_i}(m) \right] \tag{13.23}$$

其中，

$$\omega_i = \frac{F_i}{\bar{F}} \text{ and } \bar{F} = \sum_{i=1}^{N_{policies}} F_i$$

投资组合价格的方差是：

$$\text{var}(\Phi) = \sum_{i=1}^{N_{policies}} \omega_i^2 \,\text{var}\left[A_{xi}(m) - \pi_i \ddot{a}_{x_i}(m) \right] \tag{13.24}$$

其中，

$$\text{var}\left[A_x(m) - \pi \ddot{a}_x(m)\right] = \sigma_{A_x}^2 - 2\pi \rho_{A_x,\ddot{a}_x} \sigma_{A_x} \sigma_{\ddot{a}_x} + \pi^2 \sigma_{\ddot{a}_x}^2 \tag{13.25}$$

σ_{A_x}和$\sigma_{\ddot{a}_x}$已在方程（13.15）和（13.17）中定义，且 $PA_x\ddot{a}_x = -1$。

现在设想有一个投资组合，该投资组合有 N 个单独寿险，被保险人是同一年龄组且每个保单的面值相同。每张保单的面值加权为 $\omega_i = 1/N_{policies}$，而且因为每个被保险人来自同一年龄组，所以每张保单的方差也相同。投资组合的方差是：

$$\begin{aligned} \text{var}(\Phi) &= \left(\frac{\text{var}\left[A_x(m) - \pi \ddot{a}_x(m)\right]}{N_{policies}^2} \right) \sum_{i=1}^{N_{policies}} 1 \\ &= \frac{\text{var}\left[A_x(m) - \pi \ddot{a}_x(m)\right]}{N_{polcies}} \end{aligned} \tag{13.26}$$

为了证实等式（13.15）、（13.17）及上式，我们用蒙特卡洛模拟法计算了投资组合 $N_{policies}$的方差（见表 13.2），并将其与分析值做比较。

表 13.2　使用蒙特卡洛（MC）模拟法计算出的方差

$N_{policies}$	1	5	10	50	100
MC：$\sigma_{A_x}^2$	0.051 440	0.010 299	0.005 164	0.001 027	0.000 514
MC：$\sigma_{\ddot{a}_x}^2$	4.481 010	0.897 156	0.449 853	0.089 423	0.044 782
MC：σ_{φ}^2	0.090 537	0.018 127	0.009 089	0.001 807	0.000 905

表 13.3　不同保单数量的解析方差

$N_{policies}$	1	5	10	50	100
Eq.（13.15）：$\sigma_{A_x}^2$	0.051 466	0.010 293	0.005 147	0.001 029	0.000 515
Eq.（13.17）：$\sigma_{\ddot{a}_x}^2$	4.483 290	0.896 658	0.448 329	0.089 666	0.044 833
Eq.（13.26）：σ_{φ}^2	0.090 583	0.018 117	0.009 058	0.001 812	0.000 906

将表 13.2 与表 13.3 对比可以发现计算值与分析值一致。正如被证实的那样，尽管计算分析方差与使用蒙特卡洛模拟法一样烦琐，但计算 σ_{Φ}^2 很简单。幸运的是，随着 $N_{policies}$ 的增加，Φ 的分布很快与正常分布趋同，如图 13.5 所示。这种有用的特征可以让我们将 r 的方差当作 $N_{policies}$ 函数估算。

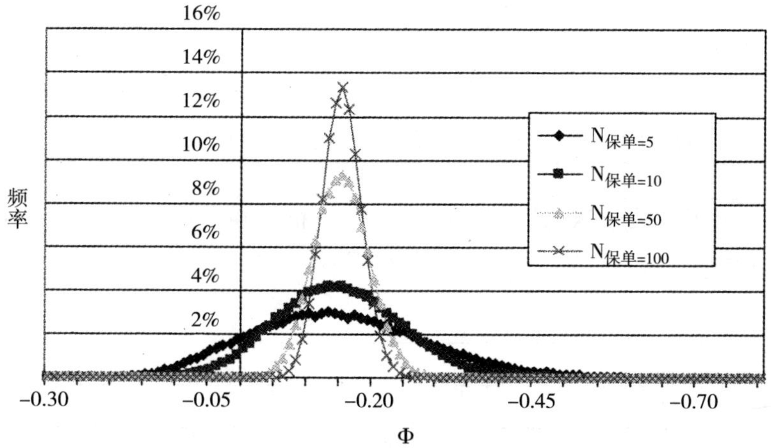

图 13.5　保单数量增加时 Φ 的分布

假设某一投资组合的价格面值比为 Φ，折现率为 $\bar{r}$，r 的预期方差是多少呢？可以通过以下公式将 Φ、σ_{Φ} 的标准偏差与 σ_r 联系起来

$$\sigma_{\Phi} \approx \left|\frac{\partial \Phi}{\partial r}\right| \sigma_r \tag{13.27}$$

其中

$$\frac{\partial \Phi}{\partial r} = \sum_{i=1}^{N_{policies}} \omega_i \frac{\partial}{\partial r}\left[A_{xi}(m) - \pi_i \ddot{a}_{x_i}(m)\right] \tag{13.28}$$

标准偏差 σ 可以直接根据保险统计数据及以上三式估计。为了证实这个结果，我们使用蒙特卡洛模拟法计算了 $N_{policies}$ 投资组合（包含的保单的被保险人是同一年龄组，保单价格为 Φ）的 r、σ_r 的标准偏差，并将计算结果与解析近似值做比较。

$$\frac{\partial}{\partial r} A_x = -v \sum_{t=0}^{\infty} (t+1)_t\, p_x\, q_{x+t}\, v^{t+1} \quad \text{and}$$
$$\frac{\partial}{\partial r} \ddot{a}_x = -v \sum_{t=0}^{\infty} t_t\, p_x\, v^t \tag{13.29}$$

表 13.4 显示随着 $N_{policies}$ 的增加，两种计算 σ_r 的方法得出的结果趋于相同。蒙特卡

洛法与解析法计算结果之间的误差是：

$$err = \frac{\left[(\sigma)_{AnalyticApprox} - (\sigma)_{MC}\right]}{(\sigma_r)_{MC}}$$

表 13.4　用蒙特卡洛（MC）模拟法计算 r 的标准偏差并用解析近似值分布来做比较

$N_{policies}$	5	10	50	100	300	500
MC：σ_r	0.178 79	0.093 53	0.030 63	0.020 26	0.011 68	0.008 89
Eq.（13.27）：σ_r	0.087 48	0.061 86	0.027 66	0.019 56	0.011 29	0.008 75
err	-51.1%	-33.9%	-9.7%	-3.5%	-3.3%	-1.6%

图 13.6 显示了蒙特卡洛法计算出的 r 值的分布，和预期一样，随着保单数量的增加，分布趋于正态分布。

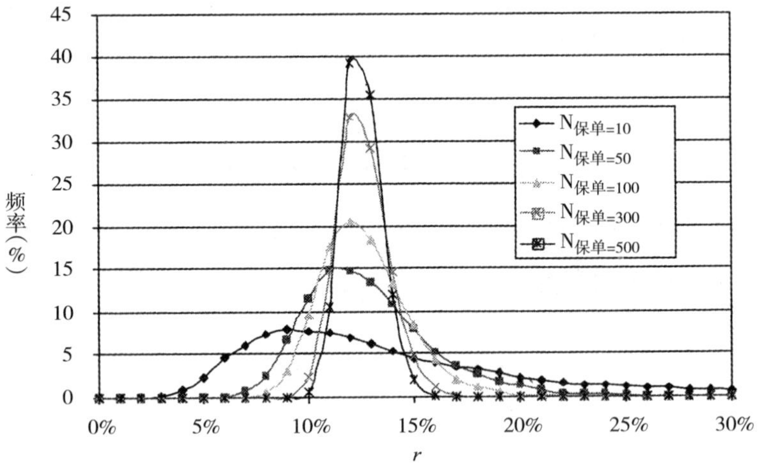

图 13.6　r 值随保单数量增加的分布情况

第三部分
投资公司、交易所交易基金和人寿保险产品

第 14 章

投资公司

【摘要】投资公司包括开放式基金、封闭式基金和单位信托基金。投资公司的股份向公众出售，并将收入投资于多样化的债券投资组合。共同基金的投资者承担两种类型的费用，即股东销售费用或手续费，以及共同基金的运营费用。通过投资共同基金，间接持有债券的两大优势是：(1) 通过多样化投资降低风险；(2) 降低交易和处理信息的成本，因为投资者从经验丰富的金融顾问公司购买服务，这一成本要比投资者直接与投资顾问进行个人协商的成本要低。一般投资公司投资不同的资产类别，会采取不同的投资目标。

投资公司类型

投资公司有3种类型：开放式基金、封闭式基金和单位信托基金。

开放式基金（共同基金）

开放式基金，通常被简称为共同基金，是一种证券投资组合，主要包括股票、债券和货币市场工具等。

共同基金有以下几个重要的特征：

第一，共同基金的投资者拥有一定比例的整体投资组合。

第二，共同基金的投资经理管理投资组合，也就是买入一些证券，卖出其他证券（这一特征不同于单位信托基金，稍后将谈到）。

第三，投资组合每股的价值或价格被称作净资产价值（Net Asset Value，NAV），它等于投资组合的市场价值减去共同基金的负债，然后除以共同基金投资者拥有的股本数量，即：

$$净资产价值=\frac{投资组合市场价值-负债}{股本数量}$$

例如，假设一个共同基金已经发行和出售了1 000万股股份，其投资组合的市场价值是2.15亿美元，负债是1 500万美元，那么其净资产价值是：

$$净资产价值=\$20$$

第四，基金的净资产价值或者价格每天仅决定一次，在当天结束之时决定。例如，一个股票共同基金的净资产价值由当天的收盘价决定。商业报告在其共同基金表格中提供每天的净资产价值，出版的净资产价值就是收盘的净资产价值。

第五，这一点非常重要，在一天之内，所有对基金的新投资，或者从基金中的撤资，都按照收盘的净资产价值定价（一天结束时或者在非工作日的投资算作下一个工作日的净资产值）。

如果在一天之中，对基金的投资多于撤资，那么基金的股本总数上升，反之亦然。这就是为什么此类基金被称作“开放式”基金的原因。例如，假设某天开始之时，一个共同基金投资组合的价值是 100 万美元，没有负债，而且已发行股份为 10 000 股，那么该基金的净资产价值就是 100 美元。假设在当天，存入 5 000 美元到基金中，撤资 1 000 美元，而且投资组合中所有的证券价格保持不变。这意味着，存入的 5 000 美元相当于发行了 50 股（因为每股价值 100 美元），兑现了价值 1 000 美元的 10 股（也是因为每一股价值 100 美元），那么新发行股份的净数量为 40 股。因此，在当天结束之时，将有 10 040 股股份，净资产价值依然是 100 美元。

相反，如果投资组合中的证券价格发生变动，投资组合的总规模将发生变动，因此净资产价值也发生变化。在前面的例子中，假设当天的投资组合价值翻倍，成为 200 万美元。由于存入和提取的价格都是按照当天结束时的净资产价值，在投资组合价值翻倍后，现在的净资产价值是 200 美元，那么 5 000 美元的存入将被算作 25 股（5 000 美元/200 美元），1 000 美元的提取将减少 5 股股份（1 000 美元/200 美元）。

这样，在当天结束之时，基金的总股份将为 10 020 股（25 - 5），净资产价值是 200 美元，基金的价值将是 2 004 000 美元。注意，10 020 股 ×200 美元的净资产价值等于 2 004 000 美元，即投资组合价值。

总的来说，由于投资组合中证券价格的上升或下降，公共基金的净资产价值也相应增加或减少。由于基金净存入或提取的变化，基金的股本数量也相应增加或减少。由于上述两方面的变化，基金的总价值将上升或降低。

封闭式基金

封闭式基金的股份与公司的普通股股份非常相似。封闭式基金的新股份由基金的承销者初始发行，新股发行之后，股份数量保持恒定，这就是它被称作“封闭式”基金的原因。在原始股发行之后，由于它们是封闭式基金，所以基金公司不会销售或者购买基金的股份。股份在二级市场进行交易，或者是在交易所，抑是在柜台交易市场中。

投资者可以在初始发行时购买股份（下面将讨论），或者随后在二级市场购买。股份只在二级市场进行出售。封闭式基金的股份价格由交易这些基金的市场的供求关系决定，因此，交易封闭式基金的投资者在购买之时和销售之时，必须向经纪人支付佣金。

封闭式基金的净资产价值的计算方法与开放式基金一样，然而，封闭式基金的股份价格由供求关系决定，所以价格会低于或者高于每股资产净值。如果股份的销售价格低于净资产价值，则说它是“按折价交易”；而如果股份的交易价格高于净资产价值，则说它是“按溢价交易”。报告在“封闭式基金”的标题之下，列举这些股份的报价，有些资料还列举其净资产价值以及股份的折价或者溢价。

因此，开放式基金与封闭式基金之间有两个重要的区别：首先，开放式基金的股份数量不同，因为基金发起人会向投资者出售新股份，而且从股东手中购买持有过的股份；其次，通过上述方式，开放式基金的股份价格总会是基金的净资产价值。相比之下，封闭式基金已发行的股份数量恒定不变，因为基金发起人不向投资者兑取现金和出售新股份（除了在新基金承销的时候）。因此，如上所述，封闭式基金的股份价格由市场中的供求关系决定，而且可能高于或者低于净资产价值。

虽然净资产价值的价格差异经常令人疑惑，但在有些情况下，溢价或折价的原因却很容易理解。例如，某个股份价格可能低于净资产价值，因为该基金的内在税务负担很高，为了这一未来的税务负担，投资者折价股份价格（我们将在本章稍后部分讨论税务负担问题）。基金的杠杆和所导致的风险可能是股份价格低于净资产价值的另一原因。基金的股份可能按照相对于净资产价值的溢价交易，这是因为对小型投资者来说，还无法获得关于其他国家股票的信息，或者很难进行交易，抑或交易成本很高，但基金相对能够更便宜地接触此类股票，而且进行更专业的管理。

根据美国1940年的《投资公司法》，只能对封闭式基金进行一次注资，此类基金进行初始的首次公开募股集资（Initial Public Offering，IPO），然后它们的股份在二级市场进行交易，正如任何公司的股票一样。在首次公开募股集资时，股份数量已经固定，封闭式基金不能再发行更多的股份。事实上，许多封闭式基金无须发行更多股份，而是利用杠杆效应筹集更多资金。

封闭式基金的一个重要特征是，发行基金股份的大量承销成本，由初始投资者承担。基金经理必须投资获得的收益，等于股份初始买家支付的金额，减去发行的所有成本。这些成本平均约为发行总费用的7.5%，通常包括支付给零售经纪人的营销费用或者佣金，这些经纪人把基金分销给公众。高额的佣金对零售经纪人来说是强烈的动机，促使他们将这些股份推荐给他们的零售客户；对投资者来说也是强烈的动机，可以避免他们在初始发行时购买这些股份。

交易所交易基金（Exchange-Traded Funds，ETFs）威胁到了共同基金和封闭式基金。交易所交易基金本书下一章的主题，这是一种混合的封闭式工具，在交易所进行买卖，但买卖价格通常非常接近于净资产价值。

由于封闭式基金的交易方式与股票的相同，所以任何投资者购买或者出售封闭式基金的成本，与股票相同。最明显的收费是股票经纪人的佣金。市场中买方出价/卖方提议价的价差也是一种成本，股票根据这一价格进行买卖。

单位信托基金

单位信托基金类似于封闭式基金，这体现为单位证券的数量也是固定的。单位信托基金通常投资债券。与共同基金和专营债券的封闭式基金相比，单位信托基金也有几个方面的不同。第一，在单位信托基金的投资组合中，不存在对债券的主动交易。一旦单位信托基金由发起人（通常是经纪公司或者债券承销商）整合完毕，并移交给信托公司，该信托公司持有所有的债券，直到债券发行人赎回债券。通常情况下，信托公司可以出售投资组合中债券的唯一时间，是当发行人的信用状态发生急剧下降时。由此，与运营共同基金或者封闭式基金相比，运营此类基金的成本少很多。第二，单位信托基金有固定的终结日期，而共同基金和封闭式基金没有。然而，也有例外情况，例如有目标期限的封闭式基金有固定终结日期。第三，与共同基金和封闭式基金的投资者不同，单位信托基金的投资者知道，这类基金的投资组合由特定的债券组成，不用担心信托公司会改变投资组合。尽管单位信托基金在欧洲很普遍，但在美国并不常见。

所有的单位信托基金都收取销售费用。对单位信托基金收取的初始销售佣金从 3.5% ~5.5% 不等。除了这些成本之外，还有发起人为信托基金公司购买债券引起的成本，这个成本由投资者间接支付。也就是说，当经纪公司或者债券承销公司整合单位信托基金时，信托基金的每一个债券价格也包含了交易价差。如果单位信托基金被出售，通常也会涉及佣金。

基金销售费用和年运营费用

共同基金的投资者需要承担两种类型的成本。第一种成本是股东费，通常被称作销售费用或者手续费。在证券交易中，这种费用被称作佣金。这种成本是“一次性”支出，针对特定交易，由投资者负担，例如一次购买、赎回或者交易。收费类型与基金销售或者分销的方式有关。第二种成本是年度基金运营费用，它涵盖了基金的开支，其中最大的部分是投资管理。这种收费按年度收取，所有的基金和所有类型的分销都会产生这种费用。我们下面讨论每一种成本。

销售费用或者手续费

共同基金的销售费用与其分销方式有关。销售费用和分销机制的当前范围已经发生了很大演变，现在的范围比 10 年前更加多样化。为了理解当前的多样化和分销机制的演变，设想一下 10 年前的最初环境。那时，有两种基本的分销方式、两种销售费用类型，而且分销方式与销售费用类型直接有关。

两种分销类型是销售团队分销和直接销售。销售团队分销通过中间人进行，即通过代理、股票经纪人、保险经纪人或者其他实体，中间人向客户提供投资建议，主动

“达成销售”，并提供后续服务。这种分销方式属于主导型，换句话说，基金通常是被卖出，而不是买入。

另一种方式是直接销售（从基金公司到客户），其中不存在主动接近客户的中间人或销售商，不提供投资建议或服务，即可达成销售。相反，客户接近共同基金公司，通常可能通过免费电话，从媒体获得一般信息，然后开户。不管是最初还是交易之后，很少甚至不提供投资咨询或服务。对于共同基金销售来说，这是一种被动的方式，尽管这些共同基金可能非常热衷于广告和其他营销活动。通过直接方式提供的基金是被买入，而不是卖出。

然而，对于销售团队分销方法提供的服务，需要回报，这一回报即销售费用，由客户承担，支付给代理人。代理人分销基金中的销售费用被称作手续费。传统类型的手续费被称作申购手续费，因为该手续费最初即被扣掉或者是“预先付款”。换句话说，将申购手续费从客户投资金额中扣除，然后支付给代理人/分销商，剩余款项是以客户的名义投资到基金中的净金额。例如，如果共同基金的手续费是5%，客户投资了100美元，那么5美元支付给代理人，剩余的95美元是按照净资产价值投资于共同基金中。应注意的重点是，投资到基金中的只有95美元，而不是100美元。因此，就说该基金“购买价高于净资产价值”（也就是说，投资者支付了100美元购买了95美元的基金）。5美元的手续费用于支付销售代理人的投资建议，以及代理人向客户提供的服务。当然，对客户来说是手续费，对代理人来说是收入。

我们将这一方式与直接签约类型的共同基金做一番对比。后者不存在销售代理人，因此，没有必要收取销售费用。没有销售费用的基金被称作无手续费共同基金，在这种情况下，如果客户向共同基金提供了100美元，那么以该客户的名义向基金投资的就是100美元。这种购买基金的方法被称作“按照净资产价值”购买基金，也就是说，投资者提供的全部金额都被投资到了基金中。

先前，许多观察家预测，由于销售费用的存在，收取手续费基金将过时，而无手续费基金将成为主导，金融知识日益丰富的个人，通过推理论证，将自己做出投资决定，不需要为代理人的建议和服务支付费用。但实际趋势却恰恰相反。

为什么发展趋势不像许多人预测的那样，投资者会远离最昂贵的代理人分销基金呢？有两个原因：第一，许多投资者一直依赖投资建议和服务，也许更重要的是，依赖销售代理人的积极主动性；第二，在收取销售费用方面，销售团队分销型基金显示出相当的独创性和灵活性，这种收费既能补偿分销商，又能为客户所接受。申购手续费的一些变形包括后收费用和平齐手续费。申购手续费是在购买基金的时候收取，而后收手续费是在出售或者变现基金股份的时候收取，平齐手续费在每年进行一致收取，这两种对申购手续费的变形都是补偿代理人的方式。然而，与申购手续费不同，这两种分销机制都允许客户按照净资产价值购买基金，也就是说，在客户的初始资金投资进账户之前，不会将任何部分记账为销售费用。

当前最常见的后收手续费类型是有条件递延销售手续费（Contingent Deferred Sales Charge，CDSC），这种方法对提款收取逐渐减少的手续费。例如，常见的“3、3、2、2、1、1、0”类型的有条件递延销售手续费，对第一年的提款按金额收取3%的手续费，对第二年的提款收取3%的手续费，对第三年的提款收取2%的手续费，以此类推。在第六年之后，不对提款收取销售费用。这样，销售费用被推迟或者递延了，而且条件是持有投资的时间长度。

第三种类型的手续费既不是在投资之时收取的申购手续费，也不是在提款时收取的（逐渐减少的）后收手续费，而是每年数量恒定的手续费（例如，每年1%的手续费），这种方法被称作平齐手续费。严格来说，大多数共同基金家族或者是无手续费直接分销，或者是有手续费销售团队分销。

许多收取手续费的共同基金家族，通常在其基金中提供所有3种类型的手续费，即申购手续费（通常被称作“A股”），后收手续费（通常被称作“B股”），以及平齐手续费（通常被称作“C股”）。这些基金家族允许分销商及其客户选择他们偏爱的手续费类型。这些不同种类的手续费型股份被称作股份“级别”。有一种股份类别是“F股”，F股没有申购手续费、平齐手续费或者后收手续费，在这种意义上说，它们很像C股，但是F股的年费用支出比C股低很多，后面将论述这一点。F股是为理财规划师设计的，他们收取年费（称作理财规划师费用），而非销售费用，例如佣金或者手续费。基金家族中的F股只能由投资交易人以及他们的代表进行销售，他们与基金家族签订协议。

根据全美证券交易商协会规定，最高许可销售费用是8.5%，其实大多数基金都收取比这低的费用。

基金的销售手续费适用于大多数投资，甚至是投资额很小的投资（虽然通常有最低初始投资额限制）。然而对于大额投资，可以降低销售收费。例如，基金的申购手续费是4.5%，对于超过100万美元的投资，可以把手续费降低至3.0%。对于数额更大的投资，可能还可以进一步降低销售费用。对于达到一定程度的投资，申购手续费可以是0%。为了获取销售费用的降低所需的投资金额被称作突破点，本例中的突破点是100万美元。还有一些其他机制，投资总金额可以借此符合突破点的必要条件，但是只能随时间进行（依据投资者签署的“意向书”）。由于不同的个人投资者有不同的销售费用，所以当计算基金收益时，并不减去销售费用（例如，可能有不同的突破点）。

实际上，销售费用是由客户支付给分销商。基金家族通常被称作基金的发起人或者制作者，它如何收回其成本并获取利润呢？对投资者来说还有第二种类型的“成本”，上述问题是此类成本的主题，即基金的年运营费用。

年运营费用

运营费用，每年由基金发起人从投资者的基金余额中支取。3 种主要类别的年运营费用是管理费、分销费以及其他费用。

管理费，又被称作投资咨询费，是由投资顾问基于管理基金投资组合而收取的费用。如果投资顾问是公司的一份子，但不属于基金发起人，那么，基金发起人将把部分或者全部的投资咨询费转给投资顾问。在这种情况下，基金经理被称作分投资顾问。管理费根据基金类型的不同而各异，尤其是根据基金资产风险的级别不同而各异。例如，下列证券的管理费和风险依次上升，包括货币市场、债券市场、美国成长型股票基金、新兴市场股票基金，下面将分别举例说明。

1980 年，证券交易委员会批准收取固定的年费用，称作 12b-1 费用，该费用总体来说，旨在抵补分销成本，也包括持续的代理人酬金，以及基金制造者的营销与广告费用。现在，许多共同基金开始收取此类 12b-1 费用。根据法律，12b-1 费用每年不能超过基金资产的 1%，12b-1 费用也可以包括每年的服务费，不超过基金资产的 0.25%，用以补偿销售专业人士提供的服务，或者维护股东的账户。一部分 12b-1 费用支付给销售代理人，这样做的主要逻辑是为销售代理人提供诱因，鼓励其在收到以交易为基础的费用后，例如申购手续费，继续为客户的账户服务。结果，这种类型的 12b-1 费用与销售团队型销售、手续费型基金有关，而与直接销售型、无手续费型基金无关。一部分 12b-1 费用支付给基金制造人，这样做的主要逻辑是为制造人提供诱因，并补偿其继续做广告和营销的花费。

其他费用主要包括下列方面的成本：（1）保管（持有基金的现金和证券）；（2）转让代理（在基金的买方、卖方以及基金分销商等人之间进行现金和债券的转让）；（3）独立公共账户费；（4）总监费用。

年管理费、年分销费和其他年费用的总和被称作年运营费用。关于基金的所有成本信息包括销售收费和年运营费用，都涵盖在基金的招募章程中。除了年运营费用之外，基金招募章程中涵盖的费用只在基金交易时收取。

正如我们之前所解释的，许多代理人分销基金的形式多种多样，典型的形式包括：（1）A 股：申购手续费；（2）B 股：后收手续费（有条件递延销售手续费）；（3）C 股：平齐手续费；（4）F 股：基于费用的项目。同一基金的这些不同形式被称作股份类别。表 14.1 显示的例子是，对于代理人分销的股票共同基金，其不同类别基金的假定销售收费和年运营费用。销售收费支付给销售代理人，管理费支付给共同基金经理，12b-1 费支付给销售代理人和基金发起人。其他支出，包括保管费和转让费，以及管理基金公司的费用，支付给基金发起人，以抵消各种开支。所有这些费用都按年从基金收益中扣除。

表 14.1 关于代理分销型股票共同基金的不同类别，假想的销售费用和年运营费用

	销售费用			年运营费用			
	申购	后收	平齐	管理费用	分销费用（12b-1 费用）	其他费用	年运营费用率
A	4.5%	0	0%	0.90%	0.25%	0.15%	1.30%
B	0	*a*	0%	0.90%	1.00%	0.15%	2.05%
C	0	0	1%	0.90%	1.00%	0.15%	2.05%
F	0	0	0	0.90%	0.25%	0.15%	1.30%

多重股份类别

1989 年，证券交易委员会批准多重股份类别，其于当年首次推出。最初，多重股份类别主要用于销售团队型基金，提供申购手续费的替代方案，将其作为一种补偿经纪人的手段。之后，有些此类基金使用额外的股份类别，通过其他分销渠道，提供相同的基金或者投资组合，在这些渠道中，基金费用因渠道的不同而各异。与创建两个单独的基金相比，提供新的股份类别效率更高，而且成本更低。到 20 世纪 90 年代末，长期销售团队型基金平均提供将近 3 个股份类别，直接销售型市场基金倾向于继续只提供一个股份类别。

投资共同基金的优势

通过投资共同基金，间接拥有证券的所有权，有几个优势。第一，通过多样化投资降低了风险。通过投资某个基金，投资者能够获得足够数量的证券，拥有广泛的所有权，从而降低了投资组合风险。尽管个人投资者也许有能力获得广泛的证券投资组合，但多样化程度将受到可投资金额的限制。然而通过对基金进行投资，即使可用于投资的金额不是很大，投资者仍然能够以较低的成本，获得投资多样化的利益。

第二个优势是交易和信息处理成本降低，因为投资者从经验丰富的金融顾问公司购买服务，这一成本要比投资者直接与投资顾问进行个人协商的成本要低。因为管理资产的规模更大，以及寻找投资经理和获取证券信息的成本更低，所以顾问费也更低。此外，因为基金公司更有能力协商交易成本，所以证券的交易成本得以降低，而且与个人投资者相比，基金的保管费和记录费更低。出于这些原因，在投资管理中可以实现规模经济。

第三个优势与前两个优势有关，即共同基金专业管理的优势。

第四个优势是变现优势，可以根据收盘时的净资产价值，在任何一天买入或者卖出共同基金。

第五个优势是可选基金的种类，总的来说，甚至在一个特定基金家族中，可选种类繁多，稍后将讨论这一点。

最后，货币市场基金以及其他类型的基金允许投资者凭借基金开立支票，以此提供付款服务，尽管对这一服务有着各种方式的限制。

根据投资目标划分的基金类型

公共基金的推出目的是满足投资者的各种投资目标，总的来说，基金类型有股票基金、债券基金、货币市场基金以及其他基金，在每一种基金类别之内，又有几种子类别的基金。另外，还有仅限美国基金、国际基金（非美国证券）和全球基金（既包括美国证券，也包括国际证券）等，还可以分为被动基金和主动基金。其中，被动（指数型）基金旨在复制某个指数，例如：标准普尔（S&P）500股票指数，摩根士丹利资本国际欧澳远东指数等。而另一方面，主动基金通过对基金投资组合进行积极主动的交易，试图获得比指数更高的业绩。还有许多其他种类的基金，下面将讨论到。根据债券交易委员会和1940年《投资公司法》的要求，每个基金的目标都阐述在其招募章程中，阐述如下：

股票基金的区别在于：

投资组合中股票的平均市场资本（“市值”）（大盘、中盘和小盘）；

类型（成长型、价值型和混合型）；

产业——“产业基金”专门做某个特定的产业或者行业，例如科技、医疗保健或者公用事业等。

关于类型分类，具有较高市账率和市盈率的股票被视作“成长型股票”，具有较低市账率和市盈率的股票被视作“价值型股票”，而其他变异类型也可被视作这种类型。

债券基金根据投资组合中债券发行人的信誉不同而不同（例如，美国政府、投资级别和高收益的公司等），而且也根据债券到期时间（延续期）的不同而不同（长期、中期和短期）。还有一种类型的债券基金，被称作市政债券基金，其利息收入免征联邦收入税。市政基金可能是单一州范围（也就是说，投资组合中的所有债券都是由同一个州的发行人所发行），或者是多州范围，或者是“全国性”。

还有其他类型的基金，例如：资产配置基金，混合基金，目标日期基金和平衡基金（所有这些基金都同时持有股票和债券），以及可转换债券基金，等等。货币市场基金（到期时间为1年或者少于1年）可以预防利率波动，这种基金可能带有一定程度的信贷风险（美国政府货币市场类除外）。许多这种类型的基金提供开立支票的特权。除了需课税的货币市场基金外，还有一些免税的市政货币市场基金。

另外，还有指数型基金和基金中的基金。正如前面所讨论的，指数型基金试图被动地复制指数，基金中的基金投资其他的共同基金，而不是单独的证券。基金中的基金是一种投资其他共同基金的基金。

有些组织提供关于共同基金的数据，其中最著名的有晨星公司和理柏基金。这些公司提供关于基金费用、投资组合经理、基金规模和基金持股等方面的数据，但也许最重要的是，他们根据业绩（即回报率）和其他因素，提供业绩数据和基金排名。为了在“公平合理”的基础上比较基金的业绩，这些公司将共同基金划分为几个类别，目的是根据投资目标确定其属于同一类别。晨星公司和理柏基金提供的类别相似，但并不完全一致，表14.2显示的是两大公司提供的许多类别。因此，关于晨星公司的“大盘混合型”基金的业绩，可以将其与同类的另一个基金进行有意义的比较，但不能与“小盘价值型”基金相比较。在晨星公司的业绩排名系统中，根据收益和风险对每一个基金进行评级，相对于同一类别中的其他基金，级别是从一星（最差）到五星（最好），该系统非常有名。

基金家族的概念

有一个概念使基金行业发生了革命性变革，而且使许多投资者受益，这就是共同基金行业所称的基金家族，即一组基金或者一套基金。换句话说，许多基金管理公司为投资者提供这样一种选择，即在相同的基金家族内，选择具有不同投资目标的许多基金。在许多时候，投资者可以在成本很低或者没有成本的情况下，将其资产从一个基金转移到基金家族内的另一个基金，而且只需一个电话。当然，如果这些基金在需课税账户中，可能需要缴纳相应的税费。尽管关于手续费和其他费用的同一政策可能适用于家族内的所有基金，但是对于家族内不同基金之间的转账，管理公司可能有不同的费用结构。

表 14.2　基金类别：晨星公司与理柏基金对比

晨星公司	理柏基金
LG 大型成长型	LG 大盘成长型
LV 大型价值型	LV 大盘价值型
LB 大型疲软型	LC 大盘核心型
MG 中盘成长型	MG 中盘成长型
MV 中盘价值型	MV 中盘价值型
MB 中盘混合型	MC 中盘核心型
SG 小型成长型	SG 小盘成长型
SV 小型价值型	SV 小盘价值型
SB 小型混合型	SC 小盘核心型
	XG 多盘成长型
	XV 多盘价值型
	XC 多盘核心型
MA 适度配置型	BL 平衡型
CA 保守配置型	MP 股票/债券混合型
TA 目标—日期型 2004 ~ 2014 年	
TB 目标—日期型 2015 ~ 2029 年	
TC 目标—日期型 2030 年以后	
DH 国内混合型	EI 股本收入型
	SP 标准普尔 500 基金
	SQ 特殊多样化股权
ST 技术型	TK 科学和技术型
SU 公用事业型	UT 公用事业型
SH 医疗型	HB 医疗/生物科技型
SC 通信型	—电信型
SF 金融型	—
SN 自然资源型	NR 自然资源型
SP 贵金属型	AU 黄金导向型
SR 房地产	—房地产
BM 熊市	—
LO 多头—空头	—
—	SQ 特殊股本型
—	SE 产业
FS 外国股票	IL 国际股票（非美国）
WS 世界股票	GL 全球股票（包括美国）
ES 欧洲股票	EU 欧洲地区
EM 多样化新兴市场	EM 新兴市场

（续表）

晨星公司	理柏基金
DP 多样化亚太地区	PR 亚太地区
PJ 不包含日本的太平洋地区	—
JS 日本股票	—
LS 拉美股票	LT 拉丁美洲
IH 国际综合型	—
CS 短期债券——一般	SB 短期债券
GS 短期政府	SU 短期美国政府
CI 中期债券——一般	IB 中期债券
GI 中期政府	IG 中期美国政府
MT 抵押贷款	MT 抵押贷款
CL 长期债券——一般	AB 长期债券
GL 长期政府	（LU）长期美国政府
IP 通胀保值债券	—
CV 可转换债券	GT 一般美国纳税
UB 极短期债券	—
HY 高收益债券	—
MU 多部门债券	HC 高收益纳税
IB 世界债券	—
EB 新兴市场债券	WB 世界债券
BL 银行贷款	
ML 市政全国长期	GM 一般市政债券
MI 市政全国中期	IM 中期市政债券
HM 高收益市政	SM 短期市政债券
SL 市政单一州长期	HM 高收益市政
SI 市政单一州中期	NM 市政担保
SS 市政单一州短期	SS 单一州市政
MY 市政纽约州长期	
MC 市政加州长期	
MN 市政纽约中期/短期	
MF 市政加州中期/短期	

大型的基金家族通常包括货币市场基金、几种债券基金、全球股票和债券基金、广泛多样化的美国股票基金以及专门做特定产业的股票基金，例如医疗保健、科技或者黄金公司等。赫赫有名的管理公司发起和管理着家族内各种类型的基金，其中最大的3个基金家族包括先锋（Vanguard）基金、美国基金（American Funds）和富达（Fidelity）基金。基金家族也可能使用外部的投资顾问（被称作外聘顾问），以及基金家族内部的顾问。

报纸提供的基金数据按照基金所属家族，对各种基金进行分类。例如，把所有的美国基金列在美国基金标题之下，所有的先锋基金列在先锋基金的标题之下，以此类推。

共同基金的课税

共同基金必须将其至少90%的净投资收入（债券利息和股票的股利），不包括实现的资本增值或损失，分派给股东（并满足其他标准），只有这样的基金才能被视作受监管投资公司，从而在向股东分红前，不需要按照基金级别缴纳税收。因此，基金总是会进行这样的分红。如果满足这一标准，那么只需要按照投资者级别，而不是基金级别，对此类分红进行课税。即使许多共同基金投资者选择再投资这些分红，当对投资者的这些分红进行课税时，是按照普通收入，还是按照资本收益（长期或短期）级别，取决于相关类型。

必须每年进行的资本收益分红，通常在日历年的后半年进行。资本收益分红可能是长期的，也可能是短期的资本收益，这取决于基金是否持有一年或一年以上的证券。共同基金投资者不能控制这些分红的规模，因此，对其基金持有财产进行课税的时间和金额，很大程度上不受投资者控制。尤其是，当有些投资者进行资金兑现时，迫使基金进行销售，这反过来对继续持有基金的投资者造成实现资本收益的纳税义务。

基金的新投资者可能需要承担纳税义务，尽管他们并没有获得实际收益。也就是说，到记录日期为止，所有的股东将收到全年价值的股利和资本收益分红，即使他们只持有一天的股份。对资本收益课税的这种缺乏控制性，被视作是共同基金的主要局限性。事实上，这种不利的税收影响是提出这样一个建议的理由之一，即封闭式公司的销售价格应低于票面价值。此外，这种不利的税收影响也是交易所交易基金流行起来的原因之一，稍后将会谈到。

当然，对于分红的收入，投资者也必须缴纳普通收入税。最后，当基金投资者卖出基金时，他们将获得长期或者短期的资本收益、税收，这取决于他们持有基金的时间是一年还是不足一年。

对基金的监管

有四部法律或者法案间接或直接地涉及共同基金，具体如下：

第一部是《1933 年证券法》（简称“33 年法案”），该法案要求向新发行证券的购买者（“初级市场”）提供与发行有关的信息，以此预防欺诈。因为开放式投资公司在连续的基础上发行新股，所以共同基金必须遵守“33 年法案”。

第二部是《1934 年证券法案》（简称“34 年法案”），该法案涉及证券发行之后的证券交易问题（“二级市场”），对交易所和经纪—交易人进行监管。共同基金投资组合的经理们在其业务中，必须遵守“34 年法案”。

第三部是《1940 年投资公司法》（简称“40 年法案”），根据该法案，所有拥有 100 名及以上股东的投资公司，必须在证券交易委员会进行注册。“40 年法案”的首要目的是压制投资公司的销售不正之风，确保投资者收到足够的准确信息。投资公司必须向投资者提供定期的财务报告，公布其投资政策。根据“40 年法案”，在没有股东批准的情况下，禁止改变投资公司的根本投资政策。这一法案还为符合条件的受监管投资公司提供某些税收优惠，稍后谈及。共同基金股份的购买和销售，必须符合证券交易委员会“40 年法案”和全国证券交易商协会有关公平交易的要求，后者是一个自我监管组织，由美国所有的证券交易商所建。

第四部，对于提供投资顾问服务的公司和个人，“40 年法案”明确规定了其注册要求和业务范围，这一法案主要涉及注册投资顾问。

总的来说，投资公司除了必须遵守“40 年法案”的所有方面，还要遵守“33 年法案”“34 年法案”和“40 年法案”。

1988 年，证券交易委员会还扩展了“34 年法案”，旨在为投资者提供保护，确保共同基金的广告和宣传符合实际，不会产生误导作用。涉及潜在自我交易的新规章也得以建立，即 1988 年的《内幕交易和证券欺诈强制执行法案》，该法案要求共同基金的投资顾问确定并强制执行一些程序，这些程序可以减少内幕交易的机会。

如前所述，“40 年法案”的一个重要特征是，对于符合“受监管投资公司”资格的任何公司，可对其收益免征税收，既包括收入也包括资本升值。为了具备受监管投资公司的资格，基金必须每年向股东分发其 90% 的收入，不包括实现的资本收益。此外，基金还必须遵守关于投资多样化和流动性的特定规则，以及关注短期交易和短期资本收益的程度。

正如前面提到的，共同基金收取的费用也受监管。这一监管权力的确定是政府履行事实的交易费用仲裁者职能，涉及整体上与证券有关的交易。例如，加价交易人可以向金融机构收取金融资产销售的费用，关于这一点，证券交易委员会和全国证券交易商协会已经建立了一些规则，作为对客户公平交易整体指导原则的一部分。证券交易委员会对基金的手续费设定了8.5%的上限，但允许基金根据12b-1规则，收取超过上限的特定费用，下面将谈到这一点。1993年7月1日，证券交易委员会修订了这一规则，对所有费用的总额设定了8.5%的上限，既包括申购手续费和后收手续费，也包括诸如广告之类的费用。

根据“40年法案”授权，美国在1980年确定，有些基金收取12b-1费用。当时，共同基金正经受亏损，证券交易委员会允许基金收取费用，以支付营销和分销费用，增加基金资产，这被设想为一种临时对策。12b-1费用可划分为两部分：第一个构成是分销费，可用于基金营销和分销成本，最高额的分销费是（每年净资产的）0.75%；第二个构成是服务费（或者跟踪佣金），用于补偿销售专业人士的持续服务，服务费用的最高额度是0.25%，这样，12b-1费用的最高额度是1%。尽管无手续费基金可以收取12b-1费用，但在实践中，为了称得上无手续费基金，其12b-1费用的最高额度为0.25%（其中所有的都是分销费）。总的来说，12b-1费用中的分销费用于发展新客户，而服务费用于为已有客户服务。

1998年10月1日，证券交易委员会为了提高基金征募章程和其他基金文件的可读性，通过了一项被称作“征募章程简化”或“简明英语公告”的规则。征募章程和其他基金文件是由律师所写，而不是为一般的共同基金投资者所写。新规则规定，用“简明英语”起草征募章程和其他文件，供个人投资者阅读。简化基金信息的努力一直在继续。

在证券交易委员会的重点工作中，其中直接影响到共同基金的是：

1. 报告税后基金收益。这一条要求基金在征募章程以及年度报告中，显示变现前和变现后的税收对1年、5年和10年收益的影响。此类报告可以增加税负管理基金（具备高税收效率的基金）的流行度。

2. 更完整的费用报告，包括总额报告，也包括百分比报告。

3. 更精确和连贯的投资业绩报告。

4. 要求基金投资实践与基金名称保持更一致，以便更准确地反映其投资目标。证券交易委员会要求，将80%的资金资产投资于基金名称中所提及的证券类型（例如，医疗保健类股票）。

5. 公开投资组合实践，例如“粉饰”（在报告期临近之时买入或卖出股票，包括在此报告期中需要的股票，消除不需要的股票，以便改善投资组合表面上的形象），或者“作价”（买入在报告期临近时已经持有的股份，以便提高这一时期的业绩）。

6. 重新审视12b-1费用：有一种常见的观点认为，12b-1费用不再能起到费用最初的设计功能，所以应该对该种费用进行修改或取消。

7. 再次考虑软美元。软美元是指交易员利用交易费用支付基金的运营开支。一些考虑因素包括，可以支付什么类型的开支，例如证券研究、计算机系统或计算机以及其他实际资产等。

8. 公开证券交易委员会的普通议题。公开将涉及基金手续费和相关费用的透明性，包括对各种股份类别的销售费用等。基金与分销商以及其他类型的利润分享方之间的协议会存在利益冲突，公开也涉及这种利益冲突。有些人认为资金在 401（k）条款的参与方之间划转。

证券交易委员会正在努力明确一种关系，即交易服务的提供者、注册代表与投资顾问、投资顾问代表之间的关系，并将明确他们的义务及相互之间的冲突。证券交易委员会关注的问题是，明确哪一方提供者有适当性义务，哪一方提供者有信托义务。

基金的结构

根据“40 年法案”，共同基金的组织结构方式如下：

董事会（也被称作基金受托人）代表股东，股东是共同基金的所有者。

投资顾问负责管理基金的投资组合，而且根据“40 年法案”他须是注册投资顾问。

分销商或者经纪人/交易员须根据《1934 年证券法案》进行注册。

其他服务提供者既包括基金外部的（例如独立公共会计、保管人和转让代理人等），也包括基金内部服务（例如营销、法律事务、报告等）。

董事会的职责是代表基金的股东。董事会既包括“有利害关系的”（或者“内部”）董事，也包括“独立”（或者“外部”）董事，前者与投资公司有附属关系（当前或者之前的管理），后者与投资公司无附属关系。当前，管理规章要求，董事会一半以上的成员必须由独立董事构成，董事会主席既可以是有利害关系的人担任，也可以是独立董事担任。

共同基金与投资顾问签订合约，聘用投资顾问管理基金的投资组合。投资顾问可以是经纪公司、保险公司、银行、投资管理公司或者非相关公司的成员。

分销商是经纪人/交易员，他可能是也可能不是共同基金或者投资顾问的附属人员。

保管人的职责是保管基金的资产，使其与其他账户分离，以保护股东的利益。转让代理人处理购买或者变现基金股份的订单，转账证券和现金，收取分红和股息，并进行分配。独立公共会计负责审计基金的财务报告。

共同基金行业的最近变化

除了本章之前部分讨论的内容之外，共同基金行业最近发生了一些意义重大的变化。

分销渠道

正如本章之前部分所解释的，在20世纪90年代初期，有两大分销渠道，即直接向投资者销售和通过经纪人销售。自那时起，基金公司和基金分销商进一步发展和扩大了销售渠道，超出了传统的两个渠道。到20世纪60年代末，基金公司使用多重分销渠道，使得直接型和销售团队型基金的差异日趋模糊，这些差异在60年代初是区分两种类型的标志。

基金公司和分销公司发展了销售共同基金的新型分销方式，并拓展了传统的销售渠道。这些变化明显地体现在这一点上，即通过第三方和媒介的销售份额日益增长。这些变化源于重大的市场趋势，尤其是许多之前只采用直接销售的基金，现在日益转而采用第三方和媒介的分销方式。

与直接营销型基金一样，在20世纪90年代，传统上依赖销售团队的基金，也日益开始转向非传统的销售资源，例如雇主资助的退休金计划、银行和人寿保险公司以及收费顾问。

下面，我们将叙述各种非传统的分销渠道。

超级市场

1992年推出第一个共同基金超级市场，标志着直接营销型基金销售渠道开始发生重大变化。尤其是在1992年，美国嘉信公司（Charles Schwab & Co.）推出了它的一站式服务。利用这种服务和其他超级市场计划，超级市场的组织者提供各种无手续费基金，这些基金来自大量不同的共同基金公司。这些超级市场允许投资者从参与的公司购买基金，而无须与每一个基金公司联系。超级市场的组织者还向投资者提供可靠的记录保留和简单的账户报告。

这些服务提供的是无交易费项目，使投资者在一个地方可以接触到多个基金家族，并且有助于满足金融顾问的后台需要。通过这种服务，投资者可以通过一个渠道接触到许多共同基金家族，而且在没有交易费（即美元手续费）的情况下购买许多基金。

一方面，这些服务使得更多的投资者可以更容易地接触到共同基金家族。而另一方面，这些服务打破了共同基金和投资者之间的联系。因为这些服务，共同基金公司不知道超级市场中投资者的身份，只有直接向投资者分配基金的超级市场知道其身份。这些超级市场非常好地满足了收费理财规划师的需求，超级市场可以提供一站式购物，包括当前的“最佳品种”。

包管账户

包管账户是一种管理账户，共同基金通常被“打包”在一个服务包中，提供的服务通常是资产配置咨询，即关于管理基金混合的建议。这样，共同基金在资产收费的基础上，而不是以传统的申购手续费为基础，为投资者提供建议和帮助。包管账户不一定是共同基金的替代物，但可能是打包基金的不同方式。

传统的直接营销型基金以及销售团队型基金都利用这种渠道营销。

收费金融顾问

收费金融顾问是独立的理财规划师，他们向投资者收取一定的费用，通常是管理资产的百分比，或者按小时收费。作为回报，他们为其客户提供投资建议，帮助其选择共同基金、交易所交易基金和证券的投资组合。尽管许多规划师向其客户推荐共同基金，有些规划师推荐自己选择的证券投资组合。

浮动年金

浮动年金代表了另一种分销渠道。浮动年金是“投资联结险中的共同基金”，它的保险特征包括投资收益的税收递延，即直到提取时才收取，以及更高的收费（包括对提供的保险特有的保险费用）。变动年金既通过保险代理人和其他分销商销售，也通过一些基金公司直接销售。

共同基金与交易所交易基金

在20世纪80年代和90年代，尽管共同基金已经在个人投资者中间变得非常流行，但它们经常受到批评，原因有二。第一，共同基金的股份是按照当天结束时的（收盘时）价格定价，而且只能按照该价格进行交易。具体地说，不能按照当天即时价格进行交易（即购买和销售），而只能按照当天结束时的收盘价进行交易。第二个原因与税收和投资者对税收的控制有关。正如本章前一部分提到的，有些基金股东的撤资可能致使继续持有头寸的投资者缴纳实现的资本收益的应课税收，即使后者只持有了少数几天。

1993年推出了一种新的投资工具，它具有共同基金的一些特征，并修正了上述两个局限。这一投资工具被称作交易所交易基金，它由投资公司构成，这些公司类似于共同基金，像交易所中的股票那样进行买卖。第15章更详细地介绍了交易所交易基金。尽管交易所交易基金是开放式的，但在某种意义上，它类似于封闭式基金，后者具有很小的净资产价值溢价或者折价。

交易所交易基金的基础是美国和国际股票、债券指数以及分指数。除了总体股票指数外，交易所交易基金的基础还包括类型、产业和工业导向指数。

在交易所交易基金中，维护投资组合式投资顾问的责任，以便使基金准确地复制指数并获得指数收益。因为供求关系决定了这些股份的二级市场价格，所以交易价格可能稍微偏离投资组合的价值，因此，可能会导致定价不够精确。然而，这一偏差非常小，因为套利者会在任何一天按照净资产价值创造或者变现大量的股份，极大地限制了价格偏差。

交易所交易基金可以根据整个一天的即时价格进行交易，除此之外还具备很多方面的灵活性，例如下限价订单、停止订单、卖空订单和保证金投资等，这些都不能在开放式共同基金中实现。

开放式共同基金与交易所交易基金的另一个重大差异与课税有关。当投资者对两种基金进行交易时，就实现了股利收入和资本收益，这些对投资者而言是应该课税的。然而，除此之外，当发生变现时，开放式共同基金可能必须卖掉证券（如果现金头寸不足以为变现提供资金），因而导致持有股份的那些人发生资本收益或损失，但是，交易所交易基金不必卖掉投资组合的证券，因为激活变现的是交易所交易基金股份的实物交易，进行的是一揽子的标的投资组合证券交易。根据美国国税局的规定，这对投资者而言不是课税事件。因此，对于交易所交易基金的投资者来说，只有当他们自己卖掉其交易所交易基金的股份时，才需要缴纳资本收益税费。然而，交易所交易基金在分配现金股利，或者有限数量的所实现的资本收益时，需要课税。总的来说，在课税方面，交易所交易基金同指数型共同基金一样，避免实现的资本收益课税，这是由于它们较低的投资组合周转率。但是，与指数型共同基金不同的是（或者在此方面，与其他基金不同），交易所交易基金不会引起潜在的大量资本收益课税，不会为满足其他股东的变现导致继续持有头寸的投资者缴纳税费，这是由于它们进行变现的独特方式。

表 14. 3 总结了共同基金和交易所交易基金的优点和缺点。表 14. 4 更详细地考虑了两者的课税差异。总的来说，与相应的指数型共同基金相比，交易所交易基金的优势包括：当天定价和税收管理，而且许多交易所交易基金，但并非所有的，有着较低的费用。然而，由于共同基金是通过基金发起人进行“交易”的，而交易所交易基金是通过交易所交易的，所以对涉及多次小额购买的策略来说，交易所交易基金每次收取佣金的做法失去了吸引力，例如，因为这样的策略实行美元成本平均计算或者月度工资支出扣减。然而，出于许多其他目的，交易所交易基金可以成为共同基金切实可行的替代选择。

表 14.3 共同基金与交易所交易基金的比较

	共同基金	交易所交易基金
税收	广泛选择，被动和主动的投资组合种类	选择当前限于被动指数
	对股利和实现的资本收益进行课税	对股利和实现的资本收益进行课税
	当其他投资者变现时，可能有收益/损失	当其他投资者变现时，没有收益/损失
	当指数中的股票发生变化时，可能有收益/损失	当指数中的股票发生变化时，可能有收益/损失
估价	根据实际的股票市价计算净资产价格	根据净资产价值创造和变现基金。对二级市场的估价可能高于或者低于净资产价值，但由于套利，偏差通常都很小
定价	当日结束时	连续
费用	指数型基金较低	较低，而且有些情况下，比指数型共同基金更低
交易成本	无手续费基金不存在交易成本；有手续费的基金收取销售费	佣金或者经纪费
管理费用	取决于基金；指数型基金有广泛的管理费	取决于基金；许多股票指数型基金往往非常低

表 14.4 课税：共同基金与交易所交易基金

持有/维持	交易所交易基金	共同基金
1. 对股利、收入和实现的资本收益的课税	全部课税	全部课税
2. 投资组合的周转率	实现资本收益	组合的销售，因此不会引起持有者实现资本收益
3. 投资的撤回	对销售价和购买价的差额进行资本收益课税	对销售价和购买价的差额进行资本收益课税
4. 总体	由于投资组合的周转，可能实现一些资本收益	由于较低的投资组合周转，不会实现显著的资本收益

第15章

交易所交易基金

【摘要】有一种金融工具可以被冠以“单一股份中的投资组合”的特征，交易所交易基金是这种类型工具的最流行的例子。除了基于标准普尔存托凭证结构的开放式交易所交易基金之外，封闭式基金、控股证券、交易所买卖票据，甚至是Folios（组合）有时也作为单一股份的投资组合参与市场竞争。尽管这些产品都具备单一交易中的多重工具特征，然而在缴税待遇、交易成本和便利方面，这些产品和结构都有显著的差异。开放式交易所交易基金结构提供了独特的机会，可以增加股东的投资效率，并可以实现在税收效率模式下对投资组合的主动管理。交易所交易基金的起源是投资组合或项目即期交易，即指数型套利。

自推出金融期货交易以来，交易所交易基金是最重要，可能也是用途最多的金融工具。本章首先介绍交易所交易基金的起源以及其重要特征，例如在交易所进行当天交易，“实物”基金股份的创设和赎回，以及税收效率。我们也把最近流行的开放式交易所交易基金与竞争性产品进行比较，例如封闭式基金、传统的共同基金、控股证券、交易所买卖票据（ETN）以及投资组合，比较它们的成本和应用。有些人支持传统的共同基金、交易所交易基金和单独的股票投资组合（包括控股债券和Folios），对于股本投资组合管理每种方法的相对税收效率，这些支持者参与广泛的讨论。

交易所交易基金与某些竞争产品的历史和结构

交易所交易基金被简称作“ETF”，是新金融工具一步一步演化的杰出代表，它起初是一系列的原始产品，经过自然的发展，成为当前一代的交易所交易基金，并为即将到来的产品奠定了基础。

投资组合交易

在单一的交易中买卖整个投资组合，这一基本思想并不是起源于多伦多股票交易指数参与凭证或者标准普尔存托凭证，它们是按一个股份结构买卖投资组合的最早成功例子。这一思想起源于所谓的“投资组合交易”或者“项目交易”。在20世纪70年代后期以及80年代早期，项目交易具备一种当时革命性的能力，能够交易整个投资组合，通常这一投资组合包括所有的标准普尔500指数股票，只需在主要经纪公司中下单一的订单即可。在纽约股票交易所和美国股票交易所（Amex），由于电子订单栏目的发展，以及一些主要投资银行中大型订货处的实现，使得这些早期投资组合或者项目的交易成为可能。大约与此同时，芝加哥商品交易所引入标准普尔500指数型期货合约，在期货合约和股票交易投资组合之间建立套利联系。在一种被称作期货换取实物的交易中，甚至可以将股票投资组合头寸，多头或者空头，交易为股票指数的期货头寸，多头或空头。这些发展使得现金或者期货市场中的投资组合交易，吸引了许多机构投资者。

这些发展使得较小的机构或者个人投资者，对便利的可交易投资组合或者一揽子产品产生了兴趣，人们甚至说这是投资者内在的需求。在“迷你”合约引入之前，期货合约的名义规模都相对很大。甚至对于“迷你”合约，承担期货合约的各种保证金要求也很繁重，对小型投资者来说较昂贵。或许更重要的是，证券销售人员比期货销售人员更多，对证券的需要，即对个人投资者可以使用的证券需要更加明显，这里所谓的证券，即证券交易委员会管理下的投资组合产品。其中一个重要的先例来自加拿大。

多伦多股票交易指数参与凭证（TIPs）

多伦多股票交易指数参与凭证是一种以收据为基础的入库工具，旨在跟踪多伦多股票交易所 - 35 指数，也是一种跟踪多伦多股票交易所 - 100 指数的后期产品。多伦多股票交易所 - 100 指数产品最初被称作 HIPs，这些产品主动进行交易，而且吸引了来自加拿大和国际指数投资者的大量投资。多伦多股票交易指数参与凭证的费用比率非常独特，受信托人（State Street Bank）借贷 TIPs 中投资组合股票能力的影响，以及加拿大大型公司对股份借贷的需求，事实上经常导致负的费用比率。

多伦多股票交易指数参与凭证是其自我成功的牺牲品，对于交易所及其会员而言，它的证明费用昂贵，令交易所难以从投资者身上收回成本。早在 2000 年，多伦多股票交易所决定终结投资组合股份业务，将 TIPs 的头寸变现，或者转给了巴克莱全球投资者（Barclays Global Investors，BGI）60 股票指数股份，具体由 TIPs 的持有人决定。巴克莱全球投资者基金的费用相对较低，但并不比 TIPs 的费用低多少，所以很大一部分 TIPs 的股份被变现了。

标准普尔存托凭证（Standards & Poor’s Depository Receipts，SPDRs）

SPDRs（发音为“spiders”）由美国股票交易所研发，是一种单位信托的股份，此类单位信托持有标准普尔 500 的投资组合，与大多数美国单位信托不同，它可以随着指数变化而变化。选择这种单位信托结构的原因，是美国股票交易所对简单化和成本的考虑。即使一个共同基金非常小，它也必须支付董事会的费用。美国股票交易所对 SPDRs 的需求并不十分肯定，它不想建立一个不必要的成本更高的基础结构。在最初几年，SPDRs 在美国股票交易所中交易良好，但只有在 20 世纪 90 年代后期，SPDRs 的资产才呈指数型增长。投资者开始回顾这种有点秘传的实物股份创设和赎回程序（做市商和大型投资者用来获取和赎回大量的 SPDRs），并关注 SPDRs 的投资特征和税收效率。

今天，除了先锋 500 共同基金之外，标准普尔 500 指数的 SPDRs 资产比其他指数型基金都多，SPDRs 占美国交易所交易基金资产的不足 1/6。然而有趣的是，在传统的美国指数基金中的资金中，有 70% ~90% 流入标准普尔 500 的投资组合中。显然，对交易所交易基金的兴趣是基于各种指数，而不是标准普尔 500，这显示出，对于传统的指数型基金来说，有更多的交易所交易基金可供选择。

国际股权基准股票

国际股权基准股票（World Equity Benchmark Shares，WEBS）最初由摩根士丹利研发，有两个原因非常重要。第一，它是外国指数基金。更确切地说，由非美国基础的公司发行，由以美国为基础的基金持有的股票。第二，它是使用共同基金作为对抗单位信托结构的最早的交易所买卖指数产品之一。共同基金结构的投资灵活性更大，而且在股利再投资和股票借贷方面有一些其他差异。我们可以预期，大多数新基金将使用共同基金结构。

除了国际股权基准股票之外，现在还可以选择各种额外的交易所交易基金产品。中盘SPDRs（一种由纽约银行管理的单位信托）实际上比国际股权基准股票产生得早，稍后推出的是钻石（DIAMONDS，一种基于道琼斯工业平均指数的单位信托，由美国道富银行管理）和纳斯达克100（由纽约银行管理的单位信托）。选择产业（Select Sector）SPDRs利用与国际股权基准股票类似的共同基金结构，于1998年后期推出。

巴克莱全球投资者公司是一个重要的机构指数投资组合管理商，它发行了iShares（一种共同基金类型的交易所交易基金，以大量基准指数为基础），目的是为鼓励金融产品的零售分支家族的发展而投资。道富基金（Street Track Fund）（另一组共同基金类型的交易所交易基金）代表着道富银行在美国的第一个单独交易所交易基金的尝试。更多基金仍在不断发展中。

交易所交易基金和其他可交易的一揽子产品

尽管读者把上述基金产品都看作是交易所交易基金，但这些各种各样的金融工具，即每一种的支持者都称之为交易所交易基金的产品，其设计目的是满足特定的投资组合投资需要。在许多情况下，各种需要在实践中是一致的，而在其他情况下，这些需要大相径庭。关于交易所交易基金这一术语包括哪些内涵，尽管对此有些疑惑，但大多数观察家一致认为，有很多交易所买卖的投资组合一揽子产品，在为投资者手中的美元而竞争。

我们在此部分介绍有时被称作“交易所交易基金”的主要类别，或者与交易所交易基金进行竞争的产品。我们将评价每一种特征，我们的目的是提供关于这些特征相对直接的比较。比较的目的不是暗示一种结构总是优于另一种结构，或者应该总是强调产品之间的竞争。事实上，投资组合客户一直是这种交易所交易基金的重要用户，这些客户也是我们下面要介绍的控股债券的用户。

封闭式基金

早在20世纪90年代初期，纽文（Nuveen）投资公司开始为其在纽约和美国股票交易所中交易的封闭式市政债券基金，使用“交易所交易基金”的名称，此后几年，第一支标准普尔存托凭证才开始在美国股票交易所交易。选择使用“交易所交易基金”的名称，目的是强调这样一个事实，即购买和销售这些市政债券基金股份的人，享有投资公司（基金）管理提供的投资者保护，以及主要证券交易所的拍卖市场提供的保护。

“开放式”交易所交易基金

证券交易委员会要求，只能在与传统的开放式投资公司（共同基金）相比较时，才能把我们一直所称的交易所交易基金称作开放式基金。我们将做一番类似的比较，以便我们能进一步定义“开放”，并在此类基金中限定开放的界限。在发行和变现开放式交易所交易基金的股份时，直接按照其净资产价值（NAV）交易，而且只能按照创设单位的累计进行，通常是50 000股基金股份，或者是50 000股的倍数。如果股东想购买或者销售低于50 000股的股份，他们只能在二级市场中，按照股份的当前市场价格交易较小的额度。二级市场的参与者，依赖交易所专家、其他做市商和套利者，维持股份的市场价格非常接近于基金投资组合的当天价值。在促进紧密的询价价差和共同价格时，市场力量的效力一直非常令人惊奇，交易所交易基金的股份交易价格一直非常接近于同时期定价市场中标的投资组合的价值。

对于典型的个人投资者甚至机构投资者而言，购买和销售交易所交易基金股份在本质上来说非常简单，交易规则和实践与股票市场相同。二级市场中交易所交易基金的购买和销售，非常像封闭式基金的股票或股份，而不像传统的共同基金股份那样，从基金中买入，然后再转销给基金。

因为交易所交易基金的股份与股票的交易方式相似，可以在交易日内的任何时间购买或销售它们，这一点不像大多数传统的共同基金股份那样，后者只在下午4点，按照净资产价值进行销售，该净资产价值由基金决定，而且适用于自前一个股份交易截止期限以来收到的所有订单。尽管对每一个投资者来说，当天交易的机会可能并不十分重要，但这些机会对这样一个时期中的许多投资者来说肯定非常有吸引力，即当价格波动很大时，投资者担心是否能够在市场关闭之前逃出头寸。

交易所交易基金股份的初级市场交易，即基金本身作为交易一方进行购买和变现时的交易，包括大规模的实物创设和变现。有些情况下，基金股份的创设和变现导致在单独一天内，几十亿美元的现金流入或者流出标准普尔存托凭证或者纳斯达克100

信托基金。交易所专家、做市商和套利者购买交易所交易基金股份的方式是，存入股票投资组合和现金，这些组合匹配基金的内容，而且等于基金发行股份时交易所交易基金股份的价值，例如50 000股。相同规模的市场参与者变现基金股份的方式是，向基金偿还50 000股倍数的股份，并收到加上或者减去现金余额的股票投资组合，其价值相当于赎回的50 000股交易所交易基金股份的价值。按照每天收盘时的净资产价值进行可能的创设和变现，这一原则对于将基金股份，维持在非常接近于基金标的投资组合价值的价格至关重要，不仅是按照交易结束时，而且是按照当天的价格。对于整个交易日内的每一个交易所交易基金，分解其每股的近似当天净资产价值，这有助于投资者核查市场中买方出价和卖方提议价的合理性（这一近似价值不具备正常净资产价值计算的条件）。

对于创设过程，更确切地说是变现过程，其中一个更为重要的特征是，实物变现的作用不仅限于提供套利机制，以确保市场价格接近于净资产价值，实物变现还降低了基金的交易成本，提高了基金的税收效率。对于大额变现，尽管传统型共同基金可以要求股东支付变现款，而非现金，但多数基金不愿意这么做，而且多数股东持有的基金头寸远远低于250 000美元的最低限额，这一限额是实物变现的最低金额。因此，大多数传统共同基金股份的变现，意味着面临重大股东变现的股本基金，被要求卖掉投资组合股票的股份，通常是从原始成本基础上已经升值的股份。当把从现金变现中获得的收益，加入到从并购股票中获得的收益时，由于相对于基金的购买价，这些股票是升值指数，所以被移除，这时，许多传统型基金指数向其股东分发大量的资本收益，即使对这些分红纳税的剩余股东没有进行任何交易，但从更长远的角度看，基金已经成为其指数组合证券的净买者。

交易所交易基金的实物变现程序，以一种简单的方式提高了税收效率。投资组合中的最低成本股份不支持变现请求。传统型基金往往倾向于首先卖出其成本最高的股票，当溢价收购投资组合公司时，更容易实现大量资本收益，并退出指数和基金，与此相反，每个公司投资组合中成本最低的股票，往往呈现给交易所交易基金的股东的是，以50 000基金股份的倍数变现。每个公司在投资组合中剩余的股份，其成本基础相对较高，这意味着，当被收购的公司退出指数，被基金以现金卖出时，它们产生的收益更少，甚至没有收益。

现有交易所交易基金的一个进一步特征，引起了一定程度的误解，而且似乎制造了这样一个预期，即所有交易所交易基金的成本都极低，这里需要解释一下这个特征。首先，现有的交易所交易基金都属于指数型基金。与主动管理型基金相比，指数型基金的管理费用较低，不管它们的股份结构如何。其次，与传统型基金相比，交易所交易基金享有较低的运营费用。费用较低的主要理由是：（1）交易所交易基金具有获得更多资金的机会；（2）稍微低廉的交易成本，因为买方的实物存款和支付，以及初级市场中的赎回者，这是最重要的；（3）在基金级别中，消除了转账代理的功能，即消除了股东账户。

由于美国所有的交易所交易基金都是“仅记账”证券，所以美国的交易所交易基金有一个注册的股东：储蓄信托公司（Depository Trust Company，DTC）。如果你想要标准普尔存托凭证或QQQ头寸的股份凭证，你运气不好，无法获得这样的凭证，因为唯一的凭证由储蓄信托公司持有，而且该凭证上代表的股份数量是“盯市”，即随着发生的创设和变现而增加或减少。

对于持有交易所交易基金的股东，由投资者的经纪公司负责维护，而不是在基金中。这不会对股东造成任何麻烦，虽然确实会对交易所交易基金的分发造成重大影响。共同基金转账代理人的一个传统功能，就是负责跟踪记录负责配置特定基金头寸的销售员，以确保任何基于12b-1的付款，或者其他营销收费，都记入相应销售员的账中。交易所交易基金的发行者无法跟踪记录销售员，因为这些基金头寸的持有记录，并不包含使用储蓄信托公司基金或SERV程序所需的信息。简单来说，它们就像股票的股份，而股票是不持有任何凭证的。通过消除个人股东的转账代理功能，至少降低了5个基准点的运营成本，而且在许多情况下，降低幅度可能更大。交易所交易基金的支出往往反映了这一功能的成本节省。

交易所交易基金股份的交易价格，将取决于二级市场中的买卖价差（虽然多数产品中的价差非常小）和经纪佣金。一个简单的盈亏分析法是，用双向交易成本除以运营费日差额。如果任何人想持有合理的大型基金头寸较长的时间，而且/或者想评估交易所交易基金的日间购买和销售特征，他会发现，更低费用率和更高弹性的组合，使得交易所交易基金股份比传统共同基金股份更具吸引力。为401（k）开发的新交割系统将降低大部分小额交易所交易基金的交易成本。

尽管交易所交易基金有些强有力的优势，但是对于一些投资者来说，其模式也有一些劣势。投资者无法确定，凭借自身的能力，在不引起部分或全部的交易差和佣金的情况下，是否能够以不低于资本净值的价格买入或卖出股份（2004年之后推出了专业指数型交易所交易基金，它并不是增强型指数基金，后者利用最优化和其他量化技术，紧密跟踪特定的基准点，以提高收益并且/或者降低风险）。活跃的投机商使得继续持有股东，免除了短线交易的成本，正是二级市场中的交易差补偿了这一成本。在开放市场型交易所交易基金交易中的这些交易成本意味着，即使有着较低的基金费用，对于特定的小额投资者来说，如果他们习惯了进行周期性小额投资，他们会发现，交易所交易基金不像传统基金那样经济实惠。由于大多数传统型共同基金正采取步骤，拒绝短线投机商的投资，因为他们的买入和卖出过于频繁，所以与交易所交易基金有关的交易成本，只不过是在各种基金持有人中进行更加平等的成本分配。长期投资者，尤其是应课税的长期投资者，将从交易所交易基金结构中极大地受益，因为从长期看，投资者应该会享受更低的基金费用和更高的税后收益，比其他可比较的传统基金更有利。考虑到唯一有意义的批评是在交易所交易基金中利用杠杆效应，上述成本和收益的分配具有讽刺意味，也就是说，它们鼓励积极交易。事实上，长期应课税投资者从交易所交易基金结构中的获益最大。即使如此，交易所交易基金结构也可能已经降低了积极交易者的成本，因为这些交易者在使用传统基金时，经常引致一些障碍和特殊变现费用。

如前所述，当前所有的开放型交易所交易基金都是指数基金，随着时间推移，将会有更广泛的基金种类供选择。增强型指数基金和最终的积极管理型基金的推出，似乎是不可避免的。从简单的指数化到全面的指数复制，投资管理公司结构显示出它比开放型 UIT 结构有着更大的优势，因为后一种结构并不提供超出全面复制指数之外的任何机制。如果指数结构与多样化要求不一致，这些要求使基金有资格成为节税目的的受管理投资公司，那么开放式管理投资公司结构使得投资组合可以相当轻易地区别于一种指数的结构。UIT 结构以有限的误差提供了指数的复制，基础是近似的股份头寸和对指数复制交易有限的时间调整，主要通过将时间提前或延缓几天的方式。

可替代的投资组合或一揽子结构，与 UIT 和交易所买卖投资管理公司不同，它们有其自身独特的特征。其中最重要的是控股证券（HOLDERS），它是一种以美林集团（Merrill-Lynch）为代表的品种，以及 Folios，它是由大量公司引入的，这些公司的特征可能是大折价收费型证券公司。控股证券和 Folios 都是不受管理的证券组合，其初始结构的基础可能是一个指数、主题或者仅仅是一个多样化策略。交易所买卖票据（ETN）被用作资产和风险调整的头寸，这些在其他结构中不会轻易提供。

控股证券

控股证券使用让与人信托结构，这种结构使得控股证券类似于前面讨论的开放式交易所交易基金，因为可以创设额外的控股证券，变现已有的控股证券。开放型交易所交易基金管理公司结构的创设单位累计，通常是 50 000 股基金股份，而且二级市场中的最低交易单位是 1 股基金股份。与此不同，控股证券的创设单位和最低交易单位通常都是 100 股。大多数经纪公司不交易部分股份，或者零散的控股证券股份。储蓄信托公司不转账部分股份，或者部分的证券基本交易单位，在控股证券的情况下即 100 股。然而，有些公司使用的交易和账户系统适应纽约股票交易所的月度投资计划（MIP）。月度投资计划旨在让投资者购买零散数额和部分股份，作为他们在美国拥有股份的起点。能够适应部分股份头寸的公司，将处理部分股份的能力视作一种竞争优势。投资者可以在二级市场中买入和卖出持股证券，或者变现已有的控股证券（以其特定标的的股票进行交换）。仅需在纽约银行存上 100 股以上的储蓄证券，即可创设新的储蓄证券头寸。以 100 股控股证券为标的的股票组合，最初由组成股票的整个股份构成。

如果兼并影响到其中一个公司股票，将会分配相应的现金收益。剩余公司的股票通常将保留在控股证券组合中。

控股证券的创设/变现费，大体类似于相当数量的投资公司交易所交易基金费用，而且定价原则和套利定价限制，也是以类似的方式进行。如果控股证券一揽子中的一个股票业绩很差，而且投资者想使用该股票的损失抵消其他地方的收益，可以将控股证券取出进行重新配置，而不影响任何未售股份的税收状态。而另一方面，不像开放式交易所交易基金股份的实物变现，在投资者没有实现收益的情况下，控股证券结构不允许消除控股证券投资组合中的低成本头寸。

控股证券的主要缺陷是，它们缺乏投资公司的无限生命，而且也不提供增加头寸，以抵消由于其他公司收购一揽子产品造成的消耗。在控股证券一揽子产品组合中，因为现金合并或破产而消失的控股证券组成并不能被替代。如果有些股票业绩很好，而其他股票业绩糟糕，则没有进行再平衡头寸的机制。

控股证券与指数型交易所交易基金有一个非常重要的特征：与交易单独股份相比，交易控股证券形式的一揽子股份，成本通常更低，尤其是对中小型投资者来说，如果不能选择控股证券或交易所交易基金，他们可能交易许多一揽子组成中的零散股份。一些证券化的商品产品也采用控股证券的让与人信托结构，其中最著名的就是道富黄金股份（GLD）。与控股证券相比，这些商品证券化产品以单一股份单位交易，而且以比100股大得多的单位进行创设和变现。

Folios

与此处描述的其他交易所交易基金的变异和竞争产品相比，Folios既不是标准化的产品，也不是投资公司或者某种类型的信托公司。它们是一种股票篮子组合，有时可以被调整为一种头寸，或者通过经纪公司进行单一订购。支持和提供Folios篮子交易的公司，确实提供半标准化的篮子组合，即在有些情况下基于指数，而在其他情况下基于简单的多样化规则。然而在实践中，每个投资者对Folios篮子组合的执行略有不同。

由于Folios篮子组合不是标准化的，所以不能像基金股份或者像控股证券一样交易。Folios中的每一个股份将单独进行交易。尽管经纪公司可以提供低成本的费用，而且甚至可以在一天之内按照选定的次数提供机会，根据其他客户的交易执行交易，但如果Folios篮子不能像标准化篮子那样交易，投资者将失去一些交易成本优势，而标准化篮子股份的交易商经常享有这些优势。

在特定情况下，Folios相对于投资公司的税收优势，类似于控股证券的税收特征。投资者可以亏损卖出Folios中的一个头寸，然后用这一亏损抵消从其他地方获得的收益，与此相对照，按照受管理投资公司课税的基金，不能将损失传递给股东。如果基金经受了很多损失，投资者可以通过卖掉股份头寸，在基金股份上亏损，但是在单独投资组合构成上的损失，不能被传递给继续持有股份的投资者。在相当牛市的市场环境中，UIT 或者管理公司交易所交易基金，能够在没有应课税收益的情况下，利用创设和变现修改其投资组合，对于个人投资者来说，这一能力可能比以控股证券或 Folios 抵消损失的能力更重要。其他市场环境可能使得控股证券或 Folios 挑选的损失实现机会更有价值。

与交易所交易基金的结构相比，没有“课税免费”机制，用以降低控股证券或 Folios 中收益较高头寸的影响。在受管理投资公司结构中（交易所买卖单位信托或基金），大多数情况下，税收规则限制了占基金资产 25% 以上的任何单一股票的规模。受管理投资公司进行实物变现，减少这类公司中的特定头寸投入，可以在不实现需课税收益的情况下完成。对于控股证券或 Folios 组成中收益较高的头寸来说，不可能做到这一点。在不实现资本收益的情况下，减少大量成功的头寸，一揽子机制并不提供这样的途径，这迫使投资者在税收延迟和多样化之间进行选择。

交易所买卖票据（ETN）和其他结构性产品

在美国或其他主要市场，在推出现在被称作交易所交易基金最早的产品之前很长时间，交易所买卖票据和其他结构性产品就已经推出。有些公开交易的结构性产品是基于特殊目的公司（SPV），如果这些产品出于信贷或者管理的目的，要求信贷增强或者从其他信贷体中隔离。然而，交易所买卖票据和其他结构性产品是主要金融机构的负债方，而且在公司的资产平衡表上位于负债方。交易所买卖票据和开放式交易所交易基金，在结构和功能方面有些相似点，这正是本章的主要关注点，其中最相似的，可能要属 iPath 证券，它由英国巴克莱银行发行，并通过其附属机构巴克莱全球投资者服务公司营销。

相对于交易所交易基金的每日创设和变现，开放式交易所买卖票据在大多数情况下，既可以每周也可以每月进行创设和变现。在价值方面，开放式票据的创设篮子，通常可与交易所交易基金的创设或变现篮子相比。根据票据的性质和标的指数投资组合，或者它提供的商品暴露，交易所买卖票据可以进行利息般的支付，或者每日盯市，并且在其净资产价值的基础上购买和出售。尽管交易所买卖票据的有效期可能很长，但很少有超过 30 年的有效期。在明确的管理费或运营费方面，并非所有的交易所买卖票据与交易所交易基金相似。结果，理解交易所买卖票据的经济性，可能是一个复杂的锻炼。交易所买卖票据和结构性产品模式的弹性，已经使得这些工具日益受到投资者的欢迎。

开放式交易所买卖票据的推出并受到追捧说明，其增长机会相当可观。对增长的主要限制在于，基金或者让与人信托的标的投资组合，是代表投资者持有，与此相比，交易所买卖票据和大多数其他结构性产品的价值，高度依赖于发行人的信用。为了发现结构性产品，尽管评级较低的金融服务公司经常“租用”评级较高公司的资产负债表，但是在任何决定使用交易所买卖票据或其他结构性产品的因素中，信用评估总是具有重大意义的考虑因素。

对可交易一揽子产品的全面比较

关于共同基金型和 UIT 型的开放式交易所交易基金，以及传统型共同基金与我们已经讨论过的其他一揽子产品，表 15.1 提供了全面比较。该比较表中的大多数项目都相对直接，而且从之前的章节中，也可轻易地读懂，但却是需要讨论几个项目。

在指定税收效率等级时，无特定变化的 Folios 具有可剥离损失的特征，在控股证券中，通过把控股证券，交换为标的证券的一揽子，随后变现损失，与此相比，我们更看重开放式交易所交易基金和开放式 UIT 的实物变现特征。在虚卖过后，重建头寸，重新组织控股证券，这是一个相对复杂，而且非用户友好的过程。开放式交易所买卖票据的税收效率各不相同，但大多提供基本的税收延期。

在税收效率方面，封闭式基金比传统的共同基金所获评级更高，因为前者的特征是封闭式投资组合，而且不必面临强迫变现收益，这在开放式共同基金中，可以通过现金变现的方式实现。

表 15.1 一揽子产品比较

特征/产品结构	开放式交易所买卖基金	开放式 UITs	传统共同基金	封闭式交易所买卖基金	控股证券	Folios	开放式交易所买卖票据
创设股份/初级市场	实物储蓄	实物储蓄	现金储蓄基金	IPO	IPO/实物储蓄	—	现金/实物储蓄
购买股份/二级市场	公开市场购买	公开市场购买	—	公开市场购买	公开市场购买	公开市场购买	公开市场购买
销售股份/二级市场	公开市场销售	公开市场销售	—	公开市场销售	公开市场销售	公开市场销售	公开市场销售
变现股份/初级市场	实物变现	实物变现	现金变现	—	实物变现	—	现金或实物变现
标的投资组合结构	指数	指数	指数或受管理	受管理	预设一揽子	投资者选择	指数、商品、选择特征
税收结构	RIC	RIC	RIC	RIC	税收透明结构	无结构	通常，预付合约

（续表）

特征/产品结构	开放式交易所买卖基金	开放式UITs	传统共同基金	封闭式交易所买卖基金	控股证券	Folios	开放式交易所买卖票据
税收效率因素	实物变现	实物变现	现金变现	现金变现	可剥离损失	可剥离损失	税收延期到销售
投资者税收效率评级	1	1	5	4	3	2	1
结构对股东交易成本的影响	通常降低	通常降低	通常降低	通常降低	通常降低	除折扣经纪人无影响	通常降低
投资者交易成本评级	1	1	3	1	1	3	2
股东所需关注	最低分红再投资	最低分红再投资	最低分红再投资	最低分红再投资	分红再投资本金再投资	分红再投资本金再投资	最低，有些结构要求

注：1 = 最好，5 = 最差。

投资者交易成本的评级，很大程度上是基于在股份级别交易一个篮子组合的优势相对于单独交易构成篮子的所有债券。所有标准化的交易所交易基金所获评级很高，这是因为交易组合股份比单独交易标的头寸更有效率。完全有可能根据交易成本或者单独交易标的证券，区分单独的产品，但是，与差异关系更大的是标的市场的性质，以及一揽子产品市场的品质，而不是与产品结构有关的任何系统化的东西。与平均的交易所交易基金相比，以大多数交易所买卖票据为标的的资产，其交易成本更高。传统共同基金的评级，比交易所买卖产品稍微低一点，但高于非结构性 Folios，假设，从平均来看，对短期交易的收费或其他障碍，将增加投资者的交易成本（在一些传统的共同基金中，投资者可以做一些短线交易，几乎没有任何成本，但许多基金可能不接受该投资者的重复订单）。在任何情况下，自由变现型共同基金，向交易者提供的持续交易成本，由所有共同基金投资者承担。Folios 在交易成本方面的评级较低，仅仅是因为在交易其他产品方面，它不像投资组合或一揽子那样提供任何相关的优势。甚至当 Folios 中的交易累计时，都是单独交易每个股票。没有一个 Folios 的提供商达到这样一个规模，能够允许他们匹配和抵消许多客户的订单，以消除买卖价差。

与传统基金或交易所交易基金产品相比，控股证券和 Folios 在一定程度上要求投资者（或经理）更大的关注，这只是出于两个原因：第一，在一次现金收购中，控股证券或 Folios 中的任何一家公司被接受，就这个方面来说，股份将自动地被转换成现金，而且股东将必须处理本金的再投资。第二，这两种结构性较低的产品，都通过允许单个证券的税收损失销售，提供各种不同的税收效率。Folios的营销方式，主要是利用股票投资组合提供的自动多样化优势，要求某种替代或再平衡获得，以维持有用程度的多样化。关于其他产品，不管是投资组合经理，还是加权或再加权指数的程序，或者是确保基金中的受管理投资公司多样化规程，都将保留最低程度的多样化，而无须由投资者或聘用的顾问采取行动，以便管理投资者的头寸。

改善交易所交易基金

应该观察一些交易所交易基金的新特征，这些特征将为投资者提高这些基金的业绩。如果任何基金打算为股东的利益服务，投资组合经理需要在不泄露基金进行中的交易计划情况下，实施投资组合变化。不管一个基金是试图复制某个指数，还是遵循积极投资组合选择或分配程序，如果在基金完成其交易前，市场知道了基金将在其投资组合中做出什么变化，都将无法有效地实现投资组合的组成变化。大量近期研究已经强调了指数组合变化的问题，关于这一问题，许多指数型坚定的支持者已经意识到了一段时间：诸如标准普尔500和罗素2000这样的基准指数，没有成为有效的投资组合典范。指数基金的投资者以流行、透明的指数为基础，他们因为这样一个事实处于不利地位，即在基金的投资组合经理做出变化前，任何关注的人都能知道基金将做出怎样的变化。如果透明化意味着，有人可以通过抢在基金交易之前采取行动，从而获得套利利润，那么透明化就是不可取的。

在指数型交易所交易基金中，由事先宣布的投资组合组成变化，对继续持有的股东带来的成本，必须被消除。提供指数基金业绩的最佳方式，是使用寂静指数，这种指数对投资组合的组成变化保密，直到基金交易完成。这要求指数的管理和指数基金的管理，采取根本性的新程序。

人人似乎都同意，积极管理型基金要求对投资组合的组成变化保密，直到基金交易完成。直到最近，人们才开始理解指数透明化对指数基金投资者造成的成本。对投资组合变化保密，使之更有效率，这要求交易所买卖结构和投资组合交易方法的变化。

许多个人投资者能够利用其基金股份账户，进行小额、周期性的购买或销售，他们在其中有着利害关系。这种投资者的典型就是401（k）投资者，他们在每个薪酬期间，投资小部分在其固定缴款退休金计划中。共同基金产业已经形成了完善的框架，它允许大量投资者累积起小额订单，允许现金进入或离开基金，以满足小额净资产价值的投资者。有些投资者为了弥补进入和退出的交易成本，现在比过去支付的稍微多了一些，有一些方法可以用来修正交易所交易基金，以便继续以低成本满足这些人的要求。在固定缴款退休金计划的领域，例如401（k）计划，有滚雪球般要求更大透明度的强烈要求，这使得基金成本和业绩的比较更容易，有利于交易所交易基金交易。有一个唯一的“问题”，限制了交易所交易基金提供这种程度的股东保护的能力，这个问题是，与交易所交易基金股份买卖有关的真正交易成本，对于投资者来说，很难在交易之前判断。

这个问题的一个解决办法是一种新的交易方法，该方法可以提高交易所交易基金交易成本的透明度，因此提高交易所交易基金的结构性股东保护，并且不会损害交易所交易基金的“黄金”标准，进入和离开基金的投资者，借此标准支付其进出的成本。在对积极管理型基金的大多数讨论中，一直有一个关注，即担心达到足够的投资组合透明度，才能有利于交易交易所交易基金，而且不需要冒将基金交易提交给前台交易室的风险，这是今天所有指数基金都经历的。关于积极管理型交易所交易基金，证券交易委员会的概念发布会强调了找到这个问题解决方法的重要性。很明显，与传统共同基金经理必须公布信息相比，积极管理型交易所交易基金的经理不能提供关于其投资组合构成和变化的更多信息。根据基金资产公开规则，不要求具备全面保密性的基金，通过提供更频繁的信息公开，可以为其进入和退出的股东，以及做市商降低交易成本。要求最大限度地允许投资组合保密性的投资方法，可以在积极管理型交易所交易基金内部运行良好。

基金发行人根据交易所交易基金的相对优势，可以提供更好和更多样化的投资组合。新的积极管理型和改善型指数基金可以为其股东提供全面保护，免除由于其他基金股东的进入和退出造成的成本，提供税收效率，这是 SPDRs 型交易所交易基金第一代的固定属性。

第16章

投资型寿险

【摘要】保险和投资的概念有着显著的不同，这一差异导致各种保险和投资产品的发展。然而实践中，在某些类型的保险产品和投资产品之间有所重合。这一重合的发生，部分是因为特定的税收优势，这是为投资型寿险产品提供的。有两种主要类型的投资型寿险，即现金价值寿险和年金保险。

本章将对寿险做一番概述，其余部分讨论两种主要类型的投资型寿险，即现金价值寿险和年金保险。

保险

保险被定义为一种合约，其中一方，即被保险人，为基于将来偶然事件造成的大额不确定财务损失，缴纳确定的小额费用（保险费）。这样，在一份保险合约中，有两方，即被保险人，支付保险费和接受保护的一方；保险人（或保险公司），收取保费并提供保护的一方。

万一投保的偶然事件发生，多数类型的保险规定，保险人向被保险人支付预先确定数额的款项，如果不发生，则没有价值，这被称作纯保险。即使偶然事件不发生，有些类型的保险也具备“时间价值”，这被称作投资型保险。稍后讨论投资型保险的两种主要类型。

总的来说，保险的主要类型是：寿险、健康险、伤残险、财产险（家庭和汽车）、责任险。其他类型的保险包括长期护理保险、业务中断保险和工人赔偿险。

在这些保险类型中，只有寿险有现金价值形式。现金价值寿险是一种非常重要的投资型寿险形式，因此，我们对寿险进行更详细地介绍。

根据纯寿险合约，如果在寿险合约有效期内，被保险人死亡，保险人（即寿险公司）向受益人支付合约规定的金额。如果被保险人在保单有效期内没有死亡，该保险在其到期之日变得毫无价值。为了提供纯寿险合约，保险公司，尤其是其保险精算师，计算在合约有限期间被保险人死亡的概率。许多变量会影响这一概率，包括身体健康，被保险人是否吸烟，以及性别等。然而，最重要的变量是被保险人的年龄。准确地说，死亡概率随年龄增长而增大，保险精算师以一定程度的精确度估算这一关系。

显然，保险公司收取的保险费，必须能够补偿支付给被保险人的平均金额、管理费、营销费以及利润。纯寿险对保险公司造成的成本，取决于被保险人在合约有限期间死亡的概率，这一概率随年龄的增长而增大。

总的来说，图 16.1 显示的是，纯寿险合约向被保险人收取的保险费，该费用的决定因素是死亡概率，即支付给死亡受益人的“费用”加上营销和管理费，再加上利润。纯寿险被称作定期寿险，它根据保单的期限划分。

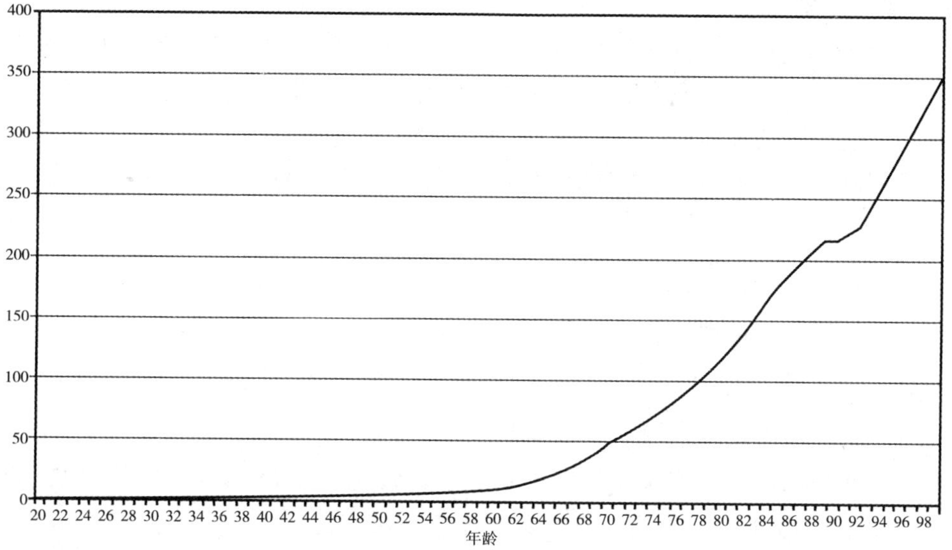

图 16.1　年度更新条款保单的年保险费

定期寿险有 3 种类型。最常见的一种被称作每年续保定期，根据这种类型的寿险，被保险人有权每年更新保险金额，而无须新的核保（即无须新的医疗检查）。然而，保险费发生变化，也就是说，保险费每年增加，在更大的年龄时变得非常昂贵，此点下面将谈到。第二种寿险很少见，不具备上述担保续保特征。

第三种定期寿险是锁定保费定期寿险，其中，在保单有效期内，保费恒定不变。这种寿险的恒定保费，比每年续保定期寿险前期的保费高。然而，这种保费不随年龄的增长而增加，比每年续保定期寿险后期的保费低。通常来说，10 年或 10 年以上的保单是根据锁定保费定期寿险签署。

对于每年续保定期寿险来说，年保险费随年龄显著增加。传统的终身保单保险费比定期寿险的高很多，通常高 10 倍甚至更多。

非人寿类型的纯保险的成本，其决定方式类似。然而，在其他一些类型的保险中，主导变量可能不是被保险人的年龄。例如，位置在家庭保险中可能是重要因素：如果投保飓风险，在迈阿密和加尔维斯敦（Galveston）比在芝加哥和旧金山的保费高很多。如果买汽车险，年轻男性（年龄在此也是一个决定因素）比中年女性的保费要高，然而对两者来说，之前的驾驶记录都很重要。

风险管理中的概念问题

从被保险人的角度，考虑一些关于风险管理的概念问题。保险是一种管理风险的机制。个人会经历许多种风险，他们管理风险的方式，取决于风险的特征。风险的两大重要特征是风险严重程度（代价）和风险频率。从保险人的角度，考虑提供风险保险范围的意愿问题。

总的来说，也有4种管理风险的不同方式。以管理房屋火灾风险为例，具体考虑以下4种方式。

避免：避免造成风险的活动，例如，不要把房屋建在炎热、干燥的区域。

减少：减少有风险的活动，例如，虽然在炎热、干燥的区域建房，但增加喷水装置。

保留：继续导致风险的活动，但不对风险投保，换句话说，进行自保。例如，虽然在炎热、干燥的区域建房，不买保险，但如果房子烧毁，就准备自己赔偿房屋。

投保：对风险进行投保，并且支付保费。例如，对你的房屋购买火灾险，然而，在炎热、干燥的区域的火灾险，要贵一些。

个人管理风险的方式取决于风险的特征，具体总结见表16.1。换句话说，当被保事件的发生概率很低，严重程度很高时，投保是最合适的，例如，严重的车祸、房屋烧毁或者年轻亲人的去世等。从保险人的角度看，风险多样化非常重要。保险的本质是，少数人遭受的损失负担由多数人分担。假设据估算，在一年内，100 000个户主中有100个户主将遭受火灾损失，估算依据是过去火灾发生情况的数据总结。这里，不是由这100个户主承担整个的损失财政负担，而是通过户主保险保费的形式，由100 000个户主共同承担这一损失，保费包含了对火灾损失的保护。非常有必要的是，能够提前以合理的准确度，估算这100 000个户主将要遭受的累计损失。

表16.1　根据风险类型对风险的处理

严重程度	频率	
	高	低
高[a]	避免或减少（保险非常贵）[b]	投保
低[c]	保留或减少	保留

a. 当损失的严重程度高时，保留不现实，需要其他方法。

b. 当损失的频率高且严重程度高时，投保非常贵。

c. 当损失的严重程度低时，不需要投保。

此处用到了“大数法则”的统计学概念。再次以人寿保险为例，假设，对于一个给定年龄，在12个月时期内的死亡概率是20%。如果只有一个这个年龄的人投保，那么被保险人的死亡概率或者是0%或者是100%，保险人经历的或者是很多损失或者是小额收益（即保费）。但是，如果保险人为100个这个年龄的人投保，收取的是精算决定的保费，保险人很可能获得接近于预期精算平均利润的收益。根据有关大数法则的说法，当有大量被保险人（属于多样化）参与其中时，统计上的肯定性更大。

单独事件的相关度或者独立性也很重要。例如，对加尔维斯敦和得克萨斯的100

栋房屋进行了飓风保险，没有从大数原则中受益，可能遭受飓风的既不是全部房屋，也不是零房屋。

在计算保费时，保险人根据过去估算未来。保险人需要感到满意的是，他们的估算能适用于将来。为了估算保险保费的损失构成，保险人将其估算的未来损失概率，乘以损失的美元价值。

投资型寿险产品

本章不考虑任何纯保险产品，相反，本章只考虑各种类型的投资型寿险产品，这类产品显示在表 16.2 中。在本章中，将对每一种产品进行更详细的讨论。

表 16.2 投资型寿险产品

1. 现金价值寿险
终身寿险
浮动寿险
万能寿险
浮动万能寿险
2. 年金保险
浮动年金保险
固定年金保险
担保投资证（GIC）

在投资型寿险中，关于是由被保险人还是保险公司承担投资风险，有一个重要的差异，即如果投资经验大于或低于预期，谁获得收益或遭受损失。表 16.3 根据谁承担投资风险，划分了这些产品。

表 16.3 根据风险承担者划分的投资型寿险类型

一般账户 （保险人风险）	单独账户 （被保险人风险）
终身人寿保险	浮动人寿保险
万能人寿保险	
担保投资证	浮动年金保险
固定年金保险	

第一栏中的产品被称作“一般账户产品”，第二栏中的产品被称作“单独账户产品”。这一差异的本质将在本章稍后部分讨论。

在所有类型的纯保险中，保险人，即保险公司，承担实践合约的风险。也就是说，交付合约中规定的确切金额，正是保险人的义务。但如果结果低于预期，或者由保险公司，或者由被保险人承担该风险。

现金价值人寿保险

关于图 16.1 中讨论的纯人寿保险，考虑现金价值人寿保险与此的关系如何。对于期限超过 1 年的合约，每年支付年度续保纯寿险（定期保险）的保险费，图 16.1 中的结果经过重新处理，显示在图 16.2 中。每年续保定期保险的保费用 T_1、T_2 表示。

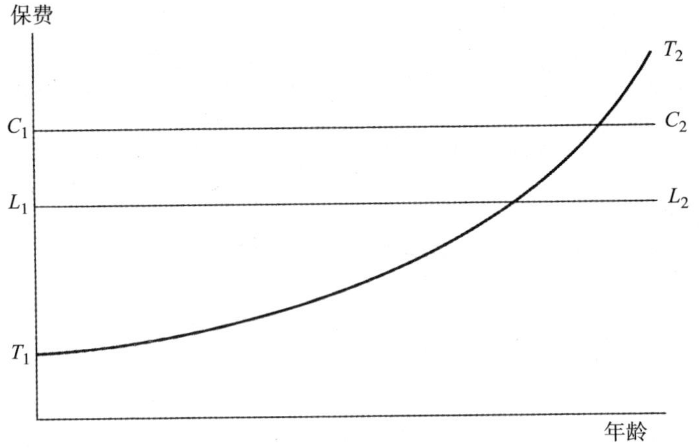

图 16.2　纯寿险保单的年保费

这里 T_1、T_2 表示的保费有两大重要特征：

1. 对于新的 1 年期合约，保费每年随之增加，而且随着年龄的增加逐渐增加。

2. 如果在该年度内，被保险人没有死亡，那么在该年年末，这一保险合约失效，变得无价值（可以通过在下一年支付更高的保费，替换该合约）。

这一考虑为现金价值寿险提供了过渡。假设，保险公司提供的纯人寿保险期限长于 1 年，例如是被保险人的终身，但收取不变的保险费，被称作锁定保费。事实上，可以采用锁定保费的定期寿险。在这种情况下，锁定保费代表着长于保单期限的平均保费，让 L_1、L_2 代表定期人寿保险的锁定保费。这样的保单没有任何现金价值。

第二，假设支付的初始（而且恒定）保费高于纯寿险的成本。这个额外的保费可被投资，并在保单时期内建立现金价值。例如，在图 16.2 中，T_1/T_2 代表了每年续保定期寿险的初始成本，L_1/L_2 代表了锁定保费定期寿险的成本，C_1/C_2 代表了现金价值寿险的锁定保费。C_1-T_1 代表在年轻年龄时，超过每年时期的现金价值寿险的超额保费数额，除了可以潜在地涵盖在较老年龄时（例如，T_2-C_2），纯寿险和现金价值寿险之间的差额，还可以加入到被保险人的投资账户。这就是现金价值寿险的本质。

保险公司会把每年的保费单独分成两个部分。第一部分是支付纯保险所需的金额，正如前面提到的，每年都会增长。第二部分进入被保险人的投资账户，即寿险合约的现金价值。根据这个现金价值可以获得投资收益，这会进一步增加现金价值。这一现金价值的积聚，以及根据此价值进行借贷的能力，都有税收优势，随后将对此进行讨论。此处可以得出两个重要的结论。

第一，现金价值寿险的常见营销或销售优势是，支付的较高保费将“迫使”个人储蓄，因为如果他们不支付更高的寿险保费，他们将用其收入进行消费，而不是储蓄。根据这一思路，较高的寿险保费是强迫的储蓄。

不管这第一条结论是否有优点，第二个结论绝对有价值。联邦政府通过提供重大的税收优惠，鼓励使用现金价值寿险。因此，现金价值寿险的第二个优势是有税收优惠的储蓄。

针对现金价值寿险，有几种税收优惠形式。第一个主要的税收优惠形式被称作“内部累积”。这意味着，由保费的投资部分产生的收益，既包括收入也包括资本收益，在保险合约期限内，不需要征税（收入或资本收益）。通过现金价值寿险保单，内部累积有重大的“储蓄”优势。

现金价值寿险保单的第二个税收优惠涉及利用该保单的借贷。总的来说，可以借贷相当于保单现金价值的数额。然而，有一些税收解释。关于寿险的征税，将在随后章节进行更详细的讨论。除了上述两点外，如果被保险人死亡，向寿险合约的受益人支付的金额，该受益人不需要缴纳收入税，尽管他可能需要缴纳遗产税。这一优惠既适用于现金价值寿险，也适用于纯人寿保险。

定期寿险越来越成为一种商品，事实上，有一些网站，向各种提供商提供定期寿险的保费报价。然而，现金价值寿险由于其复杂性和多重特征，还不是一种商品。

显然，与终身寿险相比，每年定期寿险的成本低得多，尤其是对年轻人和中年人更是如此。例如，对于一个35岁的男性，尽管定期和终身寿险都有很大范围的保费，但50万美元额度的每年定期寿险的年度成本可能是400美元，而终身寿险的成本可能是5 000美元。

保险公司的性质

保险公司的性质与传统制造公司的性质相差很大。例如，以一个面包制作公司为例，做一个简单的对比。

面包的定价计算和面包生产商的利润计算非常相似。面包生产商买进面粉和其他原料，用公司的烤箱由面包师制作面包，然后很快将面包卖出。投入的成本一目了然（烤箱当然会折旧），而且成本发生后不久，就会收到收益。随着投入成本的变化，可能改变面包的价格，经过很短的时期，就可以衡量利润。

保险业务要复杂得多。保费，即收益，在最初已经决定，可能一次性收取，也可能经过很长时期后再收取。触发保险支付的事件不仅被延后，而且也取决于特定事件的偶然性，例如死亡或车祸。由于在保费的收取和保险金的支付之间有一段很长且不确定的时期，所以可能在期间对进款进行投资，而且投资收益很重要，但是最初不能确定收益来源。保险公司的投资业务不在本章的考虑范围。

面包生产商与保险公司的另一个重要差异是，客户对生产公司的索赔时机。购买一条面包的客户不会担心面包生产商的偿付能力，买方带着面包离开面包店，也就是说，这种交易是“现购自运”。

然而，人寿保险合约的买家，对人寿保险公司有着延后的索赔，这一索赔可能距离人寿合约的购买几十年。出于这一原因，客户担心人寿保险公司的长期偿付能力。为了帮助客户评估这一能力，评级机构对人寿保险公司进行信用评级。由这些评级机构评估的“索赔偿付能力”，在客户对人寿保险公司的整体选择中，可能是一个重要的指标。

除此之外，为了确保保险公司能够支付保险赔偿金，如果有必要，监管机构要求，保险公司保留预备金（从会计意义上），以确保未来支付的安全性，同时也涉及会计复杂性。因此，从整体上说，保险公司的定价和利润衡量，比面包生产商的复杂很多。为了确保保险公司的偿付能力，即能够支付后延的保险索赔，保险公司比面包生产商受到更严格的监管。

因此，面包生产商与人寿保险公司的根本区别在于，对于面包生产商而言，成本和收益的发生时间几乎是同步的；而对于人寿保险公司来说，时间很可能是非常不同的。在每年续保定期寿险和终身寿险之间，也有这个方面的差异。提供每年续保定期寿险的公司，在一年的初期收取收益，而有可能在一年的末期支付死亡赔偿金。然而，提供终身寿险的公司，可能收取几年的保险费，而在几十年后支付大额款项。

股票保险公司与互助保险公司

有两种主要形式的寿险公司，即股票保险公司和互助保险公司。股票保险公司在结构方面很像普通公司（也被称作公开股份有限公司）。（所有权的）股份由独立的股东拥有，而且可以进行公开交易。股东只关心其股票的业绩，即股票升值与分红。因此，他们的持股期限以及他们的打算，可能是短期的，也可能是长期的。保险单只是他们所持股公司的产品或业务而已。

相比之下，互助保险公司没有股票和外部拥有者，他们的保单持有人就是他们自己。拥有人，即保单持有人，主要甚至只是关心他们保险单的业绩，尤其是公司最终能够根据保单付款的能力，以及在这期间，保单现金价值的提高，如果有任何收益的话。由于这些付款可能发生在遥远的未来，所以保单持有人的打算将是长期的。因此，尽管股票保险公司涉及两个组成部分，即持股人和保单持有人，但互助保险公司只涉及一个组成部分，因为保单持有人就是所有人。传统上，最大的保险公司一直是互助保险公司，但也有许多改变互助性质，也就是说，从互助公司向股票公司转变。目前，几个最大的人寿保险公司都是股票保险公司。

股票或互助，哪一种是最好的保险公司形式，争论这一点在此显得过于深入。然而，对这一问题，存在几个观点。首先，从保单持有人的角度考虑这个问题。互助保险公司只有一个组成部分，即它们的保单持有人或所有人。许多类型的保险公司的偿付义务都是长期的，尤其是终身寿险的立权者。因此，互助保险公司能够有很长时间，实施其战略和保单。它们无须做短期决策，使它们的股东受益，股东的利益通常都是短期的，这些公司不需要增加股票价格或分红，这种方式会降低它们的长期盈利能力或者保险公司的财务优势。其次，如果保险公司获得利润，它可以通过降低保费的方式，把利润传递给保单持有人（从保险公司增加的利润受益的保单被称作分享保单，稍后将会对此进行讨论）。这些增加的收益不必计入股东账上，因为根本没有股东。

最后，互助保险公司可以在其投资中采用更长时间的结构，这将非常有可能使其获得更高的收益。例如，与股票保险公司相比，互助保险公司通常在其投资组合中保持更多的普通股。然而，互助保险公司的长时间结构，尽管可以作为相对于股票保险公司的优势，但也可能成为一种劣势。评级机构和其他人声称，与股票保险公司相比，互助保险公司的效率可能更低，而费用更高。从经验来讲，评级机构和其他人声称，在转化为股票保险公司之前和之后不久，互助保险公司通常会大幅减少其开支。

综合来看，据说，互助保险公司的计划时间如此之长，以至于它们可能不会有效率地运营，尤其是在开支方面。而另一方面，股票保险公司的计划时间非常短，为了在短期内满足其股东需要，可能在运营上不利于其长期保单持有人。然而目前，互助保险公司已经开始有意识地节省成本。

一般账户与单独账户产品

一般账户指的是人寿保险公司的整体资源，主要是它的投资组合。据说，“保险公司自己立权”的产品有“一般账户担保”，也就是说，它们是保险公司的负债。当评级机构（例如穆迪、标准普尔和惠誉）做出信用评级时，这些评级所针对的产品，是由一般账户立权或担保的，尤其是根据保险公司的“理赔能力”。由一般账户立权和担保的典型产品是终身寿险、万能寿险和固定年金保险（包括担保投资证）。保险公司必须在其偿付能力范围内，支持其一般账户产品的担保业绩，这些被称作一般账户产品。

其他类型的保险产品没有来自保险公司一般账户的担保，而且它们的业绩不是基于保险公司一般账户的业绩，而是单独依赖投资账户的业绩，该账户独立于保险公司的一般账户，通常是由保单持有人选择的账户。这些产品被称作单独账户产品。浮动寿险和浮动年金保险是单独的账户产品。保单持有人选择特定的投资组合，以支持这些单独账户产品。该保险产品的业绩几乎完全取决于所选投资组合的业绩，按照保险公司的费用和支出调整（确实依赖于保险公司）。因此，单独账户产品的业绩不受整体保险公司一般账户投资组合的业绩影响。

大多数一般账户保险产品，包括终身寿险，分享公司一般账户的业绩。例如，尽管一个寿险公司为其终身寿险保单，提供最低分红担保，但如果投资组合业绩良好，该保单的实际分红可能更高。这被称作分红的“利益构成”（其他两个分红构成是费用和死亡率构成）。因此，保单的业绩参与到了公司的整体业绩中，这样的保单被称作分享保单，在这一案例中，即分享终身寿险保单。

此外，一些一般账户产品的业绩也不受一般账户投资组合的影响。例如，伤残收入险保单可能是根据一般账户立权，尽管这些保单的付款依赖于一般账户的偿付能力，但保单业绩（例如其保费）可能不分享保险公司一般账户投资组合的投资业绩。

股票保险公司和互助保险公司都立权一般和单独账户产品，然而，大多数分享型一般账户产品往往是在互助保险公司立权。

现金价值终身寿险概述

关于现金价值终身寿险（CVWLI）的细节非常复杂，本节对现金价值终身寿险进行简单的概述，并将其与定期寿险进行比较。

如前所述，在每年缴费定期寿险中，保险的所有人通常也是被保险人，他们支付年度保险费，该费用反映该年度保险精算的死亡风险。因此，保险费每年增加。如果被保险人在当年死亡，死亡保险金将支付给被保险人的受益人。如果被保险人在当年没有死亡，在当年的年末，定期保单没有价值。

现金价值终身寿险的结构和业绩与定期寿险的非常不同，主要的不同在于，现金价值终身寿险保单的所有人支付恒定的保费。最初，现金价值终身寿险保单的这一保费，比定期保单的初始保费（纯保险成本）高很多，因为恒定保费不仅必须补偿保单最初较低的保险风险，还要补偿保单后期较高的保险风险，这时被保险人的年龄更大，而且纯保险的年成本超过了均衡保费。然而，假设两种产品有着相同的利率和死亡率推测，随着时间推移，现金价值终身寿险的保费，应该低于定期寿险保费的平均值。这是因为，在早期年份，均衡现金价值终身寿险比定期寿险保费的超出部分可以获得利息，这降低了资助保单所需的整体保费。而且，有些支付均衡保费的现金价值终身寿险保单持有人，在早期年份死亡，使得资金（来自均衡保费超出早期寿险成本的部分）可以用于其余的保单持有人，这可以用于降低现金价值终身寿险的保费。

在保单的早期年份，保费超过纯保险成本的部分，被保险公司投资在它的一般账户投资组合中。在后期年份，相对于纯投资成本，保险费有所下降，之前的现金价值累积被用于资助这一下降。该投资组合产生的收益，将计入保单持有人的现金价值中。通常来说，保险公司保证最低的现金价值增长，被称作担保的现金价值累积。然而，根据分享保单的盈利，保险公司提供的金额，可能超出担保的现金价值累积。多出的这部分金额会怎么处理呢？假设保险公司有着互助结构，也就是说，公司由保单持有人所有。在这种情况下，不存在股东，盈利作为分红计入保单持有人账户。

在寿险合同中，现金价值形成的计算如下：

+保险费

-保险成本（死亡率）（以M表示）

-经营费用（以E表示）

+担保的（最低）现金价值累积

+（分享）分红

=现金价值的增加（累积）

注意，整体分红的计算是根据投资收入，支付死亡保险金的成本（死亡率费用，用M表示），以及经营公司的费用（用E表示）。后两个因素共同被称作M&E费用。

如果保险公司由股东所有，部分或全部的盈利可能按照分红计入股东账户。

因此，保险公司的收益和保单持有人的分红在下列条件下会增长：（1）投资收益增长；（2）公司费用降低；（3）死亡率变化引起成本降低（也就是说，被保险人的预期寿命增加）。

保单持有人可以用两种方式中的任何一种“使用”分红。第一种是降低年保险费，在这种情况下，死亡保险金保持恒定。第二种是增加死亡保险金和保单的现金价值，这样的增加被称作“增额交清”，在这种情况下，年保险费保持恒定。大多数保单根据第二种方式进行立权。

寿险保单终止的预期方式是被保险人死亡，然后人寿保险公司向受益人支付死亡保险金。然而，还有另外一种方式，保单会失效（或者被称作丧失或退保），在这种情况下，保单所有人撤走保单的现金价值，保单从而被终结。

同样有两种非丧失选择，也就是说，被保险人继续持有借以继续持有保险单的方法。所有者可以使用保单的现金价值，购买延期的定期保险（因而发生的定期保险单的金额和期限，取决于现金价值）。除此之外，保单的现金价值可被用于购买减少金额的全额支付终身寿险，这被称作减额交清。

关于终结现金价值终身寿险保单，除了退保选择和非退保选择外，保单可以保持完好无损，再次进行借贷，这被称作保单贷款。可以借贷的金额相当于保单的现金价值。以保单为抵押进行贷款，有两种效果：第一，所支付分红的基础，是根据相当于保单现金价值的金额减去贷款金额；第二，所付保单的死亡保险金，是保单死亡保险金减去贷款额。

后面内容将考虑死亡保险金支出的征税、保单失效和根据贷款的借贷。关于人寿保险的征税，需注意，保单所有人是根据税后金额支付保险费（这通常被称作保单的成本）。但是，允许现金价值在保单内根据税收延迟（或经常是免税）进行累积，这通常被称作保单的收益。

寿险的可征税性

作为一种投资产品，寿险的一个主要吸引力是它的可征税性。下面介绍寿险的4个主要征税优势。

第一个征税优势是，当把死亡保险支付给保单的受益人时，保险金是免征收入税的。如果在遗产计划中，恰当地组织寿险保单的结构，保险金也免征遗产税。

第二个征税优势被称作“内部累积”，也就是说，所有的收益（利息、分红和实现的资本收益）都免征收入税和资本收益税。这样，这些收益表现为税收延迟（当包含在死亡保险金之内时，免征收入税，而且在有些情况下，也免征遗产税）。

第三个征税优势与保险单的失效有关。当保险单失效时，保单所有人收到保单的现金价值。需征税的金额，等于保单的现金价值减去保单的成本（如果是以现金支付，用所付的总保费加上分红）。换句话说，保单的征税基础是保单的成本（累积的保险费）。因此，成本增加了征税基础，以免税形式获得补偿。然而记住，这些成本是根据税后金额进行支付。此外，剩余的可以免税累积，但在失效的时候需要征税。

第四个征税优势与以保单为抵押的借贷有关，即保单贷款。主要的税收问题在于，成本（累积的保费）和保单现金价值超过成本部分（称之为超额）之间的差额。当进行保单抵押贷款时，成本被视作首先借入（也就是说，采用先进先出的记账法）。可以借贷的最高金额相当于保单现金价值的数额，而且免征普通收入税（这一业务的例外情况是修正的人寿保险合约）。如果贷款在保险单失效时还没有偿还，那么根据先进先出的原则对待贷款，也就是说，假设先借入的是成本基础，那么免税，当贷款用完了成本基础时，再对贷款的剩余部分征税（最高额度是保单的现金价值）。

虽然现金价值终身寿险既有保险特征又有投资特征，国会提供保险单征税优惠，不是因为它们的保险特征，而是因为它们的投资特征。国会不希望把这些保险型税收优惠应用到主要的投资产品中。关于这一点，在过去，一些以保险单为抵押的相关借贷活动，被认为受到了国会的滥用，而且改变了税收法，以调和这些活动。这些滥用起源于一种被称作单一保费的寿险产品。单一保单是这样一种产品，只需为终身寿险支付单一的保费，该保费创造了即时现金价值。该现金价值和因此收获的投资收入，足以支付保单的保险金，多出来的投资收入累积免税。

1986年的《税收改革法案》消除了许多税收免税政策，在此之后，单一保费寿险的销售急剧增长，因为投资者发现，这一产品是一种具有吸引力的免税产品。可以按照保费支付大量的金额，所获收益免征税，而且保单拥有人可以借贷现金价值的贷款，无须纳税。因此，单一保费寿险产生了巨额的免税投资收入。

在1988年（凭借1988年的《技术和各种收益法案》，即TAMRA法案），国会制定了一项新政策，以阻止使用大额保费的寿险合同作为投资免税的工具。包含在这项政策中的测试被称作七年支付测试，我们首先讨论不符合七年支付测试的后果，然后讨论该测试本身。

如果保险单在发行之时，不符合七年支付测试，它被视作一种修正的人寿保险合约，而且税收优惠也随之减少。相对于标准的人寿保单（非修正的人寿保险合约），修正的人寿保险合约有两个重要的税收劣势。首先，以修正的人寿保险合约为抵押的保单贷款，是以后进先出的原则为基础，也就是说，首先借入和征税的是投资收益，而不是成本基础。贷款的剩余部分相当于保单的现金价值，它是成本基础，属于免税范围。其次，对于在59.5岁之前借贷的任何应纳税收益，需要对修正的人寿保险合约罚款10%（类似于年金保险中的条款，将在稍后部分进行讨论）。

下面讨论七年支付测试，它主要是为了判断保单是否属于修正的人寿保险合约。七年支付测试是由美国国家税务局，根据均衡保费概念设计的一个人为标准。首先，计算均衡保费七年支付保单的保险费。判断一份保单是否是修正的人寿保险合约的标准是，在最初七年对保单实际支付的保费，不能高于以逐年为基础支付的七年均衡保费。举例来说，假如经计算的七年支付总额是，在七年间每年1 000美元，那么在第一年支付的保费不能高于1 000美元，类似，在前两年支付的总额不能超过2 000美元，在前七年支付的保费总额不能超过7 000美元。如果实际支付的保费高于这些数额，那么该保单被视作修正的人寿保险合约。一份保单是否属于修正的人寿保险合约，应该在对该保单立权之前确定，并向保单所有人公布。

如果一份保单在立权时被视作修正的人寿保险合约，那它在整个有效期内都属于修正的人寿保险合约。然而，最初被视作非修正的人寿保险合约的保单，如果保费付款增加，随后可以被视作修正的人寿保险合约。

下面说明了修正的人寿保险合约与非修正的人寿保险合约之间的征税差异。

现金价值：100

支付的保费：20

收益：80

1. 非修正的人寿保险合约。

最高100的贷款是免税（也就是说，既不对支付的保费征税，也不对收益进行征税）。

原理解释：撤出的是贷款，不是分红（也就是说，不包括在收入中）。

2. 修正的人寿保险合约。

首先借入收益（80）——应征税。

然后借入支付的保险费（20）——免税。

关于修正的人寿保险合约和非修正的人寿保险合约的特征，表16.4给出了介绍。重要的是要注意到，如果保单持有人不以保单为抵押进行贷款，那么修正的人寿保险合约没有任何劣势。只是在保险合约的保单贷款中，修正的人寿保险合约才会表现出缺点。

表 16.4 关于修正的人寿保险合约和非修正的人寿保险合约的特征

非修正的人寿保险合约	修正的人寿保险合约
符合七年支付测试	不符合七年支付测试
内部累积可税收延迟	内部累积可税收延迟
可以进行最高保单现金价值的贷款	可以进行最高保单现金价值的贷款
贷款免税	根据后进先出法对待贷款（先借入投资收入）
	首先根据借入的投资收入支付收入税（如果在 59.5 岁之前，对收益进行 10% 的处罚）；相当于现金价值的剩余贷款部分免税
	如果不以保单为抵押贷款或者失效，无劣势

投资型寿险

主要的投资型寿险产品可被划分为两类——现金价值寿险和年金保险。每一种类别又有几种形式（见表 16.2）。在后面的章节中，将描述这些产品。

现金价值寿险

上面已经介绍过现金价值寿险。关于现金价值寿险保单，有两个维度。第一个维度是，现金价值是否得到保证（被称作终身寿险）或是否属于浮动的（被称作浮动寿险）。第二个维度是，要求的保费支付是固定的还是弹性的，换句话说，它是否具备万能（弹性）特征。这两个维度可以所有方式进行组合，因此，一共有 4 种不同组合，我们下面将讨论这一点。现金价值寿险的广泛分类被称作终身寿险，它除了提供纯寿险（正如定期寿险做的那样）外，还在保单内部累积现金价值或者投资价值。

传统的现金价值寿险通常被称作终身寿险，它有担保的现金价值累积，基础是保险公司一般账户投资组合的投资收益。也就是说，保单的现金价值得到保证，会每年根据特定的最低数额进行增长，这被称作现金价值累积（美国许多现金价值终身寿险保单的担保现金累积，往往在 3% ~4% 的范围内）。如果对保单进行分红支付，现金价值的增长量可能高于这一最低数额，然而不保证分红。有两种类型的分红，即分享型和非分享型。分享型分红依赖于保险公司一般账户投资组合（保险公司的 M&E 收费也影响分红）的投资收益。

分享型分红可被用于增加保单的现金价值，使其超过保证的数额。实际上，分红会产生两种潜在的效用，具体如下：

第一种效用是，减少支付年保险费。在这种情况下，尽管保费会下降，保单的现金价值只会根据其保证的数量增加（而且死亡保险金的面值保持不变）。

第二种效用是，用保费购买更多的寿险（被称作“增额交清”，简称PUA）。在这种情况下，整个保单的现金价值增加，超过了原始保单的报证数额（而且当前保单的面值高于初始保单的面值）。

在任何一种情况下，保单随时间变化的业绩可能会受到分享型分红的显著影响。

保证的或固定现金价值保单以保险公司一般账户投资组合为基础，与此不同，浮动寿险保单允许保单持有人将其保费付款分配到几个单独的投资账户中，这些账户由保险公司维护，而且也可以在这些单独账户中变更保单的现金价值。结果，保单现金价值的数额取决于保单持有人已经选择的单独账户的投资结果。因此，不存在保证的现金价值或死亡保险金，都依赖于所选投资组合的业绩。

浮动寿险保单提供了一些单独账户投资方案的种类，这些类型因保险公司的不同而不同。具体来说，保险公司提供的选择包括普通股票和债券基金投资机会，通常由保险公司本身管理，也由其他投资经理进行管理。如果投资方案运行良好，保单内的现金价值累积将非常可观。然而，如果保单持有人选择的投资方案业绩糟糕，那么浮动寿险保单的业绩也将很糟糕。现金累积可能很少甚至没有，最糟糕的情况是，保单可能遭到终止，因为合约中没有足够的价值支付死亡率收费。这种类型的现金价值寿险被称作浮动寿险。

浮动寿险的关键因素，是保单所有人支付的保费的灵活性。浮动保费的概念，将纯保险保护（定期保险）与保单的投资（现金价值）因素区分开来。保单的现金价值作为一种现金价值基金（或累积基金）而建立，投资收入计入该基金，从该基金中提取支付给被保险人的定期保险成本（死亡率收费）。保单费用也计入该基金。

将现金价值与纯保险进行的这个区分，被称作传统寿险保单的“分类计价”。万能寿险的保费支付由保单持有人决定，也就是说，只有一种例外的弹性，即必须以最低的初始保费来确定保险范围，而且保单在每个月内，必须至少有足够的现金价值，来补偿死亡率收费和其他费用。如果做不到这一点，保单将失效。保证的现金价值和浮动寿险，都可以根据弹性保费或固定保费的基础进行立权。

万能特征，即浮动保费，可被用于保证的终身寿险（或简单地称作“万能寿险”），或者浮动寿险（被称作“浮动万能寿险”），表16.5总结了这些寿险类型。浮动万能寿险综合了浮动寿险与万能寿险的特征，也就是说，对单独账户投资产品的选择和浮动保费。

表 16.5 现金价值寿险的种类

保险费	有保证的	浮动
固定的	终身寿险	浮动寿险
浮动的	万能寿险	浮动万能寿险

在过去的 10 年，定期寿险和浮动寿险一直在增长，代价是终身寿险增长缓慢。最常见的浮动寿险形式是浮动万能寿险。

大多数的终身寿险保单，其设计目的是，当特定的被保险人死亡时，支付死亡保险金。终身保单的额外特征是，两个人（通常是已婚夫妻）是联合参保，而且当第一个人死亡时，保单不支付死亡保险金，而是当第二个人（存活的配偶）死亡时支付。这被称作存活保险或后死保险，这种存活特征可被加入到标准现金价值终身寿险、万能寿险、浮动寿险和浮动万能寿险保单中。因此，上述 4 种保单中的每一种都可以根据存活基础立权。

总的来说，存活保险单的年保费低于单人保单的年保费，因为从结构上来说，两人中后死的那个人，其寿命比第一个人更长。存活保险通常是出于遗产计划目的而出售。

表 16.6 总结了各种类型的现金价值寿险，可与（每年续保）定期保险进行对比。

表 16.6 寿险比较（根据类型和因素）

类型	说明	死亡保险金	保险费	现金价值	对保单所有人的优势	对保单所有人的劣势
每年定期更新	无现金价值的纯寿险；起初，给最低保费支付最高死亡保险金；保费呈指数增长	固定、恒定	呈指数增长	无	较低的保险费	增加的保险费；大多数定期保险失效
终身	熟知的最高成本和最低死亡保险金；分红可能：减少保费；购买付清增加；利息累积；或现金支付	固定、恒定	固定、恒定	固定	可预测；被迫储蓄和保守投资	考虑到死亡保险金，保险费较高
浮动寿险	终身合约；选择投资资产；依赖投资结果的死亡保险金	保证的最低额；能按投资业绩增长	固定、恒定	根据投资业绩；无保证	对于超额保费，结合寿险和投资	保单所有人承担所有投资风险

（续表）

类型	说明	死亡保险金	保险费	现金价值	对保单所有人的优势	对保单所有人的劣势
万能寿险	浮动保费，当前假设可调整的死亡保险金保单；保单元素不分算	可调整，两个选择：1. 像普通寿险；2. 像普通寿险加期附加条款等于现金价值	在选择保单所有人时有弹性	根据面值和保费变化；最低保证的利息；额外增长的现金价值	有弹性	对保单所有人有一定投资风险
浮动万能寿险	万能和浮动寿险的特征	可调整	在选择保单所有人时有弹性	根据面值、保费和投资业绩变化；无保证	有弹性和投资选择	保单所有人承担所有投资风险

寿险的用途

人寿保险的标准用途是，保护收入来源人指定的存活者。在这种情况下，被保险人是收入来源人，存活者是受益人。这仍然是寿险的主要用途，即保障存活者面临收入来源人过早死亡。

然而，寿险还有其他用途。例如，在人寿死亡保险中，它被用于支付死亡者在其遗产中的遗产税；如再保险费分担寿险，企业为管理人员支付部分或全部的寿险保险费，它被用作对管理人员的额外福利。根据买卖协定，在对寿险保单进行立权时，也可以根据伙伴关系中的两个人，在一方伙伴死亡之后，由存活的一方支付购买资金。

年金保险

根据定义，年金保险只不过是一系列的定期支付。年金保险合约由保险公司提供，而且有一些其他类型的金融机构也提供年金保险，例如共同基金公司。

根据现金流划分，年金保险有两个阶段，即积累时期和变现时期。在积累时期，投资者提供资金或投资。年金保险主要被视作积累产品，而不是保险产品。在变现时期，投资者取出资金，或变现年金保险。一种变形是通过一系列的固定付款，进行年金支取或提现，下面将讨论这一点。这种变现方法是年金名称的基础。

有几种方法可以对年金保险进行分类，其中一个方法是按支付的保险费进行分类。在积累阶段，年金保险是按照单一保费、固定周期保费或浮动时期保费进行购买。

第二种分类方法是在变现阶段，按收入付款开始的时间进行分类。即时年金保险是指首次保险金付款是从购买日期起预定支付间隔（月、年或其他）。根据延期年金保险，在保险金时期开始前，有一段更长的时期。尽管即时年金保险是以单一保险形式购买，但延期年金保险可能根据单一的、固定周期的或浮动周期付款进行购买，虽然浮动周期付款是最常见的。

年金保险的重要基础是，它们是固定周期的还是浮动周期的年金保险。固定年金保险，稍后将进行更详细的讨论，它是以固定数量的美元表示，而浮动年金保险却是以固定数量的年金单位来表示，其中的每一个单位有不同的和变化的市场价值。固定年金保险与浮动年金保险，是当前所提供的年金之间的关键区别。

现在，我们将观察各种类型的年金保险，最常见的种类是浮动年金保险和固定年金保险。

尽管现金价值寿险是有着投资特征的人寿保险，然而相比之下，年金保险是有着保险特征的投资产品。年金保险的主要优势在于它的内部累积，也就是说，它的投资收益是税收延期的。然而，在人寿保险中，死亡保险金免征收入税，与此不同，从年金保险中提款需要缴税。美国国税局对提款也有一些限制，尤其是对于早期提款（59.5 岁之前）和规定的最低提款（70.5 岁之后）。

下面讨论最常见的年金保险类型，即浮动年金保险与固定年金保险。

浮动年金保险

从许多方面来说，浮动年金保险类似于共同基金。考虑到上述讨论，浮动年金保险经常被认为是“披着保险外衣的共同基金”。浮动年金保险的收益取决于标的投资组合的收益。因此，用一句话说，这种年金保险的收益是“浮动的”。事实上，许多投资经理分别用共同基金和年金保险形式，提供类似的或者完全一致的基金。这样，浮动年金保险的证券几乎与共同基金的证券一样广泛。例如，考虑一个大盘混合股票基金。投资经理可能用共同基金和年金保险的双重形式，提供这一共同基金。但是，两个投资组合当然是分开的。这两种产品的投资组合可能完全一致，因此，投资组合的收益也将完全一致。

然而，在考虑它们的差异之前，有一个相似点。共同基金和年金保险中的投资，都是以税后美元计价为基础，也就是说，先对收入进行征税，然后再以共同基金或年金保险的形式进行投资。

但是，对于投资者来说，这两种产品有重要的区别。首先，在共同基金中产生的所有收入（分红和利息）和实现的资本收益，都需征税，甚至在不提取它们的时候。然而，在年金保险中产生的收入和实现的资本收益，在提取之前无须征税。这样，年金保险从内部累积中获益，正如现金价值人寿保险一样。

年金保险还有另一个税收优势。如果浮动年金保险公司在家族（被称作一个“合约”）中有一群年金保险，投资者可以把一种年金保险基金转换为家族内的另一个年金保险基金（例如，从股票基金转换为债券基金），而且该转换属于免征税事件。然而，如果投资者将一个年金保险公司的股票基金转换为另一个年金保险公司的债券基金，这被视作提款和再投资，提款属于应征税事项（然而，对此有例外情况，下面将讨论到）。

尽管内部累积是年金保险的一大优势，但也有一些起抵消作用的劣势。为了对比，对从共同基金（销售股份）的提款不设限制。当然，从共同基金的提款属于应征税事项，而且将产生实现的资本收益或损失，这将产生长期或短期的收益或损失，而且因此产生税收后果。然而，对于从年金保险的提款，有着显著的限制。首先，对59.5岁之前的提款进行10%的罚款（然而，有些“艰难”的情况属于例外）。其次，根据美国税务局规定的最低分配规则（RMD），提款必须从70.5岁开始。这些强制性的提款规则，旨在最终使年金保险为美国税务局创造税收收益。关于59.5岁之前的提款或70.5岁之后的提款规定，共同基金并未涉及。

从一家浮动年金保险公司向另一家转换，在特定情况下，可以在不引起应征税事项的情况下，如此移动基金。美国税务局将此类转换称作1035交换。

年金保险的另一个劣势是，当发生提款时，提款的所有收益都按普通收入进行征税，不管它们的来源是收入还是资本收益。对许多投资者来说，他们的收入税税率比长期资本收入税率还要高很多，因此这种形式的征税是一种劣势。

年金保险的最后一个劣势是，去世保单所有人的继承人在接收时，是按照相当于购买价的成本基础（这意味着征税基础是继承人的普通收入税税率）接收，而不是像大多数投资所做的那样升级为当前的市场价值接收。

美国税务局为什么把保险单具有的相同税收优势给予内部累积呢？这个问题的答案是，年金保险的结构设计是为了具备寿险的一些性质，通常被称作“特征”。这样的特征有很多，最常见的特征是，年金保险基金的最低价值将在投资者死亡时进行支付，这一最低价值是投资的初始数额。这样，如果投资者在股票年金保险中投资100美元，股票市场下跌，基金价值只相当于90美元，但如果投资者去世，那么投资者的受益人收到的将是100美元，而不是90美元，这就是年金保险的寿险性质。

上述特征代表的是死亡保险金（DB），通常被称作保费收益。已经推出的新的、更复杂的死亡保险金、包括：周期的收益固定（被称作“加强的”死亡保险金）；预先设定年增长百分比（被称作“上涨”死亡保险金）；或者一定百分比的收益，用以抵消遗产税和其他的死亡费用（被称作“收益增强型”死亡保险金）。除了这些死亡保险金特征外，也形成了一些生存保险金特征，包括保费增强和最低累积保证等。

显然，这些特征对投资者来说是价值，但对提供者来说是成本。一个产品的价值取决于它的特征设计，可能很高，或者毫无价值。年金保险公司将向投资者对这些特征设计的价值进行收费。

此类特征的成本与年金保险的另一个劣势有关，尤其是它们的成本。保险公司将强行收取潜在的死亡保险金支付（被称作死亡率）和其他费用，它们共同被称作 M&E 收费。这些 M&E 收费是除了正常的投资管理费、维护费和共同基金经历的其他费用之外，额外添加的。这样，由于年金保险的 M&E 收费，年金保险的费用将超过共同基金的费用。然而，由于 M&E 收费，年金保险的投资者可以获得保险特征的价值。

因此，共同基金与年金保险之间的比较可以总结如下：年金保险具有内部累积的优势，尤其是特定年金保险的特殊寿险特征。但是，年金保险也有一些缺点，例如更高的提款征税（普通收入与资本收益的对比）、对提款的限制以及更高的费用等。在较短的持有时期，共同基金会有更高的税后收益。在很长的持有时期，内部累积的价值将占主导，而且年金保险会有更高的税后收益。

什么是持有时期的均衡点，也就是说，超过这个时期，年金保险具有更高的税后收益？这个问题的答案取决于几个因素，例如，税率（收入和资本收益）、年金保险超出的费用以及其他因素等。

固定年金保险

固定年金保险有几种类型，但总体来说，投资的保费均按照比率，即信贷的比率增长，该比例由保险公司分别指定。这一增长可以累积，而且每年（或者更经常的情况是，例如每个月）被加到年金保险的现金价值中，而且只要该增长额继续留在年金保险内，就无须征税。一旦变现，根据普通收入对其进行征税（征税程度是它之前代表的未征税收入）。

两种最常见的固定年金保险类型是，浮动保费即期年金保险（FPDA）和单一保费即期年金保险（SPDA）。浮动保费即期年金保险允许缴款，缴款的数量和时间都很灵活。对这些合约支付的利率，即信贷的利率，各不相同，取决于保险公司的当前利息收益及其在市场中想要的竞争地位。然而，对利率有两种限制。首先，该利率不得低于特定合约的保证利率，通常在3%～4%的范围内。其次，这些合约通常有救济条款，这类条款规定，如果信贷率降低到低于特定的比率，所有人可以撤回所有的资金（使合约失效），而且不必支付退保手续费。救济信贷率通常被设定在低于当前信贷率1%～3%，旨在限制使用“引诱利率”（或者“上钩后调包”的做法），也就是说，保险公司主动提供较高的信贷率，以吸引新的投资者，然后大幅下降信贷率，通过设置退保费，限制投资者提款。

保险公司最初在合约中会设置初始信贷率、最低保证率和救济率。随着时间的推移，保险公司可能改变初始信贷率，但它必须明确规定重设（或更新）周期，也就是说，改变信贷率的频率。

年金保险的另一个重要特征是，对在到期前提款的评估基础。传统的方法是利用账面价值，也就是说，根据债券（用来为年金保险提供资金的是债券，而不是股票）的购买价来支付提款。因此，如果收益已经增长，保险公司向提款投资者支付的金额将超过债券的当前价值。在这个时候，投资者有激励因素，将钱提出，投资于新的收益率更高的固定年金保险。因此，固定年金保险的账面价值为保险公司带来了风险。退保收费缓解了这一风险，将在稍后进行讨论。缓解这一风险的另一种方法是，通过市场价值调整（MVA）的年金保险，其中，早期提款的支付基础，是根据债券投资组合的当前市场价值，而不是账面价值。这一做法消除了保险公司面临的早期提款风险。显然，所有的浮动年金保险是根据市场价值，而不是根据账面价值支付。

浮动年金保险与固定年金保险的另一个共同特征是，涉及销售费用方面。年金保险和共同基金在费用方面，非常相似。年金保险和共同基金最初收取前期费用，也就是说，对初始投资收取销售费用。例如，对 100 美元的初始投资收取 5% 的申购费用，公司将为自己和代理留下 5 美元，为客户在基金中投资 95 美元。

最近以来，后期费用已经被用作前期费用的可选方案。后期费用以投资者提款时按固定百分比计提。最近，最常见的后期收费形式是有条件递延销售费用（CDSC），简称退保费用。采用这一方法收取的费用，随时间推移逐渐递减，例如，常见的条件递延销售费用收取形式，是“7%/6%/5%/4%/3%/2%/1%/0%”，意思是，对于第一年的提款收取 7% 的费用，对第二年的提款收取 6% 的费用，对第三年的提款收取 5% 的费用，依此类推。对于 7 年之后的提款，不收取费用。

最后，还有均衡手续费，它每年收取固定的费用（例如 1%）。

担保投资合约

人寿保险公司开发的第一个主要的投资型产品，是一种固定年金保险形式，这就是担保投资合约（GIC）。担保投资合约被广泛地用于退休金计划。在担保投资合约中，作为对单一保险费的回报，人寿保险公司同意，在投资周期内，支付本金数额和以预定的年贷款利率计算的利息，所有这些都在担保投资合约到期之日支付。例如，1 000 万美元的 5 年期担保投资合约，预定贷款利率是 10%，这意味着，在 5 年结束时，保险公司按保证的贷款利率支付利息和本金。本金的收益取决于保险公司履行义务的能力，正如其他公司的负债义务一样。被保险人面临的风险是，根据支持资产的投资组合所获得的利息低于保证的利息。

担保投资合约的有效期可以是 1 年，也可以长达 20 年。担保的利率取决于市场条件和人寿保险公司的评级，利率会高于同时期美国国债的收益率。这些保单的购买者通常是退休金资助人，作为一项退休金投资。

人寿保险公司发行担保投资合约，该合约是保险公司的负债。担保这个词并不意味着，除了人寿保险公司外还有一个担保人。实际上，担保投资合约是一种由人寿保险公司发行的无息债券，根据这一点，投资者面临同样的信贷风险。几个重大的担保投资合约发行方的违约，加剧了人们对这一信贷风险的担忧。两个最著名的违约事件是共同福利（Mutual Benefit），这是一家新泽西州的发行方，另一个是高管人寿（Executive Life)，这是一家加利福尼亚州的发行方，都于1991年被监管部门查封。

这些违约的基础是，固定年金保险是保险公司的一般账户产品，而浮动年金保险是单独账户产品。对于固定年金保险来说，保费成为保险公司收入的一部分，投资于保险公司的一般账户（受州法律监管）中，付款是保险公司的义务。浮动年金保险是单独账户产品，也就是说，保险费存在独立于保险公司的投资工具中，而且通常由投资者选择投资工具。因此，固定年金保险是一般账户产品，保险公司承担投资风险，而浮动年金保险是单独账户产品，投资者承担投资风险。

单项保费延期年金和担保投资合约

单项保费延期年金和担保投资合约有着相同的有效期，而且它们的信贷率有很多共同点。例如，对于每一笔五年期，价值为1美元的初始投资，固定信贷率为r%的到期价值将是 $(1+r\%)^5$。

然而，它们之间也有一些显著的差异。单项保费延期年金具备很多保险产品的元素，所以它的内部累积不像收益那样征税（收益是按照到期日的收入进行征税）。单项保费延期年金不是合格的产品，换句话说，它们必须按照税后金额支付。担保投资合约不是保险产品，然而，担保投资合约通常被用于退休金计划（固定福利或固定缴款），是合格的产品。因此，它是按照税后金额支付，而且享受内部累积的税收延迟。单项保费延期年金也被用于合格计划，特别是，银行经常销售以单项保费延期年金提供资金的个人退休金账户。

单项保费延期年金和担保投资合约的另一个差异是，由于单项保费延期年金是年金保险，它们通常有退保收费，通常是按照“7%/6%/5%/4%/3%/2%/1%/0%”比例进行。这样，对于五年期的单项保费延期年金，如果在第三年后提款，退保费就是4%。担保投资合约没有退保费用，可以在没有任何惩罚的情况下提款（根据保险金支持条款）。

单项保费延期年金的另一个特征是重设周期，在这个周期结束后，产品的立权者可以改变信贷率。例如，五年期的单项保费延期年金可能具有3年的重设周期，在3年后，可以增加也可以减少信贷率。对于单项保费延期年金来说，也可以有重设周期与退保收费之间的互动。例如，具有三年重设期的五年期单项保费延期年金，在3年后，可以由于信贷率降低而变现，但只收取4%的退保费。担保投资合约没有重设期，也就是说，在合约的整个有效期内，信贷率是固定的。担保投资合约的早期提款是根据账面价值，它们是利率强化的。

单项保费延期年金的重设周期通常为1年，但有初始 M 年的最低保证（$M=1$、2、3、5、7、9）。单项保费延期年金的到期时间，通常以领取年金者的年龄（例如90岁或95岁）为基础，而不是固定的年数。因此，尽管单项保费延期年金的到期周期通常大于保证周期，但担保投资合约的到期周期等于保证周期。单项保费延期年金和担保投资合约的通常有效期是1年、3年、5年或7年。

年金化

严格来说，年金保险提供有保证的（或固定的）人寿周期收入数额。浮动年金保险和固定年金保险都是资本增益产品。然而，每一种产品都可以进行年金化，也就是说，转化成有保证的终身收入。年金化是指变现周期，而不是资本增益周期。事实上，很少有浮动年金保险被年金化。很少有投资者做年金化，其中一个原因是，他们担心自己过早死亡，那样从初始投资中获得的回报将非常少。而另一方面，个人面临的风险是，他们活的时间比储蓄时间长，年金化消除了这一风险。传统上来说，固定福利退休金计划已经提供了终身收入流。但是，随着固定福利退休金计划的减少，年金保险可以弥补这一缺陷。

由于年金保险的固定支付是终身的，对于年金保险的立权者来说，面临死亡率风险。如果领取年金者很快死亡，那么年金保险的立权者所需支付的数额会很小。然而，如果领取年金者寿命很长，年金保险的立权者所需支付的数额会很大。年金保险的立权者通过这一特征，为年金保险引入了保险元素。有些固定保险年金也有存活者特征，也就是说，当年金保险的立权者死亡时，付款将继续，而且是支付给指定的存活者，通常是配偶。

许多浮动年金保险所有人希望有其他的年金选择，有一种严格的年金保险被称作定期提款计划（Systematic Withdrawal Plan，SWP），保险所有人希望对此进行改变。尽管有许多种类的定期提款计划，最常见的一种是基于特定期限的，而不是终身付款，目的是假设，付款至少持续一定时间（被称作特定时期付款方案）。因此，这些计划并没有消除寿命过长者的储蓄风险。根据定期提款计划，年金保险股份被变现，以支付定期的付款，或者是按照固定的金额，抑或根据投资者账户余额的百分比。这样，与年金化不同，定期提款计划引起投资者账户余额的持续减少。关于标准的终身付款方案，也有一些变异，包括：带有保证时期的寿险，联合与存活者寿险，以及带有保证时期的联合与存活者寿险。

第17章
固定缴款计划的稳定价值投资选择

【摘要】在美国，固定缴款计划使用最多的投资选择之一是稳定价值选择，该选择可以为投资的本金提供保护，还可以为个人计划参与者提供增长的利息。支持稳定投资选择的筹资工具多种多样，然而具有许多共同元素，包括利息的累积，对本金稳定性一定程度的保证，以及参与者根据账面价值为计划保险金提款的权利。不管是固定缴款计划筹资人对这些产品的购买，还是提供者对这些产品的发行，都需要仔细考虑这些产品的特征，各个产品相互之间的特征非常不同。考虑到生育高峰一代老龄化的到来，这一点尤其重要，这激发了对这些产品的保障能力进行利息延期，使得它们可以保护和管理资产性收入，这些资产是它们为退休金累积的。稳定价值产品和特征，也正吸引固定缴款计划之外的应用兴趣，而且在固定缴款计划环境中吸取的经验教训，可外推到其他应用场合。

本章将描述稳定价值产品的市场驱动因素，概述现有不同种类的稳定价值产品，以及如何组织及使用它们；另外，还将介绍稳定价值产品的购买者，稳定价值产品的共同特征，稳定价值产品的用户和发行者面临的一些问题，以及不同的稳定价值产品具有的一些优点和缺点。本章还探索了从稳定价值产品发展历史中吸取到的经验教训，它们的特征，以及可能如何将它们应用于本金保护产品体验市场的增长，这些增长的驱动因素来自退休金市场中的人口结构和心理结构变化。

稳定价值产品的需要

不管退休金计划的规模或市场如何，几乎每一个参与型或固定缴款型的退休金计划，都保持有一种参与型的投资选择，该选择随着时间的推移，向其投资者返还稳定的收益。换句话说，它很像银行的储蓄账户，被存入这一稳定价值选择的资金，属于带有利息的信贷，而且投资的本金受到保护。这一选择通常被称作担保账户或者固定账户，可以获得这一选择的计划包括：由私人所有公司提供的401（k）和401（a）计划，针对教师和非营利组织工人的403（b）计划，以及针对政府雇员的457延迟补偿金计划，而且这一选择通常持有15%～35%的参与者投资。为什么这些选择如此受欢迎，尤其是在共同基金和金融顾问已经促进了多样化选择，并强调公正投资的环境下，还是如此？

参与者对资金安全的要求

行为主义金融调查已经显示，投资者有避免损失的强烈倾向，甚至这意味着放弃更大的获益机会。对于担心安全的参与者来说，稳定价值选择提供了一些保护，它可以在资产资本增益周期的所有阶段提供保护。稳定价值投资受到保守投资者或者新手投资者的欢迎，因为，这些投资者可能更担心自己的投资会遭受损失。处于职业生涯中期的投资者使用稳定价值选择，目的是完善其股本投资，或者提供更大的灵活性。即将退休人员或已退休人员使用稳定价值选择，目的是保护资本增益的资产，为收入流提供保证。

计划设计

提供固定缴款计划的大多数雇主，向参与者提供大量的投资选择，通常跨越广泛的投资类别，具备各种程度的风险。虽然标准因计划类型各异，但所有的筹资者都有信托责任，为其参与者提供多样化的选择。对于许多雇主来说，稳定价值选择有助于满足保守参与者的需求。

收益

在整个利率范围内，长期固定收益投资将通常比短期投资提供更高的收益，然而，为了获得这些更高的收益，投资产品提供者需要能够在与投资到期安排一致的基础上，锁定基金。稳定价值的设计初衷，就是提供这样的一种收益模式，通过投资更长的时间，并限制参与者保险金事件的资产变现，以抓住更长期投资的收益，但是依然能够在参与者需要的时候，提供变现。因此，在一个完整的投资周期后，稳定价值选择可以为参与者提供高于资本市场基金 2% ~3% 的收益。与其他保护本金的投资产品相比，这一增加的收益对参与者来说意味着退休金的切实增长。

历史传统

当雇员首次可以使用固定缴款计划的时候，许多投资产品提供者开始只向参与者提供单一的投资选择，即固定的或者稳定的价值选择。这可能是受到长期历史传统的影响，即人寿保险公司一直保有固定收益产品来支持其他类型的负债，例如人寿保险和固定缴款计划。在固定缴款计划内，投资产品提供者逐渐开始使用其他选择，首先是所有权变额投资基金，然后是非所有权基金。然而，许多以稳定价值投资开始的投资者，仍然保持很大的配置比例。有趣的是，这种将稳定价值视作起点的做法，对有些国家的提供者可能有启示意义，在这些国家中，个人导向的固定缴款计划才刚刚起步。为了在发行时吸引投资者，可以要求一些本金保护，以及一定比例的“简单、安全”。

稳定价值筹资工具的类型

市场提供非常广泛的稳定价值筹资工具类型，当雇主需要筹资时，他们可以从这些类型中选择。其中一个考虑因素是，是购买单一产品还是多重产品。许多计划，甚至是很大的计划，将会管理它们的稳定价值选择，以便将其投资在单一产品中。其他计划会购买多重产品，将收益汇集到每一个产品中，以为参与者提供信贷的“混合比率”。对于任何一种方式，都有广泛的选项组合。表 17. 1 显示了支持稳定价值投资选择的资产配置，根据产品类型划分，总资产接近 5 000 亿美元。

表 17.1　根据产品划分的稳定价值资产配置

稳定价值产品类型	2006 年 12 月 31 日的资产
一般账户投资组合率	1 000 亿 ~2 000 亿美元
一般账户的担保收入合约	310 亿美元
单独账户的担保收入合约	160 亿美元
合成的担保收入合约	1 980 亿美元
其他	650 亿美元
总计	4 000 亿 ~5 000 亿美元

投资组合率一般账户

在固定缴款计划中提供的最早形式的稳定价值投资是保险公司的一般账户。它被称作一般账户，是因为支持对固定缴款许诺的资产，与其他许多的资产混合在一起。这些资产通常几乎都是产生固定收益，而且包括变现力较低但收益更高的证券，例如商业抵押贷款和私募债券，以及公共交易的固定收益证券。出于判断信贷利率的目的，资产可能会被分割成不同的投资组合，但是从所有权的角度看，它们基本上属于一个大的集合。表 17.2 显示了在保险公司一般账户中资产的典型配置。

表 17.2　典型的发行人一般账户资产

资产类型	投资组合百分比
抵押贷款信贷和房地产	12%
抵押贷款支持的证券	11%
投资级债券，公共和私人	42%
资产支持的证券	11%
国外市场和新兴市场债券	8%
高收益债券，公共和私人	4%
其他	12%

投资组合率产品中的信贷利率，通常都是按周期设置的，就像一个银行储蓄账户，无须被绑到特定公式中。相反，保险人保持此利率的动机仅仅是出于竞争压力，将此利率与其他产品中参与者可选的方案相比，或者与其他竞争者提供的利率相比。该账户经常有与之相关的最低利率担保，年度担保或对较短时间周期的担保。一些产品将它们的担保与某个指数或公式的使用联系到一起，但这不是经常发生的情况。

一般账户产品更常见于美国税务局部分的 403（b）和 457 的固定缴款计划，其中，它使得提供者更容易满足州保险法和证券法的要求。对较小的投资计划而言，它们称得上是有效的投资，因为它们允许投资者投资于非常多样化的集合。

担保收益合约

担保投资合约或者担保收益合约（GIC）的运行方式，从理论上来说，非常像银行中的存款凭证，只是购买人是雇主，而不是个人。从本质上说，发行人从合约持有人接收一笔资金，通常是固定缴款计划的筹资人，然后保证经过一段时期，这些资金会带来一定比率的收益。这个收益率将反映利用这些资金购买的现有资产类型和品质的收益。担保收益合约在 20 世纪 80 年代早期达到了它的鼎盛时期，那时长期利率高达 14% 之多，但是仍然被今天的很多计划所采用。随着利率偶尔向上爬升，它们的流行度也随之上升。担保收益合约的一种变形也已经被用作对外国实体的筹资工具。

传统担保收益合约最基本的结构是固定利率、固定时期，其中，发行人接受对其一般账户的存款，存入时间超过特定的周期或者存入金额超过特定的金额。在合约剩余时间内，这些存款仍然留在发行人手中，而且根据指定的利率计入利息。例如，一个发行人可能同意在下一年存入担保收益合约一定金额，为担保收益合约计入 8% 的利率，只要这笔资金在随后的 4 年内留在发行人手中，在整个 5 年的合约期限内，8% 的利率就得以保证。

另外一种方法可能是，保证对所有存款一个最低的利率（例如 3%），然后根据相应的存款存入年份将每一笔存款分配到一个日历年单元。这通常被称作“投资年份法”。根据这种方法，向合约持有人报告的信贷利率通常是每个日历年单元利率的综合。由于管理复杂和发行人的承销问题，投资年份法的适用情况已经减少，但依然是一种传统形式。

在合约期限结束时，保险人可能有义务归还合约持有人的本金和一定金额的利息，或者按时间分期归还。合约持有人也可以选择将到期的本金和利息，滚动存入另一个担保收益合约，该合约能够接受新的存款。在这种情况下，合约持有人可以一次性在同一个保险人那里，拥有几个有效的担保收益合约。

银行投资合约

银行投资合约（BIC）是银行与计划筹资人或受托人之间的一种协定，它拥有的存款特征和到期特征类似于担保收益合约。某个计划筹资人可能选择银行投资合约，而不是担保收益合约，目的是降低其在保险行业的信贷暴露。由于与联邦存款保险公司（FDIC）存款保障覆盖范围有关的问题，以及更多受欢迎产品的出现，银行投资合约的使用已经下滑。而且，它们仍然经常被视作较早的投资组合。

单独账户产品

保险人开发单独账户产品，正如通过传统的担保收益合约那样，目的是为合约持有人提供相同的投资特长，但是它又降低了对保险人一般账户的信贷暴露。如果碰到无力偿还的情况，在决定如何处理保险人的资产方面，一般账户担保收益合约的持有人，将受到与任何其他保单受益人一样的待遇。对于单独账户产品，标的合约下的资产被放置在单独账户中，而且通常不受保险人其他负债的影响，因此，降低了计划筹资人面临的信贷风险。

合成担保收益合约

合成担保收益合约对大型投资计划来说，已经成为最受欢迎的稳定价值筹资选择，因为计划筹资人一直在寻求额外的信贷风险多样化。根据合成担保收益合约，固定收益资产由计划筹资人所有，保留在计划参与者的信托公司。计划筹资人或受信托公司，为固定收益投资组合选择一个或多个投资经理，然后合成担保收益合约发行人将投资组合“打包”在一份合约中，该合约根据投资组合的业绩，保证一定的利率，为计划参与者提供保险金收益。固定收益投资组合的管理者，或者是第三方，或者是合成担保收益合约发行人的附属机构。图 17.1 显示了典型合成担保收益合约的运作。

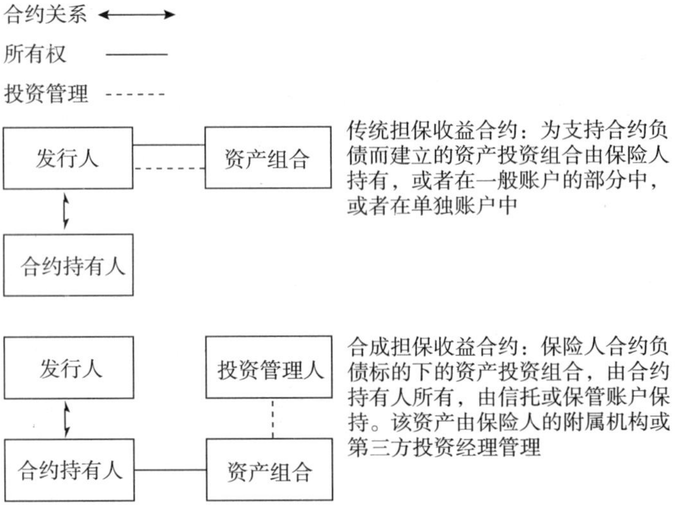

图 17.1　典型合成担保收益合约的运作

各个州的保险破产法各不相同，但大部分州已经采用的法律，类似于美国保险监督官协会（NAIC）的保险人恢复和变现模范法。表 17.3 显示了根据该模范法，万一发生破产的情况，保险公司索赔人的优先顺序。传统担保收益合约、单独账户产品和合成担保收益合约的持有人，通常被视作三类索赔人（也就是说，等同于保险人的其他保单持有人）。然而，单独账户产品的持有人比一般账户合约的持有人有优势，因为如果单独账户中的资产从一般账户中被“隔离”，那么除了单独账户投资者的索赔要求，单独账户中的资产不能用来满足保险人的任何其他索赔要求。在这种情况下，一般账户的信贷暴露，如果有任何暴露的话，仅相当于保险人义务的一部分，超出了单独账户资产的价值。合成担保收益的持有人面临类似的信贷状况，但是他们对标的资产有着额外一层的保护，因为这些资产由合约持有人合法所有，而不是由发行人所有。

表 17.3　保险公司破产索赔人的优先顺序

优先等级	包括的索赔人
1 类	由破产事务官批准的管理类费用，包括文档费，获得保险人资产的成本，在恢复或变现过程中的赔偿
2 类	与抵押品有关的管理费用，不包括由直接保单保险金引致的付款和费用
3 类	保单持有人对被保险的损失和未获益的保费的索赔，包括联邦、州和当地政府的索赔，以及由抵押品引致的保险索赔
4 类	除 3 类之外的联邦政府索赔
5 类	因为一般雇员的服务和福利导致的债务（而非主要的管理人员和主管）
6 类	无法分类的一般债权人和人员的索赔
7 类	任何州或地方政府由于罚款或没收的索赔
8 类	结余或捐款票据，或类似的债务
9 类	由所有权引致的股东或其他所有人的索赔

全球包

在合成担保收益合约结构的子集中，值得一提的是一种特殊的子集，即全球包。根据这种类型的安排，一个单一的计划筹资人将购买几个合成的担保收益合约，也就是说，几个不同的固定收益资产产品，以及几个不同的全球包。计划将创造交叉覆盖的联结，以便万一某个全球包破产或者显示出信贷微弱的信号时，全球包提供者能够互相支持。此外，由于业绩低下或者信贷问题，或者会替换掉打包者，或者全替换投资经理。最可能使用这一结构的是非常大型的投资计划，例如管理几十亿美元的退休基金。

汇集式基金

汇集式基金，有时在非正式场合下仍然被称作担保收益合约汇集，尽管担保收益合约的使用率已经下降，但在计划筹资人看来，汇集式基金要求较少的决策。有些计划选择单一特定的稳定价值产品发行人，与此不同，汇集式基金的经理将捆绑多个不同发行人的稳定价值产品，然后提供混合利率。按照这种方式，将资产散布于多个发行人，使信贷风险能够多样化。此外，通过投资在这样的汇集账户中，与进行其他形式的投资相比，小计划经常能够获得更高的收益。采用这种方法的一个缺点是，事先没有明确的信贷利率。相反，利率是事后计算和采用的。

个人存款单型产品

有一小部分的发行人，向固定缴款计划提供产品，这些计划在个人投资者级别看来，类似于一系列的银行存款单（CD）。投资者将所有的存款分配一个固定的时期，或者，分离出一个特定的存款单部分。在该情况下进行的所有存款，在整个存款期内收到特定的利率。这些产品感觉上非常公正，但由于复杂性被显著对冲了。参与者在其投资中看到许多不同的“篮子”，退休金计划管理人努力记录所有不同种类的存款单类型。

债券共同基金与其他替代方案

在有些投资计划中，仍然可以利用非稳定价值投资作为固定选择，它们包括债券共同基金、货币市场基金、银行储蓄账户或信贷联合账户。它们经常面临两个劣势，在债券共同基金中，没有本金稳定性，资产可能无法保值，这对于要求稳定价值投资的投资者非常不利。在货币市场基金中，信贷联合账户或者储蓄账户，经过一个完整的市场周期，收益通常会降低。

稳定价值产品的购买者

账面价值账户

购买稳定价值产品的客户，主要是雇主筹资的退休金计划。稳定价值产品主要用于筹资固定缴款计划。1992 年，稳定价值产品失去了对固定福利计划的吸引力，那一年，美国注册会计师协会（AICPA）出台了一项会计意见，要求筹资此类计划的投资，通常按照所谓的“公平价值”持有，在大多数情况下，就是指市场价值。这消除了固定福利计划按照这些产品的稳定价值方面，提供资本的能力。

随着美国注册会计师协会 94-4 立场声明，确认在固定缴款计划中使用稳定价值会计方法，该声明的主要观点是，如果固定缴款计划满足一定的要求，它们可以按照账面价值，持有福利反应的合约。最近，这一立场得到金融会计标准委员会（FASB）的确认，见 AAG-INV-1 号立场声明。从本质上说，固定缴款计划可以按照票面价值持有资产，如果参与者确信可以按照账面价值收到计划福利，那么可以避免市场价值变化的浮动和不稳定。在这种情况下，账面价值不是根据以市场状况为基础的价值波动，而是根据给参与者存款的信贷利率。

购买者类型

营利型雇主。私人公司提供的计划，通常具有美国税务局法规 401（k）条款的特征。许多类似的计划类型都符合稳定价值产品的特征。

非营利型雇主。教师、医疗保健工人和其他非营利性机构的工作人员，通常参与美国税务局法规 403（b）条款的计划。其中，有一些有资格成为稳定价值产品，但并非全部。提供者必须提供一定的特征，以符合州保险法和证券法要求。

政府雇主。政府雇主（而不是其他联邦雇员）参与美国税务局法规 457（b）计划，他们可以使用稳定价值产品，这一点非常像 401（k）计划的参与者。

混合计划机构。当雇员有资格申请多个计划时，经常会看到雇主向其雇员提供几个类型的计划。例如，这可能发生在，当非营利性雇主同时也具备政府实体的地位时。一个计划可能包含 401（k）、457（b）和 403（b）。其中，每一项都可以使用稳定价值，但对于混合投资的资产，有一些限制条件。

其他潜在的购买者。有些接触稳定价值提供者的购买者，寻求对产品本金的保护，他们包括基金、养老金、一般财政基金的经理，市政债券的发行人，核能设施退役基金经理以及其他。总的来说，这些情况受到限制，因为难以获得对福利反映安排的账面价值，并且提供者缺乏提供所需特征的意愿。然而，在其他场合下，提供类似于稳定价值产品的特征，有一些成功的例子，例如短期筹资汇集和外国实体。

稳定价值产品的共同特征

正如在本章之前部分提到的，在不同的稳定价值产品之间，有许多特征的差异。然而，有几个领域基本上是普遍的。

利息信贷

虽然几乎所有的产品在向特定账户提供利息的方式方面，有一些共同点，例如每日利息信贷和一年 365 天，但是产品的类型仍然有些区别。对于每一种主要的产品类型，最显著的差异仍然在使用中，如表 17.4 所示。

有些产品在信贷之前，向参与者宣布一个利率，这对计划来说是一个有吸引力的特征，对参与者来说也相对保险。汇集式基金不使用这种方法，相反，它们在计算完混合收益之后，再提供信贷利率。

表 17.4　稳定价值产品类型使用的典型利息信贷方法

	一般账户投资组合	传统的固定收益合约	单独账户的固定收益合约	合成的固定收益合约	汇集式基金
事先宣布利率?	一般情况下，是	是	是	是	否
利率改变频率	根据竞争环境，发行人决定周期	除非特殊情况，不改变	季度、半年或年度	季度、半年或年度	贷款偿还，每日
最低担保	终身；年度；周期	按照特定利率的终身	终身，通常对本金；有时周期更长	终身，通常对本金；有时周期更长	无，但标的合约通常有担保
经验利率	对单一计划不明确	通常情况下，无	有，超过资产持续期	有，超过资产持续期	对单一计划不明确
终结日期	无	在特定一天或几天	无	无	无

有些产品可能会对利率进行周期性重设。尽管汇集式基金每天改变利率，但固定收益合约的利率丝毫不改变（一些独特的合约形式除外），大多数其他选择进行季度、半年或年度的调整。对于403（b）计划来说，利率通常按照不超过一年的频率下降。

有些产品可能拥有最低的保证利率，这些利率通常是特定的百分比，但绑定在外部参考基准点，或者某个公式。保证利率可能是终身的，也可能是某个特定时期。

当对利率进行周期性重设时，这可能由提供者或根据公式决定。特别是在特定的账户和合成担保收益合约中，用一个相对标准的行业方法：

$$\mathrm{MV}\ (1+i)^{d}=\mathrm{BV}\ (1+\mathrm{CR})^{d}$$

其中，

MV = 由单独账户持有的资产的当前市场价值，或在合成担保收益合约中的信托的当前市场价值

BV = 资产的账面价值。注意，这应该相当于参与者余额的总和，而且反映根据信贷利率进行的净存款和提款。它不是标的固定收益工具的账面价值。

i = 所投资资产当前可以获得的收益，通常使用指数收益。

d = 所投资资产的持续时间。

CR = 参与者将要使用的新信贷利率。

该公式的目的是从理论上，区分资产的当前市场价值与账面价值在持续时间内的差异（类似于已知负债的废止）。这只是一种理论方法，因为市场价值和账面价值永远不会相等，而是作为一种有效、公平的方式，使收益随时间变得平均。

根据计划现金流和投资业绩，对利率进行周期性调整的行为，经常被称作“经验利率”，尽管坚持这种观点的人有点儿夸张，将根据现金流经验的利率变化称作“经验利率”，而把那些根据投资业绩的利率变化称作“分享型利率”。

关于利息信贷，还有几个额外的考虑因素。第一个是，当稳定价值选择面临多个产品时，需要有一个方法论，把不同产品的利率进行混合。简单的平均值法通常已经足够，有时需要将所有的当前差额综合进随后的利率中，这些差额来自之前糟糕的猜测。

第二个考虑因素是确保稳定价值提供者能够接入记录保持者的交易和管理系统。提供者需要产生每日资产价值，或者，提供者可以提前计算每日的利率因素，然后利用该利率创造一系列的资产评估因素。

存款和提款限制

稳定价值发行人向合约持有人做出信贷利率担保，因此承担了一定程度的风险。为了帮助管理这一风险，发行人可以在稳定价值选择中包含合约条款，指明可以向合约存款，或从合约中提款的频率以及数额。

存款

当发行人和计划筹资人签订合约时，他们会协商数额和新存款时间的限制问题。例如，发行人可能同意最大存款数额，通常称之为“门”或“盘”条款，而且存款时期通常被称作存款“窗”。也可能有特定的最低存款数额，被称作“底”。

协商存款限制的目的是，帮助发行人管理其利率风险。如果市场收益下降，计划筹资人或参与者通过将资金存入稳定价值选择，能够获得高于市场利率的回报，这会导致存款的显著增加。由于根据这些基金购买的投资将为发行人提供较低的收益，在经验利率产品情况下，对信贷利率有下行压力，而在发行人提供担保固定收益利率的情况下，对投资保证金有下行压力。对于具有更大担保的产品，存款限制更加流行，例如传统的担保收益合约。

提款

相比较于存款限制，提款限制有助于发行人控制发生浮动或上升利率的风险。当利率上升时，如果合约持有人或参与者选择将资金转移出稳定价值选择，存入提供更高收益的其他投资选择中，这时，提供担保固定收益信贷利率的稳定价值产品的发行人会面临资本损失。

对出于计划福利目的的参与者提款，例如退休、死亡、残障、雇佣终止、基金之间转账、贷款或紧急情况等，没有限制。因为参与者出于这些目的提款时，不会为了套利。然而，如果参与者出于非营利目的提款，或者筹资人提款，则对此有限制。

市场价值调整条款，限制计划在利率变动时，按照账面价值，将资金转移出稳定价值选择的能力。这种类型的条款，要求调整支付给债券市场价值变化的金额，该证券是投资者支持选择的标的资产投资组合。账面价值“走廊”明确规定了在给定年份中，没有市场价值调整的情况下，合约持有人可以转账的合约账面价值最大百分比（例如20%）。“走廊”方法也经常被用于限制支付给雇主事件的提款，例如解聘。

转账

竞争基金限制要求计划筹资人除了稳定价值选择，不能提供其他的固定收益投资选择（例如债券共同基金或货币市场基金），通过这种方式，帮助管理大量提款风险。竞争基金限制的替代方案或者补充方案，是“股本稀释”条款。根据股本稀释条款，可以选择其他的固定收益投资选择，但参与者不能将资金直接从稳定价值选择中转入这些选择。相反，必须将资金转入另一个基金（例如股本共同基金），这涉及一段时期（多数情况下是90天）的某种形式的市场风险，然后才能转入其他的固定收益选择。这种元素的市场风险，有助于防止参与者通过各种可用的信贷利率进行套利，而且允许提供者按照更高的利率提供信贷。

提款等级

如果计划筹资人的稳定价值投资选择受到许多稳定价值产品的支持，那么将会有一个提款等级，明确规定各种合约可能允许从其提款的顺序。提款等级包含在合约中，而且是在签订合约时达成一致。提款等级的例子包括后进先出（LIFO）、先进先出（FIFO）、净比例分配和总比例分配。在后进先出合约中，任何超过当前存款的提款数额，以及从未到期合约中产生的现金流，都将按照最近的有效日期从合约中取出。在净比例分配合约中，对于超过存款的提款，从合约中持有的稳定价值基金中按百分比提取，而总比例分配等级按照最近的有效日期，将所有的当期存款置于合约中，然后根据比例分配的基础进行所有提款。

退出条款的需要

稳定价值产品可能拥有特定的到期日期，担保收益合约经过特定多年之后到期的方式，与银行的存款单方式很像。然而，大多数稳定价值产品的运作方式类似于长青结构。换句话说，它们不是在特定的日期到期。那么，提供者必须允许合约持有人以这种或者那种方式退出合约。

在这种情况下，经常有一些调整，以反映标的资产的任何市场变化。例如，如果自从存款以来，利率显著上升，那么万一发生提前取款的情况，合约持有人收到的价值将低于账面价值（也就是说，任何存款的数额加上根据合同信贷的利息）。

市场价值调整

账面价值与收到的价值，或者“市场价值”之间的差额，通常被称作市场价值调整（MVA）。保险公司经常采用的两种管理市场价值调整应用的方法是：（1）保持两套会计记录（一套是账面价值，另一套是市场价值）；（2）对任何提款的数额应用市场价值调整公式。

市场价值调整公式可能是单向的，或者是双向的。单向公式支付较少的账面价值或市场价值调整数额（也就是说，只允许负调整），而双向调整则支付市场价值调整的数额，不管调整是负的还是正的。

账面价值分期

在特定情况下，合约持有人也许能够在合约终止时获得账面价值。账面价值交割方案允许合约持有人选择接收本金和合约担保的利息，只要在规定时期内付清余额（例如 5 年）。另一种方法是，每年允许按照账面价值提取合约的一定百分比。该项目的一个子集可用于汇集式基金。在“一年付清”的情况下，所有资金可能在 12 个月之内按照账面价值提取。

实物转账

在特定情况下，可以选择第三种方案，通常是投资公共交易证券的产品，尤其是大型计划。例如，单独账户或者合成固定收益合约可能就属于这种情况。这种类型的转账安排被称作“实物转账”。根据实物转账，到期之后的后续提供者直接从之前的提供者实物接收资产，然后继承者可以决定卖出投资组合中的资产，以调整为需要的投资组合。如果在转账之前，之前提供者持有的证券不完全由该筹资人持有，那么必须设计一种按比例配置持有资产的方法，以保持标的资产的特征，维持交易有效性（例如，保持交易的整数股）。

年金化

最后，许多稳定价值产品包含年金条款，允许计划筹资人使用合约中的资金，为单个计划参与者购买退休年金保险。如果合约中有年金保险购买条款，通常会明确规定担保购买利率，而且按照账面价值进行购买。

合约的发行

保险公司销售的稳定价值产品，其传统的发行形式是未分配的群体年金保险合约。该合约最经常发行给计划受托人，但有时也直接发行给雇主或计划筹资人。作为一种保险产品，合约形式通常包含担保的年金保险购买利率，而且必须经过州保险监管部门的批准。在未分配的合约中，发行人保持记录合约中投资的累计基金价值，但不记录单独参与者的账户余额。相反，计划本身或者第三方监管者（TPA）通常利用发行人提供的信息（例如信贷利率），记录参与者的余额，邮寄参与者的报告，并履行其他管理功能。

信托

如果是与银行、信托公司或汇集基金经理的合约，也可以以信托协定的形式发行合约。在信托协定中，计划缴款提供给投资受托人，该受托人不同于计划的主受托人。该投资受托人负责投资基金，积累收益，并向计划的主受托人提供资金，以支付参与者的保险金。信托协定是一种弹性结构（可以将资金投资于混合信托基金或者单独的投资合约中，而且既可以投资股本，也可以投资债券），而且不需要通过州保险监管部门的批准。

筹资协定

保险公司开发了筹资协定和其他“非绑定”的方法，目的是匹配信托的灵活性，并且避免购买者与年金保险之间的一些负面关系。这些协定通常不包括年金保险购买利率，但是允许计划筹资人利用保险公司的投资特长优势。

也有所谓的“分离筹资”结构，根据这种结构，计划筹资人既利用群体年金保险合约，也利用银行协定，作为稳定价值选择的一部分。

因为稳定价值产品的购买者被认为是成熟有经验的投资者，所以这些合约形式通常不需要在证券交易委员会进行登记，从保险公司角度看，这是一个显著的优势，因为在证券交易委员会对产品进行登记是一个烦琐的过程，要求耗费大量的精力并支付法律费用。例如，特定计划的本质，例如根据 IRC 403（b）节建立的那些计划，确实要求它们的投资选项保持一定的最低特征。

计划筹资者管理问题

稳定价值产品的购买者，如果想让参与者对维持的计划满意，而且能反映其计划设计的特征、行业特征以及劳动力地理分布，那么他们将面临很多考虑因素。

多样化与信贷风险

与固定收益市场中的担忧非常相似，筹资人希望避免对单一发行人的过度暴露。为了减轻这一风险，购买人经常多样化自己购买的稳定价值产品。如果产品受到提供者的担保，那么从顶级品质的提供者处购买，将显得更加重要，或者从多个提供者那里购买，实现多样化。在经验利率产品中，标的工具的业绩被传递到计划，因此对投资资产的多样化，比对发行人的多样化更加关键。

那么，在传统的担保收益合约中，多样化的担保应该是在发行人层面。在单独账户和合成担保收益合约中，通过对比，参照标的的固定收益投资组合。在一种账户投资组合利率产品中，上述两者都很重要。在汇集基金中，对每一个元素的关注级别依赖于标的合约的混合和特征。

在固定期限的合约（传统的担保收益合约）中，很重要的是对时间进行多样化（也就是说，对购买日期和到期日期进行多样化设置），以便并非按照相同的利率环境进行所有的购买或销售。

购买的经济

为了从发行人那里获得具有竞争力的利率，购买人经常不得不具备巨大的充足购买额（例如500万～1 000万美元），以引起一群发行人的兴趣。这是购买人经常面临的担忧，他们必须对发行人实行多样化的目标，或者在固定期限产品的情况下，对购买日期或到期日期实行多样化。

提款准备金——参与者保险金

大多数产品应该日常具备准备金，以便根据账面价值支付标准的参与者导向的保险金提款，正如计划允许的那样。这些保险金通常包括：退休金、死亡保险金、伤残保险金、雇佣终止、紧急情况或者困难情况、贷款、基金之间的转账、年金保险的购买。

如果有多个合约，计划应该能够确保建立提款等级，协调不同产品的提款准备金。

如果计划可能面临潜在的浮动现金流，或者因为存款不规则，抑或因为未曾事先预料到提款，这时持有现金“缓冲”不无道理。现金缓冲可以是短期固定收益选择或者资金市场基金，起到抵抗浮动存款和提款模式的缓冲器作用。缓冲设定了一定的级别，当明显超过该级别的时候，将超过部分存入一个（或多个）核心的稳定价值合约中。当出现严重短缺时，就从核心稳定价值合约中提款，补充该缓冲。典型的缓冲目标设定在2%～5%的范围。缓冲资金的收益与核心产品的收益进行混合，为客户创造单一混合后的信贷利率。

提款条款——计划筹资人

有一个方面需要引起特别注意，既是为了确保条款公平公正，又是为了确保它们能够反映雇主的需要。

如前所述，筹资人导向的提款，例如在合约终止时发生的提款，经常服从合约限制或调整，以便提供者可以确保较长期的投资期限，从而创造相应更大的利率。在设计这些限制或调整的结构时，应该使其反映标的资产、计划的现金流和利率变动的经济性，而不应任意武断，或者全由提供者设定。表17.5展示了一些常见的限制和调整，以产品类型为标准。

表17.5 稳定价值产品中典型的计划筹资人退出限制和调整

产品类型	即时市场价值	按账面价值交割	其他
传统的担保收益合约	通常没有可用的市场价值。如果有，根据公式	不适用——这些合约已经有了确定的到期日期	不经常
一般账户投资组合利率的产品	通常有，根据公式	是，通常经过固定的时期，旨在反映一般账户资产的存续期	较早的合约可能适用递延销售收费
单独账户	由于被投资在公共交易证券中，市场价值直接决定使用按比例的资产股份	是，经过资产存续期	可以适用实物转账
合成的担保收益合约	由于在信托中，代表购买者持有资产，资产可能被销售，将收益支付给后续的持有人	经常是，经过资产存续期	典型的实物转账
汇集基金	经常不适用	一年交付	一年交付按照账面支付资产

市场价值调整因合约类型和提供的不同而截然不同，尽管它们确实起作用，但合约条款将其描述为需要慎重审查。在一般账户投资组合中，将资产投资在大型汇集中，而且在保险公司的一般账户中，没有购买人拥有任何投资的个人利益。相反，他们拥有保险公司的承诺，承诺支付特定利率的利息，但可以变化。市场价值调整公式，旨在通过代理复制购买者在标的汇集中的理论股份。

许多合约，尤其是那些本质上一成不变的合约，可能含有老旧的公式或者过时的条款，它们反映了购买之时的市场环境。更好的或者更新的公式应该包含这些元素：

确定的公式，而不是根据申请提供。

直接参考非人为操纵的变量，例如指数或者基准利率。

代理反映标的资产的特征（例如，持续期限和品质）。

提供者在公式中使用的任何费用或“折扣”的形式，是用来支付变现或未恢复的销售费用，或者支付有些资产的变现匮乏。

账面价值交割通常也包含类似的问题：

支出的存续期应该与标的资产的存续期一致。

应该确定交割时的利息信贷计算和保险金变现条款。特别是，保险公司可能会在交割时评估费用或利率的减少，需要公布这一费用或减少，而且必须合情合理。

实物转账条款，需要提供关于如何计算被转账资产的按比例股份的信息，而且在建立投资组合转账的子集时，需要对应标的资产组合的品质、存续期和其他特征。很难对非变现资产进行转账，所以需要制定其他或替代条款。

有一种支付选择几乎完全是汇集基金的独有特征，该选择经常被称作“一年支付”。根据这种安排，汇集基金中的投资者可以按照账面价值提取资产，但可能需要等待一年才能收到收益。有一些提供者通过一些方法证明这种特征的合理性，例如，如果不损害剩余投资者的利益，允许立即提款，或者根据等待提款者的人数判断。有些基金包含“不可抗力”条款，该条款进一步限制在极端市场条件下的提款。

对转账时间的进一步考虑

经常困扰稳定价值购买者的一个购买担忧是，如果稳定价值选择转手，如何进行从一个记录保持人或发行人，向另一个人的转账。一些考虑因素如下：

完全价值的转账

筹资人确信，如果前一个提供者有市场价值调整或者延迟销售费用，参与者不会损失他们在稳定价值选择中的价值。筹资人已经使用的一个保护是，不把稳定价值选择描绘成“完全担保”，而是向参与者公布，可能有的时候，参与者不会收到100%的标的资产价值。此外，更实际的方法是，后续提供者在所谓的市场价值构成合约中，具有现成的市场。根据有些合约，参与者的账面价值得到保留，以支付后续提供者任何损失的一部分，或者用于弥补参与者在未来收到降低的比率。这一方法相对来说更加普遍。

付款延迟

当确定了账面价值交割或者一年支付条款时，筹资人想使得从一个提供者向另一个提供者的过渡非常顺畅，通常使用的方法是，同时保持之前的账户和新的账户，将存款和取款限定在两个账户的其中一个，混合两者的利率，以此为参与者提供一个单一的利率。

再投资风险

另一个担忧是，任何调整或延迟，会对参与者的信贷利率造成不利的影响。如果市场价值公式公平公正、双向，而且良好地反映标的的经济性，这就不会成为问题。对于固定收益工具来说，利率和市场价值之间有着反比关系。当市场价值下降时，可能按照更高的利率对收益进行再投资，参与者的信贷利率应该不会受到影响。

在一年支付的情况中，这一特征可能对参与者造成有利影响，也可能带来不利影响。如果利率上升，筹资人可能在高利率环境中按照账面价值提款，参与人接受利率的上升。如果利率在筹资人退出合约时下降，账面价值转账会降低参与者的信贷利率。

表17.6归纳了这些考虑因素。

表17.6　各种筹资人转账条款的优点和缺点

条款	优点	缺点
实际市场价值	方便，有效率	需要找到市场价值组成的提供者
市场价值调整	如果公式具备经济性，为参与者维持利率	糟糕的代理会脱离利率，交易成本会降低利率
账面价值交割	保持账面利率	需要协调多个合约
实物交割	没有需要的近似值	复杂交易最适合大型客户
一年交付	容易理解，在利率上升环境中保护作用良好	在利率下降环境中，利率随之下降

利率、变现和品质之间的均衡

计划结构和潜在的计划变化

计划筹资人在管理稳定价值选择时，其中最重要的目标之一，就是将筹资工具和投资组合结构，与特点计划及其参与者的特征相匹配。下面是一些例子：

如果是小型计划，资产主要集中于一两个高薪人员，这几个人可能会退休或者离开公司，该计划的投资，可能与账户余额更多样化的投资非常不同。

如果一项计划有许多投资选择和宽松的限制，那么与不具备这些特征的计划相比，它可能会经历更高的参与者现金流波动。

如果公司的计划经历合并和兼并活动，或者预期的裁员，它可能与根深蒂固的稳定计划有不同的需要。

存续期

一个稳定价值投资组合，就像其他固定收益投资组合一样，具有存续期，而且可能用相似的方式计算。根本的是，存续期可以衡量该稳定价值选择的信贷投资利率。

总的来说，在正常的、有正斜率收益曲线的环境中，长期固定收益工具的信贷利率，比短期工具的要高。如果不考虑其他任何因素，这可能意味着，从第一眼看，稳定价值工具的购买者可能倾向于持有长期的投资组合。然而令人奇怪的是，大多数稳定价值基金的存续期往往在 3 年左右，而固定收益市场的存续期，在 4 ~ 5 年之间，正如雷曼兄弟综合指数的测算。

是担保收益合约和稳定价值基金经理不必要地放弃了定量增长的收益，还是另有其他问题促使这一明显的存续期决定？这可能是由于下面几个因素：

利率跟踪。合约持有人可能希望整体收益很快地根据当前利率变动，与 4 年或 5 年的存续期相比，具备 3 年存续期的投资组合会反应更迅速。

保守主义。或许大多数稳定价值基金的筹资人都比较保守，所以稳定价值基金的管理风险低。

变现偏见。有些筹资人可能希望避免被人认为“锁定”在了某个合约或者选择。

实用性。与高利率相比，筹资人可能从灵活性中获得更多实惠。正如一个非常大型的计划筹资人所说的“我的收益很不对称，如果我为参与者争取到了更多的几个基本点，没有人在乎。但如果有的参与者觉得计划出了问题，他们会对我大喊大叫”。

流动性和现金缓冲。为了管理计划变动和这些变动对稳定价值选择的现金流的影响，以及为了保持流动性，许多计划会在其稳定价值选择中保持现金缓冲。现金缓冲的运作方式是，接收参与者的所有存款，以及任何现有到期合约的到期款，并且支付所有的提款。然后将投资可用的净数额存入当前的稳定价值产品中。这简化了计划的管理，因为计划不需要为了支付提款而雇用几个分销商，或者由于降低的预期波动性，可从购买者获得更好的利率报价。

资产品质。总的来说，在支持稳定价值选择的固定收益资产的品质，与其当前预期收益之间，存在反比的关系。计划将需要决定，它想要的品质和收益范围大体如何。虽然有一些例外，但大部分计划是在 AA 范围内运营，这很可能反映出稳定价值选择被视作安全导向的投资。

没有一种工具能够提供最高的可能利率、最高的品质和最及时的变现。计划需要根据其自身的特点，决定哪一种组合是最好的。表 17.7 总结了在这些平衡方面的一些考虑因素。

表 17.7　典型的稳定价值选择投资特征

特征	范围	典型观察	考虑因素
存续期	2 ~ 5 年	3 年	更短的存续期 = 更低的收益，但是更好的利率跟踪
品质	A 到 AAA	AA	安全导向投资通常导致更高的品质

（续表）

特征	范围	典型观察	考虑因素
变现	2% ~ 5% 的现金缓冲，平衡按照账面价值的保险金提款率	3% 的缓冲	确认合约变现条款公平公正

账面价值结算

账面价值结算，以及使之可行的保险金反应，很可能是筹资人购买稳定价值产品的主要理由。如果一项计划满足 AICPA 94-4 指导原则和 FASB 的 AAGINV-1 立场陈述，它就有资格使用账面价值结算。账面价值结算的好处是，即使稳定价值投资组合的市场价值随着时间改变，该计划还是可以根据账面价值向参与者账户提供信贷（也就是说，根据该利率对其投资选择提供信贷）。这使得参与者可以避免市场的逐日波动，而且可以看到稳定收益。由于它对计划参与者报告的根本影响，计划应该非常仔细地保持其账面价值结算的资格。

报告需要

计划需要跟踪其投资，管理其投资组合的各个方面，例如投资提供者的分红、存续期、即将到期的数额、变现力等。为了周期性地提出报告，并使报告包括它所需要的信息，计划应该进行一切必要的安排。

参与者公布

筹资人应该向参与者公布足够的情况信息，在哪些情况下，参与者可以按照账面价值接触其账户，在哪些情况下，接触途径受到限制。

发行人考虑因素

正如计划筹资人在管理文档价值产品的时候，有很多问题一样，发行人也如此。

稳定价值产品大体上可以划分为 3 大类：

1. 完全担保合约或者具有重要担保元素的合约（例如，担保收益合约或者一般账户的投资组合利率产品）。

2. 积极管理产品，例如单独账户或者合成担保收益合约，在这种情况下，担保往往较低，而且大部分的投资业绩随时间传递给合约持有人。

3. 汇集式基金，在这种情况下，发行人既不承担担保风险，也不负有积极的固定收益管理责任，但是需要负责汇集基金的构建和运营。

注意：经常见到的情况是，汇集式基金的操作者也会有附属的投资顾问管理计划资产，遵守关于费用的限制，以避免利益冲突。

这 3 种类型分别表现出不同的特征，而且引起相应不同的考虑因素。

发行人需要决定，为了支持其稳定价值产品，需要购买什么类型的投资，以及如何对这些资产进行管理。对此的考虑因素包括：

资产类型；

资产品质；

资产存续期；

变现因素和现金头寸；

投资选择性和衍生用途；

积极或消极的管理。

完全担保合约

完全担保合约通常由保险公司发行，由发行人的一般账户中的一部分支持。资产经常包括全范围的固定收益，其中包括公共交易证券、私募证券、商业抵押贷款、抵押和资产支持的债券，甚至少量的其他工具。这些资产的持续期通常更长，例如 5 年。投资组合通常包含足够的现金流动，以支付净提款，因为它属于大型汇集基金。通常对流动资产（公共交易的证券）进行积极管理，而对非流动性投资一直持有至到期。

积极管理资产

资产通常存在于广泛多样化投资组合的公共交易证券中，而且，因为收益会随时间传递给合约持有人，所以其结构反映出筹资人的偏好。存续期通常在 3 ~ 5 年的范围内，资产品质属于 AA 级。根据外部的基准，对资产进行积极管理。衍生用途局限于对冲和复制，考虑到证券可以在公共市场出售，所以流动性通常来说不是问题。

汇集式基金

汇集式基金的操作员经常不持有支持汇集基金的资产，但会实施多样化，例如固定收益合约、合成固定收益合约、单独账户以及其他构成汇集基金的工具。汇集式基金也重视标的资产的投资指导原则，以便恰当地实行多样化。

资产/负债管理

投资管理的一个重要部分是资产与负债的管理，这涉及管理资产的现金流，以满足付款或到期的短期需要；管理资产的存续期，以便标的投资组合的价值与负债的价值协调变动，而且管理凸性（随着利率的变动，投资组合的存续期随时间的趋势）。

如果投资的投资组合与其相应的负债不相匹配，可能会发生灾难性的后果。如果利率急剧上升，购买的资产可能会有低于向购买者担保的市场价值，最终这些资产的变现会导致巨大的损失。

完全担保产品

在完全担保合约或者具有重要担保元素的合约中，资产与负债的匹配更加重要。这些产品的发行人应该匹配：

资产和负债的到期安排；

存续期（按到期资产的现有价值加权的平均到期）；

价值的非线性变化（例如，在资产方面，抵押贷款的帕斯鲁证券，其趋势根据预先支付活动的价值波动；在负债方面，筹资人的任何选择，按照账面价值提早弥补资产）。

积极管理的产品

这些产品下的几乎所有体验，都通过未来信贷利率的变化，随时间传递到计划中，所以资产与负债的匹配，除了极端情况外，即担保失效，实际上，从发行人的角度看，是自动的。然而，将投资特征与计划的预期现金流动力相匹配，这对满足购买者来说至关重要，即使错误的搭配会破坏任何外在的合约担保。

汇集式基金

汇集式基金根据费用基准运行，所以资产与负债的批评不是真正的问题，除非是从客户满意度的角度来看。

承保

不管所发行的产品类型如何，提供者需要承保计划的现金流获得变化风险，主要是它引起的保险金反应风险。

保险金反应风险是指，所用的稳定价值产品必须在不合适的时间，支付比预期的更高的保险金，主要是在利率已经升高以后，以至于支持产品的资产投资组合，其价值低于它必须支付的保险金的价值。实际上，发行人已经向购买者发行了金融选择的等价物，虽然可能附带一定的事先约定和假设无可选择的事件。它的风险在于，选择是在不利的环境中进行的。

风险的驱动因素在于，不管当前的利率环境如何，投资者有权按照账面价值从基金中取款，只要出于特定的事件，例如退休、死亡、残障、雇佣终止或将稳定价值选择转账，转至其他可用的参与者投资选项中。类似的现金流相关风险是，参与者可能在错误的时间向发行人存款（例如，在利率已经下降之后）。

发行人用来承保保险金反应风险的一些工具是：

分析计划的结构和条款；

分析计划的参与者基础；

历史存款和提款活动；

使用现金缓冲基金；

检查提款等级；

计划利率的竞争力；

计划对固定/变额资产的历史配置。

观察为稳定价值选项提供资金的其他投资工具。

在完全担保产品中，承保对于保护保险公司的资产至关重要。在基金管理的产品或汇集式基金中，承保也很重要。由于业绩最终累计到计划参与者的福利或损失中，良好的承保能够预防一组参与者对另一组参与者造成不利的影响。换句话说，它保护代际间的公平。甚至是在汇集式基金中，承保也很重要，以防止一个计划不会对另一个计划造成消极的影响。事实上，汇集式基金经常保护额外的承保特征，即汇集基金中的最大计划所有权，以确保一定程度的多样化。

表17.8说明了在固定缴款计划中的典型风险以及经常使用的控制方法，用来为抵抗这些风险提供保护。

表17.8　承保风险和控制的典型稳定价值选择

风险	典型的控制方法
利率上升之后，参与者被解雇，在“终结”时，要求按照账面价值进行大量提款	万一发生“雇主主动”的事件，利用合约条款限制按照账面价值付款，例如解雇、提早退休激励的项目、抽资脱离、剥夺财产等
参与者将稳定价值选择的资产转移至其他的投资选择中	保险公司通常认可这种与股本选择有关的风险，但对于“竞争性”选择，即那些固定收益或者短期的，或者有本金担保的选择，不允许转账，或者只有满足要求才能转账，即转账的参与者将被转账的资产，在股本账户中至少保持一段时期（股本稀释条款）

（续表）

风险	典型的控制方法
热钱问题：有许多退休的参与者仍然留在计划中，他们会在任何时候按照账面价值取款	发行人通常承担这种风险，而不是控制，而且设置相应的费用
计划的存款在利率下降后高于预期的，或者在利率上升后低于预期的，要求发行人提供与市场利率不一致的信贷利率	最低和最高存款要求
计划的提款等级将所有的提款分配给当前的提供者（后进先出法），当前的提供者得到较高的提款	发行人通常承担这种风险，因为它本质上属于短期的。存款底线也提供了一些保护

法律和监管问题

稳定价值产品的发行人必须遵守一系列广泛的法律、法规和会计要求，具体取决于发行的典型产品。这些要求包括：

州法律。在大多数州之内，保险公司发行的产品被视作群体年金保险合约，有时被认作基金协定。总体来说，州保险法适用于这些特点形式的要求，以及合约的发行。也有些州法律适用于保险产品的营销。

证券法。大多数稳定价值产品不受州或联邦证券注册部门的监管和销售要求，只要符合这样的事实，即它们是作为合格的退休金计划进行销售，这样的计划由经验丰富的投资者决定。然而，州和联邦的反欺诈法确实适用于这些产品的营销。根据403（b）计划发行的稳定价值产品，需要满足特殊的证券法要求。

ERISA。1974年雇员退休收益证券法（ERISA），规定了一些要求，主要涉及如何销售稳定价值产品，以及保险公司如何管理标的资产。如果确实发生了ERISA问题，这些问题通常是关于潜在的利益冲突。

信托法。银行与信托产品须遵守银行业和信托法，而且有些还需遵守美国货币监理署（Office of the Comptroller of Currency，OCC）的要求。

吸取到的一些历史教训

所有类型的稳定价值产品的发行人都犯过错误，为了避免犯同样的错误，应记住这些错误。

完全担保产品

教训 1：远期承诺

直到 20 世纪 70 年代，利率在几十年中一直保持比较均衡，为了获得更高的利率，对投资进行远期承诺已经成为一种惯例，也就是说，甚至在销售出相应的负债（那时就是指担保收益合约）之前，购买投资以支持负债。当利率在 20 世纪 70 年代后期出现激增时，才使得保险公司以低于市场的利率持有旧的投资。

教训 2：窗口大开

在 20 世纪 80 年代，向大型计划发行担保收益合约的竞争非常激烈，在不止一次的场合下，保险公司同意接受不定数额的存款，明显低估了当利率下降时的存款额，当时被迫对超出的存款额利率提高，以高于市场的信贷利率。

教训 3：对错误资产的过度投资

竞争的另一个结果是，为了获得利率优势，经常将保险公司资产过度关注在特定的资产级别中。当这些资产价值陷入周期性下跌时，例如商业抵押贷款、抵押帕斯鲁证券或者亚洲债券，对这些领域过度投资的保险公司将深受损失。

所有的这 3 个问题可以被看作是同一个问题的不同方面，即慢慢习惯了对资产进行过度投资的潜在风险，或者错误地搭配资产和负债。

积极管理型产品

积极管理型产品对发行人的担保风险较低，因为经历的风险都将传递给计划。然而，即使是对于这些产品来说，发行人也犯过错。其中最大的错误是，向筹资人提供按照账面价值提前退出合约的选择，当这种情况发生时，损失是如此巨大，以至于这种类型产品的一个发行人最终破产倒闭。

汇集式基金

汇集式基金面临的一个问题是，试图追上不断上升的利率。这个错误倒不是一个巨大的结构性问题，许多汇集式基金建立了第二个汇集基金，以便在利率上升的时候，使得利率具有竞争力。这意味着，在“老”汇集基金中的客户只能接受毫无竞争力的利率，因为他们的新投资非常有限。

汇集式基金面临的另一个问题是，通过投资于多个提供者所发行的产品，至少一个发行人出现问题的风险增加了。有些时候，当这些发行人出现问题的时候，汇集式基金必须冻结，或者对接触资产设置障碍。这不会对客户造成损失，但的确会造成很多不便。

不同稳定价值选择筹资工具的优点和缺点

在真空环境中，计划应该使用什么工具为其稳定价值选择筹资，这没有对错之分。然而，计划会根据其特点，评估最适合自身的工具。

表 17.9 总结了不同工具相对的优势和劣势，也列举了一些典型的客户搭配。

表 17.9　稳定价值筹资工具的比较

	完全担保	积极管理型经验利率	汇集式基金
优势	更高的最低担保； 完整市场周期内的更高利率； 购买投资时的规模经济	对投资策略进行控制； 可以在长期产生良好收益； 简单的转账条款	更快地跟踪外部利率； 广泛的多样化； 容易理解
缺点	对单一发行人的信贷； 暴露需要代理估算所有权股份； 老合约经常保护无吸引力的条款	个人账户——无汇集； 局限于个人计划现金流的经验	在利率上升环境中一年支付； 事先不公布利率； 对（更小）信贷事件的更广泛暴露； 在利率下降的环境中，一年支付不利
典型的最佳搭配客户	需要很大保证的计划； 在现金流方面，存在无法预知因素的	大型计划； 擅长或想要固定环境参数的； 主要是雇主控制的	小型计划； 对信贷利率感兴趣的小型参与者； 对转账权利的容易理解性敏感的客户

本金保护产品的新发展

下面一些因素使人们对本金保护产品再次产生了兴趣。

更高的利率。尽管此时的利率大大低于其历史最高点，但每一次当利率开始上升时，稳定价值产品中的利息会再次显露。

费用透明。一些较新的稳定价值产品的费用结构，比一些较老产品的更容易解释。在购买者比以往更想理解费用的环境中，这些产品很具吸引力。

人口结构因素。婴儿潮是一个根本性的人口结构因素，影响广泛的美国消费。关于它如何影响了退休投资，其中一个方面是固定缴款计划的参与者，他们比以往更需要负责自己未来的退休需要，在这样的环境中，积聚了相当数量的资产。本金保护资产变得有吸引力，因为它们使得投资者能够保护这些积累的资产。类似的，对日益衰老的固定缴款计划参与者来说，管理收益成为日益重要的目标，而本金保护产品可以担保收益流。

稳定价值产品新出现的一些使用包括：

管理退休后的收益。日益衰落的婴儿潮一代正从积累的思维模式，转变为生活方式的思维模式："我用我的钱可以做什么，如何保护这些钱?"稳定价值的概念有助于实现这两个目标。

医疗储蓄账户（HRA）筹资。对雇员以及他们的雇主来说，退休后的医疗保健福利成为他们日益关注的问题。为了对这些事项进行事先筹资，市场正在开发一些工具。本金保护可能是预先筹资方法的宝贵因素。

外国实体。对固定缴款模式的使用，已经扩展至全球各种各样的形式中。稳定价值可能在其他国家中也是非常重要的概念，正如它在美国一样。

固定收益负债的终止。虽然固定收益计划的使用逐渐减少，但仍然留有大量负债，而且它们与衰老的雇员和退休人员有关系。稳定价值可以在终止这些债务方面起到作用。

零售使用。虽然证券交易委员会对稳定价值共同基金的账面价值会计立场，在此领域已经起到日益阻碍的作用，但沉睡的潜在需要可能仍然会激发一些类型的汇集稳定价值产品的零售能力。

随着利率和监管的不同，稳定价值产品的吸引力随之变化，但是这些稳定价值背后的潜在驱动因素，即保护和稳定的需要，是人类本质的天性。虽然特定表现会与稳定价值今天的样子有所不同，但是稳定价值产品很可能会以某种形式在，未来持续很长一段时间。

第四部分 外 汇

第18章
即期外汇

【摘要】外汇市场目前是世界上最大的市场，虽然世界货币市场通常被视为最大的银行和跨国公司独占的领域，但事实远非如此。尽管主要货币也像商品一样进行交易，但由于货币交易没有固定基点，因此它与商品市场以及股本市场有着显著的区别。换句话说，外汇市场是以通信和信息系统的方式存在的，这些系统由电话、互联网或其他即时通信媒介［例如，路透社（Reuters）和彭博社（Bloomberg）］组成。外汇市场并不位于某栋大楼内，也没有固定的交易时间，而是一个24小时的全球交易系统。外汇市场没有边界，而且一般来说，其交易活动从一个主要金融中心的开放时间转到下一个主要金融中心的开放时间，所以外汇市场总会在世界的某个地方处于活跃状态，实现全天候开放。这种非集中化使得外汇市场的总体规模只能靠猜测。外汇市场是一种场外交易市场，买卖双方直接进行交易。市场中的许多交易者都是从这种最简单的商品买卖起步：低买高卖或高卖低买。因此，外汇市场是一个由持有各种货币的买卖双方组成的一个全球性外汇交易网络，买卖双方按照合约约定的汇率在约定的时间以一种货币兑换另一种货币。外汇市场起初只是跨国贸易的一种辅助方式，而今天已经成为世界上流动性最大、最繁忙和最不稳定的金融市场。其中，银行（以及许多对冲基金）是主要的参与者，它们有可能创造巨大的收益，也可能会遭受重大损失。

外汇（Foreign Exchange，FE）市场包括现货市场和外汇衍生品市场，本章主要介绍现货市场，该市场也通常被称作即期外汇市场。

外汇或者汇率就是以一国货币表示另一国货币的价格。虽然汇率受许多因素的影响，但货币价格最终是供求关系的结果。世界货币市场可以被视作一个巨大的熔炉，其中混合着大量的当前事件，随着事件不断发生变化，供求关系也在不断变化，从而使一种货币相对于另一种货币的价格发生相应的变化。在任意特定的时间点，没有其他任何市场能像外汇市场那样包含如此多的世界事件。

大约80%的外汇交易与美元有关，美元之所以在外汇市场起着如此重大的作用，是因为：

- 全世界都将美元用作一种投资货币。
- 美元是许多中央银行持有的储备货币。
- 美元是许多国际商品市场的交易货币。
- 许多货币体系将美元作为一种干预货币，用于自身货币的运转。

最广泛的交易货币组合如下：

- 美元对日元（USD/JPY）。
- 欧元对美元（EUR/USD）。
- 英镑对美元（GBP/USD）。
- 美元对瑞士法郎（USD/CHF）。

大体上说，欧元对美元是交易最广泛的货币组合，大约占全球交易量的30%；其次是美元对日元，约占20%；再次是英镑对美元，约占11%。当然，大多数国家的货币都会以某种形式出现在外汇市场。大多数货币间实行的是浮动汇率机制。汇率的上升或者下降主要取决于该国的经济、政治和军事形势。

外汇和外汇市场的基本信息与常见概念如下：

- 外汇市场是一个由持有各种货币的买方和卖方组成的全球性网络。
- 外汇是指一种货币与另一种货币的汇兑。
- 汇率是指一种货币以另一种货币表示的价格。
- 外汇交易是指一种货币在预定的时间按照约定的比率与另一种货币进行的汇兑。
- 即期汇率是指一种货币与另一种货币在两个交易日（交割日）内进行结算的比率。

简史

那么，外汇市场的历史是怎样的？我们不打算一直追溯到物物交换体系，从货币最初使用时开始讨论，而是介绍最初的国际借贷的交易与偿付方法，即黄金的使用。为此，各国同意不限制黄金的跨国界流动，而且允许其他国家将其金币进行熔化并重新铸造。在这一时期，汇率的浮动和相关的风险都非常小，金本位制一直持续到第一次世界大战。为了资助战争，多数国家印制了大量的纸币，远超过其黄金储备，从而导致了金本位制的崩溃。第一次世界大战后，各国试图恢复金本位制，但均以失败告终，因为多数货币已经被高估或被低估，很难再与金本位制相对应。此外，这一时期世界范围的通胀引起了货币之间的巨大悬殊，从而导致货币贬值，各币种之间的差距进一步加大。显然，这一时期很难进行货币兑换。

“二战”末期，为了避免遭遇“一战”后的困难，美国人在1944年的布雷顿森林会议上提议建立一种以固定汇率为基础的体系，并组建国际货币基金组织（International Monetary Fund，IMF），建立新体系的目标有3个：

1. 创建一个具有稳定汇率的体系。
2. 消除汇兑管制。
3. 允许所有货币的自由兑换。

为此，美国保证将按照每盎司35美元的价格购买和销售黄金，美元从此成为所有货币与黄金之间的平价参考。换句话说，美元取代黄金成为国际货币体系的主要储备货币。因此，各国除了储备黄金以外，也储备美元，因为美元既可以带来利息收入，也非常容易兑换成黄金。美元自此成为国际交易结算的主要货币。

这一体系一直运行良好，直到20世纪60年代后期，尽管多方努力试图稳定市场，但是各国之间增长率的巨大差异使得固定汇率体系难以为继。有些国家对其货币进行重新评估，而有些国家则让其汇率继续“浮动”，最终导致了布雷德森林体系的终结。1973年，由于各国对美元信心的持续下降以及美国大范围的国际收支赤字，固定汇率体系最终瓦解。由于固定汇率不可行，所以多数国家任其货币随其他货币浮动。但这被视为稳定的固定汇率恢复前的一种短期方案。然而，1976年的IMF大会根据“君子协定”，正式采用浮动汇率，禁止各成员国操纵汇率，且不得获取对其他成员国不公平的利益。

外汇市场并不是一个完全自由的市场，因为有些国家对资金的汇出有相关规定，而且有些货币间实行固定或者半固定的汇率。以前的欧洲货币体系（European Monetary System，EMS）就属于后者，该体系是一个包括多数欧洲共同体（Europe Community，EC）国家的汇率机制，这些国家之间的汇率浮动相对较小，即在相互约定的一定幅度内浮动。

由于货币汇率的浮动性，货币的价值会出现剧烈的波动。而对货币的价值进行不断地调整，导致了外汇市场的浮动性。因此，涉及非本国货币的任何交易都会面临他国货币价值的变化所带来的风险。

外汇风险

简单来说，外汇风险是指由于汇率变化导致金融影响的风险，通常分为3种：

1. 交易风险，主要影响公司的利润、损失和现金流，此风险源于某公司以非本国货币的一种或几种货币进行交易。

2. 转换风险，主要影响公司的资产负债表，是指某公司出于会计目的，将国外资产和负债转换成本国货币时产生的风险。

3. 经济风险，与公司在国外市场的参与度以及与供应商的联系程度有关。该风险更难以确定，有时也被称作竞争风险、策略风险或者运营风险。

实际上，基本的外汇产品共有5种：

1. 即期外汇交易。
2. 远期合约。
3. 外汇远期合约。
4. 外汇掉期。
5. 外汇交易。

后4种被称作外汇衍生品。

基本用途

外汇产品的基本用途如下：

- 结算和提供资金，目的是将商业交易中涉及的现金（例如，进口或者出口的应付款项或应收款项）从一种货币转换成另外一种货币，或者兑换现金流（例如，股息、公司间贷款和投资等）。
- 对冲或控制由时间段和汇率波动引起的外汇风险。
- 利用不同货币或市场间的短期价格差异进行套汇。

- 利用变化的汇率和利率进行投资，以优化全球投资策略的所有要素。
- 利用预期的汇率变化进行投机。

按照即期外汇交易的实际定义，公司、投资者、基金和机构这一类的客户群体会将即期外汇交易作为其外汇管理的一部分。投机商也会利用即期外汇交易市场，因为这个市场极其活跃，而且变现力强，大约有2/3的外汇活动是在这个市场进行的。每一天汇率都会有大幅度的变动（浮动），从而使投机商从中获利。

特征

外汇市场有一些独有的特征。如前所述，外汇市场每天24小时处于活跃状态。与股票市场不同，外汇市场一般没有集中的交易场所，交易是以“场外”形式进行的，即买卖个体通过电话或互联网在交易平台上以口头形式交易，或通过经纪人交易。

这意味着汇率取决于交易商，而不是由中心市场控制。例如，投资者不会针对某个特定股票，打一圈电话，找一个最好的价格，因为股票是在股票交易所报价；但是针对特定的货币，投资者会给不同的交易商打电话，以期获得最佳的汇率。投资者也会广泛参考各种银行或经纪人（例如，彭博社和路透社）提供的信息，但也仅以此作为参考价格。

关于“缺乏有形市场”这一特征，有两个例外。

第一，外币期货是在少数规范的市场内进行交易的，其中比较著名的有芝加哥的国际货币市场（International Monetary Market，IMM）、新加坡国际货币交易所（Singapore International Monetary Exchange，SIMEX）以及位于伦敦的伦敦国际金融期货交易所（London International Financial Futures Exchange，LIFFE）。

第二，有些国家存在每日的“定盘”，即主要的货币交易商举行会议，“固定”其本币与主要贸易伙伴国货币的汇率，使汇率在当天的预定时刻内不得浮动。除定盘时刻外，其他时间的汇率继续浮动，而且可以自由交易。如今定盘的现象已经很少见，而且只是些象征性的会议，占全世界日常交易量的比例不足0.5%。

虽然不存在中心市场，但在世界的3个区域内有一些主要的交易中心，多数外汇交易在此进行。在世界的不同地方也存在许多较小的交易中心。

西欧地区的主要交易中心位于伦敦、法兰克福、巴黎和苏黎世。北美地区的主要交易中心位于纽约，然而芝加哥、旧金山、洛杉矶和美国其他主要城市也有一些活跃的交易厅。远东地区的主要交易中心位于东京、中国香港和新加坡。世界上大约84%的外汇交易在这些主要的交易中心进行。

主要参与者及其作用

做市意味着有买卖货币的意愿与准备，做市商则是指那些既购买也销售货币的市场参与者。根据市场惯例，做市商、交易商（Dealers）或者交易人（Traders）通常会向另一个做市商提出一个双向报价（当交易涉及做市商时，交易商等同于交易人）。对做市商来说，互惠互利是标准做法，他们始终互相报价，做市商主要是银行。

价格接受者是另一种市场参与者，他们旨在购买或销售外币，而且通常是公司、基金经理或者投机商。对价格接受者来说，不存在互惠互利的做法，因为他们不向其他市场参与者报价。

主要的市场参与者起到许多不同的作用，这取决于他们对外汇的需求及其活动的目的：

- 国际货币中心银行作为做市商，与其他市场参与者进行交易。
- 地区银行与做市商进行交易，以满足其自身及客户的外汇需要。
- 中央银行负责为政府、某国有企业以及其他中央银行处理外汇交易。它们也支付或者收取通常不在储备范围的货币，并通过干预稳定市场。
- 类似于货币中心的投资银行也可以是做市商，并与其他市场参与者进行交易。
- 公司通常是价格接受者，而且出于特定目的（例如，折算交易资金或资金流、对冲货币头寸）参与外汇交易。
- 经纪人是市场的媒介或者中间人，他们自身并不持有货币头寸。经纪人是做市商之间的交易媒介。经纪人向做市商提供买方出价或者卖方报价，此类报价由其他做市商向经纪人提供。经纪人有保密义务，在交易达成之前，不得将某位客户的名字透露给另外一位客户。

投资者通常是大型投资基金的经理人，是当前改变汇率的主要力量，其参与外汇市场的目的可能是对冲、投资或投机。

尽管监管当局并不是真正意义上的市场参与者，但偶尔也会影响市场。政府和国际组织均属于监管当局。多数市场属于自我管理，遵循一定的行为准则，该准则由诸如国际清算银行（the Bank of International Settlement，BIS）和国际货币基金组织的团体制定。国家政府能够而且确实会通过立法或者中央银行的市场干预对外汇实行管制。

随着互联网的日益便捷以及各种在线交易平台的日益普及，投机商的数量也不断增长。据说，95%的日常外汇交易量由交易或投机组成，而政府和商业活动只占剩余的5%。

即期外汇

汇率是一个经济体的货币与其他货币的比较，其实质是某个经济体表现其价值和资产的一种手段。通常的市场做法是对汇率进行即期外汇报价，即在交易日之后的两个营业日内进行交割（加拿大元对美元的交易除外，其即期交割日只有一天）。交割通常需要两个营业日的时间，以便获得交易双方的交易信息，并通过当地的结算系统处理资金。不管时区差异，两项付款在同一日进行。

图 18.1 是一次外汇交易的示例。

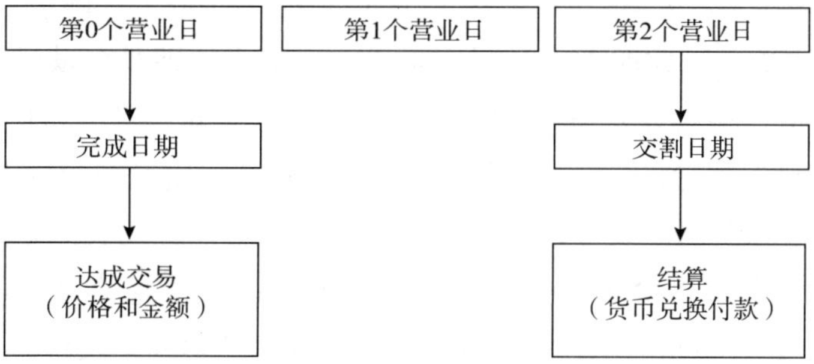

图 18.1　一次外汇交易示例

即期汇率与相互汇率

即期交易使用的汇率——即期汇率，是指可以购买或销售某种货币的价格，该价格以其他货币的形式表示，并于即期交割日进行交付。即期汇率可以按两种货币的任何一种进行表示，因此该价格包含两部分：基准货币价格和等价数量的其他货币价格。例如，2006 年 7 月 25 日（本章中列举的数据均使用这一天的汇率），美元（$ 或 USD）对瑞士法郎（CHF）的汇率可能报价为 1.250 7，这意味着 1.250 7 瑞士法郎可以兑换 1 美元。当已知一个汇率时，以其他货币表示的（相互的）即期汇率就可以很容易地计算出来。用瑞士法郎表示的 1 美元价格是 1/ $0.799 6 或者 CHF 1.250 7。

尽管有些报刊按照两种汇率方式进行计算和公布，但交易人在对多数货币进行报价时采取的标准市场惯例是 1 美元可以兑换的外币数量。例如，如果一个银行交易人被要求报瑞士法郎对美元的汇率，答案很可能是 CHF 1.250 7，而不是 $0.799 6。在这种情况下，1 美元是被交易的商品，而交易员所报的是瑞士法郎的价格，这种报价被称作欧式标价。

应当注意的是，因为美元是国际贸易和官方储备（虽然欧元正在迅速赶超美元作为储备货币的地位）的主要货币，所以美元也是流通最广的交易货币。因此，最常报价的汇率以及流动性最大的市场是美元与其他各种外币的交易。

欧式标价和美式标价

通常惯例是以间接方式或欧式标价来报价。以美元标价的价格表示的是1单位的外币折合多少美元，此时，外币是固定货币，而美元是变动货币。

然而，这一规则也有一些特例。有一些货币按照1单位货币所折合的美元数量进行报价。例如，欧元、英镑（£）、澳大利亚元和新西兰元，以及其他老的英属地区使用的货币，如马耳他镑，这是一个历史遗留现象，因为当时这些货币主要按照对英镑的汇率进行报价，因此采用了与英镑对美元一样的报价传统。在这些情况中，此类货币的汇率总是以美元或直接标价的方式来报价。例如，如果要表示瑞士法郎对美元的价格，将会显示CHF 1.25/ $1，或者说1美元等于1.25瑞士法郎。这意味着1.25瑞士法郎可以兑换1美元，此时美元是固定货币，而瑞士法郎是变动货币。如果要表示美元对英镑的价格，将会显示$1.84/£ 1，或者说1英镑等于1.84美元。这意味着1.84美元可以兑换1英镑，此时英镑是固定货币，而美元则是变动货币。

因此，根据市场惯例，既可以使用欧式标价，也可以使用美式标价。一个市场交易人可以按照每英镑1.842 4美元的方式对英镑汇率进行报价，也可以按照每欧元1.259 8美元的方式对欧元汇率进行报价，这一差异是理解外汇报价和看懂交易屏幕的关键。例如，当一个公司的财务主管给银行打电话询问外汇报价时，交易人会假设财务主管懂得市场惯例，并很快地以通常的欧式标价或者美式标价的方式，报出不同货币的价格。

即期外汇交易

买卖价差

当外汇交易人报出双向市场价格时，他们被看作是交易商。也就是说，他们不是只报一种汇率，而是既报出买价（即交易人愿意购买某种货币的价格），也报出卖价（即交易人愿意卖出某种货币的价格）。双向报价的例子如下：

EUR/USD　1.259 8—1.260 1

USD/JPY　117.06—117.09

USD/CHF　1.250 7—1.251 0

通常情况下，多数汇率会保留到小数点的后4位（小数点之后的有效数字）。但也有些例外情况，如上述例子中的美元对日元，就只保留到小数点的后2位。

与其他金融市场一样，如果交易人在一定价格上买入某种货币，然后以稍微高点的价格卖出，那么价格差对交易人是有利的。为了确定一项交易是否按照交易人的买方出价或者卖方提议价汇率达成，客户必须首先知道交易人针对哪种货币做出的买方出价或者卖方提议价，即是按照欧式标价，表示为 1 美元兑换的交易货币，还是按照美式标价，表示为 1 单位外币兑换的交易货币。

理解汇率

与商品和股票相比，外汇有着非常独特的报价方式，而且我们有必要熟悉这些方式。大多数国家在国内采用直接标价法。在国际上，外汇市场的惯例是以美元作为基准货币，按照多数货币对美元的方式进行报价。以美元为基准，简化了货币交易，而且也便于交易人比较汇率。

例如，如果美元对瑞士法郎的报价是 1. 250 7/10，这个报价的实际意义是什么？如前所述，做市商通常会报出双向价格，换句话说，他们必须报出买方出价和卖方提议价，在此处即指美元对瑞士法郎的汇率。做市商总会采用“损人利己”的方式进行报价，报价的左边（1. 250 7）是报价人对美元的买方出价，很明显要尽可能少地出让瑞士法郎。相反，报价的右边（1. 251 0）是做市商对美元的卖方提议价，这时他们会要求尽可能多的瑞士法郎。某人买进某种货币时的汇率与他们卖出该货币时的汇率的差额被称作利润（价差）。

举例来说，当做市商对瑞士法郎（对美元）的即期汇率进行报价时，交易人会说：“美元对瑞士法郎是 1. 250 7—1. 251 0”，其中，他们的买方出价是 CHF 1. 250 7/ $1，而卖方提议价是 CHF 1. 251 0/ $1。也就是说，做市商将以 1. 250 7 瑞士法郎的价格购买 1 美元，客户将按 1. 250 7 瑞士法郎的价格卖出 1 美元，因为客户是按照做市商的买方出价销售货币。相反，做市商将以 1. 251 0 美元的价格售出 1 美元，客户将按 1. 251 0 美元的价格购买 1 美元，因为客户是按照做市商的卖方提议价买入货币。

图 18. 2 是一次外汇交易的示例。

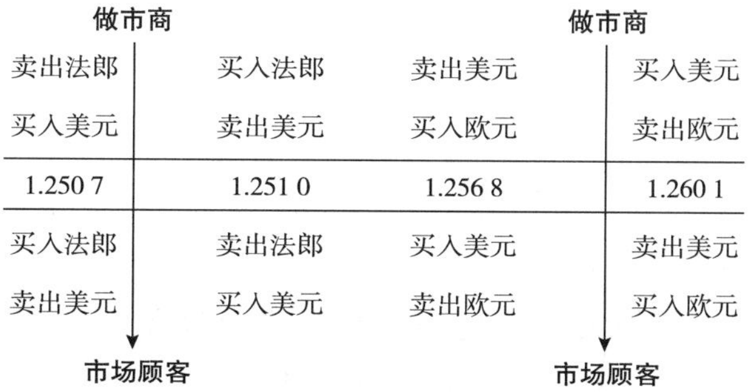

图 18. 2　外汇交易的示例

需切记的是，在任何一次外汇交易中，每一方既是买方也是卖方，因为买方在买入一种货币的同时也在卖出另一种货币。判断是买入汇率还是卖出汇率的一个方法就是要记住，做市商将按低汇率（买方出价）以其他货币买入美元，并且按高汇率（卖方提议价）以其他货币卖出美元。对于英镑和欧元这样的货币来说，做市商将按买方出价以美元买入英镑，并按卖方提议价以美元卖出英镑。

大数

通常情况下，做市商只报出价格的最后两位数，例如 EUR/JPY，做市场会报“06/09”，就是假设其他参与者知道价格的剩余部分，即所谓的大数（在此例中是指117）。再比如 EUR/USD，报价是 1.259 8—1.260 1，其中的大数是 1.25 和 1.26，交易人的报法是“98—01，围绕 1.26”。

价差

如前所述，做市商总是报出比买方出价更高的卖方提议价，通过这种方式确保，在双方同时达成交易的情况下，自己会从买卖双方的差额中获利。这个差额就是价差，价差的大小受各种因素的影响，主要的因素包括风险评估、市场浮动性、货币的变现力以及每个时区的时刻。

直接交易与经纪人交易

如果一个交易人向另外一个交易人打电话询问价格，那么这种方式被称作直接交易。如果一个交易人将买方出价或者卖方提议价提交给某个外汇经纪人，或者利用某些互联网交易平台，那么这种方式被称作经纪人交易。经纪人交易有点类似于一个无声的拍卖，因为在交易达成之前，买卖双方并不知晓彼此的身份，而且买方出价和卖方提议价可能不被接受。

交叉汇率

交叉汇率是指不涉及本国货币的两种货币之间的汇率。换句话说，在国际市场范围内，交叉汇率用以指代不涉及美元的汇率。

大多数交易都会涉及美元对另外一种货币，然而其他货币之间也相互进行交易，例如，瑞士法郎对日元（CHF/JPY）。在这种情况下，就有必要计算交叉汇率。计算交叉汇率需用两种货币对美元的汇率，目的是求得每瑞士法郎可以兑换的日元数量，例如：

1 美元 = 1.250 7/10 瑞士法郎

1 美元 = 117.06/09 日元

每个报价代表该货币对美元的买方出价和卖方提议价，取两个价格等式中美元的对边即可求得交叉汇率。利用美元/日元汇率的左边（买方出价）和美元/瑞士法郎的右边（卖方提议价），即可求得卖出日元和买入瑞士法郎的汇率。同样的思路可用于计算买入日元和卖出瑞士法郎的汇率。因此，之前的报价可分解如下：

$$117.06 \div 1.2510 = 93.57$$

$$117.09 \div 1.2507 = 93.62$$

所以，瑞士法郎对日元的即期交叉汇率是 93.57/62。小数点后保留的位数由报价货币（变动货币）的惯例决定。在这个例子中，我们求的是每瑞士法郎兑换的日元数量，所以按日元惯例保留小数点后的数字。在对交叉汇率报价时，通常采用“金额较大的”货币作为基准货币，例如每瑞士法郎可以兑换的日元数量。

当然，这一规则也有变动。对欧元和英镑来说，市场惯例是将两者相对应的汇率彼此相乘，例如：

1 美元 = 117.06/09 日元

1 英镑 = 1.842 4/29 美元

那么，英镑对日元的即期交叉汇率就是：

117.06 × 1.842 4 和 117.09 × 1.842 9 = 215.67/79

由此可得，1 英镑等于 215.67 日元或者 215.79 日元，这是唯一的表示方式。

价格决定因素

外汇市场上的汇率（或价格）受供求规律的影响，在某种货币的交易量和投资额一定的情况下，该货币的供给和需求会发生变化。如果某货币的需求很大，那么该货币就会升值；如果某货币的需求很低，那么该货币就会贬值。

然而，汇率并不只受供求关系的影响，还会受到相关国家的经济、政治、货币和社会因素以及外部发展的影响。汇率变化快速且巨大，这反映出市场的浮动性。此外，汇率还会受谣言和预期因素的影响。通常情况下，受供求关系微小的不平衡以及经济和政治因素的影响，汇率每天都很有波动，因为这些因素会左右做市商和投资者的看法。

经济因素包括由政府机构和中央银行公布的经济政策，以及通常由经济报告揭示的经济状况。经济政策包括政府的财政政策（预算与支出项目）和货币政策，即一国政府的央行借以影响货币的供给和“成本”的手段，这些手段将反映在利率水平上。经济状况包括：

- 政府的预算赤字或盈余。市场通常会对政府预算赤字的扩大做出消极反应，而对预算赤字的缩小做出积极反应。
- 贸易水平和趋势的平衡。各国间的贸易流动反映了各个国家对货物和服务的需求状况，而这些需求状况又反映出一个国家进行贸易时的货币需求。货物和服务贸易的盈余和赤字反映了一个国家经济的竞争力。例如，贸易赤字可能对该国货币产生负面影响。
- 通胀水平和趋势。通常情况下，如果一个国家处于高水平的通胀，或者预期该国的通胀水平会上升，那么该国的货币会贬值。这是因为通胀会降低该货币的购买力，从而降低其他国家对该国货币的需求。
- 经济增长和稳定状况。国内生产总值（Gross Domestic Product，GDP）、就业水平、零售销售指数、通胀率等数据资料详细说明了一个国家的经济增长水平和稳定状况。一般来说，一个国家的经济越稳定、强大，其货币则表现越强势，其他国家对该货币的需求也愈大。

国内、地区和国际的政治状况和事件也会对货币市场产生重大影响。例如，国内政治的动荡和不稳定会对该国的货币造成消极影响，而擅长财政问题的政治派系的崛起会带来积极影响。此外，地区内某个国家的事件可能会对邻国的利益造成积极的或者消极的影响，从而影响到该国的货币。

市场心理可能是最难以定义的影响因素，但它确实以各种方式影响着外汇市场：

- 安全投资转移。混乱的国际事件会导致“安全投资转移”，即投资者要寻找一个“安全的避难所”。如果投资者认为其他货币比他们现在持有的相对弱势的货币更安全，那么他们对前一种货币的需求会更大，从而导致更高的价格。
- 长期趋势。货币市场经常沿着长期、明显的趋势波动，虽然货币不像有形的商品那样具有年度增长期，但是商业周期的影响也是显而易见的。周期分析关注长期的价格趋势，这种趋势可能由经济或政治趋势引起。
- “谣言时买入，事实时卖出。”这一市场真理适用于许多货币形势，这句话反映了这样一种趋势，即货币价格会在特定行为发生前做出反应，而当预期事件真正发生时，货币价格做出的是完全相反的反应。这句话也可以用来指代“过度抛出”或者“过度买入”的市场。

- 尽管经济数字可以反映经济政策，但有些报告和数字起到的是护身符的作用。对市场心理来说，数字本身很重要，而且会对短期市场行为迅速产生影响。“该看什么”会随着时间的推移而改变。最近几年，各方面的数字轮流成为关注的焦点。例如，货币供应量、就业数据、贸易平衡表和通胀数据等。

风险考虑

即期外汇交易有风险，这一点必须牢记。

其存在的风险如下：第一，信贷风险。与银行在放出贷款时承担的风险一样，外汇合约也存在类似的风险，即客户可能不按合约规定的条款执行（也就是说，不按时交付相应的货币）。外汇交易中，做市商和客户相互承诺，将在约定的日期按照约定的汇率向对方交付特定金额的货币。如果货币所属国处于不同的时区，则此类货币的交易风险会增大。

第二，市场风险与价格风险。任何货币交易都存在一定的风险，因为货币的价值会随着市场压力持续上升或下降，所以汇率风险是不可避免的。在参与外汇交易时，客户的头寸结清或扎平以前，均处于未结状态。当该头寸处于未结状态时，客户就需承担汇率变动的风险，即在很短的时间内把本来可以盈利的交易转为损失。

第三，国家风险。有些国家（及其货币）比其他国家（及其货币）更具风险，这种风险可能源于该国针对政治形势公布的任何政府规章和限制，或者是该国拥有的外汇储备数量。但是这种风险影响不大。

图 18.3 展示了即期外汇交易存在的各种风险。

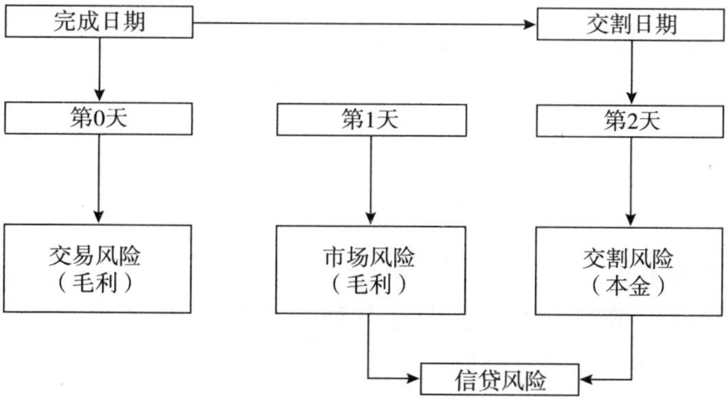

图 18.3　即期交易风险

询价

目前，外汇交易市场中的交易通常是通过电话或互联网来完成的。互联网是处理外汇业务的一种非常迅速、便捷的方式，其中以“点击交易”或“请求报价”系统为主。然而，全部交易的大多数仍然通过电话完成，电话的使用有助于迅捷、及时的执行交易指令，但要求在电话交流中不能出错。

询价时，需要将下列基本信息直接传达给做市商或者公司的外汇交易人：交易类型、货币组合以及数量。例如，某个客户可能说：“我想买 500 万瑞士法郎的即期外汇，请问您的报价是多少?”

现在，做市商通常是报双向价格，即交易人时刻准备对某些标准数量的外汇报买方出价或者卖方提议价。正如前面已经提到的，这两个价格之间的差额就是价差。外汇市场上的交易是在市场“专业人士”之间进行的，所以市场惯例是不报大数，交易人往往只报价格的最后两位，即跳动点。例如，美元对瑞士法郎的汇率是 1.250 7/10，那么交易人在报价时只会说 07/10，也就是说，该交易人对美元所报的买方出价是 1.250 7，对美元所报的卖方提议价是 1.251 0。如果客户正在与其他做市商核对价格，那么该客户应该告知该交易人，其风险自负，即交易人可能会改变报价。客户如果需要重新报价，那么应该再次询问。如果客户有意向成交，那么该交易人的价格应该算作击中，即价格的一方或另一方被接受。不管该交易是口头达成的还是电子协议达成的，之后需要交换书面确认书，对该交易是否进行交割做出指示，并在交割日将约定数额的货币交付到指定的账户。

举例说明，假设一家日本的 XYZ 公司需要筹集美元，以支付其从美国进口的机器部件。公司财务主管联系其银行交易商，安排在即期市场购买美元的事宜。财务主管的计算机上显示有其他主要银行提供的指示价格，便于该主管了解当前的汇率。然而，这只是一种指示价格，而非可交易价格（即并非可以据此达成交易的价格）。因此，需要进行下列步骤：

财务主管：请报 1 000 万美元的美元/日元汇率（在此阶段并未提及客户想买入或卖出）。

交易人：06/09。

财务主管：我买入 1 000 万美元。

交易人：确认如下，你买 1 000 万美元，按 117.09 的美元对日元即期汇率。

在此阶段，交易人填写一份交易票据，列明交易的细节，包括币种、数量、买入哪种货币和卖出哪种货币、交割日期、汇率、买卖双方。如果已知交割细节，也需列明。

财务主管也可以说“按09”或者“我要了”，这3种方式都正确，都符合市场惯例。此外，交易人知道财务主管熟悉市场惯例，因此不需报117这个大数。

再举一个例子，假设琼斯先生（Mr. Jones）是一个拥有很多资本净值的人，他在ABC国际公司有一个保证金账户。琼斯先生给自己最喜欢的一个销售员打电话，寒暄之后，他询问“半镑”数量的英镑交易价格。销售员从交易人那里获得了价格，然后转告给琼斯先生，供其考虑。琼斯先生此时很可能已经从其电脑屏幕上获得了大概的价格，如果琼斯先生接受销售员告知的价格，那么销售员可能通过一个手势，立即通知交易员。至于随后这一头寸的情况，由该交易员负责，这一交易谈话可能如下：

琼斯先生：请报50万英镑的交易价格。

公司销售员：好的，50万英镑的价格，马上好，查理（Charlie）（交易员），50万英镑现汇的价格是多少？

查理：给谁的？

公司销售员：老客户琼斯先生。

查理：他用来干什么？

公司销售员：我哪知道啊，给我报价就行。

查理：20/30。

公司销售员：50万英镑的现汇价格是1.842 0/30。

琼斯先生：恩，我希望有一个较好的价差。

公司销售员：您决定，我给您试试，您只要半镑，但让我试试看。

查理：他什么意见？是否交易？

公司销售员：他在希望在更好的价差上交易。

查理：什么？才50万英镑啊。你决定吧，他是你的客户。

公司销售员：现在的价格是1.842 3/28。

琼斯先生：嗯……这个……

公司销售员：琼斯先生，还是您说了算。

琼斯先生：好吧，请问现在怎样？

公司销售员：查理，能为琼斯先生留出50万镑吗？

查理：他还没决定成交吗？20/30内都可以，在圣诞节前告诉我。

公司销售员：1.842 4/29。

琼斯先生：好的，我卖出。

公司销售员：好，下面确认，您以1.842 4的即期汇率卖出50万英镑，买入美元。

琼斯先生：成交，谢谢。

在上述两个例子中，交易程序会发生在几秒钟之内，因为市场瞬息万变。只要客户没有明确接受最后一次报价，销售员和交易人总是可以改变价格。在真正决定交易之前，客户会向不同的做市商多方打听，以便获得最合算的交易，这种做法非常普遍。有些时候，客户询价的目的并不是想真正达成交易，而只是想确定市场走向。

需要注意的是，询价时需要说明下列信息：

交易的两种货币（例如，美元/日元）。

交易的交割日期（例如，即期）。

数额（例如，100万美元）。

如果可能，交易员会尝试获知你是在寻找买价还是在寻找卖价，或者靠猜。然而，如有可能，总是询问双向报价。但是不管怎样，交易的细节或者给出的指示要非常明确，防止在稍后的阶段发生代价昂贵的失误，毕竟很容易把“50万英镑”的报价误听为“450万英镑”[①]。

① 两者的英文发音很相似。——译者注

第 19 章

外汇衍生品简介

【摘要】 在过去的几年中，金融市场已经对日益剧烈的价格波动做出了反应，而且现在有多种金融工具和策略，用于控制由于价格波动导致的金融价格风险。一方面，现在已经有一些可以将金融价格风险转移给第三方的金融工具，且第三方更愿意接受此类风险。另一方面，金融市场已经演化到这样一种程度，即金融工具可以与其他工具相结合，从而将金融价格风险与交易中的其他固有风险相互剥离，例如筹集资本。

在今天的商界，难以预测的汇率、利率和商品价格的变化不仅会影响一个公司的业绩，甚至还可能决定一个公司的生死存亡。在过去的几十年中，公司承担的金融价格风险越来越大。拥有最先进的产品技术、最廉价的劳动力或者最好的营销团队，对于一个公司来说已经远远不够。价格波动会导致一个运营良好的公司破产倒闭，而汇率变化也会创造出强有力的新竞争者。同样地，商品价格的变动会迫使要素投入价格升至高位，以至于替代产品（或者由不同的要素投入制造的产品）成为终端顾客更容易接受的产品。由于更高的利率会阻碍销售，销售骤降而借贷成本高升，使公司处于财政困境，所以利率的变化会对公司的成本造成压力。因此，意料之中的是，金融市场已经对日益剧烈的价格波动做出了反应，而且现在已经有多种金融工具和策略用于控制由于价格波动导致的金融价格风险。此类金融工具是本章要论述的内容，除此之外，本章还将介绍外汇远期合约、无本金交割远期外汇、外汇掉期、货币掉期、外汇远期和期货转现货。

外汇远期合约

远期合约是一个常见的对冲产品，被进口商、出口商、投资者和借贷人所广泛使用。对于那些拥有外汇现有资产或负债，以及想在未来锁定特定汇率的人来说，远期合约很有价值。例如，有些公司由于其正常的商业活动，必须在未来收取或者支付外币，而这些外币的价值会在这一时期发生变化，所以公司倾向于转移这种风险。它们可以利用银行的远期市场，在今天确立两种货币在未来的交割汇率。一般来说，如果公司与银行约定在未来收取或支付外币，那么在交割日结算前不交换货币。

尽管远期合约可以用来对冲应付款项和应收款项，但公司仍需要对冲资产负债表上的其他资产和负债。远期合约的交割日期通常需要仔细考量，以便与国外应收款项的预计收款日期或者国外应付款项的预计支付日期相符。可以对远期合约进行个性化设计，使之符合客户在交割日期和数额方面的特定需求。除了与客户进行交易之外，银行间也积极地进行远期货币契约的交易。

从本质上说，远期合约通过锁定特定汇率，在不确定的货币运动世界中提供了确定性。而且，由于远期市场的流动性相当大，所以大多数货币的买方出价和卖方提议价之间的价差相对较低。

定义

从定义上说，远期合约（或称“直接远期”）是指在今天达成交易，而在非即期的未来特定日期，如从今日起3个月，以一种货币买入或卖出另一种货币的合约。此外，远期点数是相对利率差额，以货币单位的形式表示，或者表示为该货币即期价格的一小部分。

利率差额

远期的运作方式与即期相类似，但其交割日与即期的不同，通常延伸至未来日期，如从起始日起6个月。乍一看，似乎没有理由认为即期汇率和远期汇率不同。然而，影响某种货币远期汇率的其中一个因素是该货币利率相对于另一种货币利率的水平。有许多理论可以用来计算远期汇率，但市场参与者采用两种货币的利率差额以及当前市场的即期汇率作为计算远期汇单的基础。远期价格通常涉及远期点数、换汇点数或者掉期率（跳动点）。

例如，假设美元对英镑的即期汇率和远期汇率相同，但英镑3个月存款的年利率是4%，而美元3个月存款的年利率是2%。投资者可能卖出其持有的美元，买入英镑，以获取更高的收益。他们会卖出英镑，同时买入美元的远期，确定在投资期结束时进行交割。这样一来，与一直持有美元相比，投资者将获得更多的美元。

时段

做市商通常规定远期合约的交易期为1、2、3、6和12个月，从即期交割日开始计算。临时结算日交易（或称“零星结算日交易”）不用完整的月份进行正常的市场报价，是指一种到期日非常特殊的合约。例如，询问期限为24天的远期点数。

升水与贴水

远期合约的价格主要由两大因素决定：两种货币的当前即期价格以及两种货币中占优势的货币利率。即期汇率加上或者减去远期点数即可得出远期价格。为了判断应该加上还是应该减去远期点数，首先需要判断是按升水还是按贴水买入或卖出货币。由于所有的汇率都由一个固定部分和一个可变部分组成，所以如果可变货币的利率大于固定货币的利率，那么相对于固定货币，可变货币是按照贴水进行交易的，需要将远期点数加到即期汇率，以此求得远期汇率。如果可变货币的利率小于固定货币的利率，那么可变货币是按照升水进行交易的，需要从即期汇率中减去远期点数，以此求得远期汇率。

这里有两个简单的实用法则用于判断某个货币是升水还是贴水，以及远期点数的加减。切记，汇率是按照等于1美元的其他货币的单位进行报价的（英镑、欧元以及其他少数货币除外，如澳元和新西兰元）。

如果远期点数是上升的，例如卖方提议价在数值上高于买方出价（20/25），也就是说，远期点数从左到右是上升的，那么该货币对美元来说是贴水，需要，将远期点数加到即期汇率上（英镑和欧元除外，它们此时对美元是升水）。如果买方出价在数值上高于卖方提议价（25/20），换句话说，远期点数是下降的，那么需要将远期点数从即期汇率中减去（英镑和欧元除外。在这种情况下，如果远期点数从左到右是下降的，那么应减去远期点数，但美元对欧元和英镑来说是升水）。

计算

远期汇率不是由市场对货币在未来的预期决定的，而是由利率差额决定的。此外，远期汇率在交割时是固定的，但是在到期日之前，并不发生账户的借款或贷款。

远期点数按照以下方式计算。如果我们假设美元与英镑的即期汇单和远期汇率是相同的，为1.440 0/10，但是英镑的3个月存款年利率是4%，而美元在相同存款期的年利率是2%，这时投资者可能会卖出其持有的美元，买入英镑，以获得更高的收益。他们会卖出英镑，同时买入美元的远期，确定在投资期结束时进行交割。这样一来，与一直持有美元相比，投资者将获得更多的美元。例如，如果琼斯先生拥有500万美元用于投资3个月，年利率是2%，那么到期日的利息收入将是：

$$\frac{5\ 000\ 000 \times 92 \times 2}{360 \times 100} = 25\ 555\ 56 \text{ 美元}$$

因此，到期日的本金和利息总收入将是5 025 555.56美元（5 000 000美元+255 555.56美元）。

然而，如果琼斯先生以1.441 0的汇率买入英镑，卖出美元，他将获得3 469 812.63英镑，这些英镑可按4%的年利率投资相同的时期，那么到期日的利息收入将是：

$$\frac{3\ 469\ 812.63 \times 92 \times 4}{365 \times 100} = 34\ 983.32 \text{ 英镑}$$

因此，到期日的本金和利息总收入将是3 504 795.95英镑（3 469 812.63英镑+34 983.32英镑）。

这些英镑可以按照1.440 0的汇率换回美元，即5 046 906.17美元（3 504 795.95英镑×1.440 0），到期之日的总收益将是21 350.61美元（5 046 906.17美元－5 025 555.56

美元）。

然而在一个自由的市场中，英镑较高的利率优势往往被远期外汇市场中英镑较低的汇率中和掉了，从而使获得的收益很少，或者几乎没有。

在计算远期点数时，人们往往采用一个简单的数学公式，即取年利率差额，将其转换成所需时期的差额，然后将即期汇率表示为该时期差额的百分比形式。然而，计算远期点数时，不能完全单一地使用该计算公式，因为它假设利益各方知道相对的利率水平，而事实上，它是对一个熟知的银行学公式的变形：

$$\text{本金} \times \text{利率} \times \text{时间} = \text{利息}$$

其中，本金是即期汇率，利率是利率差额，而时间是到期天数。因此：

$$\frac{\text{即期汇率} \times \text{利率差额} \times \text{天数}/360}{1 + (\text{货币利率} \times \text{天数}/360)} = \text{换汇点}/\text{远期点}$$

换句话说，美元对其他货币的远期公式是：

$$\frac{A \times D \times (B - C)}{(100 \times E) + (C - D)}$$

以360天为基准，该公式等于即期外汇的远期点数，其中：

A = 即期汇率

B = 其他货币的利率

C = 美元利率

D = 到期的天数

E = 日基数

必须注意的是，在货币市场中，所有的计算公式采用的都是到期天数除以360，除了计算英镑和其他一些货币，后者采用的基数是365天。当涉及的两种货币的日基数不同时，需要调整该公式。此外，当交割日是某个月的最后一个营业日时，任何未来月份的相应日期也是最后一个营业日。例如，如果即期交割日期是2月28日，那么一个月期远期合约的交割日期将是3月31日。如果即期交割日期是3月31日，那么6个月期远期合约的交割日期将是11月30日。如果该月的最后一天不是营业日，那么交割日期是下一个最早的营业日。

买方出价和卖方提议价

与即期市场有买方出价和卖方提议价一样，远期市场也有买方出价和卖方提议价汇率，这意味着必须对远期点数进行双向汇率报价。关于远期汇率如何报价的典型示例如下：

货币	1个月期	3个月期
美元/日元	19.55/19.30	62.7/61.7
美元/瑞士法郎	0.1/1.1	1.7/1.9
欧元/美元	9.07/8.99	29.5/27.8

加或减

正如前面所述，获得远期汇率的一个简单方法是，如果远期点数从左到右是下降的，那么该货币对美元是升水，应将远期点数从即期汇率中减掉。例如，如果美元对日元的即期汇率是117.06/117.09，那么1个月期的远期价格是：

$$117.06-0.1955 \text{ 和 } 117.09-0.1930=116.8645/116.897$$

如果远期点从左到右是上升的，那么该货币对美元是贴水，应将远期点数加到即期汇率上。例如，如果美元对瑞士法郎的即期汇率是1.2507/10，那么3个月期的远期价格是：

$$1.2507+0.00017 \text{ 和 } 1.2510+0.00019=1.25087/1.25119$$

英镑对美元的报价除外，其中远期点数从左到右是下降的，减去远期点数，但美元对英镑是升水。有时候可能存在这样的远期点数，即在报价的一边是负数，而在报价的另一边是正数，例如-0.7/+1.3，这时加减规则仍然适用。有时两种货币的汇率非常接近，以至于其中一种货币的卖方提议价超过了另一种货币的买方出价，此时会出现上述类型的远期点数。

远期报价

当做市商报远期价格时，交易员可能会说：

“3个月期美元对日元点数为62.7/61.7。”

这意味着做市商将按-62.7的点数买入和卖出日元（卖出和买入美元），并按-61.7的点数卖出和买入日元（买入和卖出美元）。当然，对于欧元这类按美式标价法进行报价的货币来说，做市商会这样报1个月期的远期价格：

“1个月期欧元对美元点数为9.07/8.99。”

这意味着做市商将按-9.07的点数买入和卖出美元（卖出和买入欧元），并按-8.99的点数卖出和买入美元（买入和卖出欧元）。以下是一些远期报价的范例：

做市商

买入+卖出日元 卖出+买入美元	卖出+买入日元 买入+卖出美元
–62. 7	–61. 7
卖出+买入日元 买入+卖出美元	买入+卖出日元 卖出+买入美元

市场顾客

做市商

买入+卖出美元 卖出+买入欧元	卖出+买入美元 买入+卖出欧元
–9. 07	–8. 99
卖出+买入美元 买入+卖出欧元	买入+卖出美元 卖出+买入欧元

市场顾客

远期交叉汇率

远期交叉汇率的计算方法与即期交叉汇率的计算方法相同。首先，利用即期汇率和远期点数算出远期汇率。然后，判断买入哪种货币，卖出哪种货币。最后，判断是将两个利率相除还是相乘，视具体情况而定。

例如，利用下表中的远期点数：

	美元/日元	美元/瑞士法郎	瑞士法郎/日元
即期	115. 90/95	1. 440 9/14	80. 41/80. 47
3 个月期点数	53. 9 – 53. 6	27 – 26	23 – 22

瑞士法郎对日元的 3 个月期远期汇率可计算如下：

3 个月期美元/日元	3 个月期美元/瑞士法郎	3 个月期瑞士法郎/日元
115. 90 – 115. 95	1. 440 9 – 1. 441 4	80. 41 – 80. 47
– 53. 9 – 53. 6	– 27 – 26	– 23 – 22
115. 361 ~ 115. 414	1. 438 2 ~ 1. 438 8	80. 18 ~ 80. 25

我们在第 18 章介绍了即期价格及其计算方法，瑞士法郎对日元的即期买方出价的计算方法是，取 115. 90（买方出价），除以 1. 441 4（卖方提议价），以此得到即期价格为 80. 41。同样地，为了得到瑞士法郎对日元的即期卖方提议价，取美元对日元的卖方提议价 115. 95，除以美元对瑞士法郎的买方出价 1. 440 9，得到 80. 47。即：

做市商	
卖出日元 买入美元	买入日元 卖出美元
115.90	115.95
买入日元 卖出美元	卖出日元 买入美元
市场顾客	

做市商	
卖出瑞士法郎 买入美元	买入瑞士法郎 卖出美元
1.440 9	1.441 4
买入瑞士法郎 卖出美元	卖出瑞士法郎 买入美元
市场顾客	

做市商	
卖出日元 买入瑞士法郎	买入日元 卖出瑞士法郎
80.40	80.47
买入日元 卖出瑞士法郎	卖出日元 买入瑞士法郎
市场顾客	

涉及风险

由于远期合约涉及一定的时间跨度，因此可能存在巨大风险。与即期交易一样，远期合约潜在的问题风险包括信贷风险、市场或价格风险以及国家风险等。事实上，鉴于远期合约有更长的暴露时期，在外国发生意外事件的可能性更大，所以与即期交易相比远期合约的国家风险更大。

短期合约

如前所述，大多数外汇交易只有在两个营业日之后才能交割，有的所需时间更长。然而，有些参与者可能当天（次日或交割次日）就需要外汇。对于有些货币，例如英镑和欧元，可能在当天进行交割，但对于大多数货币来说，最早的交割日期是隔天。

描述不同交割日期的术语如下：

当天交割	当夜（Overnight）	o/n
隔日交割	次日（Tom next）	t/n
即期		
次二营业日交割	次二日（Spot next）	s/n

对于交割日期发生在即期之前的汇率报价，与发生在即期之后的汇率报价，应采取不同的对待方式。适用于即期后交割日期的法则是：如果远期点数是由高到低（例如，20－18），那么减去远期点数；如果远期点数是由低到高（例如，18－20），那么将远期点数加到即期汇率上。如果交割日期在即期之前，那么需要先将远期点数进行调换，然后再遵循正常法则。"当夜"和"次日"的换汇点每个只代表1天，因此，如果计算当天交割的汇率，则必须将"当夜"和"次日"的换汇点加在一起。

长期合约

对于任何远期合约来说，报价的基础是两个相关货币的优势利率间的相互关系。然而，对于1年期以上的远期合约，有必要考虑年复利的影响。

常用公式的使用，计算1年期以上的远期利率的捷径就是采用用利率额计算远期点数的常用公式。然而为了将复利的影响计算在内，必须对这一公式进行修正。

需要注意的是：用于短期合约或长期合约的准则与远期利率是一样的，都是以收益或损失的利率为基础。该准则的一个例外是，通常加上去的价格被减去，而加上通常被减去的价格。实际上，这并不像听起来的那样奇怪。如果价格通常是按即期交割报出，那么次日交割意味着做市商必须比常规情况更早地交付货币，这必然得有一些补偿。

非标准交易期合约

非标准交易期合约是一种远期合约，其到期日不是正常市场报价的完整月份，因此为了对非标准交易期合约进行定价，针对买卖双方想要的到期日，有必要对两个标准的日期报价进行修改。例如，为了计算出一个半月期（45天）美元对日元的远期点数，假设汇率如下：

美元对日元即期	117.06/117.09
1个月期远期点数	21/18
2个月期远期点数	44/41

那么，买入日元和卖出美元的远期点数计算方法如下：

- 计算出1个月期和2个月期之间远期报价的天数，因为交割日恰好处于这个期间，答案是45天。
- 从买方出价的2个月期远期点数中，减去买方出价的1个月期远期点数，结果表明 2 个月期的点数比 1 月期的点数更合算，答案是 23 个远期点。

- 将远期点数的差额（23）除以两个标准报价时期的天数（45），然后将答案（0.511 1）乘以要求日期与 2 个月期报价的最后一天的天数差额（15）。由此可得总天数价值 7.7 个远期点。
- 从 2 个月期远期点数中减去该答案（7.7），最终求得非标准交易期合约的远期点数，即 36.3。

这个修正后的汇率是做市商报价的基础，但真正报出的汇率也可能会反映出做市商的头寸。

直接远期

直接远期合约是指交割日期为非即期的货币购买或销售，并且不构成掉期操作的一部分。例如，进口商可能想在今天确定汇率，而货物要在两个月之后交付。直接远期汇率的计算是利用即期汇率和 2 个月期的远期点数，如果美元对日元的即期汇率是 123.32/37，2 个月期的远期点数是 44/41，那么 2 个月期的直接价格是 122.88/96（123.32 - 44 和 123.37 - 41）。图 19.1 显示的是一个直接远期交易的过程。

无本金交割远期外汇

无本金交割远期外汇（Nondeliverable Forward，NDF）属于一种货币衍生工具，是短时间承诺的远期“现金交割”。其本质上是一种直接（远期）外汇合约，交易双方在商定的交割日期，根据合约约定的 NDF 汇率和当前即期外汇汇率的差额，对两种货币之间的利润或损失进行调节，其中即期外汇汇率以约定的名义本金为基础。

固定方法论

无本金交割远期外汇合约的签订，相当于约定了一种固定的方法论。该方法论明确了如何在清算汇率议订日判断指定的即期汇率，这反映了即期汇率，而且该清算汇率议订日通常是交割之前的两个工作日。一般来说，指定的即期汇率以路透社或德励财经（Telerate）的参考页为基础，通常有 3 ~ 5 家市场银行的电话支持。以主要货币进行交割，支付给客户或由客户支付，交割方式反映了约定 NDF 汇率与指定即期汇率之间的差额。

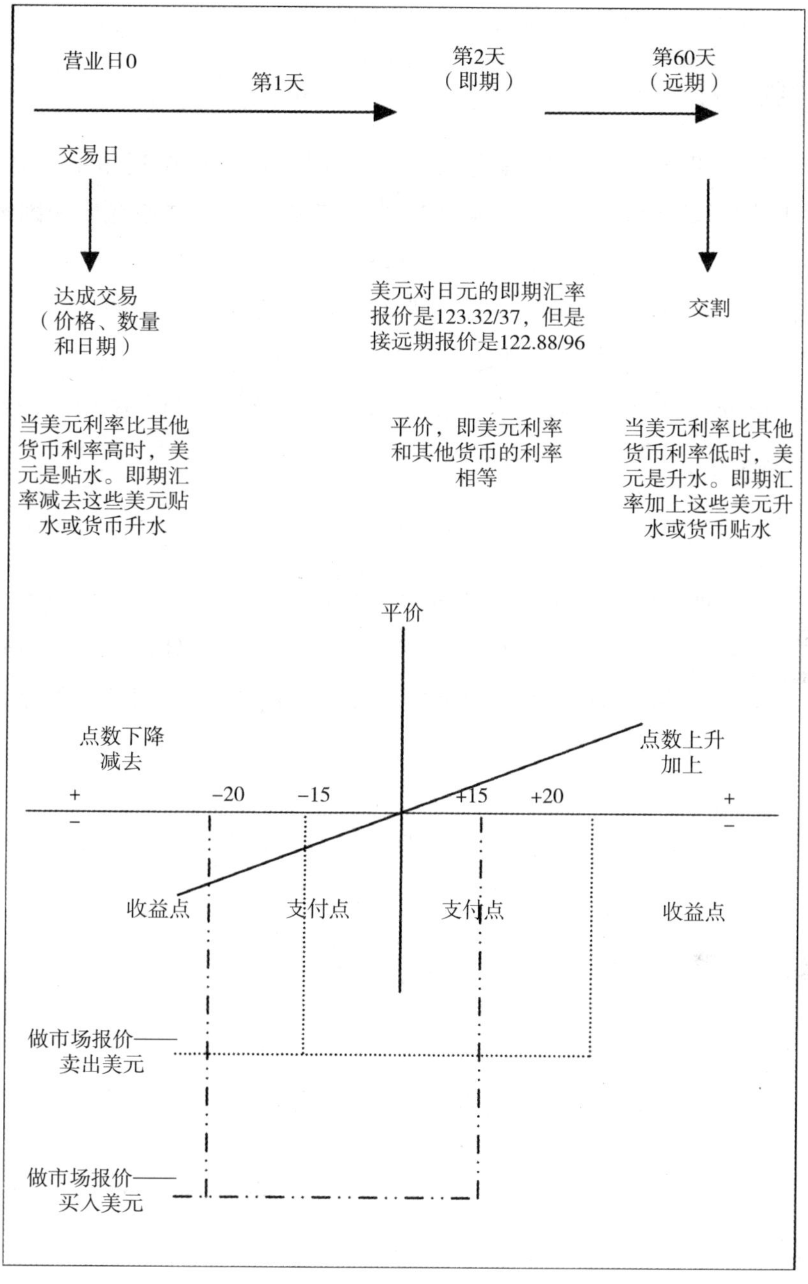

图 19.1　直接远期交易的示例

报价方法

无本金交割远期外汇利用外汇远期市场惯例进行报价，报出的双向价格作为买方出价或卖方提议价的点数，相对于当前的即期市场汇率是升水或贴水。与正常远期市场的预期相比，价差可能更大。与正常的远期交易一样，市场顾客要么买入无本金交割远期，要么卖出无本金交割远期，这取决于顾客想要对冲的头寸，或者货币或利率的潜在情况。

风险控制工具

无本金交割远期外汇是一种风险控制工具，用以对冲远期货币不可兑换的风险，这种风险源于信贷风险、政治风险、监管限制或者缺乏交割收益等多种因素。无本金交割远期外汇的使用者通常包括银行、跨国公司、投资经理和专业证券交易员，目的是对冲货币风险。此外，在正常的交易文件不存在的情况下（例如，资产负债表外的交易产品就无须文件），无本金交割远期外汇还可用于货币套利，或者作为一种工具，用于锁定新兴市场货币的增强收益。与美国和欧洲的当前短期利率相比，浮动货币会带来更大的收益。

适用性

无本金交割远期外汇适用于几种“异域”货币，而且对于大多数无本金交割远期产品来说，是按照长达1年的时间段进行报价。使即期价格具备完全的可转换性，这很常见，但是即期之后的远期价格只按照无本金交割远期进行报价。如今，大多数南美国家和一些远东国家都开展了无本金交割远期业务。

例如，如果固定汇率比到期日的直接汇率高，那么为了对冲货币贬值的风险，无本金交割远期的买方会从卖方收到差价，即固定汇率和直接汇率的现金差价，这一差价可按下列公式计算：

$$\frac{(F-O)\ \times N}{F}$$

其中，F = 固定汇率；O = 直接汇率；N = 名义本金。

显然，如果固定汇率小于到期日的直接汇率，此计算方法同样可行。

如果固定汇率比到期日的直接汇率高，那么为了对冲货币升值的风险，无本金交割远期的卖方会向买方支付差额，即固定汇率和直接汇率的现金差价，计算方法如上。与购买的情况相似，如果固定汇率小于直接汇率，此计算方法同样可行。上述情况举例如下：

名义本金：10 000 000 美元

到期日：90 天

即期汇率：2.000 0 外汇/美元

90 天 NDF：0.010 0

直接汇率：2.010 0 外汇/美元

固定汇率：2.020 0 外汇/美元

在到期日，无本金交割远期的买方将从卖方收到：

$$\frac{(2.0200-2.0100)\times 10000000}{2.0200}=49504.95 \text{ 美元}$$

再举一例，假如一个投资者将2 000 000美元投资于韩国的股票市场，投资期为1年。该投资者预期韩国的股市会上涨，但担心潜在的韩元（Korean Won，KRW）贬值，所以该投资者希望利用无本金交割远期外汇对冲掉外汇风险。该客户与银行达成了无本金交割远期外汇的汇率，即1 310韩元兑换1美元。本金为2 000 000美元，1年后有3种可能的结果：

- 韩元达到了远期汇率。
- 韩元进一步贬值。
- 相对于远期汇率，韩元升值。

这3种情况的例子显示如下：

	结果A	结果B	结果C
USD/KRW	贬值	—	升值
固定即期汇率	1 330	1 310	1 290
对应金额	$1 969 925	$2 000 000	$2 031 008
交割	银行向客户支付30 075美元	无净支付	客户向银行支付31 008美元

在所有情况下，客户都按照1 310的汇率实现了对冲韩元风险的目标。

在结果A中，如果该投资者售出投资品，并在即期市场对韩元收益进行换汇，那么客户遭受的汇率损失由无本金交割远期外汇的收益进行补偿。在结果C中，客户在变现投资品时获得的换汇收益，会被投资者在无本金交割远期外汇的付款中和掉。

以一个公司为例，某公司将于3个月后收到1.02亿菲律宾比索（Philippine Pesos，PHP），该公司担心菲律宾比索可能会贬值，所以希望利用无本金交割远期外汇对冲这一风险。假设商定的无本金交割远期汇率是1美元兑换51菲律宾比索，那么1.02亿菲律宾比索的本金额相当于200万美元。同样地，3个月之后会出现以下3种可能的结果：

	结果A	结果B	结果C
PHP/USD	贬值	—	升值
固定即期汇率	51.5	51.0	50.5
对应金额	$1 980 583	$2 000 000	$2 019 802
交割	银行向客户支付19 417美元	无净支付	客户向银行支付19 802美元

面临的典型风险

- 偶然风险——当预期的美元交割仍然没有转换为现金流且受汇率的变化影响时，会存在这种风险。
- 政治风险——是指一国政府可能干预偿付债务的风险。例如，国外的一个借款者可能经济状况良好，有能力以所在国货币归还债务。然而，该借款人所在国的政府由于外汇匮乏或者出于政治目的，可能不允许他向国外银行归还贷款。放出贷款的银行首先必须考虑到这种风险，然后将之反映在利率当中。
- 交易风险——任何公司或单位承诺用非本国货币进行付款或收回资金时，都有可能面临此类风险。
- 转换风险——当母公司进行财务合并时，由于换算货币时可能遇到的汇率变动，公司的海外子公司在财务报表方面存在此类风险，母公司可能因此获利或者遭受损失。

新兴市场特征

- 有限的货币转换性。
- 中央银行管制。
- 非流动的市场。
- 有限的对冲工具。
- 事件或政治风险。
- 更大的浮动性。
- 跨国界风险。
- 代扣所得税。

指数存款

指数存款实质上是无本金交割远期外汇的一种变形，其存款形式为主要货币，收益与无本金交割远期外汇的汇率相挂钩，且获得的票面利率更高。该票面利率反映出无本金交割远期市场中所隐含的当地利率，而且可能比主要货币的利率高很多。有些资产经理需要持有有形资产，同时想接触和涉足有更高收益的市场，指数存款对他们来说尤为适合。

指数存款分为两种类型：与本金和利息相挂钩的存款，以及只与本金相挂钩的存款。前者的票面利率更高，但其本金和利息都将承担汇率浮动的风险，而后者只有本金承担汇率浮动的风险，两种存款都不是保本型。这些存款不仅拥有许多无本金交割远期外汇的优势，而且承担的信贷风险更小，比在岸存款的利息收入更多。此外，这类存款可以被用作无本金交割远期外汇的一种抵押品。

特征总结

无本金交割远期外汇属于一种货币衍生工具，承诺未来短期的现金交割。它本质上是一种直接（远期）外汇合约，交易双方在合约约定的交割日期，根据合约约定的NDF汇率和当前即期外汇汇率之间的差额调节货币的利润或损失，其本金为约定的名义本金。

无本金交割远期汇率是交易双方在交易日约定的汇率，其本质上是货币交易的直接（或者远期）汇率。名义本金是无本金交割远期外汇交易双方约定的“票面价值”。应当再次强调的是，合约并无意交换两种货币的本金总额，唯一的变动是无本金交割远期汇率与当前即期汇率之间的差额，而且此差额在交割日期进行清算。

所有的无本金交割远期外汇都有一个清算汇率议订日和一个交割（交付）日。清算汇率议订日是指对无本金交割远期汇率与当前即期汇率做出比较的日期和时间，交割日是指支付或收取差额的日期。

由于无本金交割远期外汇是一种“现金交割”工具，所以合约中两种货币的本金价值不会发生变动，唯一的变动是交割数量，即约定的无本金交割远期汇率与当前即期汇率之间的差额。因此，无本金交割远期外汇是“非现金”产品，不在资产负债表之内，而且由于本金总额不发生变动，因此其交易对方风险也低得多。

无本金交割远期外汇是短期承诺工具，交易双方都做出承诺且有义务遵守约定。当然，顾客可以按照即期汇率参与其他的对冲交易，以此取消现有的合约。

虽然有些银行接到申请后，会对无本金交割远期外汇做出长达两年的报价，但较为活跃的银行会报出一个月到一年的价格。客户也可以申请非标准交易期的无本金交割远期外汇。还需注意的是，无本金交割远期外汇是以美元为参考货币进行报价的，也就是说，这类远期外汇均以美元对第三方货币的汇率形式进行报价，且以美元进行交割。

如果没有无本金交割远期外汇，投资者想利用新兴市场的回报增值利率就只能：

- 买入即期货币，卖出美元。
- 投资当地的无风险资产（即政府债券）。
- 按照伦敦同业拆借利率（London Interbank Offered Rate，LIBOR）投资美元。
- 在到期日，投资者收到本金和利息。
- 在即期市场卖出该货币，买入美元。

外汇掉期

外汇掉期是指交易双方在两个不同的交割日，同时买入一种货币并卖出另一种货币。通常情况下，其中一个交割日是即期，而另一个交割日是未来的某一天。在典型的掉期业务中，在两个交易日始终持有一定数量的某种货币。多数外汇掉期的到期期限少于一年。此外，远期/远期型掉期是指较短日期和较长日期都是远期。

组合

事实上，掉期可以简单地理解为即期和远期的组合，或者两个远期的组合。这种组合可以是买入的同时卖出远期，也可以是卖出的同时买入远期。与远期合约一样，掉期的常规期限也是1、2、3、6和12个月，从即期交割日开始算起。然而，期限通常可根据客户需要进行修改。

如前所述，远期合约的价格决定因素包括两种货币的当前即期价格，以及两种货币中占优势的货币利率。例如，某公司可以即期卖出美元、买入瑞士法郎，并且在3个月后买入美元、卖出瑞士法郎。这一操作过程的现金流类似于借贷一种货币（瑞士法郎），用于投资另一种货币（美元）。此时，该公司承担利率风险，而非货币风险，因此，银行将只收取或者支付利息差额。

使用

掉期的使用者主要是投资者和借款人，一般出于现金管理的目的，对于那些持有一种货币的现金但需要另一种货币现金的人来说，掉期尤为有用。通常情况下，客户将买入即期，卖出远期，以便获得按即期购买的货币现金。也就是说，如果客户将美元换成即期瑞士法郎，那么客户在远期日期之前，就已经获得了瑞士法郎现金（即可以花费这些法郎）。外汇掉期是直接借贷外币的另一种可选方案。

相关双方可借助掉期将当时不使用的一种货币换成另一种货币使用一段时间。例如，公司可以通过获取外币，资助国外子公司以外币名义结算的资产。因此，外汇掉期有助于客户实现投资的多样化，为公司分支机构的借贷提供资金，不必使用货币市场即可为头寸提供资金，潜在地提高收益而无须担心与外币投资有关的换汇风险。并且，通过使用掉期而非直接借贷外币的形式，最小化借贷成本。因此，在这样的合约中，涉及的是利率风险，而非货币风险，做市商将只收取或者支付利息差额。在掉期市场中，这一利息差额也是以基点或跳动点的形式表示。

公式

以掉期点为基础，决定利率差额的公式是：

$$\left[C-\left(\frac{36\ 000+C}{T}\right)\frac{S}{B}\right]=360/360\text{ 套汇}$$

其中，C = 货币利率；T = 时段（用天数表示）；S = 以小数形式加上或减去的掉期点；B = 直接远期汇率。

考虑下列报价：

即期美元/瑞士法郎	1.479 1	1.479 6
3个月远期点数	25.5	24.5
3个月美元存款	1.72%	1.82%
3个月瑞士法郎存款	1.09%	1.17%

选择用于掉期的基点数时，应先分析到期时的现金。假设某公司正买入美元，并卖出外汇报价右边的瑞士法郎，那么基点数是24.5，该基点数代表了借入瑞士法郎并投资美元时的利率差。同样地，25.5个基点代表了借入美元并投资瑞士法郎时的利率差。

关于掉期，有两点需要注意。第一，由于掉期点决定了掉期的价格，所以使用的即期汇率仅是次要因素。在实践中，做市商在处理掉期交易时，更倾向于使用中间汇率。需要注意的关键点是，不管选择哪个即期汇率，都是利用掉期点对所选的即期汇率进行调整，进而决定远期汇率。第二，掉期中的一种货币数量是保持恒定的，且通常是美元，因此在交易中卖出和买入的美元数量相等。

掉期的使用

如前所述，掉期与一种货币市场业务共同运作，目的是利用汇率和利率之间的差额。由于公司拥有某种货币的借贷优势，或者相对于其他场所拥有场所类型的优势（即认可场所），所以掉期对公司来说作用尤其大。

有的国内资金市场可能欠缺一些必备的投资产品，此时也会用到掉期。例如，较小的瑞士公司和富有的私人客户在瑞士的国内银行拥有短期瑞士法郎存款，而由于瑞士国内缺乏可以投资的货币市场工具，因此瑞士银行可能通过掉期将这些存款投资于国外，且主要投于美元。

掉期还可以用来对冲风险。例如，某个客户希望购买日元对美元的3个月远期，那么银行可以买入即期并接受3个月期美元对日元的掉期，并以此为其义务提供保险，这样便放弃了日元的使用，但获得了这一时期的美元。在到期日，银行利用从掉期收到的日元，履行对客户的义务，并且利用从客户那里收到的美元，履行掉期项下的美元义务。也可以说，客户可以使用掉期进行对冲远期操作。例如，客户可以签订合约，购买瑞士法郎对美元的远期。如果在3个月的时间内没有兑现美元，对冲将被延长，客户可以使用掉期实现这一目的，其中即期交易处理了最初的远期，而且远期交易避免了风险。

风险

掉期风险几乎与远期风险完全一样。一旦确定了近期，掉期即有效地成了一个远期。远期和掉期的区别在于，为了完成一个掉期，必须在不同的时间有两个相反方向的交易。

货币掉期

掉期是交易双方交换远期现金流的一种协定，可分为两种基本类型：一种是货币交换掉期，这类掉期用一种货币的现金流交换另一种货币的现金流，并约定在未来的某一天进行反向交易；另一种是（单一货币）利率掉期，这类掉期改变了收入或债务的基础，并按照特定的本金数额收取或者支付款项。

从外汇的角度看，货币交换掉期的相关性更大，因为公司可借此方式在最有效的市场中借贷，而且公司之前并未在此类市场中有过大量借贷。交叉货币掉期与货币远期之间的主要区别在于，掉期只有一个合约，而远期要求对利息和本金的支付分别设置单独的合约。

涉及的技术

利率掉期的独特之处在于，它着重涉及交换与利息支付有关的现金流，并且按照指定的名义本金支付这些利息。然而，在合约开始时并不存在任何名义上的交换，名义本金对货币双方来说是相等的，而且以相同的货币进行描述，这意味着本金的交换是多余的。

然而在货币掉期的情况下，本金的交换并非多余，此时名义本金的交换是按照市场利率进行的，通常开始采用的利率与到期日采用的利率相同。

例如，假设一家美国公司以瑞士法郎的形式发行欧洲债券融资 1 亿瑞士法郎，半年票面利率为 6%。首先，该公司会从通过发行欧洲债券获得 1 亿瑞士法郎。从本质上来说，该公司是在利用瑞士法郎资助其美国业务。由于发行债券所得款项用于其美国业务的运营，所以该公司会将这 1 亿瑞士法郎兑换成美元，而通过货币掉期便可将瑞士法郎贷款兑换成美元。

作为欧洲债券的投资者，该美国公司需要支付利息，所以该公司可以同意在一开始就将1亿瑞士法郎转换成美元，在同一日期收到瑞士法郎的利息，并按预先设定的指数支付美元的利息付款，然后在到期日将美元兑换为瑞士法郎。

这就是货币掉期与经典的外汇掉期之间的根本区别。在交易有效期内，每种货币都有一个商定的利率，通常分期支付或收取利息。

无应付利息

在外汇掉期情况下，各货币均无应付利息。而且，货币在到期日的兑换价格，将两者的利率差也考虑在内。这样，如果英镑的年利率是5%，而美元的年利率是2%，那么两种货币在理论上的兑换率低于当前即期汇率3%。在两种货币同样为1年期的货币掉期情况下，1年后的再兑换率与最初的比率相同，但每一种货币都有应付或者应收的利息。如果两种货币按照固定利率做1年期的掉期，那么在这个简单的案例中，两个手法稍有不同。然而，要考虑到这样一种情况，即美元和瑞士法郎5年期传统的外汇掉期，远期外汇汇率将代表两种货币之间的复合利率差额，而且只发生两个现金流，即即期交易和5年之后的远期交易，此时采用的是迥异的兑换率。

在美元和瑞士法郎5年期的货币掉期中，首先兑换一定数量的两种交易货币（由当前即期汇率决定），收取瑞士法郎的一方将定期按商定利率进行支付，收取美元的一方也是如此。5年后，双方将再交换相同数量的每种货币。适用于每一种货币的利率无须建立在固定的基础上。例如，该利率可以是盯住伦敦同业拆借利率的浮动利率。的确，在当前交易的大量货币掉期中，与美元有关的都是按6个月期的伦敦同业拆借利率，与另一种货币有关的是按固定利率，即按照双方的约定，或者每两年支付一次，或者每年支付一次。

灵活性

货币掉期给予了公司额外的灵活性，使公司得以挖掘自身在相应借贷市场中的比较优势。此外，公司利用货币掉期综合运用货币与票息，使这种综合优势得以充分利用。

流动性和成本有效性

货币掉期市场已经成为一个成本有效的流动市场，公司的财务主管可利用货币掉期为其负债实现长期货币对冲的目的。今天，货币掉期市场中最常见的交易之一与资本市场的债务发行有关，该债务随后全部被掉期为另一种借贷人要求的货币。此外，货币掉期一个有趣的应用是创造外汇价格，其方法是综合两个或多个零息利率互换以应对美元浮动汇率，这样一来，抵消了浮动汇率的现金流，使得一种货币在未来日期按照给定汇率与另一种货币进行兑换，这非常像是一个长期的外汇交易。在零息利率互换下，固定利率的应付/应收利息直到到期日才支付，而且支付时同样为复利。

风险

由于货币掉期涉及名义本金的交换和再交换，所以比利率掉期存在更大的信贷风险。

图例

图 19. 2 显示了货币掉期操作的 3 个阶段。

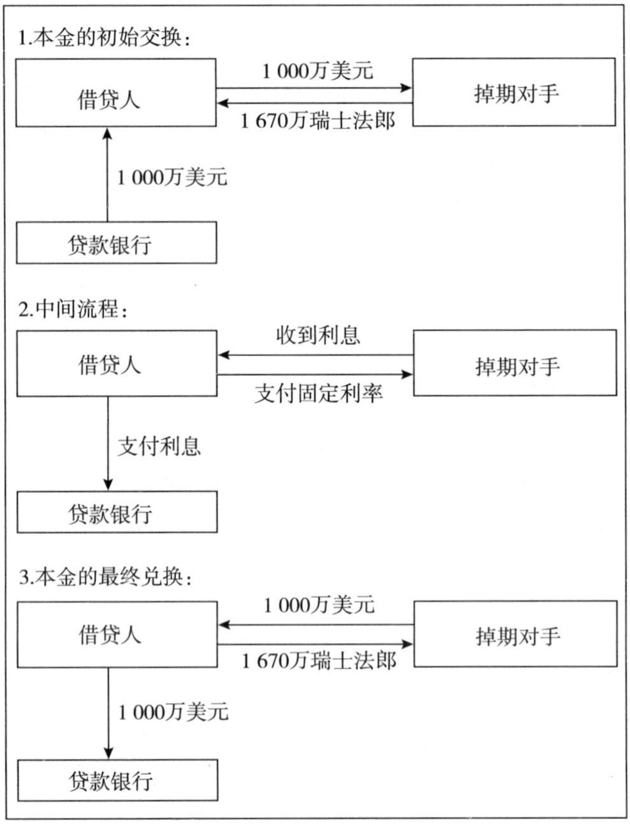

图 19. 2　货币掉期的 3 个阶段

外汇期货

虽然从 19 世纪 60 年代开始，人们已经对商品的期货合约（Future Contract）进行有组织的交易，但是金融远期还属于相对较新的概念，可以追溯到 1972 年外汇远期的引入。期货合约的基本形式与远期合约完全一样。其中，期货合约规定，其所有者在合约到期日，按照特定的成交价格购买特定的资产。货币期货被定义为一种标准化的合约或协定，要求在规定的未来日期，按照特定价格卖出或者买入特定数量的货币。

事实上，自1971年汇率从固定制转为浮动制之后，货币交易的浮动性变得很大，期货就是针对这种变化发展起来的。

简单来说，外汇期货的买方和卖方有义务公布每一个合约的最初保证金或者安全押金。参与者也必须向经纪商支付佣金，该佣金可以是固定的，也可以协商而定，这取决于交易的规模。外汇期货的交易只能在管理下进行。总的来说，外汇期货的用户主要是银行、商品交易顾问和套利公司，即“专业”交易员，而非普通公司。

双向风险

与远期合约一样，期货合约也存在双向风险。然而，与远期合约显著不同的是，期货市场几乎可以完全消除信贷风险或者违约风险。首先，远期合约是在到期日以一次性付款的方式转让合约的价值，而期货合约价值的任何改变，是在改变发生之日结束时转让的。例如，假设合约生效后，金融价格上升，那么相应的，金融工具产生的价值为正。其次，远期外汇合约直到到期日才会收到这一价值变化，而期货合约在这一变化发生之日结束时就能收到相应价值变化。在期货市场条件下，期货合约实行逐日现金交割或者逐日盯市制度。

由于期货合约是在每天结束之时支付或者收取其合约价值，所以可以把一个期货合约比作一系列的远期合约，也就是说，一个期货合约就像一系列连续的远期合约，其中注明0天期的远期合约在第1天进行交割，然后实际上再被一个新的“远期”合约代替，这个新合约代表的是新的1天期预期。这个新合约在第2天进行交割，以此类推，直到合约结束。换句话说，一个期货合约可以被视作以1天为期的远期合约的翻滚。严格来说，期货价格与远期价格并不完全一致，但在实践中两者非常接近，以至于可以粗略地将它们视作完全一样。因此，类似于远期合约，期货价格是指导致期货合约在合约被交割和再确定的每一天，对买方和卖方的价值为零的合约价格。

保证金

所有的市场参与者，不管是买方还是卖方，都会支付履约保证金（即保证金）。如果期货合约的价值在交易日内上涨，那么在该日结束时，这笔收益将加入保证金账户。相反，如果期货合约的价值下降，那么这笔损失将从保证金账户中扣除。如果保证金账户余额低于某个共同商定的最低额，那么持有人必须补充额外的保证金，此时持有人的头寸将会被平仓。

交易所成员

有两种类型的交易所成员可以交易所有的期货合约。第一类是委托经纪人，或称场内经纪人，他们执行非成员的订单。这些非成员的订单通常来自期货代销商，如各类机构、经纪公司以及商业银行，这种类型的机构吸引期货交易的订单。期货代销商也持有自己的客户保证金，而且处理所有的保证金账目。执行订单的场内经纪人可能是，也有可能不是期货代销商的附属人员，订单由代销商创造。第二类被称作“自营交易商”，他只是处理自己账户的个体交易员。本质上讲，自营交易商愿意持有头寸，不管是日间的还是当天的头寸，他们的交易方式非常像做市商，希望从买方出价/卖方提议价的价差或者市场变动中获利。

结算公司

有组织的期货交易的一个重要特征是结算公司的存在。基本上，结算公司处于中间地位，对所有买方来说它是卖方，而对所有卖方来说它是买方。换句话说，结算公司成了每笔交易的对应方，为每笔交易的对方提供担保。结算公司有着几个非常吸引人的特征：

- 期货合约的买方不需要担心卖方的信誉。如果买方的头寸行情顺利，即期货价格上涨，那么结算公司保证买方按日收到价格变动保证金，而不管原始卖方是否有能力支付同样的价格变动保证金。结算公司依靠创造了期货销售的成员公司及时支付每日的价格变动保证金，而不管原始卖方是否已经向账户支付了足够的保证金。
- 从成员公司的角度看，结算公司的另一个主要优势是极大地简化了保证金的账目问题。因为成员公司在处理保证金追缴时只需要面对一个实体，而之前必须要与所有的其他成员公司交换资金。
- 此外，对于单一的成员公司，结算公司将为其结清所有头寸的保证金的追缴和入款，以便在每一个交易日结束时，只需要转一笔资金净额。

主要交易所

金融期货的主要交易所包括芝加哥期货交易所（Chicago Board of Trade，CBT）、芝加哥商品交易所（Chicago Mercantile Exchange，CME）、国际货币市场（the International Monetary Market，IMM）、伦敦国际金融期货交易所（London International Finacial Futures Exchange，LIFFE）、纽约期货交易所（the New York Futures Exchange，NYFE）以及堪萨斯城交易所（the Kansas City Board of Trade，KC）等。

货币期货报价

一般来说，在外汇市场中，报价按其他货币对美元的形式进行。例如，每美元

1. 67 瑞士法郎的汇率意味着需要花 1. 67 瑞士法郎买入/卖出 1 美元。当然，这一规则也有一些例外情况，如对英镑的报价。然而，货币期货是按照美式标价法进行报价的，即报价是指为了买入一单位的外币需要花费多少美元，这正是现金市场报价的倒数。因此，每美元 1. 67 瑞士法郎的汇率在期货市场中的报价将是每瑞士法郎 0. 598 8 美元（1 除以 1. 67），这意味着买入 1 瑞士法郎需花费 60 美分。每一个合约都有一个特定的合约规模。例如，瑞士法郎合约价值 125 000 瑞士法郎，日元合约价值 12 500 000 日元，英镑合约价值 625 000 英镑，而欧元合约价值 125 000 欧元。

基点与交割月

货币期货合约中最小的价格变动被称为基点，基点的计算方法是最低基点乘以合约规模。以瑞士法郎对美元为例，1 点代表每瑞士法郎 0. 000 1 美元，这相当于每合约 12. 50 美元，而 1 点英镑代表每英镑 0. 000 1 美元，这相当于每合约 6. 25 美元。与其他的金融工具一样，货币期货合约的交易月也是每年的季度月，即 3 月、6 月、9 月和 12 月，它们也被称作交割月，因为如果卖方没有解除抵消购买的义务，那么合约的卖方必须准备在这些月份向买方交割特定数量的外币。必须要强调的是，为数众多的市场参与者在交割前就对其头寸进行平仓。

合约细则

表 19. 1 显示的是各种货币对美元期货的合约细则。当然，也有一些交叉合约。

表 19. 1　各种货币对美元期货的合约细则总结

产品	交易单位	基点描述
澳元	100 000 澳元 – 现货交割	1 点 = 0. 000 1 美元 每美元 = 每合约 10. 00 美元
巴西雷阿尔	100 000 雷阿尔 – 现金结算	1/2 点 = 0. 000 5 美元 每雷阿尔 = 每合约 5. 00 美元
英镑	62 500 英镑 – 现货交割	1 点 = 0. 000 1 美元 每英镑 = 每合约 6. 25 美元
加元	100 000 加元 – 现货交割	1 点 = 0. 000 1 美元 每加元 = 每合约 10. 00 美元
欧元	125 000 欧元 – 现货交割	1 点 = 0. 000 1 美元 每欧元 = 每合约 12. 50 美元
日元	12 500 000 日元 – 现货交割	1 点 = 0. 000 001 美元 每日元 = 每合约 12. 50 美元

（续表）

产品	交易单位	基点描述
墨西哥比索	500 000 比索 - 现货交割	1 点 = 0.000 01 美元 每比索 = 每合约 5.00 美元
新西兰元	100 000 新西兰元 - 现货交割	1 点 = 0.000 1 美元 每新西兰元 = 每合约 10 美元
“新”俄罗斯卢布	2 500 000 卢布 - 现货交割	1 点 = 0.000 01 美元 每卢布 = 每合约 25.00 美元
南非兰特	500 000 兰特 - 现货交割	1 点 = 0.000 01 美元 每兰特 = 每合约 5.00 美元
瑞士法郎	125 000 法郎 - 现货交割	1 点 = 0.000 1 美元 每法郎 = 每合约 12.50 美元
瑞典克朗	2 000 000 克朗 - 现货交割	1 点 = 0.000 01 美元 美元/克朗 = 每合约 20.00 美元
挪威克朗	2 000 000 克朗 - 现货交割	1 点 = 0.000 01 美元 美元/克朗 = 每合约 20.00 美元

期货转现货交易

期货转现货交易是指将期货头寸转化为现货（现金）头寸的一种交易。利用这种方式，可以通过现货交换，把期货头寸转换为即期银行同业交易。相应的，当把现金头寸转换为期货头寸时，期货转现货交易只是一种机制，通过这种机制，可以把现金头寸转换为它的国际货币市场（IMM）或者纽约外汇信用交易所（Finex）的等价物。期货转现货的计算方法是：当前的即期（现金）价格加上或者减去两种货币的利率差额（持有成本），以期货价格的形式表示，并且本质上是一种场外交易。

例 1

以下举例说明一个期货转现货交易的过程，假如 12 月 13 日，交割日为 12 月 15 日，瑞士法郎的银行同业即期价格是买方出价 1.670 0，卖方提议价 1.670 5。市场顾客以 1.670 5 的价格卖出 2 500 万瑞士法郎，交割日为 12 月 15 日，然后决定将 2 500 万瑞士法郎的空头现金头寸转为国际货币市场等价物，即 3 月份的短期合约。假设 3 个月期美元对瑞士法郎的远期点数是 1.7/1.9，由此导致的交易可以被视作：

按照1.670 5的价格买入2 500万瑞士法郎，交割日期为12月15日。

以0.598 6的价格卖出200份3月国际货币市场合约（1.670 5 + 1.9 = 1.670 69，然后用1除以1.670 69得0.598 6）。

由此导致的现金头寸是：

价格为1.670 5的2 500万瑞士法郎的空头头寸，交割日期为12月15日。

价格为1.670 5的2 500万瑞士法郎的多头头寸，交割日期为12月15日。

因此，净现金头寸持平，客户持有国际货币市场期货的开仓头寸，即200份3月国际货币市场期货合约的空头，价格为0.598 6。

例2

12月13日，交割期为12月15日，英镑的银行同业即期价格是买方出价1.500 0，卖方提议价1.500 5。交易员按照1.500 0的价格卖出1 000万英镑（等于160份国际货币市场合约），交割日期为12月15日。交易员随后决定将1 000万英镑的空头现金头寸转换为国际货币市场等价物，即3月的160份空头合约。因此发生的交易可以被视作：

交易人3月16日的银行同业掉期价格是70 – 67，于是交易员同时操作了一个掉期交易。

以1.500 0的价格买入1 000万英镑，交割日期为12月15日。

以1.493 0（1.500 0 – 0.007 0）的价格卖出160份3月国际货币市场合约。

因此，结果是：

价格为1.500 0的1 000万英镑的空头头寸，交割日期为12月15日。

价格为1.500 0的1 000万英镑的多头头寸，交割日期为12月15日。

因此，净现金头寸持平（扎平），交易员持有160份3月国际货币市场期货合约的空头，价格为1.493 0。

履约要点

简单来说，关键点是对于期货转现货的交易执行，客户的即期现金头寸是持平的，不产生任何利润或损失。客户将只有一个期货头寸，而且对交易的完整账户只有一个平均价格。对于期货转现货交易的执行来说，与国际货币市场或者纽约外汇信用交易所的程序一样，期货的价格将会被公布（报告）给交易所，而且客户会收到一份确认书。此外，将按照完全一样的方式记录费用和佣金，而且对交易的现金方面不收取任何佣金或费用。

银行同业与期货

表19.2所示是对银行同业即期与期货之间差异的总结。

表 19.2　银行同业即期与期货的对比

银行同业即期	国际货币市场期货
单一的交易对手风险	交换的交易对手风险
无管理的市场	有管理的市场
可调整的到期日期	有限的交割月
可调整的货币数量	特定的合约细则
更大的流动性	较低的平均数额
单一的平均价格	多重价格需求
无交易费	
无报告水平	
只有在到期日才能撤回未兑现的收益	

第 20 章
外汇期权

【摘要】货币期权市场与新的衍生产品市场有着相同的渊源，它们的发展都是为了应对世界范围内金融市场不断上升的浮动性。在货币市场内，美元的急剧上升（1983～1985 年）和随后的大幅下跌（1985～1987 年）为各中央银行、公司财务主管和国际投资者都带来了很大的麻烦。有的财务主管未能采取对冲手段，或者对冲得太早，或者借入了错误币种的资金，外汇损失对他们来说尤为惨重。国际债券市场的投资者很快发现，他们的债券头寸风险与货币风险之间的关系似乎微不足道。因此，发展货币期权的初衷不是作为另一个有趣的资产负债表外的交易工具，而且作为一个可选的风险管理工具，用于即期和远期外汇市场。货币期权是货币市场波动性的产物，它的存在得益于外汇使用者的需求，即他们需要可选的对冲和风险管理技术。

自20世纪70年代早期布雷顿森林协定崩溃以来，由于贸易不平衡、利率、商品价格、战争和政治不确定性，主要工业国的货币发生了大幅波动。最近几年，政府保持货币对等的压力已经导致许多汇率机制的瓦解，从而使得采取积极的外汇对冲措施显得尤为重要，尤其对公司而言，以防止对利润率的侵蚀。

货币期权市场与新的衍生产品市场有着相同的渊源，即为了应对世界范围内金融市场不断上升的浮动性。货币期权市场给金融市场带来了额外的维度。目前，货币期权以挂牌的形式进行交易，主要的交易中心在费城和芝加哥，也有一些流动的银行同业市场或场外交易（Over-The-Counter，OTC）市场，散布于全世界所有的金融中心。使用期权交易不仅可以观察价格变动的方向，也能够预测价格的波动性。

本章的目的是向货币期权的初学者彻底、全面地介绍这一产品，清楚地解释相关概念和技术细节。厌恶数学的人将会很高兴地看到，本章几乎没有公式，除了布莱克－肖尔斯（Black-Scholes）期权定价公式和几个“希腊”字母外，本章几乎不再涉及其他任何计算。

外汇期权

为了理解外汇期权的概念，大家需要注意的是，与外汇交易相比，期权最重要的因素是，买方有权利但并非有义务于特定日期或在此之前，按照特定的汇率，买入或卖出特定数额的货币。为了获得这一权利，买方通常在一开始向货币期权的卖方或者选择权卖方支付期权溢价。对了货币期权来说，期权溢价通常是按所涉及货币名义数额的百分比形式表示。对于货币期权的所有者来说，货币期权的本质特征在于其有限的风险和无限的利润潜能，这一点很像保险单。保险单是个人支付保险费，以避免房子的火灾风险，而在货币期权条件下，公司支付期权溢价，以确保公司免受不利的外汇风险波动的影响，这一期权溢价就是期权买方的最大成本。

期权市场所用的术语可能让人感到困惑，但主要的术语或行话可总结如下：

- 期权的买入者被称作买方（Buyer），而期权的卖出者被称作选择权卖方（Writer）。
- 看涨（Call）赋予买方这样的权利，即在超过给定时间后，买方有权按照商定的比率买入特定数额的某种货币。

- 看跌（Put）赋予买方这样的权利，即在超过给定时间后，买方有权按照商定的比率卖出特定数额的某种货币。
- 期权溢价（Premium）是指用于支付期权的价格。对于货币期权来说，期权溢价可以有不同的表示方法，通常是从初始交易日的即期日期开始支付。
- 本金金额（Principal Amount）是指期权买方可以买入或卖出的货币数额。
- 行权（Exercise）是指期权被转换成潜在的外汇合约的过程。
- 行权价（Strike Price）或者行权率（Exercise Rate）是指可以对期权行权的兑换率。
- 截止日期（Expiry Date）是指可以对期权行权的最终日期。
- 欧式期权（European-style Option）可以在任何时候行权，但只有在到期日才能转让资金。在实践中，多数欧式期权直到截止日期才会行权。
- 美式期权（American-style Option）可以在截止日期之前（含截止日期）的任何时候行权，并且可在行权的即期进行资金转让。

需要注意的是，鉴于外汇的性质，所有的期权都是对货币的看涨，对其他货币的看跌。例如，美元看涨/瑞士法郎看跌赋予期权买方以买入美元和卖出瑞士法郎的权利。

看涨期权

对于看涨期权来说，期权的持有人有权利但并无义务买入资产。从本质上说，货币看涨期权的买方有权利按照预定的汇率，在预定日期之前，以预定数量的货币买入（收取）预定数量的其他货币。货币看涨期权的选择权卖方有义务按照预定的汇率，在预定日期之前，以预定数量的货币卖出（交付）预定数量的其他货币。

例如，瑞士法郎对美元的看涨期权，3个月到期，标的1 000万瑞士法郎，按每美元1.67瑞士法郎的汇率成交（期权合约中的特定汇率被称作行权或者成交价）。该看涨期权的买方有权利从看涨期权的选择权卖方收取1 000万瑞士法郎，并向选择权卖方交付5 988 023.95美元（1 000万瑞士法郎除以每美元1.67瑞士法郎）。因此，在3个月截止日期（含截止日期）之前的任何时候，这一看涨期权的选择权卖方有义务向看涨期权的买方交付1 000万瑞士法郎，换取5 988 023.95美元。

看跌期权

在看跌期权的情况下，期权的持有人有权利但并无义务卖出资产。货币看跌期权的买方有权利按照预定的汇率，在预定日期之前，以预定数量的货币卖出（交付）预定数量的其他货币。货币看涨期权的选择权卖方有义务按照预定的汇率，在预定日期之前，以预定数量的货币买入（收取）预定数量的其他货币。

例如，瑞士法郎对美元的看跌期权，3 个月到期，标的600 万瑞士法郎，按每美元 1.50 瑞士法郎的汇率成交。该看跌期权的买方有权利向看跌期权的选择权卖方交付 600 万瑞士法郎，并换取400 万美元（600 万瑞士法郎除以每美元 1.50 瑞士法郎）。这一权利有效期为 3 个月。因此，这一看跌期权的选择权卖方有义务在 3 个月的截止日期（含截止日期）之前的任何时候，从看跌期权的持有人收取600 万瑞士法郎，支付 400 万美元。

看涨期权与看跌期权的差别显示如下：

	看涨	看跌
买方	有权利（但无义务）买入	有权利（但无义务）卖出
卖方	潜在的卖出义务	潜在的买入义务

场内交易期权与场外交易期权

外汇期权既可以在交易所交易，也可以在场外市场（即双方之间）交易。场内交易的期权是标准化的合约，有着固定的截止日期、行权价格和合约规模，每一个交易有其自身的合约细则和交易规则。而场外交易期权的截止日期、行权价格和规模等都可以在交易之前协商，所以场外交易期权的细则弹性更大。

场内交易期权的特征归纳如下：

- 虽然最近存在一些交叉报价，但货币主要按对美元的汇率报价。
- 行权价格按固定间隔幅度报价，而且是以每一个（或几个）单位的其他货币合多少美元或美分的形式报价。
- 固定的合约规模。
- 固定的截止日期，通常以 3 个月为间隔（例如，交割日期为 3 月、6 月、9 月和 12 月的第 3 个星期三）。
- 提前支付期权溢价，而且在交易达成的同一天。
- 通常都是美式期权。

标准化合约的一个主要优势在于，每次交易的交易双方都是对应的，因此可以将信贷风险（选择权卖方未能履行期权的风险）最小化，而且交易双方可以保持匿名交易。需要注意的是，芝加哥商品交易所的货币期权都是期货期权，不是即期货币期权，因此，如果对看涨行权，那么买方收到的是多头期货头寸，而非即期头寸，对看跌的买方来说正好相反。

场外交易期权有如下特征：

- 行权率、合约规模和截止日期都取决于协商。机构可以构建自己的期权要求，例如可以进行交叉汇率交易。
- 截止期限可以是几个小时，也可以长达5年多。
- 选择权卖方对买方构成直接的信贷风险。
- 只有直接相关的对应方才知道期权交易的价格。
- 期权溢价通常是在从交易日期起算的即期支付，通常也是在从截止日期起算的即期进行基本工具的交割。
- 可以是美式期权，也可以是欧式期权，但大多数是欧式期权。

例如，银行A从银行B按照1.570 0的汇率买入1 000万英镑的欧式英镑看涨/美元看跌的期权，为期6个月。银行A通过场外交易市场买入的这个期权，期权溢价是每英镑本金收取0.02美元，在此例中：

买方	银行A
选择权卖方（卖方）：	银行B
行权价：	1.570 0
本金数额：	1 000万英镑
截止期限：	6个月
期权溢价：	200 000美元（1 000万英镑×0.02美元）

外汇期权的应用

期权市场的使用者非常广泛而且多样，但主要的使用者是业务涉及外汇风险的机构。期权是消除这一风险的适当手段，也是远期外汇交易的一种替代选择。总的来说，接触场内交易期权的多是专业的做市商和货币银行经理，期权合约的标准化促进了可交易性，但牺牲了灵活性。

虽然期权在公司客户、基金和私人之间变得越来越流行，但仍有一些客户拒绝使用期权以控制货币风险。有些客户认为，期权溢价费用太高，而且/或者属于投机行为。当你买入期权后，能遭遇的最大损失是期权溢价（支付给期权的价格）。在有些情况下，期权有助于减少下行风险，而且有从上行中获利的可能。为了控制下行风险，客户可能选择期权而非远期的其中一个原因，就是这种上行获利可能的机会。如果客户买入了货币期权，他所享有的保护可以抵制任何不利的汇率波动，这一点可见

图 20. 1。

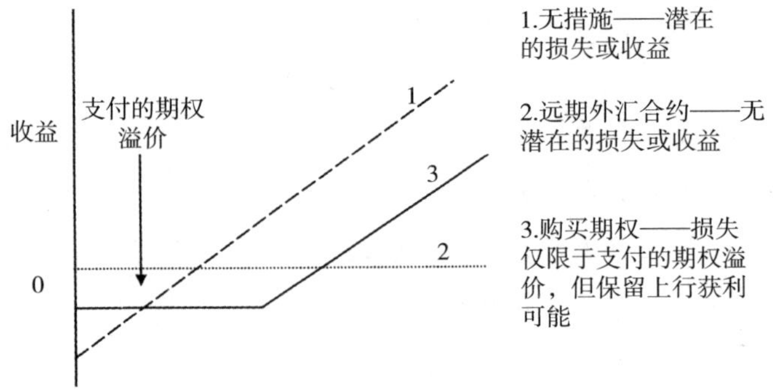

图 20. 1　外汇考虑因素

公司利用货币期权的目的是对冲偶然的/经济风险，对冲已有的货币风险，并且有可能的话从货币变动中获利，而基金使用期权的目的是提高收益。

关于何时使用期权或者其他各种可用的产品，一个简单的风险管理决策树状图可以起到很大的作用（见图 20. 2）。由于对未来汇率走势不明确时只能使用货币期权，而且为了应对许多对冲要求，期权是比较昂贵的选择，所以决策过程假设公司很可能清楚未来的汇率变动。对走势预测的信心越大，产品所需满足的要求越简单，而产品越简单，费用就越低廉。如果很有信心地预测汇率走势有利，那么最好保持无对冲状态或者办理期权，即完全确信能赚回期权溢价，因为期权意味着要承担任何意料之外的价格下跌。类似地，如果预期价格走势不发生变化，那么应该用尽可能最便宜的对冲手段保护头寸。如果很有把握地预测汇率走势不利，那么应该使用远期合约。

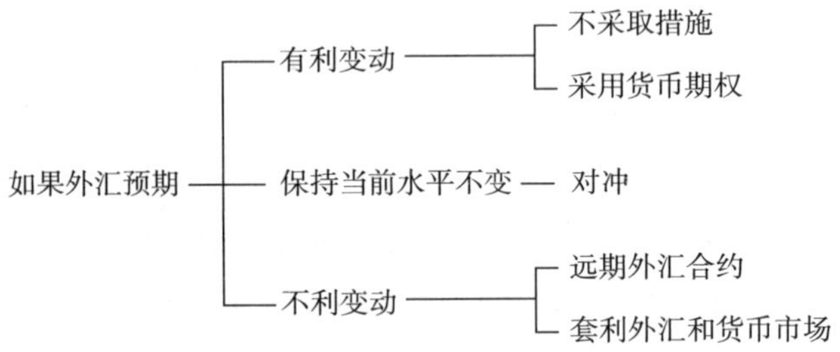

图 20. 2　风险管理决策树状图

有时一个策略可能涉及不止一个期权，而且有些期权策略采用多重的、复杂的组合。通过利用卖出期权获得的期权溢价抵消掉因买入期权支出的期权溢价，特定的组合可以形成很低或者无成本的期权策略。

因此，在买入货币期权时，如果能做到下面这一点将大有裨益，即降低下行的货币波动风险，同时保持上行的可能，提供无限的收益可能，提供针对偶然风险的对冲，并且确保确定性更高的计划。正如硬币的反面一样，在卖出货币期权时，从收到的期权溢价中提供及时的收入，也很有帮助。而且，如果将期权与其他工具一起作为交易策略的一部分，那么也能提供很大的灵活性。

表 20.1 总结了外汇期权的各种应用。

表 20.1　外汇期权的各种应用

预防外汇风险	• 应对已有的风险 • 应对偶然风险 • 应对预算汇率 • 作为灾害保险
投机	• 针对即期汇率方向 • 针对波动或者平静的市场 • 针对即期变动的时机
锁定利润	• 针对变化的利率差额
作为投资	• 投机性资产 • 减轻信贷成本 • 提高存款收益
作为筹资工具	• 产生现金流（空头头寸） • 向另一个实体转账现金
作为税收管理工具	• 不断转账利润和损失

关于汇率风险管理，对冲者可以利用货币期权来保证交易的预算汇率。通过购入看涨期权（买入的权利），可以固定购买的最大成本，而且通过购入看跌期权（卖出的权利），可以固定进款的最小规模。虽然购买期权需要支付一定的期权溢价，却给予买方以充分的保护，抵御不利的汇率变动。与此同时，一旦汇率随后发生有利的变动，期权又保留了充分的获利潜能。这一点与远期合约形成鲜明的对比，后者将对冲者锁定在固定的汇率上，尽管不需要支付费用，但也不能从随后的有利走势中获利。

在交易情况下，为了获取利润就要承担风险。交易员利用期权，可以从两个方向走势以及波动变化中获利（随着时间的演进，不管预期汇率是上升还是下降，期权使得获利都成为可能。）例如，在预测汇率走势时，期权交易员强烈地感觉到，美元对瑞士法郎的汇率在随后的 3 个月将会走强，而其当前的水平是美元对瑞士法郎为 1.66。该交易员买入美元的看涨（买入的权利）、瑞士法郎的看跌（卖出的权利），行权价是 1.683 5，截止期限为 3 个月。

该交易员此时有两个选择：（1）持有该期权直到截止日期。如果即期汇率上升，比如美元对瑞士法郎为 1.73，那么交易员将按照 1.683 5 的汇率，行使其买入美元和卖出瑞士法郎的权利，从而赚钱。如果在到期日，美元对瑞士法郎的即期汇率低于 1.683 5，那么最大损失仅限于向期权支付的期权溢价。（2）如果即期汇率在交易员购买期权 1

个月之后上升，交易员可以选择将期权收回。通过这种操作，交易员既能弥补期权的时间价值，又能弥补其内在价值。

外汇期权的替代品

通常情况下，如果外汇远期可以起到足够的作用，似乎没有道理再向期权支付期权溢价，但也必须考虑期权的收益。表 20.2 总结了场外外汇期权与外汇远期的差异，表 20.3 总结的是购买场外外汇期权与不对冲头寸的区别。

表 20.2　场外外汇期权与外汇远期的差异

外汇期权	外汇远期
• 买入或者卖出某种货币的权利而非义务	• 买入或者卖出某种货币的义务
• 需支付费用	• 无须支付费用
• 行权价的广泛性	• 对特定日期只有一个远期汇率
• 既保留无限的利润可能，又降低下行风险	• 消除可能的上行风险以及下行风险
• 灵活的货币交割日期（如有必要，可购买更长期限的期权）	• 固定的货币交割日期

表 20.3　买入场外外汇期权与不对冲头寸的区别

外汇期权	敞口的外汇头寸
• 买入或者卖出某种货币的权利而非义务	• 买入或者卖出某种货币的义务
• 需支付费用	• 无须支付费用
• 既保留无限的利润可能，又降低下行风险	• 无限可能的利润和损失
• 灵活的货币交割日期（如有必要，可购买更长期限的期权）	• 无限期的货币交割日期

相关参与方和风险

外汇期权交易涉及两方面的参与者：期权买方与期权卖方（选择权卖方）。期权买方有权要求履行期权合约，所有者可以行使期权，期权买方为此权利支付期权溢价。期权卖方（选择权卖方）正式授予这种权利，如果买方要求，卖方需接受履行期权合约的义务，并为此收取期权溢价。表 20.4 总结了期权买方/卖方的风险状况。

表 20.4　期权买方/卖方的风险状况

金融风险	利润潜能	信贷风险
期权买方	限于支付的期权溢价	无限期权卖方的信用
期权卖方（选择权卖方）	无限	限于收取的期权溢价对期权行权时的交割风险

与即期和远期外汇合约一样，货币期权也存在一些风险。如果期权有效期限毫无用处（即没有被行权），那么不存在真正的信贷风险。如果对期权行权，那么存在与交易有关的风险，这一点类似于即期交割的风险。因为期权买方享有保险和上行获利潜能这样的双重利益，所以与签订远期合约相比，期权卖方/选择权卖方要承担更大程度的市场/价格风险。至于国家风险，与远期和掉期合约很相似。表 20.5 是对期权买方/卖方风险状况的扩展总结。

表 20.5　期权买方/卖方风险状况的扩展

	看涨期权风险有限？	看跌期权风险无限？
对冲者	保险	获利
	对冲头寸可能面临的风险："真高兴不用对期权进行行权。"	充分利用已有头寸："我不介意接受行使价。"
投机者	碰运气	巫术
	对市场变动趋势下大赌注："我必须行权，否则就输光了。"	从空气中变出钱来，基于市场观点："我绝对不能接受行使价。"

货币或美元的看涨期权还是看跌期权

从定义上说，外汇交易是一种货币与另一种货币的交换，买入一种货币的同时也在卖出另一种货币，因此买入一种货币的权利同时也是卖出另一种货币的权利。例如，瑞士法郎看涨期权的拥有者有买入瑞士法郎的权利，也有卖出美元的权利，日元看跌期权的选择权卖方也是美元看涨期权的选择权卖方。因此，在外汇交易中，"看涨"和"看跌"的概念可以互换。

"看涨"和"看跌"的概念可以互换，可能会在市场中造成一定的麻烦。例如，一个看涨期权按照美元对日元 130 的汇率成交，那么这是买入美元的权利，还是买入日元的权利？确实，对于这个问题没有明确的答案，很大程度上取决于使用者的观点以及美元是否被看作外汇的基础货币。为了清楚起见，惯例是两个概念都使用，即看涨和看跌。例如，为了避免混淆，交易员可能详细地询问价格，问瑞士法郎看涨/美元看跌的行权价是 1.67。

外汇期权的使用者

如表 20.4 所示，关于货币期权，需要记住一个非常重要的因素，即对于期权买方来说，最大的风险仅限于支付的期权溢价，而对于期权卖方来说，最大的收益也仅限于收取的期权溢价，但卖方可能遭受无限的损失。除此之外，由于在对期权进行立权时涉及信贷风险，所以与那些希望卖出期权的人相比，那些希望买入期权的人受到的限制更少。

由于信贷风险受保证金系统控制，因此对外汇期权进行立权通常更简单。保证金是合约价值的少量百分比，但必须缴纳，以便将损失控制在一定限度。通常，每个交易日都会对保证金进行调整，而且偶尔更多地考虑市场变动。然而，场外交易市场可提供更大的灵活性，有助于应对和克服信贷困难。外汇货币期权市场的参与者包括：

- 银行为客户提供一种管理其自身外汇风险的服务，目的是预测趋势或者波动性。
- 超国家机构和主权国家，目的是控制在外币名义下的债务风险，这些债务是它们发行的债券。
- 跨国公司及其子公司，它们有多种货币的资金交易和跨国界交易，面临外汇风险。
- 进口商和出口商，他们面临汇率波动的风险。
- 投资外币证券的投资者，对于其他货币名义下的证券，他们面临货币波动的风险。
- 拥有高资产净值的个人，由于汇率提供的资本配比，他们利用场内货币期权对汇率进行投机。

例如，英国的一家公司向几个国家出口消费品。最近，公司签订了合同，向美国出口价值 1 000 万美元的货物，预期在 3 个月后收到按美元支付的货款。公司认为，在随后的 3 个月中，美元对英镑会升值。面对这种情况公司有以下几种可以选择的策略：

- 由于公司认为汇率变动对其有利，所以不对未来的现金流进行对冲。
- 签订远期合约，在 3 个月后卖出美元，并买入英镑。
- 购买 3 个月期的英镑看涨期权（买入英镑和卖出美元的权利）。

这些策略可能的结果是：

- 如果汇率确实按照有利于公司的方向变动，那么公司将因其多头的美元头寸而收到意外的利润。然而，如果汇率变动的方向与公司预期的相反，而且由于公司的成本是按英镑固定计算的，那么公司的英镑利润会因此减少，甚至导致损失。所以这种策略存在非常大的危险。
- 如果公司签订远期合约，那么公司的供给交易汇率将被锁定，这使得公司可以抵御美元贬值的风险，但也不会使公司获得美元升值的利润，这种情况与公司的汇率预期正好相反。
- 如果公司购买英镑的看涨期权，那么要求公司提前支付期权溢价。然而，对于这笔供给合同，期权会保证公司最低的汇率，使公司迫切希望美元从当前水平升值，因为一旦发生这种预期的升值，公司可以放弃期权，在市场中按照更有利的汇率进行兑换。

如果公司决定购买一份货币期权，它可以买入3个月期的欧式英镑看涨/美元看跌期权，行权价为英镑/美元1.75（即按照英镑对美元为1.75的汇率买入英镑和卖出美元的权利）。假如该期权的成本是英镑数额的1.74%，即99 428.57英镑（1 000万美元/1.75 = 5 714 825.71英镑 × 1.74%），那么到截止日期时的结果是：

即期汇率	行权/不行权	交易的英镑数额（较少的期权溢价）
1.850 0	行权	5 614 857.14英镑
1.800 0	行权	5 614 857.14英镑
1.700 0	不行权，买即期	5 782 924.37英镑
1.650 0	不行权，买即期	5 961 177.49英镑

对冲与投机的区别

把一个期权看作是对冲工具还是投机工具，在考虑这一问题的时候需要注意，对冲者的主要关注点是到期时期权的价值。出于这一点，虽然期权在其有效期内内在价值的波动很重要，但是其时间价值的任何变动基本上无关紧要。此外，由于期权本身就是一种对冲形式，因此不需要进一步的对冲工具，即没有额外的成本。

对于对冲者而言，期权溢价表示为：

$$期权溢价 = 内在价值 + 时间价值$$

其中：

- 内在价值是指对于期权的持有人来说，行权率相对于远期直接汇率的利益。
- 时间价值是期权的隐含波动、到期时间、利率差异、即期和行权率的数学函数。

例如，假设美元对瑞士法郎的远期直接汇率是1.600 0，那么对于美元看涨（买入的权利）、瑞士法郎看跌（卖出的权利），行权率是1.570 0的期权来说，期权的内在价值是美元对瑞士法郎0.030 0。对于美元看跌（卖出的权利）、瑞士法郎看涨（买入的权利）、行权率是1.570 0的期权来说，期权的内在价值是美元对瑞士法郎0.000 0。

从本质上说，由于期权内在价值上涨的可能机会，时间价值代表的是期权的额外价值，而且对于交易员/投机者来说，期权溢价代表的是对期权进行δ对冲（Delta Hedging）成本的预期净现值。

每当逐日结算时，交易员主要关注的是期权的价值。由于这一点，不仅期权的任何内在价值的波动很重要，而且其时间价值的任何变动也至关重要。如果交易员在任何时候决定对期权进行对冲或者部分对冲，那么将会导致额外的交易成本，从而影响总体收益。

美式期权与欧式期权

期权可以按照欧式期权或者美式期权的方式进行定价。欧式期权的持有人只在截止日期有权利行权，这种期权的立权者可能只有在期权的截止日期才被指定。然而，美式期权的持有人有权利在截止日期之前的任何一天对期权进行行权，这种期权的立权者可能也是在截止日期之前的任何一天被指定。

例如，假设某个美式期权的截止日期是3月28日，持有人可以在3月25日行权，并预期相关货币的交割在两个营业日之后生效。对于欧式期权来说，只能在3月28日进行行权，然后两个营业日之后交割。必须切记的是，两种类型的期权价格有所差异，但只是有时存在差异。价格差异发生的原因是每种货币的利率存在差异。对于美式期权来说，内在价值是根据即期或者远期的直接价格决定的，取其中最有利的价格。这是因为美式期权可以在有效期内的任何时间，按照即期汇率被行权。

如果期权的看涨货币的利率比看跌货币的利率更高，那么在计算内在价值的时候，按照即期汇率比按照远期直接汇率更有利。因此，如果期权处在价内状态的时间太长，以至于剩余的时间价值可以被忽略不计，那么期权持有人可能提前行权，所以立权者的风险是位于期限内的某个时间点。这可能意味着，如果立权者借入了利率更高的货币，贷出了利率更低的货币，那么他可能遭受利率成本差额的损失。

因此，两种类型的期权存在着价格差异，但只是在有些时候存在。对于美式期权来说，内在价值是根据即期汇率或者远期直接汇率定价的，取其中最有利的价格。这是因为美式期权可以在有效期内的任何时间，按照即期汇率被行权。如果期权的看涨货币（买入的权利）的利率比看跌货币（卖出的权利）的利率更高，那么在计算内在价值的时候，按照即期汇率比按照远期直接汇率更为有利。因此，如果期权处在价内状态的时间太长，以至于剩余的时间价值可以被忽略不计，那么期权持有人可能提前行权，所以立权者的风险是位于期限内的某个时间点。这可能意味着，如果立权者借入了利率更高的货币，贷出了利率更低的货币，那么他可能遭受利率成本差额的损失。如果发生这种情况，我们说该期权是逻辑行权。

美式期权更加灵活，是否意味着它更加昂贵？实际上，美式期权并不比欧式期权更加灵活。的确，美式期权可以提前行权，其内在价值可以被立即实现，但是除非期权是逻辑行权，持有人最好将期权售回，并收取期权溢价（记住，期权溢价代表的是期权的内在价值加上其时间价值）。如果期权不是逻辑行权，而且目的是实现最大化的利润，那么最好的选择是卖出期权，而不是对之行权，这对美式期权和欧式期权来说都属实，而且适用于两种情况。

有些情况下最好的选择是支付额外的期权溢价，并且买入更贵的美式期权，这样的例子如下：

- 对于买入的期权，看涨货币的利率更高，而且预期利率差额会显著加大。
- 对于买入的期权，两种货币的利率彼此非常接近，而且预期看涨利率将比看跌利率升得更高。

在买入处于价外状态的期权时，如果两种货币的利率都很高，而且期权的变动显著地呈现出进入价内状态的趋势，那么美式期权的杠杆作用会更高，也会产生更丰厚的利润。

期权理论的基础

δ（Delta）是指标的（Underlying）的每一次变动相对应的期权溢价的变动。从严格意义上说，标的是远期直接汇率，但由于期权定价模型假设利率恒定，所以通常利用即期汇率计算标的。例如，假设某个期权的（δ）值是 25，即期汇率变动 100 个基点，那么该期权的收益/损失价格就是 25 个基点。从这种意义上说，delta 有时被视作代表了期权的“即期敏感”数量。

此外，δ 也可以被视作对期权行权的估算概率。由于期权定价模型假设输出量曲线是围绕着远期直接汇率变动的，因此价内状态期权的 δ 为 50%。价外状态的期权下降，价内状态的期权上升，但变化是非线性的，因为当期权接近价内状态时，它的变化会更快。

如果持有头寸的标的与其 δ 成比例，那么我们说该头寸具有 δ 对冲效果。例如，如果某人对面值为 100 万美元的标的看涨期权做空头，δ 为 0.25，那么 250 000 美元标的的多头头寸将处于 δ 中性，不暴露于标的价格变化的风险，但只有当这些变化无限小时才成立。

期权的 δ 受下列因素变化的影响：标的的价格及其波动性、截止时间和利率等。因此，必须经常对 δ 对冲进行再平衡，这种做法被称作 delta 中性对冲。

γ（Gamma）是指标的的每一次变化所对应的 δ 的变化，而且因为期权模型假设按照连续的基点进行 δ 对冲，所以 γ 的值非常重要。然而在实践中，由于要求进一步对冲的市场缺口和净额非常小，以至于不值得关注，所以不可能按照连续的基点。在对冲期权时必须处理缺口效应，该效应引起了与期权的 γ 成比例的风险。

当期权处于平值状态时，期权的 γ 达到最大，随着标的进一步远离行权价，γ 随之降低。因此，γ 是一条 U 型曲线，而且短期期权的 γ 大于长期期权的 γ。

从本质上说，波动性（Volatility）用来衡量标的工具的价格可变性（但并非趋势），本质上是衡量期权被行权的可能性，它的表示形式是两个连续价格比率的自然对数的年标准差。历史波动性用来衡量标的工具在过去某一时期的标准差，隐含波动性是指隐含在期权价格内的波动性，真实波动性是指发生在期权有效期内的实际波动性。在 δ 对冲过程中发生的真实波动性，与在开始用以对期权进行定价的隐含波动性，两者之间有一个差额，该差额决定了交易员在这个期权中是赚钱还是赔钱。

Theta（θ）是指期权溢价的时间价值因素的贬值，也就是说，θ 衡量在截止日期之前，期权价格的一天下降额的影响。市场价与行权价之间的差额越大，θ 对期权价格的影响越小。

价内状态、平值状态或价外状态

价内状态的期权是指这样的期权，其行权价格比标的的当前市场价格更为有利，也因此具有内在价值，即期权的赚钱程度。对于看涨期权来说，行权价低于即期汇率，而对于看跌期权来说，行权价高于即期汇率。例如，假设英镑对美元的即期汇率是 1.80，那么 1.75 美元是英镑看涨的价内状态，而 1.85 美元是英镑看跌的价内状态。随着期权的价内状态越深入，其 δ 随之增加，期权的表现更加像收益和损失状况下的标的。因此，深入价内状态的期权，其 δ 接近于 1。

此外，期权具有时间价值，它是隐含波动、到期时间、利率差异、即期和行权率的数学函数。它代表的是期权的附加价值，因为存在着期权的内在价值上升的机会。然而，因为时间价值的主观性很强，所以很难对其进行量化。由于时间价值是资产的消耗，所以它随着截止日期的接近而下降，而且下降速度越来越快。

可以说，当期权没有内在价值时，处于价外状态，这时的期权描述的是高于行权价的看涨，或者低于行权价的看跌。对于看涨期权来说，行权价高于即期汇率，而对于看跌期权来说，行权价低于即期汇率。借用上述例子，假设即期汇率为每英镑 1.80 美元，那么 1.85 美元的英镑看涨期权和 1.75 美元的英镑看跌期权都处于价外状态。

期权处于价外状态的程度越深，意味着它被行权的机会越来越渺茫，所以其价值越便宜，它的 δ 也降低，而且对标的变动的敏感性也越来越低。

所谓平值状态的期权，是指它的行权价格与当前即期市场价格或者标的的远期合约处于同样的水平。例如，假设英镑对美元的即期汇率是美元对英镑 1.80，那么我们就说 1.80 美元的英镑看涨期权是平值状态的即期（见图 20.3）。

总的来说，内在价值只不过是即期价格与行权价格之间的差额。

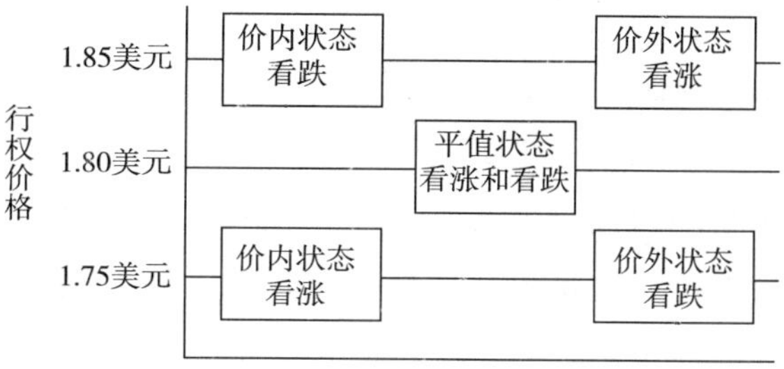

图 20.3　期权汇率为英镑对美元 1.80 的期权“赚钱性”

对于看涨期权：

价内状态 = 高于期权行权（履约）价格的即期价格
价外状态 = 低于期权行权（履约）价格的即期价格
平值状态 = 即期价格与期权行权（履约）价格相等

对于看跌期权：

价内状态 = 低于期权行权（履约）价格的即期价格
价外状态 = 高于期权行权（履约）价格的即期价格
平值状态 = 即期价格与期权行权（履约）价格相等

此外应该注意的是，可以按照下述方式解释内在价值与时间价值：

	价内状态	价外状态	平值状态
看跌/看涨	随着期权更加深入到价内状态，时间价值降低，而内在价值提高	随着期权更加深入到价外状态，时间价值降低，而内在价值为零	当期权处于平值状态时，时间价值达到最大，而内在价值为零

当远期或期货的价格与即期价格不同时，市场上会产生一些令人困惑的现象，尤其是用语义表述时更是如此。例如，假设英镑对美元的即期汇率是 1.80 美元，3 月期的远期/期货价格是 1.75 美元，那么我们可以说，3 月期 1.80 美元的英镑看涨对即期汇率来说处于平值状态，但对远期/期货价格来说却是处于价外状态。类似的，3 月期 1.75 美元的英镑看涨对即期汇率来说处于价内状态，但对远期/期货价格来说却是处于平值状态。因此，交易员解决这个问题的方法是，以上述案例为例，用“价内即期”的概念指代 1.80 美元的看涨，用“平值远期”的概念指代 1.75 美元的看涨。所以，在布莱克 – 肖尔斯期权定价模型（Black – Schdes Model）中，欧式平值远期期权的 δ 将一直是 0.5，然而，因为通常按照即期升水或者贴水对远期进行交易，所以 δ 可能不一定等于 0.5。

期权溢价

期权溢价是指支付给期权的价格，对于货币期权来说，有多种不同的方法可以用来表示期权溢价。期权溢价通常是在从初始交易日开始的即期（两个营业日）进行支付，因此期权溢价是提前支付的。

支付期权溢价的是期权买方，从而获得从有利的汇率变动中获利的机会。期权买方潜在的损失仅限于期权溢价，而通常有无限的获利可能。然而，期权卖方收取买方支付的期权溢价，必须承担不利的汇率变动带来的风险。如表 20.6 所示，卖方的潜在获利仅限于期权溢价，但须承担无限的损失风险。

表 20.6　基本期权头寸的潜在收益/损失总结

	最大收益	最大损失
空头看涨	收取的期权溢价	无限*
空头看跌	收取的期权溢价	无限**
多头看涨	无限*	收取的期权溢价
多头看跌	无限**	收取的期权溢价

*　由于与期权溢价相比，潜在收益/损失的数值级别较大，以至于没有必要将期权溢价从潜在收益/损失中减去。对于多头看涨来说，最大收益要减去支付的期权溢价；对于空头看涨来说，从最大损失要减去收取的期权溢价。

**　由于标的资产的价格或者价值不能低于零，所以多头看跌的最大收益实际上是行权价减去支付的期权溢价。类似的，空头看跌的最大损失实际上是行权价减去收取的期权溢价。

期权买方向期权卖方支付一笔期权溢价，换取获益的权利，即当标的向有利的方向变动时，可从中获利，而当标的向不利的方向变动时，承担风险，但损失仅限于期权溢价。从收益/损失的角度看，长期看涨期权可以被描述为等于标的的多头头寸，但该头寸可以预防标的价值下降的风险；长期看跌期权可以被描述为等于标的的空头头寸，但该头寸可以预防标的价值上升的风险。

货币期权市场混乱的一个不幸原因，就在于期权溢价报价方法。其他期权市场不会遇到这个问题，如股本或者黄金期权市场。这些市场的费用通常用与标的工具同样的术语表示，如每股 5 美元或者每盎司 3 美元。然而，对于货币期权来说，可以用不同的方法对同样的期权溢价进行报价。

例如，芝加哥货币期货以倒数的形式表示期权溢价，即每货币多少美元，而期货期权市场采用相同的报价习惯。因此，2 月期 77 份看涨合约的持有人，有权按照每瑞士法郎 0.77 美元的行权价格，买入 125 000 瑞士法郎。然而，按照传统的欧式标价法，这会被表示为瑞士法郎看涨，行权价是 1.298 7 美元对瑞士法郎（1 除以 0.77）。如果我们假设这个 2 月期的 77 份看涨合约的期权溢价是每瑞士法郎 2.33（0.023 3 美元），那么每瑞士法郎期权合约的期权溢价就是：

125 000 瑞士法郎 ×0.023 3 美元/瑞士法郎 =2 912.50 美元

如果这一相同的交易在场外市场进行，那么期权溢价很可能以行权价百分比的形式表示，在此案例中即 3.026%（2.33/77 ×100% =3.026%）。期权溢价总额（忽略四舍五入）与上面一样，计算方法是用标的美元数额乘以百分比数：

125 000 瑞士法郎 ×0.77 美元/瑞士法郎 =96 250 美元

96 250 美元 ×0.302 6 =2 912.50 美元

如果在伦敦或者纽约购买期权，情况均如此。但是，如果在瑞士或者德国购买该期权，而且是在场外交易市场，期权溢价很可能按照每美元多少瑞士法郎的形式表示，而不是每瑞士法郎多少美元。这时的计算方法是用期权溢价百分比乘以瑞士法郎的即期汇率，例如，1.258 0 美元对瑞士法郎：

0.030 26 ×1.258 0 瑞士法郎/美元 = 每美元 0.038 9 瑞士法郎

这通常被表示为每美元 3.89 分，因此，以瑞士法郎表示的总期权溢价就是：

96 250 美元 ×0.038 9 瑞士法郎/美元 =3 744.13 瑞士法郎

期权溢价的构成要素可以分为两部分，即内在价值和时间价值。其中，内在价值是期权持有人的行权率相对于远期直接汇率的获益，时间价值是期权的隐含波动、到期时间、利率差异、即期和行权率的数学函数。

举例来说，如果美元对瑞士法郎的远期直接汇率是 1.600 0 美元/瑞士法郎，那么对于美元看涨（买入的权利）、瑞士法郎看跌（卖出的权利）、行权价为 1.570 0，该期权的内在价值将是 0.030 0 美元对瑞士法郎。对于美元看跌（卖出的权利）、瑞士法郎看涨（买入的权利）、行权价为 1.570 0，该期权的内在价值将是 0.000 0 美元对瑞士法郎。

事实上，时间价值代表着期权的额外价值，因为存在着期权的内在价值上升的机会。此外，对于美式期权来说，内在价值可被定义为如果对期权立即行权，期权的价值。换句话说，内在价值是行权价与即期汇率的差额。例如，如果英镑对美元的即期汇率是 1.800 0，那么 1.750 0 美元的看涨期权具备 0.05 美元的内在价值。对这一点的另一种表述是，1.750 0 英镑对美元的看涨期权处于价内状态 5 美分。任何低于内在价值的期权交易，对从事于套利的人来说，意味着零风险的利润。

因此，内在价值只不过是期权在到期之日的价值。由此，货币看涨期权在到期日的价值，就是即期汇率高于行权率的差额。类似的，货币看跌期权在到期日的价值，就是即期汇率低于行权率的差额。显然，如果在到期日再持有期权，将不具备任何固有价值，所以期权在到期日的价值仅仅是其内在价值。只有在离到期日还有剩余时间时，期权才会除了内在价值之外，还具备一些额外价值。

其他考虑因素

定价理论

理论家已经投入大量的时间和精力研究期权定价的数学模型，也因此产生了大量不同的模型。所有的模型都对市场行为做出明确的假设，尽管这些假设并不完全准确，但是解决期权定价的最好方法。尽管期权定价的公式非常复杂，但它们都是基于相同的定价原理。

如前所述，期权的价格由两个单独的要素构成，即内在价值和时间价值。

因此在对期权进行定价时，需要考虑以下 6 个因素：

- 当前的即期汇率。
- 利率差额（远期利率）。
- 行权价。
- 到期时间。
- 波动性。
- 内在价值。

对于欧式期权来说，内在价值是相对于直接远期价格的期权价值，也就是说，它代表的是期权的行权价格与远期汇率的差额，这个远期汇率是指人们可以在今天进行的交易。内在价值可以是零，但永远不会是负数。

市场惯例

人们应该如何询问期权的价格呢？按照优先顺序，需要的信息如下：

- 涉及的两种货币以及哪种货币是看跌、哪种货币是看涨（例如，美元看跌、瑞士法郎看涨）。
- 期限，（例如，2 个月），截止日期或者交割日期（例如，12 月 12 日为截止日期，或者交割日期为 12 月 14 日）。

- 行权价（例如，1.501 0）。
- 类型（例如，欧式还是美式）。
- 数额（例如，1 000 万美元）。

有许多方法可以用来表述期限，但通常情况下，如果表述了一个日期，则假设该日期为截止日期，但更安全的方法是明确指出截止日期。同样的方式，如果要求报 10 天期权的价格，即假设所需期权的截止日期是从当天往后 10 天。然而，如果所需期权的期限是按月或者年（例如，3 个月），那么计算期权日期的方法如下：

- 使用和即期市场相同的惯例，计算货币组合的即期日期。
- 使用远期市场惯例，计算期限（例如，从该日期之后的 3 个月）。

通过上述方法计算的是交割日期，截止日期通常是交割日期的前两个工作日。

对于任何的货币组合，如果其即期不是两个工作日，那么就会发生例外情况，例如，加拿大元，其截止日期是交割日期的前 1 个工作日。

请注意下列特殊情况：涉及交叉货币，日期涉及美国节假日，或者任何可能引起混淆的情况。这时最好报所需的截止日期和交割日期。

在询问期权价格时，一定注明哪种货币是看涨、哪种货币是看跌。例如，美元对瑞士法郎（USD/CHF）看跌是意味着美元看跌还是瑞士法郎看跌？在期权交易市场和场外银行同业市场中，这通常指代瑞士法郎看跌和美元看涨。然而，大多数公司很可能意味着美元看跌。出于这种原因，一定要详细说明情况（例如，美元看涨、瑞士法郎看跌，反之亦然）。

行权价和行权选择

预定的价格被称作行权价或者行使价，是指履约时依据的预先设定的汇率。通常在接近当前外汇即期或远期汇率水平时选择行权，但也可能是在任何合理的水平上行权。期权的期权溢价（价格）对行权价与当前即期汇率的关系非常敏感。总的来说，期权买方期权和卖方根据下列两个因素选择行权率：他们对标的货币在其有效期内价值的预测或预期，以及期权的回报（利润/损失）状况。

从本质上说，在选择期权率时，参与者需要考虑的因素包括预先支付的期权溢价、盈亏平衡点（收益开始的点）以及特定风险的杠杆作用。如果可用于期权溢价的资金有限，那么可以选择价外行权，因为它相对较便宜，代表着较少的保护和更高的杠杆作用。通过表 20.7 可以更好地理解这一点。对于打算对询价的期权提高价格的人来说，应该使用表 20.8。

表 20.7　价格接受者的考虑因素

	外汇远期	价内状态	平值状态	价外状态
预付费用	无	高	中等	低
风险保护	无	高	中等	低
盈亏平衡点等级	第 1	第 2	第 3	第 4
标的的参与（δ）	100%	高	50%	低
杠杆作用	无	低	中等	高

表 20.8　价格制定者的考虑因素

	寻求期权		出售期权	
	看涨	看跌	看涨	看跌
内在价值：行权	具体按合约规定			
远期汇率	买方出价	卖方提议价	卖方提议价	买方出价
即期汇率	买方出价	卖方提议价	卖方提议价	买方出价
掉期汇率	买方出价	卖方提议价	卖方提议价	买方出价
掉期天数	即期日期 ——→ 交割日期			
国内利率	卖方提议价	买方出价	买方出价	卖方提议价
国外利率	买方出价	卖方提议价	卖方提议价	买方出价
时间价值：期权天数	交易日期 ——→ 截止日期			
国内利率	卖方提议价		买方出价	
变动率	买方出价		卖方提议价	
期权价格	买方出价		卖方提议价	

实时价格

在处理期权时，交易双方有两种主要的方法可以达成交易：实时定价、浮动定价/报价。

什么是“实时定价”？期权的价格显然取决于市场的即期价格，由于期权交易员需要马上对期权实行 detta 对冲，所以交易员可以对冲的即期价格，就是用来给期权定价的价格。如果按照实时报价，那么意味着询价的人可以马上得到期权的期权溢价报价，而期权交易员将承担即期价格在交易时期内变动的风险。

取代实时交易的一个方法是“以 δ”交易，这意味着询价的人将与期权交易员一起处理 δ 对冲以及期权。

通常情况下，交易员按照期权基础货币额的百分比对期权溢价进行报价。然而，在银行同业市场中，通常按照期权中每货币额的点数进行报价。例如，如果一个期权是美元/瑞士法郎期权，可按下列方式对期权溢价进行报价：

1. 期权中美元数额的百分比。
2. 期权中瑞士法郎数额的百分比。
3. 期权中每美元数额的瑞士法郎点数。
4. 期权中每瑞士法郎数额的美元点数。

如果所交易期权的数额是10的倍数（例如，1 000万美元），那么方式1或方式3都是通常的报价方式。然而，如果要求按方式2或者方式4报价，那么可以将美元数额乘以期权行权价，从而得到期权的瑞士法郎数额。

期权溢价转换

如何将一种形式的期权溢价转换为另一种形式？可以利用下述公式：

BC＝基础货币（Base Currency）（商品货币）

NBC＝非基础货币（Nonbase Currency）（标价货币）

%BC＝%NBC×行权/即期

%NBC＝%BC×即期/行权

NBC/BC＝%NBC×行权

BC/NBC＝%BC/行权

例如，假设瑞士法郎期权的成本是美元数额的2.05%，即期是1.550 0，而且该期权的行权价是1.520 0，那么瑞士法郎/美元＝0.020 5×1.550 0＝0.031 775，或者每美元318个瑞士法郎基点。

交割与行权

当期权被行权时，两种货币的实体交换生效，而且通常情况下进行全额交割。例如，如果美元看跌（卖出的权利）、瑞士法郎看涨（买入的权利）的期权被行权，那么将向期权立权者支付全额的美元，行权者将从期权立权者收到全额的瑞士法郎。如前所述，交割发生在交付日期，除非该期权是美式期权，已经提前被行权，在后一种情况下，即美式期权，交割发生在期权被行权的即期日期。

是否有必要全额交割两种货币？不，交割时有可能对期权实行“净交割”，即立权者只向期权持有人支付期权的利润。如果这一点在交割时决定，那么立权者通常向持有人按即期汇率报价，而且如果这一汇率被接受，那么期权利润也相应地确定了。如果净交割是在最初交易时商定，那么很可能有必要确立一个更正式的安排，以决定交割时的期权利润。

在截止日期确定的交割时间之前，向期权立权者发出行权通知，已经足够。这一时间是伦敦时间 15：00，东京时间 15：00，或者纽约时间 10：00。

风险

货币期权市场有 3 个方面的主要参与者，他们各自的预期和承担的风险有着显著的差异，注意到这一点非常重要。

第一群体是投资者，他们使用期权的目的是提高风险/收益比，希望获得比即期外汇交易更好的效果。从严格意义上说，投资者关注的是期权的总成本，通过这一成本，投资者可以判断市场变动多少才能获利。因此，影响其日常利润和损失的因素包括基本利率（通常取决于 δ 或者头寸的量值），以及市场如何变动。波动水平是其考虑较少的因素。

第二群体是对冲者，他们主要关注的是保护现有的暴露，使其不受货币市场不利变动的影响。通常，这些公司的财务部门使用期权的目的是对冲海外办事处的利润或者国际采购的成本。业绩的比较参照是基准外汇汇率或者成本收益水平。在过去，此类风险通常是在远期外汇市场中对冲，有着固定的可接受汇率，但没有任何获利的潜能。期权现在提供了需要的保护，同时提供了从汇率的有利变动中获利的机会。

第三群体是波动交易员，如银行和其他职业参与方，他们具备足够的资本执行重要任务，即建立有竞争力和流动性的货币期权市场，为上述提到的用户服务。从严格意义上说，期权交易员可以持有几百个敞口的期权头寸。需管理的主要风险是浮动性价格的变动，以及时间衰退与 γ 头寸之间的关系。

随着货币期权市场的扩展，这个波动市场的投机者数量也不断增加。在计算机系统被广泛用于管理期权投资组合的复杂和多变的风险之前，市场利润主要是交易导向，而大多数风险最终落在少数机构手中。然而，现在有许多市场参与者愿意承担风险头寸，而且有着广泛的参与者，从风险很小的纯做市商，到利用流动性的纯头寸接受人。

此外，还需注意下列风险：

- 信贷风险。在将期权卖给客户时，如果期权超期导致无价值（即没有被行权），则不存在真正的信贷风险。如果期权被行权，则存在与交易有关的风险，该风险与即期交割的风险类似，因此在交易之前，需要设定信贷额度。客户预先支付期权溢价。
- 市场风险。因为期权买方享有双重利益，即保险和上行获利潜能，所以当期权立权者卖出期权而非卖出远期合约时，它将承担更大程度的市场/价格风险。为了弥补这种风险，期权立权者预先收取期权溢价。
- 国家风险。与远期和掉期的此类风险类似。

第五部分
通胀对冲产品

第21章
通胀挂钩债券

【摘要】在许多主权国家，通胀大概是债券系统最大的风险因素，正因如此，通胀挂钩债券是市场能获得的最接近零风险的资产，是一种终极实际收益投资品。发行者市场主要由主权实体构成，它们愿意承担通胀的风险，目的是减少利息支付，调控经济，使特定付款与现金流相匹配。长期和短期投资者对通胀挂钩债券感兴趣，是因为他们用其对冲通胀、管理风险、平稳消费、分配资产，并将其作为通胀挂钩衍生产品的基础。通胀挂钩债券的基础结构非常独特，因为它带来的收益等于实际累积的通胀加上实际利率。因此，通胀债券对市场以及其他市场力量（经济增长、预期通胀、利率和税收等）有独特的反应。投资者应该考虑此类力量对通胀债券的回报、当前收益、波动性、存续期、β 系数、期限结构以及其他因素的影响。这些因素显示通胀挂钩债券可用于债务匹配、多样化投资组合和通胀“交易”。

1997 年美国首次引入通胀挂钩债券时，并不确定通胀保值债券（TIPS）会成为一种长期发行的债券。尽管英国和其他国家也存在通胀挂钩债券，但许多观察家仍认为美国财政部的通胀保值债券具有试验性。大多数主要的美国财政部交易员和许多其他人对美国财政部的通胀保值债券漠不关心，甚至反感。而且直到 2004 年，美国财政部才明确表示，通胀挂钩债券已列入议事日程，将继续发行。或许许多投资者并不清楚什么是通胀挂钩债券，也不清楚通胀挂钩债券的交易方式和用途。

现代通胀挂钩债券市场并非始于通胀保值债券，这些债券最早出现在 20 世纪后半期，当时芬兰、以色列、冰岛和其他国家相继发行类似通胀挂钩债券的证券，以应对“二战”后的通胀［令人不解的是，德国和其他经历了“一战”后超级通胀的国家并没有引入或详细研究通胀证券，而且约翰·梅纳德·凯恩斯爵士（Lord John Maynard Keynes）在其有关两次战争之间经济发展的著作中也没有论及上述观点］。随后在 20 世纪 50 年代，米尔顿·弗里德曼（Milton Friedman）、保罗·萨缪尔森（Paul Samuelson）等许多经济学家支持创造通胀挂钩政府证券。1981 年，英国首先发行了“连接债券”，作为他们的主权通胀挂钩债券形式。随后，澳大利亚、新西兰、加拿大和其他发达国家也发行了同样的债券。

自 1997 年以来，美国及全球通胀挂钩债券的发行、所有权以及人们对通胀挂钩债券的认识已经得到进一步的发展，截至 2007 年，有 22 个国家发行了主权通胀挂钩债券（德国依然是七国集团中唯一没有发行通胀挂钩债券的国家）。在总的可交易的美国政府证券市场中，通胀保值债券大约占了 8% 的份额。在英国，“连接债券”大约占总体主权债券市场的 20%。图 21.1 显示，在 2007 年年初，全球主权通胀挂钩债券市场的规模已经超过 1 万亿美元，其中美国占了大约 4 000 亿美元（巴克莱银行，2007 年）。在英国，50 多个机构和私营公司已经发行过通胀挂钩债券。而在欧元区，大约有 10 种通胀挂钩债券，总价值接近 500 亿美元。在 2002 ~ 2007 年，全球通胀挂钩债券市场的年均增长速度为 30%。此外，随着通胀挂钩本息分离债券和衍生产品市场的出现，通胀挂钩债券表现的概念性和实践性经验也随之增长。

本章将论述通胀挂钩债券的基本知识，包括其结构、定价和普通用途，重点论述一些关键性的差异，这些差异使得通胀挂钩债券区别于其他资产类别，尤其是名义债券。从概念上说，本章的基本观点是通胀挂钩债券不仅是一种单独的资产类别，还是市场上所能获得的最接近零风险的资产。然而鉴于实践中的某些限制，它们并不完全是名义上的“无风险”替代品。作为无风险资产，我们对此还将讨论通胀债券其他一些不那么明显的实践特征，如通胀风险溢价和三重存续期。

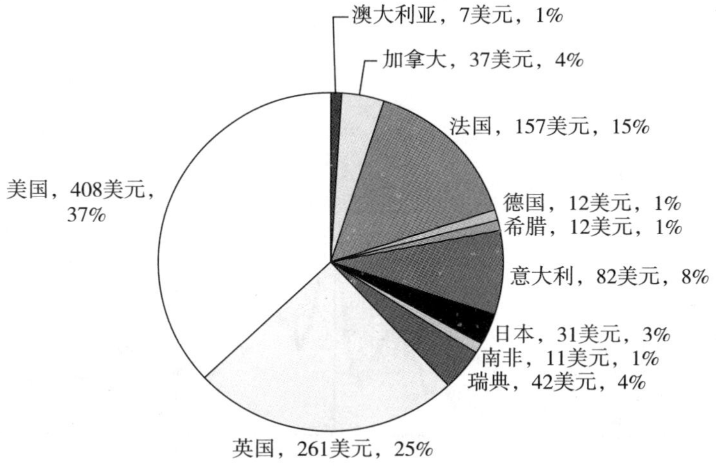

图 21.1　全球主权通胀指数债券发行总额为 1.06 万亿美元

资料来源：巴克莱全球

通胀、投资和消费

通胀大概是最大的系统投资风险，通胀对平稳长期消费以及保持资产远期价值是一个严峻的考验。

在经济理论中，消费者确实在平稳或者应该平稳长期实际消费。基于此，通胀带来了贴现因素以及收入和消费之间关系的更多不确定因素。换句话说，通胀对贴现率和净现值有很大影响。有趣的是，这个问题至少自罗马时代就已经存在了，当时士兵的军饷曾定期根据主食的价格进行调整。在 19 世纪初，有些国家根据玉米和生猪的价格变动支付革命战争津贴［见席勒（Shiller），2003 年］。

图 21.2 显示了自美国在 1945 年年底取消战时物价管制以来美国通胀的长期趋势和短期峰值。通胀在一定程度上直接决定了资产价值和购买力的半衰期。例如，美国的长期通胀率（虚线）为 3% 时，货币购买力（或者说零收益资产的实际购买力）在 28 年内下降超过 50%。甚至有许多中央银行将通胀率定在 2%，但实际资产价值在 39 年中减少了一半多。所以可以很容易地看出，通胀与关于货币时值及固定收益投资的大量文献有直接联系［见霍默（Homer）、莱博维兹（Leibowitz），2004 年；法博齐（Fabozzi），2005 年］。

除此之外，通胀也有波动性，一次短期的通胀冲击能够很快地降低实际购买力和资产价值。由此很容易看出，通胀的长期和短期表现降低了投资者预测或者实现一定时间后预期收益的能力。即使没有通胀，对评估投资机会感兴趣的投资者仍然需要基础收益或者实际收益来补偿与其他被放弃的与投资有关的机会成本。通胀的出现既提高了保持实际收益所需的补偿，又对将来的总收益（基础收益或者实际收益加上预期通胀）带来了更多的不确定性。

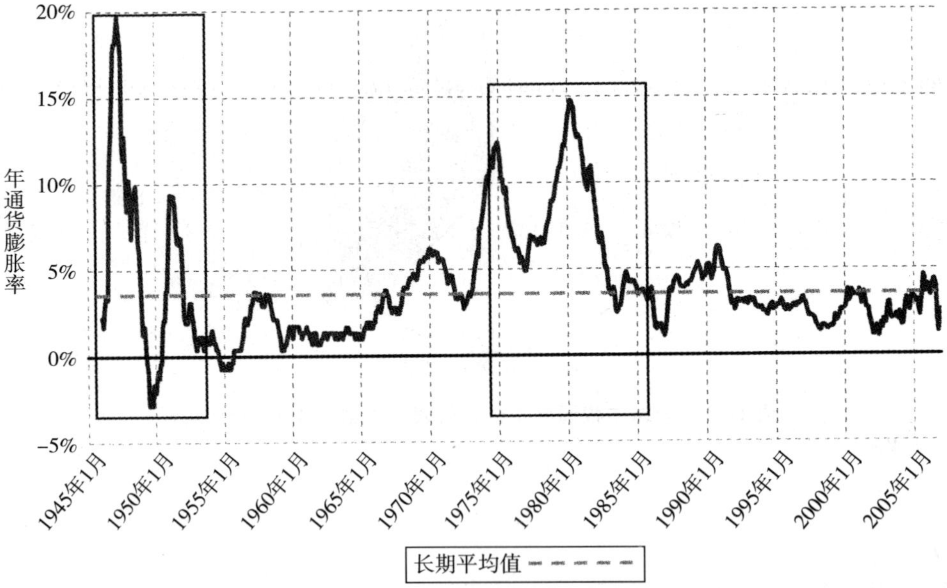

图 21.2　通胀确有好处，但并不会总是如此

（1946 年 1 月～2006 年 12 月美国滚动年度消费者价格指数）

资料来源：美国劳工统计局

通胀债券的基本理论和结构

按照 20 世纪 20 年代出现的投资、消费和通胀的系统方法，其中有著名的费希尔（Fisher）等式，该等式将名义债券收益分解为几个部分：

$$r_n = [1 + E(r_r)][1 + E(\pi)] \tag{21.1}$$

其中，当前名义收益或回报（r_n）由两部分构成：预期（或要求）的实际收益或回报（r_r），以及预期通胀（π）。费希尔等式的言外之意是，预期回报，即名义债券收益，与实际通胀无关，而与投资者所认为的投资周期内的通胀有关。换句话说，投资者必须评估预期通胀是否会等于、超过或低于实际通胀。假如结果

$$E(\pi) < \pi \tag{21.2}$$

那么投资者将大失所望，因为实际通胀高于预期通胀，这将降低实际通胀调整收益（即股息流的消费价值和本金收益）。然而，如果

$$E(\pi) \geqslant \pi \tag{21.3}$$

那么债券的收益或者达到了预期水平，或者超过了预期水平，因为实际通胀小于或等于预期通胀，而且股息流的消费价值和本金收益将增加。当然，在这个买入并持有的例子中，债券的名义收益与买入并持有这两种领域的通胀相同。

如果放弃这种静态的买入并持有的观点，改为从每日价格和收益的角度更动态地分析这一债券，那么我们会看到价格、利率与通胀之间的关系，这种关系是我们所熟悉的。如果利率（实际利率以及/或者通胀率）上升，那么当前的债券持有人很可能经历债券市场价格的下跌。然而，如果利率下降，那么当前的债券持有人可能会看到债券价格的大幅上升。

对固定收益资产、实际利率、静态通胀和动态通胀的说明虽然为人所熟知，但并不全面，遗漏的是与通胀有关的不确定性。在债券的期限内，尽管债券的收益在名义上是固定的，也因此反映了投资者对未来通胀的看法，但正如我们已经看到的，通胀的变动（上升或者下降）都会改变债券的逐日盯市价值。债券持有人可能对正变动（低于预期通胀）感到高兴，但肯定对负变动非常排斥。我们需要改动经典的费希尔等式，将通胀不确定性也考虑在内：

$$r_n = [1+E(r_r)][1+E(\pi)][1+p] \tag{21.4}$$

其中，p 是投资者要求的通胀风险溢价，目的是补偿与将来的通胀率有关的额外不确定性。因此，名义债券收益其实由3个部分组成，即实际利率、预期通胀和通胀不确定性（风险）溢价。

那么，什么功能是名义债券不具有而通胀挂钩债券具有的呢？为了回答这个问题，我们可以先看一看通胀挂钩债券收益或回报的构成部分：

$$r_i = [1+E(r_r)][1+\pi] \tag{21.5}$$

公式（21.5）中的 r_i 与公式（21.4）中的 r_n 之间的一个关键区别在于，在公式（21.5）中，等式右边的项表示真正的或者实现了的通胀，而非像公式（21.4）中那样是预期通胀。通胀挂钩债券保证回报的收益额与实际通胀以及实际利率相当。第二个区别是通胀挂钩债券并不包含通胀不确定性引起的通胀风险溢价，因为至少在静态的、买入并持有的环境中，并不存在收益与通胀匹配的不确定性。

每日市场定价的效果也不同。从表21.1中我们可以看到，GDP、实际利率和现金流的变化对名义债券和通胀挂钩债券产生的影响相类似。然而，预料之外的通胀变化对名义债券价格和通胀挂钩债券价格产生的作用相反。发生意外通胀时，投资者意识到未来现金流会比他们预期的现金流要少，名义债券的价格将下降。相比之下，由于投资者对现金流可以保持购买力且对资产价值能抵御意外通胀的资产有需求，因此通胀挂钩债券的价格应该会上升。

表 21.1 各因素的变化对现有债券价格的影响

	GDP 增长率		实际利率		通胀预期		现金流	
	上升	下降	上升	下降	上升	下降	上升	下降
通胀债券	−	+	−	+	+	−	+	−
名义债券	−	+	−	+	−	+	+	−

资料来源：作者的估算

通胀债券的实践结构遵循上述这一简单的理论。大多数（非零）名义债券的结构方式是一年支付两次股息，采用的利率由拍卖市场决定，到期返还原始本金。几乎所有国家都采用加拿大式通胀挂钩债券结构，其实际息票利率由拍卖决定（2004 年年底，英国成为最后一个转而采用加拿大结构的国家）。然后，对本金进行再调整，以反映滞后 3 个月的该国选择零售或者消费者价格指数（CPI – U）。为了支付当期息票，调整后本金每半年更新一次实际息票利率。在债券期限内，可以根据消费者价格指数的变化上调或下调本金和息票支付，有种情况除外，即在到期日本金金额“缩水”，那么必须对其进行再调整，使其与原始金额持平。

为了计算通胀挂钩债券的当前价格和收益，大多数国家采用参考指数。在美国，每月 1 日的指数是基于前 3 个月的消费者价格指数（例如，6 月 1 日的价格指数参考 3 月份的消费者价格指数价值）。由于消费者价格指数一个月更新一次，因此可以通过线性插值方法计算月份其他日期的价格指数（有些国家使用的参考公式略有不同，但所有国家都遵循这一基础方法。）

利差是通胀挂钩债券的另一个结构性特征。对于名义债券而言，利差被定义为债券的当前收益与回购市场上相同债券融资成本之间的差额。债券价值达到筹资成本时才获得远期收益。通胀挂钩债券利差是利用债券的实际收益和通胀累积计算的。这种结构的第一个含义在于，尽管任何一个月份之内的通胀累积是平稳和线性的，但如果使用月度价格指数，那么会使当前收益每个月都发生变动。第二个含义在于，通胀累积的滞后意味着有些通胀信息并没有包含在收益之内（2 ~ 6 周，取决于具体日期），因此通胀累积最后一天的远期收益可能超过对债券真正价值的估算。即期收益和远期收益之间的差异有时非常大，增量价格指数急剧变化且到期日期较短时更是如此。

为何选择通胀挂钩债券

通胀挂钩债券的结构和用途既吸引了借贷者，也吸引了贷出者，他们可以衡量通胀预期，管理通胀、债务、风险的多样化，获得主动交易机会。

衡量通胀预期和防止策略误差

类似的名义债券和通胀挂钩债券之间的收益差额被称作平准通胀，可以作为衡量通胀预期的标准。正式说来，平准通胀是

$$(1+\pi_{be}) = \frac{\left(1+\frac{R_n}{2}\right)^2}{\left(1+\frac{R_r}{2}\right)^2} \tag{21.6}$$

其中，π_{be}是指每半年付息的名义债券与通胀挂钩债券之间的平准通胀率。实际上，这一正式的公式通常被简化为

$$\pi_{bei} = R_n - R_r \tag{21.7}$$

或者用当前名义收益减去实际收益。当然，从理论上说，市场应该预期整个债券期限内的通胀，因为分析到期收益应考虑全部未来现金流。

图 21.3 显示的是 10 年期定期通胀保值系列债券与类似的名义系列债券从 2003 年开始的平准通胀率和实际通胀以及实现了的通胀（消费者价格指数）。在图21.3 中，消费者价格指数延后了 15 天，以便符合劳工统计局每月的通胀公告日期。虽然平准通胀率可以表明市场对长期通胀的看法，但仍有必要将其与当时的通胀进行比较。各国中央银行（例如，美联储）以及其他政府机构和投资者利用平准通胀率来衡量通胀观点（是对预期货币策略变化的审查），辨别通胀挂钩债券相对名义债券而言是贵还是便宜。

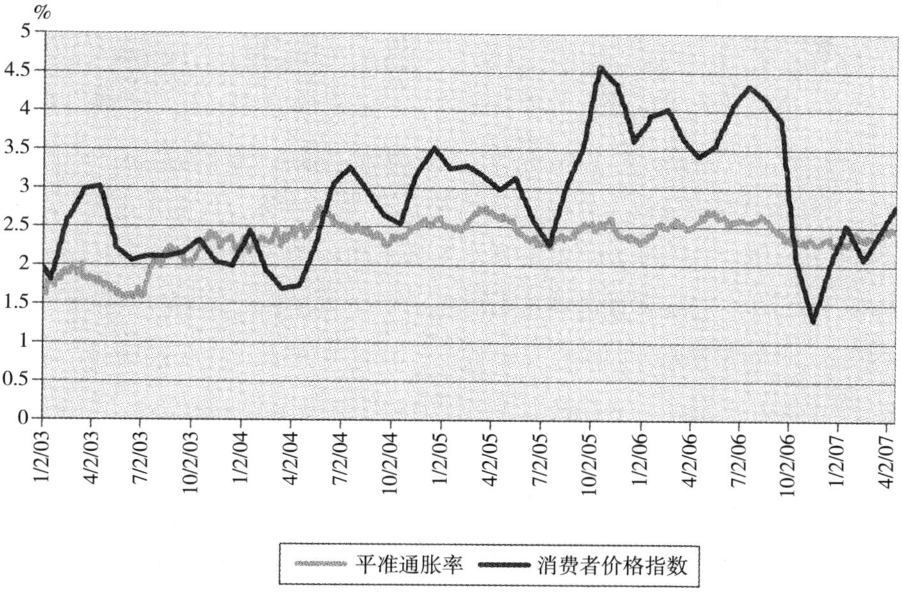

图 21.3 10 年期定期美国财政部通胀保值债券的美国通胀与平准通胀率

资料来源：作者根据美国财政部通胀保值债券收益、通胀债券收益和消费者价格指数的计算结果

管理通胀和通胀预期

随着通胀挂钩债券在债券发行总量中的比例不断上升，发行者更想控制通胀以限制通胀调整导致的利息增加。这种做法可能既有实在的效果（设定较低的通胀目标）又有可感知的效果（发行者信用提高）。在通胀飙升时期发行的通胀挂钩债券的增加也反映出发行者在赌自己能够以比通胀预期下降更快的速度降低通胀。例如，英国在1981年的滞涨顶峰时期做出这样的博弈，而且随着通胀的缓和，英国成功地减少了随后几年的名义利息支付。

债务管理

政府和一些其他机构的收入和支出可能在很大程度上依赖于通胀。例如，所得税收与通胀有关联，交通路桥通行费也是如此。通胀挂钩债券使得收入变化与偿债更加直接相关。对于买方来说，这些债券是终极的通胀防疫资产，因此，通胀挂钩债券对于退休金计划尤其有用。对于退休金计划来说，未来的工资和保险金生活成本的增加在一定程度上决定了债务规模。由于面临改善资产负债匹配的监管压力，许多英国退休金管理机构要兑现部分或全部通胀调整保险金承诺，所以它们成为大量英国连接债券的长期持有人。由于美国最近才面临改善退休金债务匹配的压力，保险金与生活成本指数不怎么挂钩。因此，美国退休金机构不太有兴趣将财政部通胀保值债券纳入预防通胀策略。

风险多样化

借款人和债权人都可以将通胀挂钩债券作为投资组合多样化的工具。由于这类债券的基本结构与名义债券的基本结构不同，它们的收益表现也与其他资产不同（见本章后面关于通胀挂钩债券表现的小节），所以投资者和发行者都会从多样化的好处中获利。对于发行者来说，通胀挂钩债券也可以作为一种不同种类的多样化投资，因为它吸引了对名义债券兴趣较少、对较长期的通胀敏感型债券更感兴趣的新型投资者。对于债权人来说，美国固定收益市场对外国政府和银行，尤其是亚洲的政府和银行的影响很大，因此它们在管理国际资本流时一直积极购买美国财政部通胀保值债券。

主动投资管理

金融机构的固定收益投资经理已经在投资组合的主动管理方面取得成功，这些投资组合包括通胀挂钩债券，也许还包括其他证券。主动管理的机会包括利用季节性特征、即期和远期价值以及相对价值。

季节性

在有些国家，通胀累积基于非季节性调整的指数，平准通胀率通常呈循环模式。在美国，平准通胀率往往在上半年上升，在下半年下降（见图21.3）。此外，季节性也会对各种通胀挂钩债券的到期时间造成不同的影响，这些影响意味着有买入和卖出的机会，这些机会既适合沿收益曲线变动的不同通胀挂钩债券，也适合通胀挂钩债券与其他资产类别间的平准通胀交易。在一年的任何时候，平准率低于预期通胀时是卖出通胀挂钩债券的好时机；平准率高于预期通胀时可能是买入通胀挂钩债券的好时机。

即期和远期价值

通胀挂钩债券的即期和远期价值的结构性特征（之前有所说明）也提供了交易机会。通胀挂钩债券的远期价值对新的通胀率公告高度敏感，因为这种信息是间歇的而非连贯的。此外，利差与当前月收益是不相关的，但当它们的确有关联时，交易人可根据变动情况买空或卖空。考虑这个问题的一个简单方法是，交易人可以将远期收益和平准通胀率与自己对预期通胀的估算进行比较，判断是否与当前和远期收益相当。

相对价值

全球通胀挂钩债券市场的发展为不同国家主权债券的交易提供了机会。很多因素的差异都会影响主权通胀挂钩债券的相对价值，这些因素包括到期时间、结构、价格指数、季节性、流动性、宏观经济状况等。买卖价差的下降趋势使得这些因素可用于主动投资管理。

反对使用通胀挂钩债券的论点通常集中在对主权债券发行者和经济体的刺激上。主要的批评点是通胀挂钩债券鼓励使用更宽泛的通胀指标，例如，更广泛地使用生活成本工资、保险金和价格调整。此类指标的泛滥促使工资和价格持续上涨，这种情况更有可能在已经存在非常高的通胀趋势且中央银行调控相对较弱的国家发生。但即使在这样的国家（例如，巴西、以色列），政府也成功发行了新通胀挂钩债券，以表明控制通胀的强烈意图。

另外一个主要反对意见是，通胀挂钩债券比名义债券的交易频率低。一项分析显示，英国连接债券和美国财政部通胀保值债券的交易量大约是类似到期名义债券交易量的1/2（连接债券）~2/3（哈蒙德，2003年），而买卖价差通常要比名义债券的买卖价差要高一些。所以，熟悉名义债券市场的交易人发现，通胀挂钩债券市场提供的传统主动投资机会较少。正如我们已经提到的，连接债券和美国财政部通胀保值债券因其债务匹配和外汇储蓄管理特性已经吸引了许多购买者。由于这些特性，与名义债券的购买者相比，通胀挂钩债券的购买者更有可能成为长期持有人，这一点不足为奇。

通胀挂钩债券的表现

现在，通胀挂钩债券的一些使用价值已经为人所知，甚至是显而易见。随着对此类资产经验的积累，我们对其行为的某些方面才有了更好的理解，这些方面包括收益归因、波动性、相关度和存续期等。

收益分析

图 21.4 显示了 12 种美国财政部通胀保值债券收益加权指数的年度收益构成。从 1997 年到 2006 年年底，该指数的平均总收益接近 6.7%。在 2001 年，美国财政部通胀保值债券是业绩最好的主要资产类别。总体来说，与短期美国财政部通胀保值债券相比，长期美国财政部通胀保值债券提供了更好的收益。而且，美国财政部通胀保值债券的业绩大体上好于同期的名义美国债券的业绩（从收益曲线的长期趋势看，超额业绩越来越大）。这一现象有点出人意料，因为至少在理论上美国财政部通胀保值债券有更稳定的实际现金流（通胀风险溢价），它的收益率也应该相对较低。

当我们观察图 21.4 中的收益构成时，可以看到实际息票率、通胀和价格变动的影响。总体来看，实际息票率在总年度收益中每年贡献了大约 3.25%，年与年之间的差异很小。这一数字掩饰了这一时期实际收益的下降趋势（收益率从 1997 年首次发行时的 3.4% ~3.5% 下降到那一时期结束发行新债券时的 1.5% ~2.5%）。整个时期的总体年通胀收益约为 2.5%，这一数据反映通胀环境相对良好。

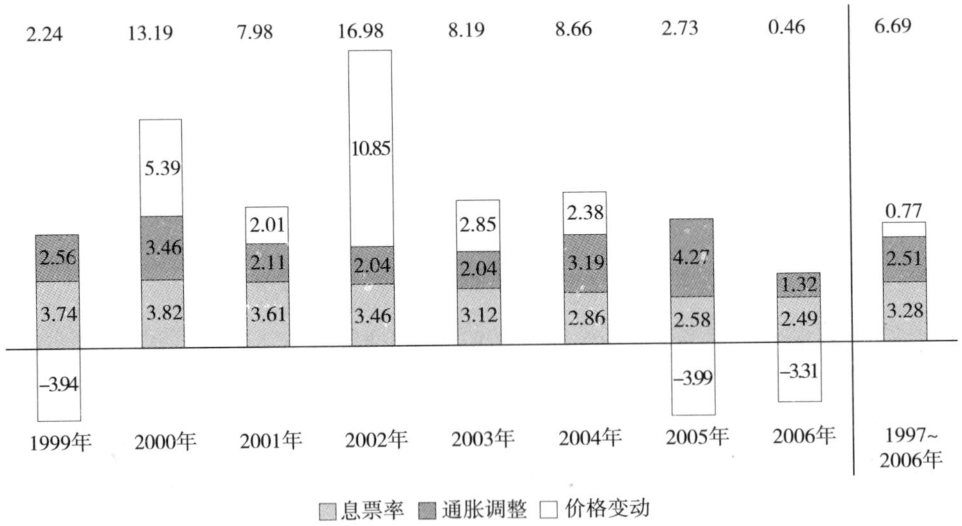

图 21.4　美国财政部通胀保值债券的收益构成

资料来源：巴克莱资本公司

注：百分数根据 1997 年 3 月 ~2006 年 12 月的月度收益计算。

更有意思的是，正如我们已经看到的，价格收益应该与通胀激增正相关，但事实上两者似乎毫无关联。正如我们可能预期到的，总体价格收益很小，平均每年不足1%。但是，总数掩盖了较大的年度波动。通胀在1999~2000年处于上升状态，然后在2001年略有下降，这一时期的价格收益遵循类似的趋势，但程度更大。然而在2002年，通胀仍然相当平稳，价格收益却戏剧化地上升到接近11%。而在2005年通胀达到那一时期的顶点时，价格收益却是负数，当2006年通胀位于最低点时，价格收益依然为负数。对此的解释是，这些收益并非主要由通胀驱动，因为通胀保持了较低水平，通胀预期的变化也削弱了。而很大一部分的价格变动正在改变股票市场上的预期及相对于其他固定收益证券而言通胀挂钩债券相对有限的供应量。由于股票市场在这十年的最初几年大跌且通胀预期仅略微上升，所以投资者迅速向重视通胀保值的投资工具转移。随着这些年股票市场的好转，价格收益跌为负值。

保留通胀风险溢价吗

理论告诉我们，应该存在通胀风险溢价，而且该溢价应该是正值［见公式(21.4)］。人们为了了解溢价规模做了大量尝试［哈蒙德、费尔本科斯（Fairbanks）、达拉谟（Durham），1999b；洛尔（Roll），2004年；坎贝尔、席勒，1996年］。这些尝试既包括使用平准通胀率的最简单定义进行计算得出隐含风险溢价，也包括更复杂的分析（洛尔，2004年）。然而，大部分尝试得到的结果都不是持续的正值溢价，有些结果显示多国通胀挂钩债券的溢价也是负值。负的风险溢价暗示，投资者不愿意用较高的价格（即获得较少的利润或收益）换取通胀保值，他们可能要求从特性和持续存在性不确定的新资产中获得更高的收益（较低的价格）。

理解通胀风险溢价的一个更概念化的方法是首先假设投资者并非理性地对通胀做出反应（哈蒙德，1996b）。事实上，与通胀下降相比，投资者可能更反感通胀上升，他们可能格外重视极端通胀的可能性，而他们对通胀“事件”的记忆会随着时间消失。加之通胀衡量的序列相关性，如果这些表现的趋势属实，那么这意味着建立通胀溢价模型需要修改常用的期望效益模型。将这些假设应用于一个模型，该模型使用一系列独立的10年期通胀挂钩债券的收益数据得出“预期平均通胀风险溢价范围在0.5%以内”这个结果，但该模型会随着通胀模式顺序和接近度的变化而发生巨大变化。因此，即使市场有充分的流动性和深度，通胀风险溢价的波动性仍有可能阻碍发行人完全实现其收益。在过渡时期，投资获得的收益可能大于他们之前从理论上预测的收益。

低波动性

美国财政部通胀保值债券的波动性也低于名义债券，每一次财政部通胀保值债券发行，其波动性大约是类似名义债券波动性的1/2或者2/3。例如，2007年到期的美国财政部通胀保值债券1997～2005年的日收益年标准偏差大约是8%，而类似的2007年到期的10年期美国票据在同一时期的标准偏差大约是13%（作者的计算）。与之相类似，2028年、2030年到期的30年期美国财政部通胀保值债券的年度标准偏差在7%以内，而30年期的名义债券的标准偏差是11%（洛尔，2004年）。由于与通胀相关的实际波动性不应该计入美国财政部通胀保值债券的实际收益，所以上述差异也就可以理解了。

相关性

在10年的历史中，所有的美国财政部通胀保值债券收益率之间的截面相关度一直比较高（根据按年计的季度数据，截面相关系数至少是0.80，大多数情况下高于0.95），快到期的美国财政部通胀保值债券是个例外，它的表现更像是超短期的债券。与大多数名义债券不同，美国财政部通胀保值债券表现出部分序列相关性，也许是因为通胀本身就是自相关的。

从理论上说，由于通胀挂钩债券和其他资产类别对通胀变化和通胀预期有独特的反应，所以我们期望看到它们之间低相关甚至是负相关。正如表21.2所显示的，1997年以来，美国财政部通胀保值债券与名义债券之间的相关系数一直是很高的正值（接近0.80），而前者与房地产和股票的相关系数分别是－0.25和－0.50（类似于名义债券与房地产和股票的相关系数）。请注意，由于还存在利率、通胀和股票市场周期的变动（例如，在1997～2002年，美国财政部通胀保值债券与名义债券之间有对比相关性），要想真正估算长期相关性，10年的期限可能还不够长。随着美国财政部通胀保值债券供应的增加，结构性供求力量正在被经济力量取代，所以我们可能会看到美国财政部通胀保值债券与其他资产类别之间关系的其他变化，我们也期望看到美国财政部通胀保值债券与其他资产类别之间相关性的暂时性波动。例如，因为美国财政部通胀保值债券是终极安全港，所以相对于名义政府证券来说，通胀挂钩债券的收益也许更能吸引未来市场的安全投资转移。

表21.2　截至2006年美国财政部通胀保值债券的历史经验（%）

	开始年份	几何收益	标准偏差	通胀债券相关度	美国股票	国际股票	名义债券	房地产	国债
美国通胀债券	1997	6.69	4.40	1.00	－0.51	－0.48	0.78	－0.26	－0.08
美国股票	1979	13.35	18.00		1.00	0.87	－0.53	0.18	－0.09
国际股票	1970	11.61	20.52			1.00	－0.53	0.20	－0.19

（续表）

	开始年份	几何收益	标准偏差	通胀债券相关度	美国股票	国际股票	名义债券	房地产	国债
名义债券	1976	8.58	7.40				1.00	-0.06	0.19
房地产	1978	10.11	3.65					1.00	0.35
国债	1926	3.73	1.55						1.00

资料来源：作者根据伊博森协会按年计月度数据计算出的结果

注：收益数据始于开始时间；相关性从 1997 年 12 月 ~2007 年 12 月。

美国通胀债券 = 雷曼兄弟全球公司的实际美国财政部通胀保值债券指数。

国内股票 = 罗素 3000 指数。

国际股票 = 摩根士丹利欧澳远东指数。

常规债券 = 雷曼兄弟综合债券指数。

房地产 = NCREIF 指数。

如果我们将名义收益的衡量标准转为实际（既往）收益的衡量标准，那么通胀挂钩债券与所有主要资产类别（商品除外）正相关。还可以测算出，在所有主要资产类别中，通胀挂钩债券的正收益“持有”期最短（要求在经济周期内达到正实际收益的持有期）[巴克莱资本公司（Barclays Copital），2006 年]。

三重存续期

对于名义债券来说，存续期是一种分析型关系，该关系有几种有用的变体（麦考利、修正、有效）。在这项讨论中，我们主要关注债券价格的百分比变化，这一变化是名义利率和实际利率或通胀的单位变化的函数。对于通胀挂钩债券来说，决定其与实际利率有关的存续期很简单，很像计算名义债券的名义存续期。而且，与类似到期时间的名义债券相比，通胀挂钩债券的息票收益和实际收益较低，所以通胀挂钩债券的实际存续期应该比名义债券的名义存续期更长。

因为对通胀挂钩债券的评估不仅着眼于实际市场，而且也着眼于名义市场，所以我们也想了解通胀挂钩债券对名义因素（例如，利率和通胀）变化的敏感性。通胀挂钩债券的存在表明，根据实际因素和通胀来评估名义债券的存续期有重要意义。我们可以将其视为“三重存续期”（实际利率、名义利率和通胀存续期）。雷博维茨（Leibowitz）等人（1989 年）首先确定了“双重存续期”的概念，即名义利率和实际利率的存续期，随后西格尔（Siegel）和沃尔宁（Warning）（2004 年）在分析其退休金计划时应用了“双重存续期”这个概念。就名义债券而言，三重存续期之间的关系是

$$D_n \approx D_r \approx D_\pi \tag{21.8}$$

其中，D_n 是与名义利率有关的名义债券存续期，D_r 是与实际利率有关的债券存续期，而 D_π 是与通胀有关的存续期。

然而，通胀挂钩债券对名义利率、实际利率和通胀率的反应不同。此外，三重持续期的所有因素不可能有近似的解决方案。通过观察与关键因素有关的通胀挂钩债券的实际表现，我们可以了解这些关系在统计方面的概况。另外一个方法是使用与名义利率有关的通胀挂钩债券收益 β 值（参考巴克莱全球公司 2006 年指数）。有些读者可能发现这种方法更加可行，尽管两种结果在统计学上是相同的。

表 21.3 显示了到期时间相近的通胀挂钩债券与名义债券的回归分析结果。当然，存续期是动态的，而且随时间推移而变短，所以这些数字是即时的。此外，虽然这些数字有统计意义，但不能解释所有的方差（即 $R^2 \neq 1$）。不出意料的是，各种到期时间的名义债券显示出几乎完全一致的预期通胀、内在实际利率和名义利率存续期。而且通过分析计算得出的与名义利率变化有关的存续期非常接近于根据相关经验计算得出的存续期。更重要的是，每一种通胀债券的经验三重存续期可以帮助我们更好地理解其独特行为。

表 21.3　通胀债券有三重存续期

		对……变化的价格敏感度		
		通胀	实际利率	名义利率
5 - Year				
TIPS	TII3$^{3/8}$，1/15/07	-0.001	4.10	1.10
T bond	T 6$^{3/8}$，2/15/07	3.932	3.91	3.90
10 - Year				
TIPS	TII3$^{3/8}$，1/15/12	-0.001	8.02	3.40
T bond	T 4$^{7/8}$，2/15/12	7.440	7.44	7.40
30 - Year				
TIPS	TII3$^{7/8}$，4/15/29	-0.018	17.10	5.40
T bond	T 6$^{1/8}$，8/15/30	13.306	13.45	13.30

资料来源：作者的计算

观察一下表 21.3 的第一栏，正如我们可能预期到的，与通胀有关的名义债券的经验存续期基本上为零（$D_\pi = 0$）。由于通胀挂钩债券包含实际通胀，所以它们应该反映出当前的通胀（稍有滞后）。继续观察第二栏，在实际利率方面，通胀挂钩债券的存续期一直长于名义债券的存续期，这是由于通胀挂钩债券的实际息票利率和收益较低（在这一方面，它们更像是一种零息债券，而非名义债券）。最后，从第三栏可以看到，在名义利率方面，通胀挂钩债券的存续期一直非常短。这反映出两种类型债券之间的根本差别，名义债券反映的是通胀预期，通胀预期发生的变化会影响名义债券价格，而通胀挂钩债券反映的是实际通胀，实际通胀的变化会影响通胀挂钩债券的价格。

最后，通过跟踪一段时期的三重存续期我们得知，随着截止日期的接近，与实际利率有关的通胀挂钩债券的持续期稳定下降（低波动性）。相比之下，随着时间的推移，与实际利率有关的通胀挂钩债券存续期在零的基础上有较大波动。请注意，这些都是相对趋势，根据不同的经济和市场条件，精确的计算会有所不同。

税收

对于上述三重存续期的结论有一种质疑，正如洛尔所描述的那样（2004 年），即对通胀挂钩债券的课税确实会影响它们对预期通胀的敏感性。美国国内税务署将美国财政部通胀保值债券的本金通胀增长视为经常应税收入，并以常规税率对其征税。所以，通胀预期的变化会影响预期税收，反过来也会影响对美国财政部通胀保值债券的需求。相比之下，对于英国连接债券和其他主权通胀挂钩债券来说，通胀有关调整收入并不作为普通收入进行征税，所以没有税收效应。在美国，调剂存续期税收效应的方法是大量持有美国财政部通胀保值债券的投资者可延税，或者被视作机构账户（机构账户对通胀获利征税策略不敏感）。

资产分配与投资组合构建

根据通胀挂钩债券的理论特征和表现特点，可以很容易地断定通胀挂钩债券实际上是一种新型资产类别，可以为其他资产类别的投资组合增值。图 21. 5 显示了投资组合（包含或不包含美国财政部通胀保值债券）的有效边界，该有效边界以预期收益、波动性和协方差为基础，数据来自伊博森协会。用美国财政部通胀保值债券由替换传统债券和股票组成的投资组合中的大部分其他美国国债能延伸有效边界，改善保守投资组合的风险收益特性。

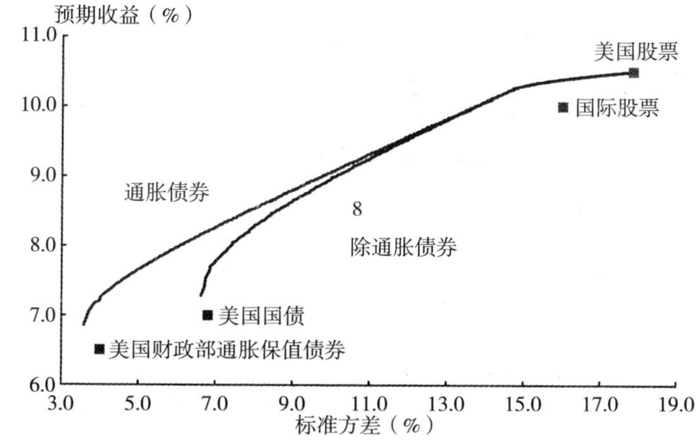

图 21. 5　通胀债券改进了多样化投资组合

资料来源：作者根据伊博森数据的计算

有关资产分配和通胀挂钩债券的最重要问题也许是寻找无风险资产“圣杯”（比喻长期以来梦寐以求的东西）。根据现代投资组合理论，无风险率在实践中接近于短期（例如，30 天或 90 天）政府债券，因为从理论上说，它们会快速反映实际利率和通胀的变化，而非预期利率和通胀的变化。然而，在理论和实践中（正如我们从其表现中看到的），通胀挂钩债券接近于无风险的“圣杯”，因为它消除了影响固定收益资产的最大系统风险之一。假如果真如此，那么在图 21.6 中，我们可以预期，有效边界的无风险延伸切线是由美国财政部通胀保值债券而非国债构成。这种替换的主要效果是可以增加相对于国债的名义（或许是实际）无风险率，从而改变了切点位置。在切点处，无风险率直线穿过有效边界，这应该会影响风险资产有限投资组合的选择，而且也会影响由无风险率分配的风险控制。

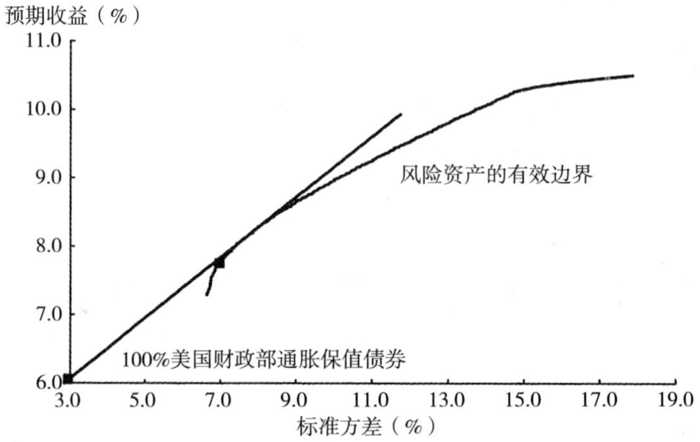

图 21.6　通胀债券是“无风险”资产吗

资料来源：作者根据伊博森数据的计算

以这种方式看待通胀挂钩债券的一个启示是，个人和机构应该使用通胀挂钩债券匹配资产和负债，通胀挂钩债券可以用来“免疫”未来的负债，因为未来通胀对负债的影响最大。

例如，就机构而言，固定保险金计划可以利用通胀挂钩债券的 3 倍存续期特征为福利承诺提供一个保险“最低额”，所以既考虑到基金的名义存续期，又考虑到其实际存续期。因此，一个梯形机构的通胀债券投资组合能够在实际期限内保证个人或机构的退休金。那么，为了提供额外收益，可以将任何超出这一保障的资产投资于风险类资产［博迪（Badie），2005 年］。然而，以这种方式使用通胀挂钩债券仅在理论上有一定的吸引力，在实践中并没有激发人们很大的热情。虽然在英国有一些使用连接债券作为免疫的迹象，但是在美国，除了固定保险金或者固定养老金计划以外，很少有退休金投资组合采用这一模式。之所以会这样，也许是因为人们认为较低的初始收益带来的利息收入很有限。

支出策略

如果投资组合中有明显的由通胀驱动的负债，也可以通胀挂钩债券执行支出策略。随着固定支出退休金计划的增长，个人支出策略的问题变得越来越明显，尤其是全部支出率。我们通常建议个人创建一种保守的投资组合，然后每年提取初始资产的4%。但是很可能存在这样一种情况，即个人寿命比其资产存续时间更长。即使股票分配的比例较高，由60%股票和40%债券组成的投资组合（见表21.4）在受领人去世之前结束的可能性仍有0.16。利用通胀挂钩债券替代名义债券投资组合可以在资金充裕的情况下使完成的概率从0.84提高到0.93，概率差异随着年龄而上升。然而，对于投资组合免疫能力来说，将通胀挂钩债券用于退休金支出的作用也是有限的，也可能还是因为初始收益较低。

表21.4 养老金固定支出

	支付持续到以下某时期的概率		
	至死	到100岁	到115岁
常规债券0.84	0.61	0.50	
通胀债券	0.93	0.76	0.67

资料来源：作者根据资产收益蒙特卡罗模拟分析（关于死亡率的“至死”模拟分析）的计算

注：年龄=65岁；年支出=4%的原始资产；资产分配=60%的股票，40%的债券。

持续发行

通胀挂钩债券的作用和优势似乎非常明显，有些作用和优势曾被人们预测到，有些则是随着20世纪最后20年通胀挂钩债券的广泛引入才显现出来。然而，仍然有许多关于持续发行的问题未解决或需要澄清。

债券的发行量为何这么小

全球主权通胀挂钩债券市场已经有所发展，而其他机构和私人市场却鲜有发行。由于有国家债券作为支柱，所以人们可能期望其他组织可以利用这一支柱发行自己的债券。这可能对现金流与通胀有关的组织尤其具有吸引力，这些组织包括公共事业单位、州政府、税务机关、零售企业等。有些机构和私营组织确实已经发行过通胀挂钩债券，主要在澳大利亚、加拿大和英国。但是，美国和其他国家的私营市场规模非常小。也许与主权国家相比，没有其他组织或机构如此依赖与通胀关系如此紧密的收益流（例如，所得税），这是其中一个原因。另一个原因可能是在过去的20年中，通胀水平已经下降了很多。在过去，这些组织可以通过提价来应对通胀，但现在它们面临着竞争压力或其他阻碍价格上涨的因素。最后一个原因是，在世界范围内，许多中央银行设定了通胀目标，而且利用货币策略来实现这些目标。甚至在美国，似乎也存在一个约为2%的隐含通胀“指导原则”。所以，对于许多组织来说，当前的通胀挂钩债券可能无关紧要或者毫无吸引力。能够影响未来发行的一个重要因素是实际通胀。如果通胀超过了当前预期，那么可能会有更多的组织重拾对通胀挂钩债券的兴趣。

通胀挂钩债券市场的前景如何

机构和私营组织发行通胀挂钩债券的问题被一个更宽泛的问题所涵盖，即关于通胀挂钩债券市场前景的问题。尽管主权债券发行在继续增长，但很明显，与名义债券市场相比，这些市场的收益、价格变动以及交易量在深度和流动性方面都差得很远。如果在市场中通胀挂钩债券的发行只占名义债券市场的一小部分，而且这一部分的交易频率很低，那么大型机构的交易能够使市场发生极大变动。此外，美国财政部在结束发行30年期名义国债时取消了30年期的美国财政部通胀保值债券。积极的一方面是美国财政部已经承诺会持续开展美国财政部通胀保值债券计划，而且已经开始发行20年期的财政部通胀保值债券。现在，金融机构投资者认为，通胀挂钩债券是长期投资组合及短期交易中一种比较有吸引力的资产类别。此外，通胀挂钩债券掉期和其他衍生产品市场已经出现，新产品概念也已涌现。最后，随着世界人口的老龄化，许多人将依赖公共和私人退休金收入，这些收入可能明显与通胀挂钩，也可能没那么明显。在任何情况下，退休人员不能指望（与通胀有关的）薪水和工资增长，他们或者他们的政治代表可能寻求其他通胀保值办法以解决退休收入问题，其中一个方法是利用与股票挂钩的实际债券产品［布罕萨利（Bhansali），1998年］。所有这些发展表明，随着时间推移，市场即使不膨胀，也一直在发展，而且在广度和深度上都会有所发展。

第22章

通胀衍生工具

【摘要】在本章中，为便于理解对通胀衍生工具的需求，本章论述了一些相关关键概念。结果表明，利用通胀现金产品，以及更灵活地利用通胀衍生工具，名义现金流可转化成实际现金流。通胀市场上的主要工具是零息通胀互换，自然地担当起将名义现金流转化成实际现金流的角色。

凭借通胀衍生工具可以转移通胀风险。例如，退休基金或许希望令其自然负债面临通胀风险，而公用事业公司想要使其部分自然负债摆脱通胀风险。简言之，凭借通胀衍生工具，可以高效地转移通胀风险。使用者凭借灵活的通胀衍生工具，可以衍生复制标准现金工具（即通胀挂钩债券）等其他工具中内含的通胀风险。举例而言，如下文所述，从理论上讲，利用零息通胀挂钩债券及零息名义债券的投资组合，可以复制通胀互换。

如同在其他市场一样，与标准的通胀挂钩债券相比，通胀衍生工具具有优势，即可以顺应特定投资者的需要进行定制。尽管从本质上而言十分相似，但通胀衍生工具的多样性远大于通胀挂钩债券。例如，在现货市场，大多数通胀挂钩债券具有相同的到期日，因而具有相同的通胀指数设定。凭借通胀互换，投资者可利用 1 月、2 月……或 12 月的指数设定。除具有标准互换结构外，在通胀衍生工具市场，还可以设立与通胀挂钩的新型息票结构。例如，房地产公司可能有兴趣对冲其租金收入的通胀调整。为实现这一目标，公司订立互换交易，复制租赁合同中的现金流。

与现金通胀挂钩产品相反，通胀衍生工具无资金准备。抛去从通胀风险中融资的问题，融资成本高的交易方更容易进入通胀市场，同时降低了利用通胀风险的成本。例如，对冲基金越来越多地出现在通胀市场，常常使用衍生工具设计，而非现金。

通胀衍生工具市场

自 2002 年以来，通胀衍生工具市场从利率市场的一条新型分支，形成自成一体的成熟市场。2003 年传统固定收益工具回报低迷，导致 2003 年市场需要结构性通胀产品，随之零息互换市场（由于对冲需求所致）出现大幅上涨。尽管市场出现临界事件，增长快速，这仍仅仅是整个利率市场的一小部分。从长远来看，名义衍生工具的已发行名义价值与通胀衍生工具之比趋向已发行名义债券与通胀挂钩债券之比。

在通胀衍生工具市场交投活跃的指数与在现货市场的相同。主要市场为欧洲市场、法国市场及英国市场，分别采用欧盟统计局公布的欧洲消费者价格指数（欧洲地区除烟草外的消费者价格调和指数，HICPxT）、法国国家统计及经济研究局（INSEE）公布的法国消费者价格指数（FRCPI）及英国国家统计局公布的零售价格指数（RPI）。截至 2007 年年初，尽管拥有最大的现货市场，但美国市场仍相对较小（美国财政部通胀保值债券，TIPS），并且通胀保值债券市场亦采用美国劳工统计局（BLS）公布的CPURNSA指数。各种指数的组成差别较大（见图22.1）。

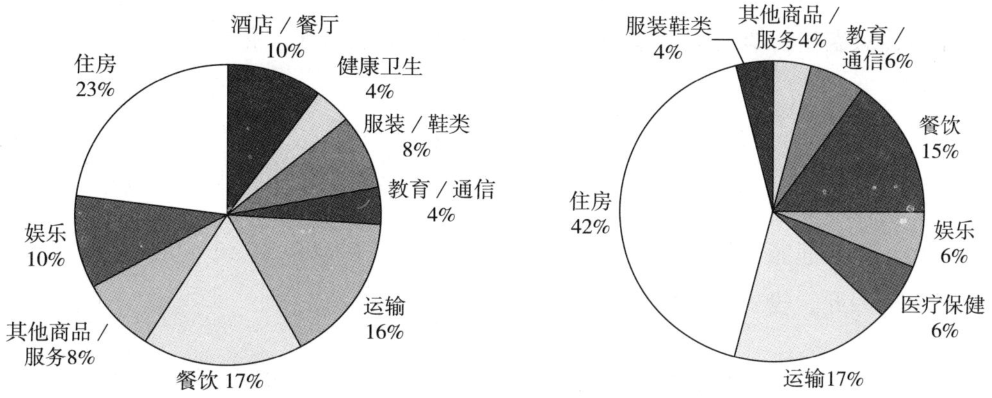

（a）欧洲地区除烟草外的消费者价格调和指数（HICPxT）　（b）美国消费者价格指数（US CPI）

图22.1 欧洲地区除烟草外的消费者价格调和指数及美国消费者价格指数的成分

资料来源：欧盟统计局及美国劳工统计局

市场上通胀的买单者通常是在自然业务范围内遭遇通胀的实体。典型的例子有分别通过税项和费用遭遇通胀的主权国家和公用事业公司。对于它们来说，通胀挂钩债券非常适合运用于其资产负债管理。在接收方，通常是需要为自然业务范围的通胀买单的投资者。退休基金也是典型的一例。由于退休基金（明示或暗含的）与通胀有关联，通胀挂钩债券非常适合运用于其资产负债管理。除上述自然参与者外，通胀市场对通胀中性投资者也具有吸引力，可使此类投资者享有投资组合的多元化收益。

通胀基础知识

通胀、名义价值及实际价值

一条简单但至关重要的经济学公理指出，经济主体更为关注的是货币的相对价值，而非绝对价值。这条众所周知的经济学公理成为通胀挂钩市场存在的基础。为代表实际价值的概念，特构建一揽子商品及服务，试图表示代表性客户所用的一揽子商品及服务。一揽子商品及服务的名义价值定期进行计算（通常按月计算）。通胀指数指一揽子的相对价值。选定一个基准日期（期间），在此日期指数的名义价值被设定为等于100（通常情况）。如一揽子的名义价值在基准日期等于1 000欧元，表示如果一揽子商品的价值增加10欧元，指数将上涨1个点。

例如，假设一名投资者的资产等于100 000欧元。投资者凭借其资产，当前可购买100篮子商品。他拥有的篮子商品价值以通胀指数表示。一年后，指数从100上升到104（篮子成本增加到1 040欧元），这表示通胀率相当于4%（104/100－1）。除指数上升外，投资者所持资产的名义价值也增加到102 000欧元。投资者收入名义上的增加额为：

$$名义变化 = \frac{102\ 000 - 100\ 000}{100\ 000} = +2.00\%$$

但是，由于通胀率为4%，投资者现在仅可购买98.08（102 000/1 040）篮子的商品及服务。因此，投资者的实际收入变化为：

$$实际变化 = \frac{102\ 000/1\ 040 - 100}{100} = -1.92\%$$

自然，在此无须通过参考篮子的价值来计算实际变化。我们发现采用名义价值和通胀指数得到相同结果：

$$实际变化 = \frac{102\ 000/104}{100\ 000/100} = -1.92\%$$

尽管从名义价值上看，投资者的资产价值出现增长（+2%），但从实际价值来看，他的资产实际上无增反减（－1.92%）。

实际债券及通胀挂钩现金流：理想状况

由于投资者更多关注的是实际收入，而非名义收入，他们倾向投资于实际回报而非名义回报有保证的证券。本部分将论述在存在通胀的市场，投资者如何通过使用通胀挂钩债券来获得有保证的实际回报，而非名义回报。

通胀挂钩零息债券是一种在时间T~到期日获得一次性付款的债券。现今价值（表示现今日期，时间0）表示为D_{IL}（0，T）。到期时的名义付款等于通胀指数在到期日的价值，即

$$D_{IL}(T,T) = I(T)$$

由于投资者关注实际回报，他们参照指数I估计所有现金流的价值。因此，通胀挂钩债券到期时的实际价值等于实际单位，即

$$I(T)/I(T) = 1$$

为计算这种通胀挂钩债券当前的实际价值——D_r（0，T），我们需要用通胀挂钩债券的价值除以通胀指数I（0）的现时价值。通胀挂钩零息债券的实际价值计算如下：

$$D_r(0,T)=\frac{D_{IL}(0,T)}{I(0)}$$

在时间 T，1 欧元的现时名义价值表示为 D_n（0，T），名义零息债券。同样，在时间 T，1 实际单位的现时实际价值表示为 D_r（0，T），实际零息债券。表 22.1 显示了从名义和实际价值上看，名义和通胀挂钩零息债券的现金流和价值情况。

表 22.1　在名义和实际价值方面的通胀挂钩债券

	现时（$t=0$）	到期（T）
通胀挂钩零息债券		
名义单位	$I(0)\ Dr(0,T)=D_r(0,T)$	$I(T)$
实际单位	$D_r(0,T)$	1
名义零息债券		
名义单位	$D_n(0,T)$	1
实际单位	$D_n(0,T)/I(0)$	$1/1(T)$

通胀挂钩零息债券的实际回报（即实际单位的回报）计算如下：

$$y_r(0,T)=D_r(0,T)^{-1/T}-1$$

其中，y_r（0，T）表示年化实际零息收益，D_r（0，T）表示在时间 T 到期时通胀挂钩债券的实际价值。

因此，投资者利用通胀挂钩债券，可获得有保证的实际回报，方式如同名义债券可使人获得有保证的名义回报一样。

通胀挂钩零息债券的实际回报是不确定的，计算如下：

$$\left(\frac{I(T)}{I(0)D_r(0,T)}\right)^{1/T}-1=\left(\frac{I(T)}{I(0)}\right)^{1/T}D_r(0,T)^{-1/T}-1$$

举例而言，在不失一般性的原则下，假设当前指数等于 100，$I(0)=100$。市场在 97.09% 交易通胀挂钩零息债券，在 95.24% 交易名义债券，两者邻近到期日时间均等于 1 年（$T=1$）。从这些值中，我们可以按以下方式计算出年化名义收益率和实际收益率。

名义零息债券的名义收益率：

$$y_n(0,T)=D_n(0,T)^{-1/T}-1=\frac{1}{0.952\ 4}-1=5.00\ \%$$

通胀挂钩零息债券的实际收益率：

$$y_r(0,T) = D_r(0,T)^{-1/T} - 1 = \frac{1}{0.9709} - 1 = 3.00\%$$

因此，投资者可锁定5%的保证名义回报率或3%的保证实际回报率。鉴于通胀指数的上升情况，我们可以计算名义零息债券的实际收益率及通胀挂钩零息债券的名义收益率。假设通胀指数上升到102，$I(T)=102$，收益率可计算如下：

名义零息债券的实际收益率：

$$\frac{1\times I(0)/I(T)}{0.952} - 1 = \frac{100/102}{0.952} - 1 = 2.94\%$$

通胀挂钩零息债券的名义收益率：

$$\left(\frac{I(T)}{I(0)D_r(0,T)}\right)^{1/T} - 1 = \left(\frac{102}{100}\right)\frac{1}{0.9709} - 1 = 5.06\%$$

在图22.2中，可以看到名义债券的名义回报率是确定的，实际回报率不确定，而通胀挂钩债券的实际回报率是确定的，名义回报率不确定。图22.2还显示出，对于1.94%的通胀率，名义债券和通胀挂钩债券具有相同的名义回报和实际回报。这一通胀水平表示为平准通胀，本书将在后文更深入地论述这一点。如同在名义市场，发行商不发行零息债券，但通常发行通胀挂钩息票债券。与名义债券一样，我们可以证明通胀挂钩息票债券无非是由到期日不同的多个通胀挂钩零息债券组成的投资组合。

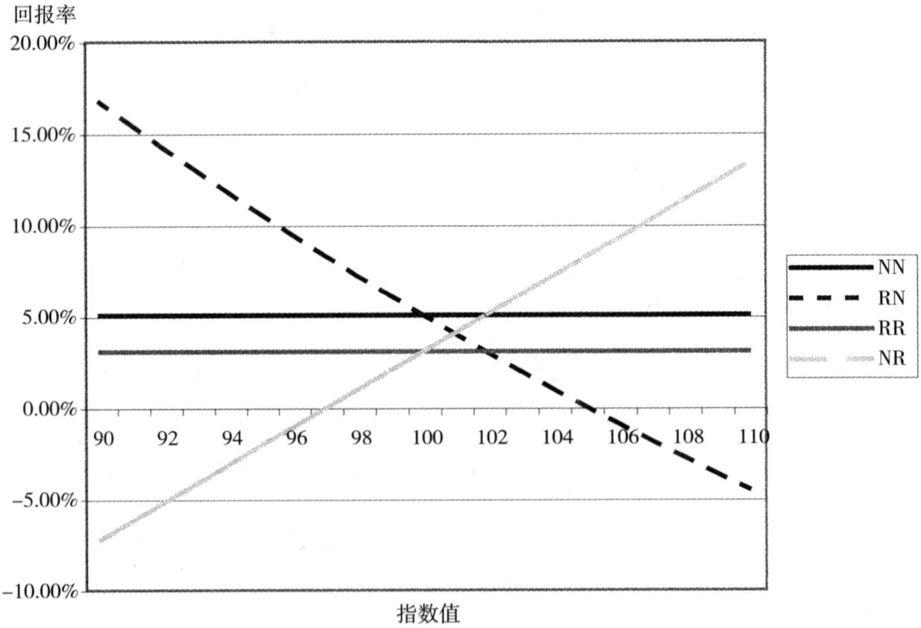

图22.2　名义债券和通胀挂钩债券的名义回报率与实际回报率

注：NN表示名义债券的名义回报率，RN表示名义债券的实际回报率，NR表示实际债券的名义回报率，RR表示实际债券的实际回报率。

考虑通胀挂钩债券在时间 $T_1 \cdots T_N$ 支付等于 c 的息票，我们可以将该债券在时间 $0 \leqslant T_1$ 的名义价值写作如下形式：

$$\begin{aligned} B_{IL}(0, T_N) &= \sum_{i=1}^{N} c D_{IL}(0, T_i) + D_{IL}(0, T_N) \\ &= I(0)\left(\sum_{i=1}^{N} c D_r(0, T_i) + D_r(0, T_N)\right) \\ &= I(0) B_r(0, T_N) \end{aligned}$$

实际债券及通胀挂钩现金流：实践

一揽子商品

如前文所述，通胀挂钩债券主要在于提供确定的实际价值。上一部分描述了一个理想的世界。而在实践中，存在若干制约因素，因此无法准确保证采用通胀挂钩债券的实际回报率。首先应注意的是，市场上仅存在少数通胀指数。由于消费者是一个异质群体，我们无法找到可代表所有消费者不同偏好的一揽子商品，最多可以找到准确代表平均消费者偏好的一揽子商品。因此在衡量实际回报率时，通胀指数仅可当作近似值。

滞后

为确保高度的实际价值确定性，通胀挂钩现金流应尽可能紧密地与同期的通胀挂钩。然而在实践中，现金流日期的指数价值无从得知，因此采用滞后的指数值。因此，投资者在其通胀保护证券的最后一段时期（通常为 3 个月）缺乏通胀保护。为此，他们获得的补偿是迎接购买证券之前的期间的通胀（见图 22. 3）。一般来说，完全指数化期间的通胀等于导致实际价值确定性降低的滞后通胀期的通胀。

指数化滞后越长，通胀环境波动性越大，差异可能越大。此外，滞后的影响随着邻近到期日时间的减少而增加。因此，若要实现高度的实际价值确定性，宜存在轻微的指数化滞后。

图 22. 3 以图表的形式表示出滞后的通胀对实际价值确定性的影响。

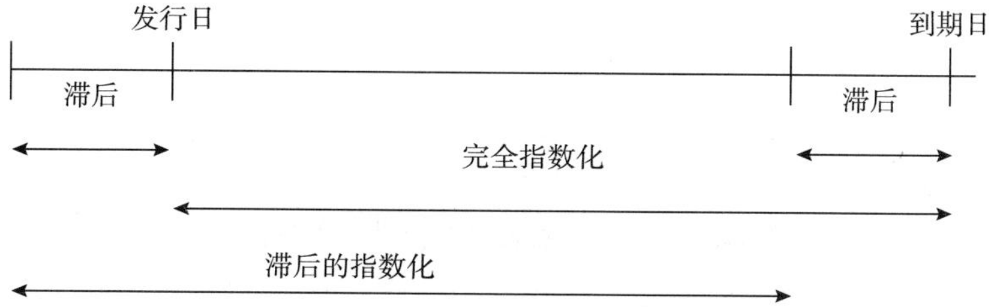

图 22. 3　指数化的滞后

指数化的滞后源于两方面的原因。首先，处理消费者价格数据和计算通胀数据需要时间，所以通胀率通常是在目标月后大约两周公布（例如，1 月的通胀率大约在 2 月 15 日才公布）。其次，由于要在息票给付日期之间交易和结算债券，滞后是必要的。对于名义债券，通胀挂钩债券通常支付息票；如债券在息票日期之间交易，对于卖方在息票期内部分时间持有债券，即使未收到息票，卖方亦应获得补偿。对于名义债券，补偿方式为支付应计利息。在现实中，支付应计利息有两种主要方法。

最早的一种是 2005 年在英国市场发行的通胀挂钩金边债券采用的方法，始终明确下一息票率。具体做法是利用 8 个月的滞后，其中 2 个月用于公布通胀指数，6 个月用于计算应计利息（通胀挂钩金边债券支付半年息票）。

如今更为常见的首选方法是在相关通胀指数的累积活动中，以应计利息为基础。这一计算方法由加拿大针对其通胀挂钩债券提出，后被欧洲大陆及美国采用，用于计算 2005 年以后发行的债券。该方法通常运用两三个月前指数值的线性内插法，计算（每日）多个日期的参考数字。任何历月首日的参考数字等于 3 个月前的历月指数值。*I*（2007 年 4 月 1 日） = CPI（2007 年 1 月），（2007 年 5 月 1 日） = CPI（2007 年 2 月），如此等等。而后运用多个历月首日的参考数字的线性内插法，可计算其他日期的参考数字。例如在图 22.4 中，我们计算 2006 年 9 月 19 日法国消费者价格指数（CPI）的参考数字，即 *I*（2006 年 9 月 19 日）。

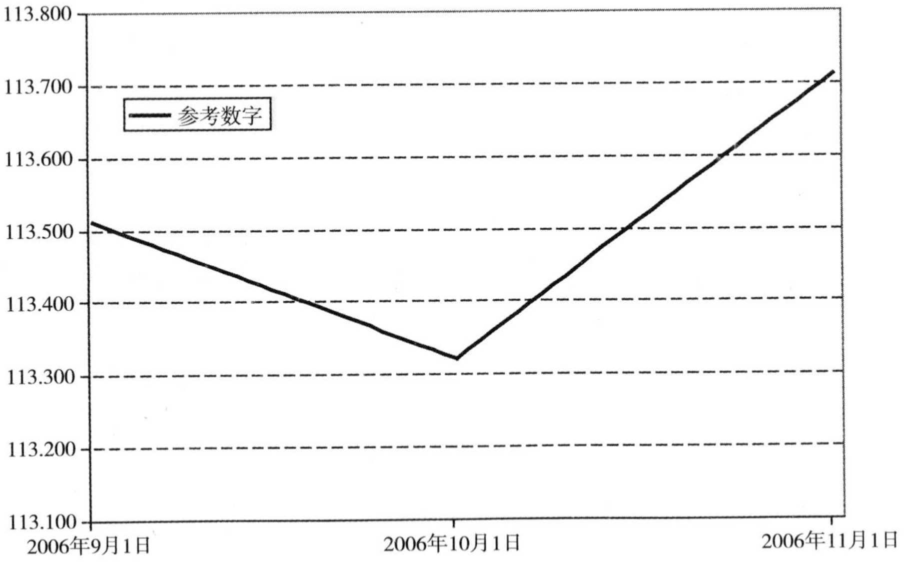

图 22.4　法国消费者价格指数的参考数字

一般来说，每日参考数字的计算方式如下：

$$I(dd/mm/yy) = I(01/mm/yy) + \frac{dd-1}{TDM}[I(01/mm+1/yy) - I(01/mm/yy)]$$

其中，TDM 表示对于 1 月 1 日 ~12 月 1 日之间所有日子，当月整月的天数。

对于 12 月：

$$I(dd/12/yy) = I(01/12/yy) + \frac{dd-1}{TDM}[I(01/01/yy+1) - I(01/12/yy)]$$

利用（每日）参考数字，通胀挂钩债券可以以标准方式报价，即作为实际债券报价。然而，为确定通胀挂钩债券的价值，实际价值方面的价格应乘以指数比，即以加拿大财政部建议的方式计算的当前每日参考数字，除以债券期开始时的每日参考数字。

平准通胀

为解释平准通胀的概念，我们要考虑如今市场上可交易的两种产品。第一种是到期日为 T 的名义零息债券，现今的名义价值以 D_n（0，T）表示，在到期时回报为 1。第二种是到期日为 T 的零息通胀挂钩债券，现今的名义价值以 D_{IL}（0，T）$=I$（0）D_r（0，T）表示，其中 I（0）表示当前参考数字，D_r（0，T）表示到期日为 T 的实际债券的实际价值。这种通胀挂钩债券在到期时的最终回报等于 I（T），到期时的参考数字。

我们假设一名投资者有 100 欧元用于投资，需要在以下两个投资项目之间进行选择。投资项目 1 涉及名义零息债券，投资项目 2 涉及通胀挂钩零息债券。

对名义零息债券投资 100 欧元，表示 $100/D_n$（0，T）单位。到期时该投资的名义回报计算如下：

$$\frac{100}{D_n(0,T)} \times 1 = 100[1 + y_n(0,T)]^T$$

其中，y_n（0，T）是名义零息债券的年化名义收益率。

假设 D_n（0，T）$=0.952\,4$，$T=1$，最终回报如下：

$$\frac{100}{0.952\,4} \times 1 = 105.00$$

对通胀挂钩零息债券投资 100 欧元，表示 $100/[I(0)Dr(0,T)]$ 单位。到期时该投资的名义回报计算如下：

$$\frac{100}{I(0)D_r(0,T)} \times I(T) = 100(1+i(0,T))^T(1+y_r(0,T))^T$$

其中，$i(0, T)$ 表示年化实现通胀率，$y_r(0, T)$ 表示实际债券的年化实际收益率。

假设 $T=1$ 时，$I(0)=100$，且 $D_r(0, T)=0.9709$，最终回报如下：

$$\frac{100}{97.09}\times I(T) = 103.00\times[1+i(0,T)]$$

该值取决于次年实现的通胀率。回报率见表 22.2。名义投资所得的回报现时可进行约定，而通胀挂钩债券的回报视实现的通胀率而定。

表 22.2　名义债券对比通胀挂钩债券投资

	现时		到期
名义	100	→	$100[1+y_n(0, T)]^T$
通胀挂钩	100		$100[1+y_n(0, T)]^T[1+i(0, T)]^T$

对于名义投资，现时可知到期时的名义回报为 $D_n(0, T)$，从而现时可知 $y_n(0, T)$。对于通胀挂钩投资，到期时的名义回报取决于从现时至到期时的实现通胀率 $i(0, T)$。如实现通胀率 $i(0, T)$ 结果等于：

$$\frac{1+y_n(0,T)}{1+y_r(0,T)}-1=\frac{1.05}{1.03}-1=1.94\%$$

事后投资者将对在投资项目 1 和投资项目 2 之间选择持中立态度。我们将这个量称为平准通胀率 $b(0, T)$：

$$b(0,T)=\frac{1+y_n(0,T)}{1+y_r(0,T)}-1$$

不难发现的是，如果通胀率等于 1.94%，对于是投资于通胀挂钩债券还是投资于名义债券，投资者将持中立态度。

表 22.2 呈现名义债券与通胀挂钩债券的收益情况。

如属名义债券，投资者将 100 欧元投资于 100/0.9524 = 105.00 欧元的名义债券，到期时回报 105.00 欧元。如属通胀挂钩债券，投资者将 100 欧元投资于 100/0.9709 = 103.00 欧元的通胀挂钩债券，到期时回报 103.00 × 101.94 = 105.00 欧元。因此，如果实现的通胀率等于平准通胀率，对于名义债券和通胀挂钩债券来说，不论从名义还是从实际方面来看，回报相同。如果实现的通胀率结果高于（低于）$b(0, T)$，投资者最好投资于通胀挂钩（名义）债券。

通过平准通胀率，我们可以发现在达到一个特定通胀率时，选择通胀挂钩还是名义投资无关紧要。另一个相关量是参考水平，在某个水平上投资者在两种选择之间持中立态度。这一参考水平称为平被准参考数字，表示为 $I(0, T)$。如到期时的参考水平 $I(T)$ 等于：

$$
\begin{aligned}
I(0,T) &= \frac{I(0)D_r(0,T)}{D_n(0,T)} \\
&= I(0)[1+b(0,T)]^T \\
&= 100\times(1.0194) \\
&= 101.97
\end{aligned}
$$

事后投资者将在投资项目 1 和投资项目 2 之间选择持中立态度。如果到期时参考指数高于（低于）I（0，T），投资者最好投资于通胀挂钩（名义）债券。

引入平准参考水平，我们可将在时间 T 的通胀挂钩付款的当前名义价值写作 $D_n(0,\ T)\times I(0,\ T)$，即平准参考数字的折现名义价值，所以，我们得到：

$$
I(0,T)D_n(0,T) = I(0)D_r(0,T)
$$

平准通胀率的组成

一个吸引人的想法是，平准通胀率等于预期通胀率。然而，尽管预期通胀率一般包含平准互换利率的最大成分，但仍有数项原因造成二者通常不尽相同。

首先，存在复息效应，属于数学因素。如期限是从 0 到 T，即 i（0，T），年化通胀率随机不定，通胀挂钩债券的预期收益将会高于按詹森不等式得出的预期年化通胀率实现的收益。在公式中，复息效应可表示为：

$$
E\{[1+i(0,T)^T]\} \geqslant \{1+E[i(0,T)]\}^T
$$

其中，E 表示预期值。该公式仅在 i（0，T）确定性时适用。因此，复息效应对平准通胀率有上升压力。

其次是通胀凸性，表示通胀率变动时，二级价格效应在债券到期时加大。高凸性对投资者具有吸引力：如果平准通胀率增加，价格上涨将超过通胀期预测；如果平准通胀率降低，价格下跌将小于通胀期预测。

由于凸性对投资者具有吸引力，所以其会压低平准通胀率。

最后，鉴于通胀挂钩债券可高度确定实际价值，投资者会愿意支付通胀风险溢价，应对通胀。通胀风险溢价会使平准通胀率高于预期通胀率。具体而言，考虑关注实际收入的风险厌恶型投资者，实际收入与每日参考数字 I 完全吻合。在时间 T，此类投资者可投资于在 T 到期的通胀挂钩债券，实际回报率为 y_r（0，T），或者投资于在 T 到期的名义债券，名义回报率为 y_n（0，T）。由此分别得出以下名义债券和通胀挂钩债券的实际回报率，即

$$
\frac{I(0)[1+y_n(0,T)]^T}{I(T)} \text{与} [1+y_r(0,T)]^T
$$

由于名义债券的实际回报率是不确定的，通胀挂钩债券的实际回报率确定，如果

风险厌恶型投资者获得承受通胀风险的补偿（或获得多元化收益），他们仅会考虑投资于名义债券。如下列公式所示，若名义债券的预期实际回报率高于通胀挂钩债券的实际回报率，或名义债券的名义回报率高于通胀挂钩债券的预期名义回报率，事实将会如此。

$$[1+y_n(0,T)]^T \geqslant [1+y_n(0,T)]^T E\left[\frac{I(T)}{I(0)}\right]$$

相比发行的通胀挂钩债券，主权国家（或其他发行人）需对发行的名义债券支付的额外回报称为通胀风险溢价，以 p（0，T）表示。现在我们可将名义利率写作费布尔等式：

$$1+y_n(0,T) = [1+y_r(0,T)] \times \{1+E[i(0,T)]\} \times [1+c(0,T)] \times [1+p(0,T)]$$

因此，名义回报率等于实际回报率乘以预期指数增加值乘以风险溢价。通胀风险溢价的大小取决于通胀的波动性（波动性越高，溢价越高）及投资者的风险承受能力（投资者越不愿承担风险，溢价越高）。

通胀产品

零息通胀互换

通胀衍生工具市场的基石是零息通胀互换，其吸引力在于简单易行，为投资者和对冲者带来以往在现货市场不曾有的丰富可能性。

固定利率零息通胀互换是一种双边合约，可以使投资者或对冲者保有通胀指数涉及的通胀保护回报。通胀买方（又称通胀接收方）支付预先约定的固定利率，作为回报从通胀卖方（又称通胀支付方）收到通胀挂钩付款。

机制相当简单：现时通胀支付方和通胀接收方同意从基月（即 2006 年 11 月）到终止月（即 2012 年 11 月），互换相对于复合固定利率的通胀指数值的变化（见图 22.5）。

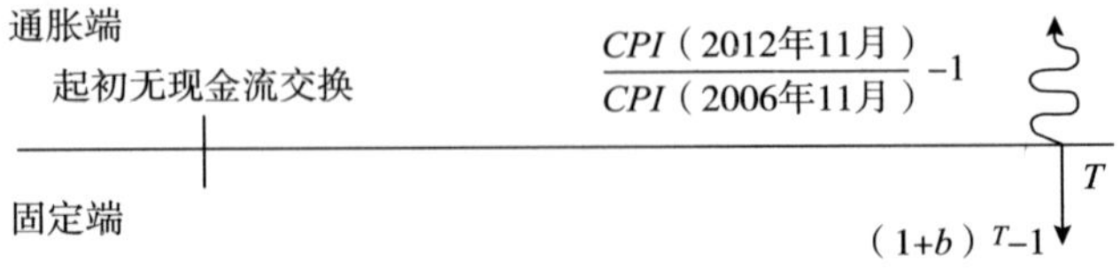

图 22.5　零息通胀互换的现金流

如在合同订立时已知基月的指数值，我们称之为通胀互换即期起始。如基月的指数值尚不知晓，我们称之为远期起点的通胀互换（后文将表示远期起始的通胀互换是同期可比通胀互换的基石）。

通胀市场按照两种不同的惯例进行通胀互换交易。第一种惯例为消费者价格指数惯例，利用结算时的消费者价格指数值；第二种惯例为内插惯例，利用每日参考数字计算收益。表22.3对主要通胀市场上采用的惯例进行概述。表22.4为欧洲地区除烟草外的消费者价格调和指数市场的即期起始通胀互换合约细则示例。

表22.3 零息互换的市场惯例

市场	方法
欧洲（欧洲地区除烟草外的消费者价格调和指数，消费者价格调和指数——所有项目）	每月指数水平（滞后3个月）
法国（法国消费者价格指数）	内插值
英国（英国零售价格指数）	每月指数水平（滞后2个月）
美国（消费者价格指数－未经季节性调整）	内插值

表22.4 欧洲地区除烟草外的消费者价格调和指数市场的即期起始通胀互换合约细则示例

名义：100 000 000欧元

指数：欧洲地区除烟草外的消费者价格调和指数（未经修订）

交易日期：2006年9月21日

起始日期：2006年9月25日（交易日期+2个营业日）

终止日期：2011年9月25日［起始日期+期限（5年）］

首次确定值：102.51（2006年6月）

固定端：$(1+2.12\%)^5-1$

通胀端：$\frac{\text{HICPxT (Jun/11)}}{\text{HICPxT (Jun/06)}}-1=\frac{\text{I (01-Sep-11)}}{\text{I (01-Sep-06)}}-1$

通胀互换从2006年9月25日开始，到2011年9月25日结束，其间进行现金流互换。结算时唯一未知的量为2011年6月欧洲地区除烟草外的消费者价格调和指数。

由于在付款时需要知晓2011年到期月份的欧洲地区除烟草外的消费者价格调和指数，到期月份滞后于当前月份（通常滞后两三个月）。在上述示例中，到期月份为6月，6月的欧洲地区除烟草外的消费者价格调和指数一般在7月中旬公布，远远早于支付/终止日期。由于到2006年9月21日前已知2006年6月的欧洲地区除烟草外的消费者价格调和指数（等于102.51），因此在我们的示例中，通胀互换是即期起始的。市场标准是为初始期限等于整年倍数（在示例中为5年）的固定利率通胀互换报价。应注意的是，由于到期月份是6月，就参考数字而言，通胀端结算以9月1日为基础，而非9月25日。此举的好处在于，所有按相同到期月份和到期日交易的合同具有相同的最终结算。这样简化了平仓操作。

并非所有市场均使用按照指数水平支付的惯例。按照法国消费者价格指数和美国消费者价格指数涉及的市场标准，根据参考数字界定通胀端的支出。合约细则如表 22.5 所示。

表 22.5　法国消费者价格指数零息通胀互换合约细则示例

名义：100 000 000 欧元

指数：法国消费者价格指数（未经修订）

交易日期：2006 年 9 月 21 日

起始日期：2006 年 9 月 25 日（交易日期 +2 个营业日）

终止日期：2011 年 9 月 25 日［起始日期 + 期限（5 年）］

首次确定值：113.358（2006 年 9 月 25 日的参考数字）

固定端：$(1+2.00\%)^5-1$

通胀端：$\frac{I(25-Sep-11)}{I(25-Sep-06)}-1$

$$=\frac{\frac{24}{30}CPI(Jun/11)+\frac{6}{30}CPI(Jun/11)}{\frac{24}{30}CPI(Jun/06)+\frac{6}{30}CPI(Jun/06)}-1$$

荷兰中央统计局指数等流动性较小的市场一般报价为与欧洲地区除烟草外的消费者价格调和指数的息差。例如，如果欧洲地区除烟草外的消费者价格调和指数的 5 年平准率等于 2%，荷兰中央统计局指数在 50 基点报价，这表示荷兰中央统计局指数的 5 年平准率等于 2.50%。

零息互换估值

通胀互换的通胀期从时间 S 开始，到 T 结束，在此期间计算通胀率，并设有一次性付款日期，一般等于 T，在此日期以固定金额（在固定端）互换通胀付款（在通胀端）。因此，在 $I(S)$ 已知时，通胀端支付从 S 到 T 的参考数字净增额。固定端支付通常写作累积率 b 的固定金额。比率 b 在市场上报价，称为平准互换利率。比率 b 视当前时间和通胀期而有所不同，因此我们使用 $b=b(0;S,T)$ 表示法，表示在 S 到 T 的通胀期内的现时平准互换利率。一般而言，S 从现时起出现差异。在表 22.3 列出的合约细则中，S=2006 年 9 月 1 日，T=2011 年 9 月 1 日，假设今日为 2006 年 9 月 21 日。在市场上报出的平准通胀互换利率等于 b（0；2006 年 9 月 1 日，2011 年 9 月 1 日）= 2.12%，2011 年 9 月 25 日的贴现系数等于 0.83。假设名义金额等于 100 000 000 欧元，固定端的值可计算如下：

$$\text{固定端的现值}=D_n(0,T)\left[(1+b(0;S_iT)^{T-S}-1\right]$$
$$=0.83\times[(1+2.12\%)^5-1]\times 100\,000\,000$$
$$=9\,179\,027.73$$

到期时的现金流保持不变，因此固定端仅随着贴现系数的改变而改变。开始时，平准互换利率设定在特定水平，使市场认为固定端的值等于不确定的通胀端的值。

$$\text{通胀端现值}=\text{固定端现值}=9\ 179\ 027.73$$

在通胀端唯一未知的是在时间 T 的参考数字。利用之前介绍过的通胀挂钩零息债券的概念，我们知道 $I(T)$ 在 T 的结算现值等于 $I(0)\ D_r(0,\ T)$。由此，我们可以将通胀端的现值写作如下形式：

$$\begin{aligned}\text{通胀端现值}&=\left[\frac{I(0)D_r(0,T)}{I(T)}-D_n(0,T)\right]\times 1\ 000\ 000\\&=9\ 179\ 027.7\end{aligned}$$

其中，实际贴现债券 $D_r(0,\ T)$ 是剩余的未知因素。由于起初固定端和通胀端的值相等，我们发现 $D_r(0,\ T)$ 的值符合报出的平准互换利率如下：

$$\begin{aligned}D_r(0,T)&=\frac{I(S)}{I(0)}D_n(0,T_e)(1+b(0;S,T))^{T-S}\\&=\frac{102.51}{102.41}\times 0.83\times(1+2.12\%)^5=0.923\end{aligned}$$

其中，2006 年 6 月欧洲地区除烟草外的消费者价格调和指数等于 102.51，现时（2006 年 9 月 21 日）参考数字等于 102.41，2011 年 9 月 25 日的贴现系数依旧等于 0.83。

除互换的平准互换利率外，我们还可计算零息通胀互换的平准参考数字，以 $I(0;\ S,\ T)$ 表示。计算如下：

$$\begin{aligned}I(0;S,T)&=I(S)(1+b(0;S,T))^{T-S}\\&=102.51\times(1+2.12\%)^5\\&=113.85\end{aligned}$$

同样显而易见的是，期限的起始日期无关紧要。为 $D_r(0,\ T)$ 插入自举值，计算如下：

$$I(0,T)=\frac{I(0)D_r(0,T)}{D_n(0,T)}=I(T)(1+b_e(0;S,T)^{T-S}=I(0;S,T)$$

结果不难发现，$I(0)D_r(0,\ T)=I(0,\ T)D_n(0,\ T)$。计算式为 $102.41\times 0.923=113.85\times 0.83$。平准互换利率延伸定义的特例如下：

$$b(0,T)=b(0;0,T)$$

$$b(0,T)=b(0;0,T)$$

涉及零息通胀互换，通胀期从现时（$t=0$）到 T。

同期可比通胀互换

上一部分已对（固定利率）零息通胀互换进行了介绍和说明。除零息通胀互换外，也交易一些其他通胀互换，一般是以各种方式构成的零息互换的投资组合，主要是即期起始的零息通胀互换的简单投资组合。在此说明一种同期可比（p－o－p）通胀互换，这是一种远期起始的零息互换的投资组合。

通胀买方（又称通胀接收方）支付预先约定的固定利率或浮动利率（通常减去息差）。作为回报，通胀买方从通胀卖方（又称通胀支付方）收到通胀挂钩付款。（零息）通胀互换主要有两种类型：固定利率通胀互换（通胀对固定利率）和浮动利率通胀互换（通胀对浮动利率，通常是伦敦银行同业拆借利率）。

如果为支付通胀，我们则称通胀互换属于支付方通胀互换；如果为接收通胀，则属于接收方通胀互换。利用利率互换（IRS），我们可以发现固定利率通胀互换与浮动利率通胀互换之间的无套利关系，我们称之为通胀互换等价：

浮动利率支付方通胀互换＝固定利率支付方通胀互换＋支付方固定对浮动互换

浮动利率接收方通胀互换＝固定利率接收方通胀互换＋接收方固定对浮动互换

同期可比互换在其期间内存在多次付款，即在多个应计期间支付通胀率。最常见的结构是年同比（y－o－y）通胀互换，在每年年末支付年通胀率。合约细则示例见表22.6。表22.6中的年同比通胀互换开始于2006年9月21日，从2006～2011年，每逢9月25日，通胀支付方支付5次从6月到次年6月的年通胀率。

表22.6 欧洲地区除烟草外的消费者价格调和指数年同比通胀互换合约细则示例

名义：100 000 000欧元

指数：欧洲地区除烟草外的消费者价格调和指数（未经修订）

交易日期：2006年9月21日

起始日期：2006年9月25日（交易日期＋2个营业日）

终止日期：2011年9月25日［起始日期＋期限（5年）］

滚动：25日

支付：按年，修正顺延

计息天数：30/360未经调整

首次确定值：102.51（2006年6月）

固定端：计息天数分数×固定利率

通胀端：$\left(\frac{(HICPxT\ (\mathrm{Jun/yy}+1)}{HICPxT\ (\mathrm{Jun/yy}}-1\right)$

$=\left(\frac{I\ (01-\mathrm{Sep}-\mathrm{yy}+1)}{I\ (01-\mathrm{Sep}-\mathrm{yy})\ \ -1}\right)$

其中，yy＝06…10

利用一系列远期起始的零息通胀互换，可复制通胀端的现金流。在上述例子中，我们订立远期起始的零息互换，支付2006～2007年6月的通胀率，直至2010～2011年6月的通胀率。因此，可依照远期起始的零息互换进行估值。

图22.6列出半年度同期可比通胀互换的通胀端现金流，以及年通胀率期间和纯半

年度通胀互换。

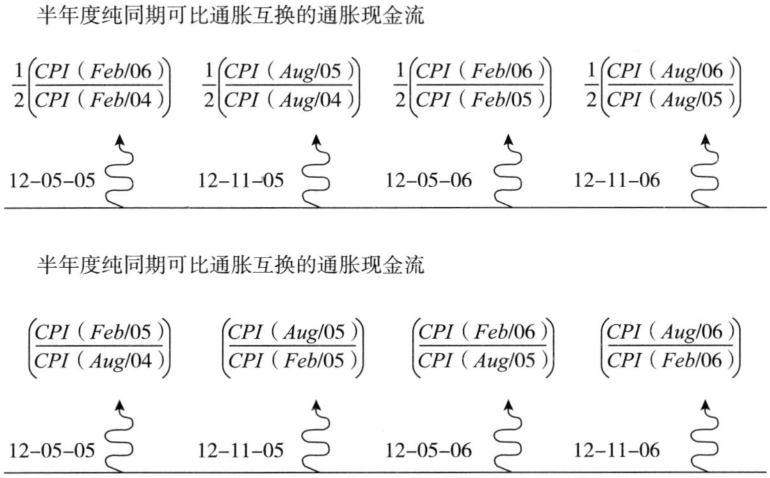

图 22.6　两年期半年度同期可比互换的通胀端现金流

消费者价格指数期货相对于零息通胀互换的主要优势因交易对手风险而有所减弱。在芝加哥商品交易所交易的消费者价格指数期货旨在仿照欧洲美元期货合同。可能是由于消费者价格指数期货设计不良（合同交易年化季度通胀率），迄今为止市场从未真正发展壮大。

芝加哥商品交易所在 2005 年 9 月开始交易欧洲消费者价格指数（欧洲地区除烟草外的消费者价格调和指数）的通胀期货。欧元合同相对于美元的主要优势之一在于其通胀率为年通胀率。表 22.7 对欧洲地区除烟草外的消费者价格调和指数合同的主要特点进行了概述。

表 22.7　欧洲消费者价格指数（欧洲地区除烟草外的消费者价格调和指数）通胀期货的合同规范

参考指数	100——基于欧盟统计局公布的欧元区除烟草外的消费者价格调和指数在到期月份前 12 个月期间的年通胀率相同指数用于法国、意大利、希腊欧元通胀挂钩债券
结算价格	最终结算金额等于 100 减去欧洲地区除烟草外的消费者价格调和指数在过去 12 个月的变化，四舍五入到小数点后 4 位。因此： $$100-\left[100-\left(\frac{HICPxT\ (T_i)}{HICPxT_{(i-12)}}-1\right)\right]$$ 其中，T_i 表示到期月份，T_{i-12} 表示基月。例如，对于 2004 年 7 月的合同来说，有关欧洲地区除烟草外的消费者价格调和指数为 2004 年 6 月（115.10，于 2004 年 7 月 16 日发布）及 2003 年 7 月（112.70，于 2003 年 7 月 18 日发布）的值。最终结算价格如下： $$97.8705=100-\left[\left(\frac{115.10}{112.70}-1\right)\right]$$ 价格超过 100 表示在过去 12 个月期间内发生通货紧缩

（续表）

到期月份	12 个连续历月
合约值	10 000 欧元乘以参考指数
最小波动单位大小	0.01 指数点，相当于 100.00 欧元
截止日期	交易结束时间为到期月份预定公布欧洲地区除烟草外的消费者价格调和指数之日前的营业日格林尼治标准时间（GMT）下午 4：00。若公布延迟超出到期月份，交易在到期月份的最后一个营业日的格林尼治标准时间下午 4：00 停止

鉴于到期时间短，通胀期货是对通胀挂钩债券市场的补充，使投资者可以对冲短期通胀风险。由于期货连续 12 个月交易，投资者还可观察通胀季节性或对冲季节性风险。

有限价格指数互换

有限价格指数（LPI）互换是一种典型的英国工具，作为具有有限指数化计划的英国退休基金。有限价格指数互换各式各样，但共同之处在于不论采用何种方式，通胀付款具有上限和/或下限。如通胀付款具有上限和下限，我们称之为受限。最常交易的有限价格指数互换是零息有限价格指数互换。零息有限价格指数互换对于退休基金尤其有用，此类退休基金具有 1995 年《退休金法案》推出的递延退休金有限指数化涉及的负债。此类退休基金具有以下形式的负债：

$$L(0) = RPI(0),$$
$$L(T_i) = L(T_{i-1}) \times \max\left[\min\left(\frac{RPI(T_i)}{RPI(T_{i-1})}, 1.05^T\right), 1.0\right]$$

其中，L（0）表示退休人员退休时的负债，T_{i-1} 与 T_i 之间的差异通常为一年（合约细则示例见表 22.8 及表 22.9）。

表 22.8　有限价格指数（0%～5%）互换合约细则示例

名义：100 000 000 英镑
指数：英国零售价格指数（未经修订）
交易日期：2006 年 9 月 21 日
起始日期：2006 年 9 月 25 日（交易日期 +2 个营业日）
终止日期：2036 年 9 月 25 日［起始日期 + 期限（30 年）］
首次确定值：198.50（2006 年 6 月）
固定端：（1 +3.02%）×30
通胀端：$\prod_{y=2007}^{2006} \min\left(\max\left(\frac{RPI\ (Jul/y)}{RPI\ (Jul/y-1)}, 1\right), 1.05\right)$

表 22.9　欧洲地区除烟草外的消费者价格调和指数实际互换期权合约细则示例

名义：100 000 000
指数：欧洲地区除烟草外的消费者价格调和指数（未经修订）
交易日期：2006 年 9 月 21 日
到期日：2007 年 9 月 25 日
互换起始日期：2007 年 9 月 25 日
互换终止日期：2027 年 9 月 25 日［起始日期 + 期限（20 年）］
滚动：9 月 25 日，修正顺延。
首次确定值：102.51（2006 年 6 月）
浮动端：12 个月期欧元银行同业拆借利率
通胀端：$2.00\% \times \frac{\text{HICPxT (Jun/yy)}}{\text{HICPxT (Jun/2007)}}$

for yy = 2008…2027

$\frac{\text{HICPxT (Jun/2007)}}{\text{HICPxT (Jun/2007)}} - 1$

for 2027

零息有限价格指数互换是一种路径依赖性较高的产品。可使用有关上下限的其他值（例如，0% 和 3% 并不少见）。使用 0% 和 5% 是 1995 年《退休金法案》立法的结果。

实际互换期权

在名义利率市场上，互换期权是（具有上下限）主要的利率波动工具。尽管名义互换期权的交易形式是固定利率与浮动息票互换，仍可将其视作在最终付款时纳入抵消名义互换，定息债券与浮息债券互换的期权。至于在此讨论的实际互换期权，我们运用相似的概念，即设立互换通胀挂钩债券与浮息债券的期权。与名义债券的差别是通胀挂钩债券的名义价值出现通胀抬升。若名义债券在到期时支付名义价值，通胀挂钩债券支付名义价值乘以通胀抬升之积，即

$$\frac{I\ (T)}{I\ (0)}\text{vs}1$$

为纠正这一情况，我们对互换到期时通胀端增加一项付款 $I\ (T)\ /I\ (0)\ -1$。

注意，我们已为 2007 年选定未知的指数作为通胀端基准，而非有关 2006 年的指数。

这对于实际互换期权的估值来说，具有优势。凭借当前的结构，可利用与名义互换期权相似的方法对实际互换期权进行估值。若我们以 2006 年作为基准，估值难度将会大幅加剧，因为需要做出若干凸性调整。

ISDA 通胀衍生工具文件

2005 年，国际掉期与衍生工具协会（ISDA）公布有关通胀定义的文件，对其主协议进行补充。主要问题涉及通胀指数公布的延迟和中断。此外，文件指明相关度最高的指数。在此我将就结算通胀衍生工具合约时可能发生的最重要的问题进行论述。

延迟公布

如通胀指数未按时公布，则采用替代指数。如果在指数涉及的交易下一次付款日期前 5 个营业日，通胀指数未公布，则合约细则中指定的计算代理人应当采用替代指数水平，方法如下：

1. 在适用情况下，计算代理人按相关债券条款和条件中指明的相同措施，确定替代指数水平。在交易确认书中指明相关债券（如有）。相关债券一般为资产互换指定，而非为通胀互换指定。

2. 如上一情况并未产生受付款日期影响涉及的替代指数水平，计算代理人按如下方式确定替代指数水平：

替代指数水平 = 基准水平 × （最新水平/参考水平）

其中，基准水平指确定替代指数水平（最终或临时性）当月之前 12 个历月的指数水平，如 2006 年 12 月。

最新水平指有关指数最新可用的水平（最终或临时性），例如 2006 年 11 月。参考水平指最新水平所指月份之前 12 个历月的指数水平（最终或临时性），如 2005 年 11 月。

如果有关水平在下一付款日期前 5 个营业日后公布，则无须对交易做出任何调整。已确定的替代参考水平将作为参考月的确定水平。

后继指数

如果有关机构不再公布通胀指数，则将采用更新指数。如果在交易期内，指数发起人宣布不再公布或宣布某种指数，但将以指数发起人指定的更新指数取而代之，计算代理人确定更新指数是采用与原指数相同或类似的方法计算而出，则将该指数视作后继指数。

停止公布

如果指数连续两个月未公布，或指数发起人（公布人）宣布其将不再公布该指数，计算代理人应当按以下方法，确定后继指数供交易之用：

1. 如果计算代理人依据相关债券的条款和条件指定后继指数，则该后继指数应当被指定为本文所指的后继指数。

2. 如果不存在相关债券，则计算代理人应当询问 5 个领先独立交易商，指定更新指数。如果在至少 4 个交易商中，有 3 个或以上交易商回复指定的是同一指数，则该指数将作为后继指数。如果在 3 个交易商中，两个或以上交易商回复指定的是同一指数，则该指数将作为后继指数。如果在下一付款日期前第三个营业日或最后付款日期后满 5 个营业日之前（或不存在进一步的预定付款日期），收到交易商的回复后未确定后继指数，则计算代理人将确定适当的替代指数。此替代指数将作为后继指数。如果计算代理人确定不存在适当的替代指数，即会发生终止事件，并且双方均为 2002 年国际掉期与衍生工具协会主协议所指的受影响方。

重定指数的基数

如果指数被重定基数，则此后将使用重定基数的指数。如果计算代理人确定于任何时间指数已被或将被重定基数，则此后将使用重定基数的指数。但是，计算代理人应当依据相关债券（如有）的条款和条件，做出调整。如果无相关债券，则计算代理人应当对重定基数的指数的过往水平做出调整，使重定基数日期前的重定基数的指数反映其重定基数以前的相同通胀率。

付款日期前的重大更改

如果在付款日期前的 5 个营业日以前，指数发起人宣布其将对指数做出重大更改，则计算代理人应当按照对相关债券所做的调整，对相应指数做出调整。如果无相关债券，则仅做出使更改后的指数继续作为有关指数所需的调整。如果在公布的 30 天内，计算代理人获知指数水平须予改正，以纠正原始公布中的重大错误，则计算代理人将通知各方有关改正情况及因此改正引起的应付款项。

第六部分
证券金融

第 23 章

证券借贷

【摘要】证券借贷——在抵押的基础上对证券进行临时转让——作为一项主要的或增长性的业务，为发行人、投资者和买卖商提供可观的盈利。其中可能包括良性的市场流动性，更加高效的结算服务，更加严格的交易价格，以及资本成本的降低。

本章将介绍证券借贷过程，借方与贷方参与其中的动机，中介机构的作用，市场调节作用，以及证券借方所要面临的风险。

何为证券借贷

作为一项重要且值得注意的商业活动，证券借贷指的是一方（贷方）定期将证券转让至另一方（借方）的市场惯例。无论按照要求还是在协议条款终止时，借方必须将证券归还给贷方。在借贷期间，借方向贷方提供可接受的资产作为抵押品。

时至今日，证券借贷在全球证券市场的有效运作中充当了重要的角色。虽然市场外的许多人对它仍然缺乏了解。

从某种程度上来说，“证券借贷”这一说法具有误导性，并且事实上并不正确。在英国法律及许多其他司法管辖区，交易一般指的就是“证券借贷”，实际上……

以协议的方式，用与证券等价的资产重新获得证券，从而对证券进行支配。

作为抵押的证券以及需要支付的“租赁费”，连同该交易的所有其他方面，都必须按照双方协商的条款执行。借入证券，随后再将该证券卖出或转贷已是完全可行并且非常普遍的事情。

从上述说明中可以得出以下几个结论：

1. 双方在借贷和抵押品接受过程中对证券的绝对所有权。

2. 与所有权有关的经济利益，例如，股息、息票，都是“创造”出来还返给借方的，也就是说，借方作为这些证券的业主有权享有这些利益，但是同时在合同义务之下又必须向贷方支付等额的利息。

3. 股票的贷方放弃了其所有权，例如投票权。如果贷方希望拥有已经贷出的证券的投票权，那么就必须有合同权利从借方召回等额的证券。

妥善地记录证券借贷交易可以避免与证券交易相关的税费或者转让费。

不同种类的证券贷款交易

目前，市场上的证券贷款要求有抵押品，其目的是为了确保贷方不会因为借方的失误而遭受损失。这些抵押品可以是现金，也可以是其他证券或资产。

其他证券或资产作为交易抵押品

非现金的抵押品可以分为以下几种：

政府债券

- 由七国集团、十国集团或非七国集团发布的债券。

企业债券

- 分为不同的信用级别。

可转换债券

- 与贷出证券的价值相等或不等。

股票

- 有规定的指数。

信用证

- 由具有一定信用度的银行签发。

存款证书

- 由具有一定信用度的机构付款。

等值交付交易（delivery by value，DBV）

- 集中的或非集中的。

有固定的资产分类

认股权证

- 与贷出证券的价值相等或不等。

其他货币市场工具

值得注意的是，等值交付交易在某些结算系统中是指成员可以用抵押品借入或借出隔夜现金的一种机制。这个系统会自动选择提供担保证券，以满足一个预定的现金标准（加上一个保证金），把现金从借方的账户打入贷方的账户，第二天早上这个交易就反过来了。

合格的担保需要双方同意，同时包括以下几个关键因素：

概念极限

- 任何被认可的抵押品的绝对价值。

最初保证金

- 交易最初要求的保证金。

维持保证金

- 交易过程中保持的最低保证金水平。

集中限度

- 任何发行都是可以接受的最大比例。例如，低于每日交易额的 5%。

相同的发行者可使用的抵押池的最大比例。也就是说，由相同的公司发行的信用证、存款证书、股票、债券、可转换债券形式的抵押物具有累积效应。

图 23.1 显示的是第三方代理所持的抵押品。这个专业代理（通常是一个大的托管银行或国际中央证券托管所）只从借方那里接收合法的抵押品，然后按照贷方的要求将抵押品保存在另外一个账户中。第三方代理按照贷方和借方提供的信息，将抵押品做标记并投向市场（在图 23.1 中标有“报告”的点线）。通常借方付费给第三方代理。

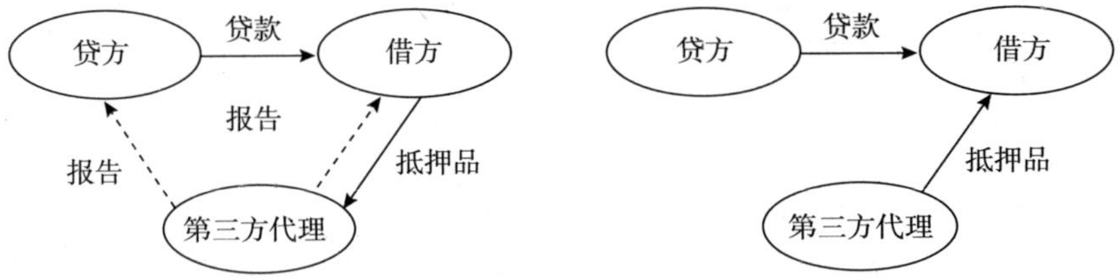

图 23.1　第三方代理持有的非现金担保

表 23.1 表明的是抵押证券的现金流，而不是英国的现货交易。

表 23.1　一个证券贷款抵押品的现金流量表

交易日期：2007 年 6 月 13 日
清算日：2007 年 6 月 16 日
期限：开启
证券：XYZ 有限公司
证券价格：每股 10.00 英镑
数量：10 万股
抵押价值：1 000 000.00 英镑
贷出费：50 个基本点（100ths of 1%）
抵押品：英国富时 100 集中等值交付交易
担保金要求：5%
抵押品要求：等值交付交易 1 050 000.00 英镑
每日借方收益：1 050 000.00 英镑 ×0.005 ×（1/365）=13.70 英镑

注：该表显示的是返还给证券贷方的现金，而不是借方支付的费用。

如果以上交易再持续一个月，到 2007 年 7 月 16 日返还，那么到时从借方到贷方将会有两个收入现金流。

6 月 30 日的费用为 191.80 英镑（13.70 英镑 ×14 天）。

7 月 31 日的费用为 219.20 英镑（13.70 英镑 ×16 天）。

这样总收入为 411.00 英镑，可以抵消这项交易的费用（贷款和抵押品）。

注意：为了清楚起见，该示例假设贷款证券的价值始终如一，但实际上费用会随着每日市场计价法而变化，不同的费用每日计费，并且会根据要求抵押品的价值而变化。开启的贷款交易也会与市场环境相关联并随之变化。此假设在此例中并未发生。

在这个产业中有一个分歧，那就是贷方愿意接收的非现金抵押品的范围越灵活，他们应得到的报酬越高。有些人认为就应该这样，有些人则认为费用在很大程度上应该是固定的，但是借方会更愿意和一个灵活的贷方打交道，这样，收支平衡和总收入就提高了。

关于费用，各方已达成共识，参考因素如下：

供求关系

- 在其他条件相同的情况下，证券越少，贷方的报价越高。

抵押品灵活度

- 借方付给不同种类抵押品的费用差别很大，所以如果贷方对抵押品的要求越灵活，那么他们愿意支付的费用越高。

产生的股息要求能够补偿贷方不借出证券即可获得的税后股息

- 不同贷方证券的税收负担也不同，贷方要求产生的股息越高，可协商的费用就越高（本章后面将会解释不同税收地位的借方和贷方如何激发促进证券借贷）。

交易条款

- 证券借贷交易可以公开地对某一特定术语予以撤销或修改；对于为了保险起见，是否应该有保险费或折扣还存在很大争议。如果贷方能够保证无法撤销贷款，那么保险费将接踵而至。在购回和交换债券中吸引人的一项就是对方提供交易保证。

确定性

- 本章稍后会解释，证券借贷交易存在着贸易和套汇机会，它们的收益性取决于是否擅于做特定的决定。如果贷方能保证一定的行动，那么这可能意味着它可以协商到一个更高的费用。

抵押现金的交易

多年以来，现金交易是证券借贷业务的一部分，尤其是在美国。证券借贷和现金投资之间的区别日渐模糊，对于许多美国投资机构来说，证券借贷事实上就是现金投资的同义词。在美国之外，这种现象少很多，但是托管业务的合并和美国托管银行在市场中举足轻重的地位意味着这种做法将会日益普遍。最重要的是日益密不可分的活动带来了截然不同的风险利润。

现金抵押证券贷款交易的收益来源与非现金交易不同（见图 23. 2）。它的收益来自贷方支付利率和收取利率之间的差额（见表 23. 2）。

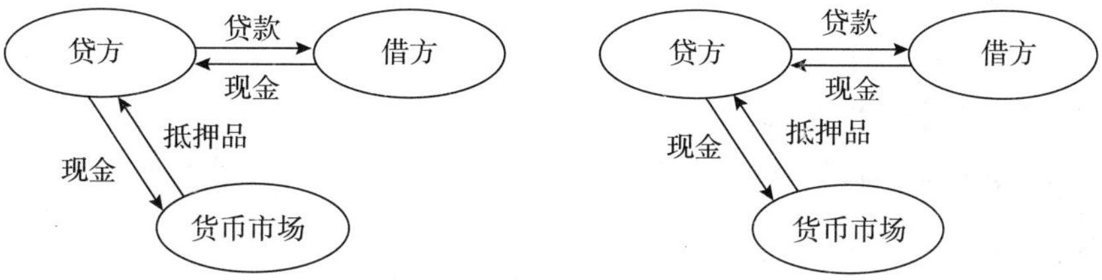

图 23. 2　现金抵押证券交易

表 23.2 抵押现金的证券贷款上的现金流

交易日期：2007 年 6 月 13 日
清算日：2007 年 6 月 16 日
期限：开启
证券：XYZ 有限公司
证券价格：每股 10.00 英镑
数量：10 万股
抵押价值：1 000 000.00 英镑
贷出费：80 个基本点
抵押品：美元
担保金要求：5%
抵押品要求：1 718 850.00 英镑（1 050 000.00 英镑 ×1.67）
再投资率：130 个基本点
每日借方收益：23.87 英镑或者 14.58 英镑 [1 718 850.00 英镑 ×0.005 × （1/360）]

假设外汇比率为 1.00 英镑 =1.637 美元。

如果保持上面的突出交易成绩一个月，然后一个月后，即 2007 年 7 月 16 日返还现金，那么从借方到贷方就有两个现金流。这些都基于现金抵押品以及源于再投资利率和退税率之间的 50 个基点差的贷方获利。

1 718 850 美元 ×0.008 × （1/360） =38.20 美元。

向借方支付：

到 6 月 30 日，534.80 美元（38.20 美元 ×14 天）。

到 7 月 31 日，611.20 美元（38.20 美元 ×16 天）。

贷方的利润如下：

到 6 月 30 日，204.12 英镑（14.58 英镑 ×14 天）。

到 7 月 31 日，233.28 英镑（14.58 英镑 ×16 天）。

因此，总收入是 437.40 英镑，抵消了交易成本（贷款和抵押品）。

注：为使目标清晰，此例假设贷款证券的价值在此交易期间一直不变，这是最不可能的。通常情况下，其价格每日会随着市场和要求抵押品价值的变化而变化，开放的贷款也可能会因为市场环境变化而被重新评级和改变回扣。此例也假设这种现象未发生。

与非现金交易的 50 相比，现金交易每日获益中边际增益的 50 一个基点差来源于抵押品的现金差价，抵押品有 5% 的保证金，并且实际上美元利率按惯例以 360 天计算，而英国按 365 天计算。

通常受益人与贷款代理人通过语言交流确定再投资指导原则，典型的指导原则如下：

保守

- 隔夜的七国集团政府债券回购基金。
- 有效期限不超过 1 天。
- 禁止浮动利率票据及其衍生品。
- 限制隔夜回购协议。

相当保守

- AAA 级政府债券回购基金。

- 平均最长期限 90 天。
- 任何金融工具的最长期限是 13 个月。

非常灵活

- 最长有效期限为 120 天。
- 最长有效存续期限为 2 年。
- 允许浮动利率票据和合格的衍生品。
- 信用质量。短期评级：A1/P1；长期评级：A－/A3 或更好。

灵活

- 最长有效期限为 120 天。
- 最长有效存续期限为 5 年。
- 允许浮动利率票据和合格的衍生品。
- 信用质量。短期评级：A1/P1；长期评级：A－/A3 或更好。

一些证券借贷代理机构提供定制的再投资指导，另外一些则提供再投资池。

其他交易类型

证券借贷是一系列内部相互联系的证券金融市场的一部分。这些交易经常作为获得相似经济收益的可供选择的方法，虽然法律形式、会计记账和税务处理方式不同。其他交易方式将在之后的一部分内容中进行介绍。

出售及回购协议

出售及回购协议或者回购（repos）涉及一方同意以现金做抵押将证券卖给另一方，同时又有一个回购协议，即在未来某一约定日期以特定价格买回同一证券（或等效证券）。用“卖家”和“买家”来取代证券借贷的“贷方”和“借方”是一种普遍做法。大部分回购协议都是由美国的一个贸易联盟——证券行业金融市场协会（SIFMA）创办的美国债券市场协会/国际证券市场协会（TBMA/ISMA）全球回购主协议（GMRA）管理的。

回购协议的产生需要两项原则性理由：要么是双方之间转换某一证券的所有权，要么是促进抵押现金贷款或交易基金。

大部分的债券借贷和债券融资都是以回购协议的形式运行的，现在有一种股票回购市场也发展起来了。可以添加一个附录到全球回购主协议便于股票回购交易的运行。

回购协议和现金抵押证券贷款非常相似，利率会考虑收入因素，这暗示了交易两端的价格。

在一项交易的开始，证券以一个普遍的市场价格估值和售出（也就是说，包括任何已积累的息票）。在交易终止的时候，证券以预定的价格出售，此价格相当于原售价连同预先约定利率的利息，即我们所说的回购利率。

在证券驱动交易中（也就是说，这里的动机不仅仅是融资），通常设定的回购利率比现行货币市场的利率要低，该回购利率产生的利息用来支付贷方在货币市场中寻求回报的投资。贷方通常会收到高于证券市场价格的保证金。

在现金驱动交易中，回购价格与现行货币市场的升息率水平接近，因为这是一种融资而非一个特定的证券交易。一开始，双方就同意可以用回购证券替代抵押品。通常都会支付给现金贷方一个保证金，这个保证金是以一个双方约好的估值折扣（Hairaot）或折扣来减少转手证券价值的方式来实现的。

买入/反售

买入/反售在经济术语中与回购相似，但是是以同时售出和购买证券组织起来的，这个购买是预先约定好未来日期的。后来购买的证券价格通常参照市场回购率计算。

证券的购买者对证券拥有所有权，并且在此交易期间持续享有所有应计利息和票息利率。但是，未来合同价格需要考虑购买者获得的所有息票。

买入/反售交易通常用来进行融资，包括固定收益证券。通常情况下，现金借方没有权利替换抵押品。直到1996年，在常规法律规范之外发生了大量的买入/反售交易，这种交易以仅有记录为凭证。在1995年人们，对全球回购主协议进行了修正，加入了一个附件，要求明确处理买入/反售交易。现在大多数买入/反售交易遵守本协议。

表23.3比较了3种主要的抵押证券贷款的交易形式。

表23.3　抵押贷款交易概要

特性	证券借贷		回购协议		买入/反售
	现金抵押	证券/其他的非现金抵押品	特定证券（证券驱动）	普通抵押品（现金驱动）	
交易方法	出售时有协议，以便将来可以再次购买等价的证券	出售时有协议，以便将来可以再次购买等价的证券	出售和回购时要遵守主协议	出售和回购时要遵守主协议	出售和回购
交易形式	证券与现金	证券与抵押品（注：通常是免费的，但有时货到交货）	证券与现金（注：通常货到付款）	现金与证券（注：通常货到付款）	现金与证券（注：通常货到付款）
抵押品形式	现金	证券（债券和股票）、信用证、等值交付交易、存款证书	现金	普通抵押品（债券）或者买方定义的可接受的抵押品	典型的债券

（续表）

特性	证券借贷		回购协议		买入/反售
	现金抵押	证券/其他的非现金抵押品	特定证券（证券驱动）	普通抵押品（现金驱动）	
支付给提供者的回报	现金抵押品	证券贷款（不是证券抵押品）	现金	现金	现金
回报支付形式	退税率（也就是说，回报以低于市场利率的现金形式支付）	费用。例如，英国富时 100 股票的标准付费是 6～8 个基点（也就是每年 0.06%～0.08%）	参照回购率，以现金抵押品利率支付（比普通抵押品回购率低）	参照回购率，以现金抵押品利率支付	参照回购率，按出售价格和再购买价格的差价付款
最初定金	有	有	有	有	可能有
盈亏保证金	有	有	有	有	没有（只有在停业或者重新标价的时候才可能有）
超额抵押品	有（有利于证券贷方）	有（有利于证券贷方）	没有	可能有（如果有，则有利于现金提供者）	可能有（如果有，则有利于现金提供者）
抵押替代品	有（由借方决定）	有（由借方决定）	没有	有（由最初的卖方决定）	没有（只有在停业或者重新标价的时候才可能有）
红利和折扣	给贷方	给贷方	付给最初的卖方	付给最初的卖方	无正式义务回报考虑再购价格的收入
违约时是否采取法律手段解决	是	是	是	是	否

（续表）

特性	证券借贷		回购协议		买入/反售
	现金抵押	证券/其他的非现金抵押品	特定证券（证券驱动）	普通抵押品（现金驱动）	
期限	无期或有期	无期或有期	无期或有期	无期或有期	仅有有期
典型的资产类型	债券和股票	债券和股票	主要是债券，也可能是股票	主要是债券，也可能是股票	基本都是债券
动机	特定证券主导	特定证券	特定证券	融资	融资主导
支付方式	每月支付一个月的欠款	每月支付一个月的欠款	到期时支付	到期时支付	到期时支付

贷方和中介机构

证券借贷市场包含各类专业中介机构，它们扮演着委托人或者是代理人的角色。这些中介机构将潜藏的业主（通常是拥有高额养老金或其他基金和保险的人）与可能的证券借方区别开来，其常见统计将稍后在此章中予以讲述。

中介

中介代理

证券借贷已逐渐发展成为一种大规模的交易，代理商将不同客户的证券集中到一起，其产生的经济规模使得拥有资产较少的客户能够进入市场。运行一个高效的证券借贷业务的相关费用超过了许多较小的基金，因为这是一个外围活动，资产管理公司和托管银行在向业主提供证券投资组合服务时，给他们的其他服务加入了证券借贷业务，同时第三方贷方的专长在于提供证券借贷服务。

业主和代理商以商业利率的形式从证券借贷中“分割”收入。这个分割将取决于许多因素，包括代理商提供的服务水平和承变的风险，如赔偿风险。

证券借贷往往处在一个更大的关系网中，因此分裂谈判可以成为一个广泛的服务定价中一个附带部分。

资产管理

可以说，证券借贷是一种资产管理活动——考虑到现金抵押品的再投资，这一点就很容易理解了。特别是在欧洲，也许借钱出去的机会比美国的少得多，许多资产管理公司运作着明显的证券借贷业务。

这项业务曾经是一项在后台操作的低调活动，现在却是许多资产管理公司着力发展的领域。资产管理公司和它们潜在客户的关系使得它们在这个活动中占据着举足轻重的地位。

托管银行

证券借贷的历史与托管银行紧密联系在一起。托管银行一旦意识到自己可以作为代理中介的潜力，便开始将这项服务推广到它们的客户身上，它们就能够集中证券，将其借出。这反过来又刺激了市场的增长。

大多数大型托管银行已经将证券借贷业务增加到它们的核心保管业务中。它们的优点包括：现有的银行与客户之间的关系；由托管业务发展起来的的技术投资和全球市场覆盖范围；除了将许多小型、有潜力基金的资产集中起来的能力外，还可以避免借方由于要处理过多小型基金而造成的不便，以及保护借方，使其不会被召回；在发展中市场和发达市场中的经验。

作为银行，它们也有能力提供赔偿，并且高效地管理现金抵押，这是两个吸引许多潜在客户的关键因素。

托管是一项如此有竞争力的交易，对许多供应者来说它是亏本生意。然而，它使得管理人可以在客户的基础上提供一系列服务。这些可能包括外汇交易、交易执行、证券借贷以及基金会计服务。

第三方代理

技术的进步和高效率的运作使我们能够将证券借贷管理从基本的托管服务条款中分离出来，并且有很多专业的第三方代理贷方成为人们除托管银行之外的另一选择。它们如今的市场份额是在一个很小的基数上成长起来的。它们关注证券借贷，并且能够不受遗留体系的束缚，启用一些新的科技，从而使其自身更加灵活。

资本中介

资本中介包含 3 类：经纪自营商、专业中介机构和主要经纪人。与中介代理相反，资本中介能够估算资本风险，提供中介信用，并且在它们所借的证券中占有一席之地。以上 3 类资本中介的区别很模糊，有很多公司同时属于这 3 类。

近年来，证券借贷市场的开放程度很高，所以基本上对谁可以借入证券和谁可以借出证券已经没有什么限制。原则上来说，证券借贷可以直接在收益所得人和最终借方之间进行。不过通常情况下涉及多层中介活动。中介添加了什么价值呢？

收益所得人可以是保险公司或退休金计划，而最终借方可以是对冲基金。机构通常不愿意借款给信用不被认可、不合格或者没有一个高信用等级的借方。在这些情况下，资本中介通过（通常作为主要经纪）在借贷机构和对冲基金之间占主体地位来执行信用中介服务。

资本中介更进一步的作用是承担流动性风险。它们通常会在一个开放的基础上从借贷机构借出证券——给予它们召回潜在证券的选择权，如果它们想要卖掉证券或者有其他原因，然后在一个有期限的基础上将证券借给客户，并确保他们能够在短期内持有证券。

在许多情况下，除了为其自营贸易商服务外，资本中介还向市场提供其他服务以便能够满足拥有大量稳定投资组合而有高借款要求的收益所得人的需求。它们向借方发放证券的范围比潜在贷方的范围要广，因为潜在贷方没有足够的资源来处理大量的同类服务。

如果贷方召回已借给借方的有期证券，那么这些活动使得资本中介暴露在流动性风险之下。有一种方法可以减少这个风险，那就是使用现有的内部存货。例如，如果市场看涨与长期衍生品交易有关，那么自营交易业务头寸将是一个稳定的贷款供应来源。有效的库存管理被视为关键要素，许多证券借贷服务平台在它们的组织中充当着中央库存清理器的角色，从外部借入证券仅仅发生在内部多头全部完成的时候。这可能要求一大笔技术投资。其他减少风险的方法包括：在规定允许的情况下，从隶属的投资管理公司借出证券，或者竞价其他贷方的独家（某些）证券。

在需求方面，中介机构历来是依赖对冲基金或交易员来做交易决策。但是，越来越多的投资银行的证券借贷业务要么已经在它们的借贷或者融资部门发展了“贸易”的能力，要么就已经连同其他部门甚至在某些情况下和它们的对冲基金客户一起加入了合资企业。这种趋势背后的原因是某些交易策略的融资组件非常重要，没有贷款就没有贸易。

经纪自营商

经纪自营商借入证券的理由包括：

- 造市。
- 自营。
- 代表客户。

许多经纪自营商将其证券借贷行为与他们的大宗经纪业务（为对冲基金和其他另类投资经理提供主要服务）相结合。这能带来高效率及显著的成本效益。通常，经纪自营商的固定收入和股票收益会使其借贷和融资活动翻倍。

主要经纪人

主要经纪人服务于对冲基金和其他另类投资经理的要求。此业务曾经被简单地区分为6种不同的服务，尽管还有许多其他服务，例如资金引进、风险管理、资金核算和启动援助，这些服务现在已经加入此业务（见表23.4）。

表 23.4　主要经纪人提供的服务

有利润的活动	交易中的部分费用
证券借贷	清算
融资供应杠杆	托管
贸易执行	报告

证券借贷是一个成功的大宗经纪业务的核心组成部分，它的规模取决于一级经纪人运行的对冲基金策略。对证券借贷严重依赖的两种策略是长/短仓持股和可转换债券。

建立全方位服务的主要经纪人的费用很高，并且被认可的供应商有显著的优势。一些新的参与者已经使用了总收益互换、差额契约交易和其他衍生交易类型，以提供现在大家所熟知的“综合机构业务”。再者，证券借贷仍然是主要经纪人服务的一个关键组成部分，为了保住已经进入对冲基金的衍生品头寸，一级经纪人仍然需要借入证券。但是一级经纪人已经将证券借贷内化，使其对客户不那么明显。

受益人（Benefit Owners）

那些拥有证券投资组合的受益人有足够的规模使证券借贷变得有价值，包括养老基金、保险公司的保险基金、共同基金/单位信托以及捐款。

受益人注意事项

当考虑是否贷出证券以及如何贷出时，受益人首先要考虑组织特征和组合特征。

组织特征包括管理层激励、技术投资和信贷风险偏好。对于管理层激励，一些业主贷出证券完全是为了抵消托管和行政成本，而其他人则是寻求更多的收入。贷方在投资用来支持证券借贷业务的技术基础上的意愿有所不同。证券借贷市场是由大量拥有信用质量和担保能力的组织组成的。谨慎选择同行（仅选择 AAA）和限制抵押品指南（七国集团债券）将会限制借贷规模。

证券投资的组合特征包括规模大小、所持股份多少、投资策略、税务管辖权和头寸以及库存吸引力。就规模而言，在其他条件相同的情况之下，借方更倾向于大的投资组合。贷款交易额通常超过 25 万美元。小型持股人对直接借方的吸引力有限。持有证券额在 25 万美元以下的投资者最好是通过代理，和其他人一起集中存货。积极的投资策略会增加召回事件的概率，从而使得他们与被动投资组合相比缺乏吸引力。借方需要具有流动性的投资组合。全球投资组合使得生成合适投资组合的机会最大。这表示，不时地会出现特别市场需求，并且有一定的注重某种地域或资产类别的借方。

关于税收管辖权和头寸，借方负责“创造良好的”的股权收益（不含投票权），就好像贷方尚未将证券转借他人。他们必须“制造”（即支出）红利给贷方。将一个机构的课税情况与其他可能的借方相比，这个考量非常重要。如果给贷方的制造成本的股息或息票较低，那么它的资产需求量就会更大。最后，关于存货的吸引力，“热”证券是指那些需求量很大的证券，而那些普通抵押品或者普通抵押证券就会随处可见。更不用说，“更热”的证券投资组合，借贷的回报会更高

通向市场之路

在检查了受益人的组织特征和组合特征后，必须考虑不同的通向市场之路。通向证券借贷市场的可能性道路将在下文做简要讨论。

使用一个资产管理公司作为代理　受益人可以发现他们选择的投资管理人已运行了一个证券借贷计划。这条路基本没什么障碍，可以迅速启动。

使用一个托管机构作为代理　这是一个受益人尤其是一个新的受益人必备的选择。他们可能已经在选择一个合适的托管人上做出了重大的选择。这条路也基本没什么障碍，可以迅速启动。

指定一个专业的第三方作为代理　受益人可能就不愿意使用供应商提供的资产管理公司或者托管机构，而是指定一个专业的第三方作为代理。这条路可能意味着在开始之前就要了解和理解一个新的供应商。在做这个决定时要考虑任何延迟需要的机会成本。

将证券投资组合拍卖给借方　借方要求他竞价的能够保证收益的证券投资组合可以给他们带来独家使用权。关于拍卖路线，有以下几种不同的排列：

- 自己动手做的拍卖。
- 协助拍卖。
- 代理人协助。
- 顾问协助。
- 专业“拍卖商”协助。

拍卖投资组合并不是一种新现象，而且近年来取得了较高的知名度。对于这种现象，本书的其他章节会有详细介绍。关于这个选项，受益人需要考虑的一个关键问题是拍卖的证券投资组合的操作支持水平以及这个操作支持由谁来提供。最关键的问题是寻找最好的拍卖商。

选择一个资本借方。许多借方有效地充当着大规模中介机构，他们利用自身的专业技术和资金，将两个相互之间不认识的委托人相关联，并借此形成一个完备的全球性特许权。这些资本中介机构有时是独立的，但更多的是大型银行、经纪公司和投资银行的一部分。这些中介机构充当着资本的角色，这使得他们可以同那些受益人通常会选择的组织合作，受益人选择这些组织是因为可以避免信用问题，如对冲基金。

直接贷款给资金所有人。通常在借贷市场上选用上述选项中的一种方式一段时间之后，有足够自主权的受益人可能会希望寻找建立一个内部业务的可能性，即直接将

证券借给使用他们证券的终端用户。专有借方包括经纪人、造市者和对冲基金。一些人拥有全球借贷需求，另一些人则更关注地区性需求。

将上述选项加以组合。由于没有单独、正确的借贷方法，所以上面列出的选项之间并不排斥。决定不贷出一个证券投资组合并不预示着不贷出另一个；类似的，借贷给一个国家并不需要借贷给所有的国家。选择一个恰好在美国和加拿大都有托管银行的大规模中介机构并不意味着借方不能通过专业的第三方直接向一组专业借方贷出亚洲资产或者欧洲资产。

借款动机

通常证券发行者和投资者提出的一个中心问题是：“为什么借方要借我的证券?”在思考这个问题之前，我们先想想为什么证券发行者会在意这个问题。

如果不发行证券，它们也就不可能被借出。在这个简单的无谓重复背后有一个重要的观点。首次公开募股、企业合并和收购活动越频繁，证券借贷业务的收益就越大。在21世纪初期，这样的活动频率降低，使得证券借贷的需求变小，导致股票证券借贷市场萧条（也就是说，贸易机会越少，需求越少，那么“降价”也越少），证券发行商开始考虑证券借贷所扮演的角色，例如它是否在某种程度上与公司股份价值的减少有关或者是否证券借贷不应该被鼓励。

有多少次发行人商讨特定企业的活动，停止考虑其发行可转换债券或对他们的股票借贷采用股息再投资计划的影响？在“长期”市场方面存在着大量的信息，而在短期市场方面基本没什么信息。证券借贷不同于短期销售，但它经常用于金融短期销售（随后将介绍到），并且可以在全部短期销售合同缺席的情况下，作为短期销售活动一个合理并且实际的委托书。所以，证券发行人理所当然地想要了解他们的证券是如何交易的以及为什么交易。

当借方担任负责人时，他没有义务告诉贷方或他们的代理人为什么要借入证券。事实上，他们自己也不知道，他们可能在向那些不与之分享贸易策略的自营商或者对冲基金借入证券。一些一级经纪人在借入证券时故意不说明原因，只是为了保护他们潜在对冲基金客户的贸易策略和动机。

这部分解释了证券借贷背后一些较常见的原因。一般而言，这些原因可以划分为：(1) 借款以覆盖空头头寸（结算覆盖、空头卖空、造市、套利交易）；(2) 借款作为以借现为目的的融资交易一部分；(3) 为了借方和贷方双方利益而暂时性的过户（税收套利、股息再投资计划套利）。

覆盖空头头寸的借款

结算覆盖

从历史上看，结算覆盖在证券借贷市场的发展中扮演着重要的角色。过去10年左右的时间里，大多数证券借贷业务属于在组织的终端业务，并且被认为没有自己的权利。尤其是那些流动性较小的证券，例如，公司债券和价格只能小幅浮动的股票，结算覆盖在借贷需求中仍然占据很大一部分。

用借贷来避免结算失败，对保证有效结算至关重要，并且鼓励了许多证券借贷储库业务进入自动化。这意味着他们用这种方式向客户支付报酬。

空头卖空

空头卖空可以被定义为一种借入是为了卖出，而还给借方的时候再次以低价买入。空头卖空是一种定向策略，估测价格将会下降，而不是一个更广泛的贸易战略的一部分，通常涉及长期持有某一相关证券。

空头卖空是一个高风险策略。虽然有些基金专营公司股票卖空，他们股价太高，但依赖空头卖空的资金量相对较小并有可能下降。

造市

市场庄家在世界各地许多证券市场上扮演着关键角色，他们提供规定的双向价格。他们需要借到证券，用以从客户手中“买单”和制定严厉的双向价格。

在非流动小型资本证券中造市会因为缺乏借入证券的渠道而受阻，并且在较不流动证券中，一些专家已经采取了特殊的安排，使得他们能够进入借贷证券的渠道。这些安排包括证券借贷人担保的独家竞标。

借款的特点是通常为短期，并且期限未知。需要知道的是，贷款可行即意味着造市者和证券借贷业务之间的交流水平需要高度自动化。一个造市者做空后就会发现没有现成贷款，他只能把证券买回填平账目。

套利交易

借贷的证券通常是用来覆盖一个已经在另外一个“套利”策略中实施保值措施保证多头的证券空头头寸。一些较为普遍的涉及证券借贷的套利交易将在后面进行介绍。

可转换债券套利

可转换债券套利包括购买可转换债券，同时卖出潜在短期股票，借入股票以涵盖空头头寸。举债经营可用来增加这种类型交易的回报。一级经纪人特别热衷于涉及可转换债券套利的对冲基金，因为它们提供了大量的收入来源：

- 证券借贷收入。
- 提供举债经营。

- 执行可转换债券。
- 执行股权。

配对贸易和相对价值套利这是一种投资策略，该投资战略旨在确认两家具有相同特点的公司，这两家公司的股票正在以它们的历史交易范围之外的价格关系进行交易。这个策略需要购买显然被低估的证券，而卖出明显被高估的即将到期的证券，借入后一种证券以覆盖欠缺的头寸。关注相同部门或行业的证券通常会减少此策略的风险。

套利指数。在此背景下，“套利”一词指的是在两个不同的市场同时买卖相同商品或股票，从两个市场的差价中获利。

在股票市场中，当相同的证券贸易在不同的证券市场中价格不同时，一个套利机会就产生了。在这种情况下，投资者在一个市场中以低价买入证券，然后在另一个市场中高价卖出，从差价中获利。然而，这样的机会转瞬即逝，因为大量的投资者会涌入市场企图从差价中获利。

指数期货可应用相同的原则。作为一种衍生品，指数期货的价值来源于组成该指数的证券。同时，指数期货的价值通过基金的机会成本（借入/贷出成本）与股票指数的价值相关。

股票指数套利包括买入或卖出各种股票。相反的，当定价错误时，卖出或买入期货。

融资

因为经纪自营商要建立衍生一级经纪业务和边际客户业务，他们持有越来越多的有融资需求的证券。

这种类型的活动是高容量的，并且双方要恰好满足以下几点：一方有现金，想要投资于有担保基础和收益率的产品。另一方有存货，但需要资金支持。

在债券市场，典型的融资交易就是回购或买入/反售。但是对于股票，证券借贷和股票均可以使用回购交易。

第三方代理通常会涉及这类融资交易，因为他们能够为现金贷方节约运作成本，并且他们有满足现金借贷者因为其存货变化而想更换抵押品这一需求的能力。

临时转让所有权

税收套利和股息再投资计划套利的机会驱使人们临时转让所有权。

税收套利。税收驱使交易是证券借贷作为一种交换手段的一个例子。市场历来都给税收套利提供最大的机会，税收套利包括那些并不针对所有投资者存在大额税务信用的国家，比如，意大利、德国和法国。

世界上不同税收情况的投资者已经给了借方机会，让他们可以使用证券借贷业务，实际上，临时交换财产对买方、借方和贷方都有好处。贷方的收益来自以下两种方式：(1) 如果他们要求产生较低的红利，那么他们的证券借贷费用就较高；(2) 与他们通常获得的（引用总括利率）税后红利相比，一个较高的红利。

例如，一个海外贷方通常会收到75%的德国红利，而产生25%的预扣赋税（不可收回），他能将此证券贷给借方。反过来，他可以将证券卖给一个德国投资者，这个德国投资商可以获得税收抵免，而不产生预提税。如果海外贷方声称95%的股息，该股息可能已经收到了，那么它会提取很大一部分（20%的红利收益），而借方则可能得到介于95%和德国投资者竞价之间的差价。这些贸易的期限差异很大，利率也是按规定计算。

股息再投资计划套利。许多证券发行人让股东选择拿走红利或者以一个折扣价重新将这些钱投资于另一个证券，借此创造一个套利机会。

收入或者指数追踪基金无法背离已被接受的证券权重，它们可能不得不选择现金而放弃以折扣价重新投资的机会。

有一种方法可以让他们也享有这个机会的潜在利润，这一方法就是将证券贷给借方，然后采取以下行动：

- 借到尽可能多的有保证金的股票，尽可能便宜。
- 清偿借来的证券，用以接收新的打折股票。
- 出售新股，通过股票打折价和市价之间的差价“获利”。
- 归还股票并且为贷方创造现金红利。

市场机制

这一部分描述了一个证券借贷过程。尤其是讨论了以下几个部分：

- 租借交易谈判。
- 确认。
- 贷款期限。
- 交易术语。
- 持有证券。
- 结算，包括贷款如何结算和结算注意事项。
- 贷款终止。

- 转售交货，交易失败，法律救济。
- 企业行为和投票。

还有一些针对特定国家的问题，包括任何税收筹划和交易当局/调节人的交易报告。

贷款谈判

传统的证券贷款已经由双方（其信用部门相互认可）在电话以及随后的书面或电子确认书中协商好。通常最开始是借方打电话给贷方提出借款要求。积极的放贷者也可以向其知名同行提供需求外的证券。特别会发生的情况是一个借方归还了证券，但是贷方仍然把此证券借给市场中的其他人，他们会与之取得联系，看他们是否想买进更多的证券。

现在，有越来越多的双边和多边自动化贷款，它们用电子邮件或其他电子手段提供证券。贷款期限一旦达成一致，便可以自动匹配。

EquiLend 是一种进行股票贷款交易谈判的电子平台，它从 2002 年开始运行，背后有一系列金融机构的支持。EquiLend 的目标是：

为证券借贷产业提供技术以简化和自动化借款和贷款机构之间的交易，并且介绍一套共同协议。EquiLend 通过一个常见的标准化全球股票借贷平台将借方和贷方连接起来，使他们能够高效快速的交易，并且降低成本和风险。

在这个领域中，EquiLend 并不孤独，SecFinex 在欧洲也提供类似的服务。

确认

任何时候都可以发布书面或电子确认书，在交易当天另一方可以尽快提出任何疑问。如果双方有意愿进行交易，那么交易过程中发生的物质交换就是双方同意开确认的。物质交换的例子包括调整抵押品或者替换抵押品。同意方履行发布贷款确认的责任。

确认通常包括以下信息：

- 合同和结算日期。
- 租借证券的细节。
- 借方和贷方身份（以及潜在资本）。
- 可接受的担保和保证金百分比。
- 术语和利率。
- 贷方与借方的银行及结算账户细节。

贷款期限，出售借贷证券

贷款可以指定期限或者开放期限。开放贷款交易没有固定的到期日期。证券贷款的期限通常是开放的或者是随时可以支付的，尤其是股票，因为通常情况下贷方希望保持基金经理的灵活性，使他们可以随时卖掉股票。尽管他们的证券处于开放期，但是贷方能够卖出证券，因为他们可以在市场认可的结算期内从借方手中召回证券。然而，开放的贷款可以贷出很长一段时间。

交易术语——确定的还是暗示的

一般描述性“交易术语”是用来形容证券借贷市场不同的安排。双方必须在贷款是否“确定”有一个明确的期限，还是贷款期限仅仅只是“暗示”这一方面达成共识，这样证券是可赎回的。如果确定了期限类型，那么贷方没有义务接受早到的证券；借方也没有必要因为贷方要求提前归还就要这样做。按规定来说，贷出的证券不能被售出。

这个术语在表示“暗示”的时候，一般是指借方对证券有长期需求，但是贷方无法确定期限并且保留召回证券的权利，如果有必要的话。

“持有”证券

“持有”证券（在市场中指的是“冻结”证券）是指贷方因为借方的需求而储备证券，借方希望可以在未来某天借入这些证券。这样，借方必须确保证券在他们需要的时候也就是交易时是存在的。

虽然有些细节双方可以达成一致，但是任何报价仅仅只是暗示，证券会被持有到第二个交易日，也是正常的。借方可以通过早上 9 点之前联系持有者来可以延迟“安排”（也就是说，继续“冻结”证券）；不然的话，交易结束。

冻结的关键是贷方没有因为储备证券而获得报酬，而且他们经常要面临另外一个借方的实价竞标。在这种情况下，第一个借方有 30 分钟的时间来思考是带走这些证券还是放弃。

“付款即拿”安排

冻结的一个变体是“付款即拿”，即贷方因为持有证券而获得报酬。正因为这样，他们构成合同约定，不用面临另外一个借方的挑战。

结算

证券贷方需要使用比一般的市场结算周期更短的时间来完成证券交易。结算通常会通过贷方的托管银行，不管贷方是自己进行这项操作还是委托代理商进行操作。贷方通常和他的托管银行就证券借贷活动有一个约定的日程。即时的解决信息对于高效监管和控制一个借贷项目至关重要，需要贷款和抵押品的报告。

在大多数结算系统中，贷款用以解决“免费”交货，而抵押品不同，可能是用不同的付款方式或者结算系统，也可能是在不同的国家和时区。例如，借出的英国股票可能是由欧洲国际中央证券托管机构提供的抵押品，也可能是由纽约支付的美元。这能增加市场上众所周知的“白昼风险”，该风险是指贷款未覆盖，借出的证券已经发出，而抵押品还没收到的这段时间。为了避免这种白昼风险，一些贷方坚持提前收取抵押品，从而将风险转嫁给借方。

对于常规系统来说，用以解决英国和爱尔兰证券的CREST系统是一个例外，因为在这个系统中存在抵押品，这使得现金贷款可以在一天内解决，对于交换现金，如果想的话，可以在交易当天结束时就得到一揽子的隔夜价值支付。这个过程可以在第二天逆转和重复。

终止贷款

借方归还证券或者贷方召回证券都可以终止开放的贷款。通常情况下，当借方填补了欠缺的头寸时就会归还证券。借方有时候也会“拆东墙补西墙”，即从别处借更便宜的贷款来偿还刚开始的贷方。但是，借方也可以让原贷方在他从别处借到钱之前降低贷款利率。

转售交货、交易失败和法律救济

证券贷方在决定向哪一个市场借出钱和借出多少时，需要考虑他们有多大的把握能在紧急召回时收回证券，若召回失败，他们在合法协议（稍后讨论）下可以获得什么样的救济。

转售交货失败后的程序通常写在法律协议中，或者在合作关系确立之时就达成共识。如果借方未按时交还借贷的证券或抵押品，那么贷方可以得到相应的经济赔偿。费用通常包括：

- 直接利息和/或透支费用。
- 借方未完成销售或交付义务导致的全部合理成本和支出。
- 贷方“买进”（即在借方归还证券失败后，贷方不得不在开放市场中购买证券）导致的全部合理成本和支出。

成本通常会排除那些由于承让人的疏忽或故意违约而导致的损失，以及任何间接的或后果性的损失。例如，借出的证券没有被归还，将导致一系列的贸易失败。金额是宣称的有关未归还证券或者抵押品的总成本的一个比例部分。在可能的情况下，考虑将较大的交易（即以结算为目的将他们分解成许多小的部分）“塑造”或“拆分”是一个不错的实践，它可以避免因承让人无法在规定结算日期之前交还借贷的证券或抵押品而导致的交易全盘皆输。

公司行为和投票

证券借贷的基本前提是，使得借贷双方对“整个”公司行为负责，例如股息、权利或奖金发放，将借方置于合同义务之下，贷方得到相应的报酬，例如“制造”股息。但是，股东无法作为公司拥有人而拥有投票权。当证券被借出时，合法的拥有权和股东大会的投票权就转移到借方手中，他们通常会将证券卖掉。贷方有召回证券的权利，他们可以使用这个选项来恢复他们的持有权和投票权。如果需要，借方可以通过在市场上买入和卖出证券获得奖金。这样会损坏市场流动性，即中介机构会有风险。

重要的是，受益人意识到，当股票被借出时，他们的投票权也转移了。例如，在之前的章节中我们叙述了英国证券借贷和回购委员会（SLRC）的指导模式，贷方必须告诉客户投票权也转移了，需要权衡投票权的重要性和借出证券可得到的利益。受益人需要确保他们的代理人负责协调他们的投票权和股票借贷行为。

在英国，为了持有一个公司证券以期能够影响股东投票而蓄意借贷债券并不是违法行为。然而，机构贷方对此可能性更加敏感，并且倾向于不将此当作合法使用证券借贷的行为。

全球很多市场主体都致力于解决证券借贷和投票权之间的关系。国际上，国际公司管理网络的工作组正在测试长期投资者关于证券借贷和投票权的最佳做法。SLRC 也在将它的模式加入这一领域。

金融风险和风险管理

这一部分将讨论证券借贷中主要的金融风险以及贷方通常如何解决此类风险。关于这些风险的更详尽解释将在后面的章节中提到。

证券借贷的金融风险主要是通过使用抵押品和网络来管理的。本章之前也提过，抵押品的形式可以是证券或现金。抵押品的市场价值通常高于借贷的证券投资组合。这个差价用以保护贷方不受损失，并且反映了在还款失败的情况下，抵押品清偿和重购证券投资组合的成本。重新购买借出的证券投资组合得到的任何利润通常都回到了借方的清算人手中。贷方承担的损失可向借方清算人和其他债权人追索。

以现金作为抵押品

因为现金被人们广泛接受并易于管理，所以非常适合做抵押品。然而，贷方需要决定如何才能最好地使用这种形式的抵押品。就像之前提到的那样，贷方把现金作抵押品支付给证券借方回扣利率，所以这笔现金必须要重新投资到一个利率更高的项目上，从而获得净利润。这意味着，贷方在风险收益抉择上要做出一个适当的决定。简而言之，再投资于带有以下某个风险的资产会得到期望的回报：一个更高的信用风险，交易失败或贷款期限延长而遭受的风险损失。多年来，许多大宗的证券借贷损失都与现金抵押品再投资有关。

一般来说，贷方将他们的再投资交给代理商（例如，托管银行）。他们指定再投资指导方针，本章之前曾提到。再投资逐渐向着更加定量、基于风险的方向发展，通常所定义的“风险价值”与再投资项目的不同期望回报有关。代理人通常不会赔偿再投资活动遭受的损失，所以贷方要承担所有风险，而他们的代理人会得到回报中的一部分。

以其他证券作为抵押品

与现金相比，采取其他证券作为抵押品是一种避免再投资风险的方法。任何市场都会出现错误、系统失误和欺骗等风险。除此之外，问题还会出现在借方。在这种情况下，贷方为了筹集资金会设法卖掉抵押证券来代替贷出的证券。抵押证券交易会带来许多不同的风险。

反应和法律风险

如果贷方延迟卖出抵押证券或买回贷出的证券，那么将会承担更大的风险，即抵押品的价值会在抵押期间降低。一般来说，延迟越久，风险越大。

错价风险

如果抵押证券被高估或低估，那么贷方将会承担错价风险。因为有价证券的市场价格不同于在二级市场的交易价格。用中间价取代标价来估量抵押品就是一个错价的例子。对于非流动性证券来说，由于缺乏交易活动，很难得到较好的定价来源。

流动性风险

非流动性证券可能以低于估价的价格被卖出。估价的“差值”是用来降低风险（即抵押品的价值，比如是当前市价的98%或95%）。差价大小依赖于：

- 在投资组合中占总额的比例——仓位越大，差价越大。
- 每日的平均交易量——交易量越低，差价越大。
- 证券的波动性——波动性越大，差价越大。

抵押意识和借贷组合（失配风险）

如果贷出和抵押的证券是相同的，那么就不存在市场风险。事实上，贷出和抵押的证券非常不同。在重整资产奏效前，贷方的风险在于贷出证券的市场价格上涨而不是抵押证券的贬值。假如抵押品已被抵押，贷方可以寻求额外的抵押证券来补救由于价格浮动造成的损失。然而，如果抵押品被延迟，那么就得卖出抵押品或更换贷出证券来补救。

失配风险的大小取决于贷出和抵押证券价值的差异。抵押证券的价值越不稳定，风险就越大；贷出证券的价值越不稳定，风险就越大；两者的价值不能同时变动，风险也会越大。因此，两者价值变动所期望的相关性较低。

许多中间代理商会通过以下两种方法向受益人提供保护以抵抗失配风险：如果交易失败，同意向他们的客户立即返还（买进）贷出证券；承担流动性较差抵押证券价值变动带来的风险。

第 24 章

股票借贷市场的机制

【摘要】卖空涉及股票市场外的一种交易，做空者将股票借给买家。股票借贷市场允许做空者和其他市场参与者从股票持有人手中按一定的价格借入股票。供求因素决定每次贷款的价格。由于股票的供应量通常很高，因此大多数贷款的价格较低。然而，阶段性事件会导致价格的大幅上涨。尽管在股票借贷市场上借贷双方都承担风险，但现金抵押将贷方的风险降至最低。

做空者卖出的股票并非他们所持有的。股票借贷市场存在的原因在于，股票持有人愿意按一定的价格将股票借给做空者。尽管股票借贷市场对金融市场运作非常重要，但它仍然很神秘。该市场是通过借贷双方用电话协商借贷来运作的。尽管近年来已有很大的进步，但在股票借贷市场上，电子报价或商业网络仍没有被广泛应用。

本章将介绍股票借贷的机制，参与者及其相应的角色，以及市场中如何决定折扣率。

借贷过程

投资者想要做空股票，首先必须要找到愿意借出股票的持股者，市场制造者除外。例如，纽约证券交易所（NYSE）要求投资者有明确的借用定位，同时对那些除了市场制造者、股票专营商或零股经纪人之外的持股者要求拥有充足的股份，这些都是为了承担制造市场的责任。美国全国证券交易商协会（NASD）和美国证券交易所（AMEX）采用类似的规定［见埃文斯等人著作（2003）］。

一旦贷款人确定，股票做空，那么股票交易过程就会要求做空者在交易后的第三天向买方交付股票，并在其经纪公司存入初始保证金。按照 T 规定，初始保证金是 50%。自主调整机构（例如，纽约证券交易所和全国证券交易商协会）要求做空者控制保证金至少占短期市场定价的 30% 以弥补市场价格的波动。图 24.1 描述了卖家交付股票的过程。

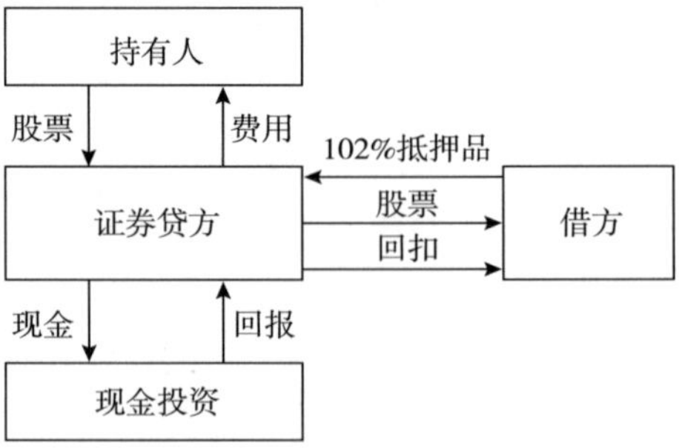

图 24.1　股票贷款结构

在美国股票市场，贷方要求贷款价值的 102% 作为抵押。贷款的价值取决于每天的市场行情：股价的上涨会导致贷方需要额外的抵押贷款，同时股价的下跌会导致贷方需要退还一部分抵押给借方。当借方将股票返还给贷方时，抵押金也将被返还。

虽然股票是租借，但贷方投资抵押品并从投资中获得收益。一般来说，贷方以折扣的形式向借方返还部分利益，因此，对于借方来说，最主要的价值不是费用，而是现行市场利率与贷方付给抵押品的折扣率之间的差价。贷方能参与市场的运作，在利率的差价中获取利益。尽管从利息中所得的收入常常被分配到贷款的各个过程，但利息可以增加投资者投资组合的低风险回报。

贷方

一般情况下，为大型机构投资者明确和保留头寸的托管银行就是最大的股票贷方。在受益人的允许下，托管银行作为受益人的贷款代理人将股票借给借方。按照预先商定的契约，托管银行和受益人共同享有借贷证券所产生的利润。一个典型的规定是收益的 75% 归受益人，25% 归托管银行。根据借贷需求的资产形式，证券持有人所赚取的借贷收益可以完全抵消机构投资者的托管和保管费用。

除了传统的托管银行外，在过去的几年里，许多专业的第三方代理机构地作为贷方进入了股票借贷市场。在这种结构下，代表受益人的代理商所借出的资产不是托管的资产。一旦在代理贷方和借方之间形成了借贷关系，代理商就与传统的托管银行制定协议，并将股票交付给借方。与托管银行相比，这些非托管贷方为受益人提供了便利，如更专业的报告、灵活性以及更多的借贷收益。

对于非传统的代理借贷协议来说，受益人可以直接向借方借出资产。渐渐地，受益人通过专业的协议来借出他们的资产，该协议规定受益人可以在特别的时期内交付其资产。例如，近年来，加州公共雇员退休基金（CALPERS）提供了这样一种借贷投资组合，在投资前的一段时间内通过拍卖系统中标获取投资机会。这项协议保证了受益人获得除资产以外的回报。一些协议通过管理内部信贷部门来获取利润，因此控制借贷过程，保留产生的利润。由于建立信贷部门和必要的基础设施需要大量的成本，所以该期权只适用于最大的金融机构投资者。

贷方的权利

持股者拥有对借出股票的收益权。这使得在股票借贷中持股者有权通过发行公司获得股息或股息分配权。然而，与其说股息和股息分配来自于发行公司，不如说是来自于借方。这被称为“替代支付”。在证券借贷中，持股者仍有权参与任何公司的活动。以投标发行为例，若持股者希望参与报价，而借方不能在报价结束前返还抵押品，那么借方就有必要为持股者提供投标价。只有当借出资产正在投标某一证券时，贷方才会放弃权利。然而，贷方有权以任何理由从借方手中收回借出的证券，包括使用表决权。

在召回事件中，借方有责任在正常的资金转让中向贷方返还股票。例如，若持股者要卖出已被借出的证券，代理贷方将会在交易日后的第一个工作日（T+1）向借方发出召回通知，告知借方需在两个工作日（T+3）内将股票返还。若股票在约定日期内返还，那么抵押品就可支付相关费用；若借方没能按时返还股票，那么代理商可以停止借贷以收回股票。

贷方的风险

持股者在借出股票时面临以下 3 类风险：投资风险、交易对手风险和操作风险。投资风险涉及持股者或其代理商选择的投资抵押品。一些贷方不愿承担抵押品再投资的风险，他们主要投资于隔夜回购协议或其他低风险投资产品。而一些贷方则通过较高风险的投资获取额外的收入。例如，贷方可通过长期投资和信用较低的短期企业债投资来获取更多的回报。持股者有责任监管抵押品投资以管理风险。即使投资抵押品有损失，持股者仍有责任在证券返还时向借方返还所有的抵押品。以花旗银行为例，其作为代理贷方，将抵押品投资于全美世纪金融企业证券化信托基金发行的资产支持型证券，结果损失近 8 000 万美元。此事件发生后，花旗银行是否弥补了因投资失误而导致的损失仍不得而知。

交易对手风险是指借方不能提供额外的抵押品或不能返还证券。持股者可以通过只采用最有信誉的借方或设定借方的信誉度来管理此类风险。此外，若借方不能返还股票，抵押品将会被放入市场，让贷方可买回股票。

对于持股者来说，最主要的风险是操作风险。操作风险是指代理贷方和借方的各种责任没有履行到位。不能领取股息报酬，没有通知客户参与股东决议会议导致失去获利的机会，没能在市场上登记借贷事实，在召回事件中没能返还证券等，都属于操作风险。维持一个好的借贷系统，能够追踪股息、股东决议和借贷的抵押，就能将操作风险降至最低。

借方

股票的最大借方是主要的经纪商。他们为其私人交易席位、对冲基金客户和其他杠杆投资者提供短期需求。交易席位常常借用股票以实现其长期的交易战略。此外，根据 2003 年 9 月证券交易委员会的工作人员关于对冲基金的报告显示，在过去的 10 年里，对冲基金行业所带来的巨大增长，引起了其他精密战略应用的增长。因为借贷公司不愿批准对冲基金为有信誉的借方。传统上来说，对冲基金通常利用主要经纪人进入借贷市场。

借方面临的两类风险是借款召回风险和折扣率降低风险。借方最大的挑战就是找到能最好地权衡这些风险的贷方。召回风险是指在借方准备结清头寸前贷方召回的股票所带来的风险。德・阿凡里（D'Avolio）（2002 年）的研究表明，这类风险发生的概率将近 2%。借方宁愿延迟证券的期限，也不愿定期放款。所以，借方需要与愿意延长借贷期限的贷方合作来管理召回风险。通常情况下，最稳定的股票贷款来源是由小营业额的证券（如指数化证券投资基金）组成的投资组合。

没有任何条款规定持股者召回股票时会召回什么样的贷款。如果贷方的代理人将股票借给几个大的经纪公司，并且其中的一些股份必须归还，那么贷方代理人需要谨慎判断哪些主要经纪商的贷款将被召回。再者，如果主要经纪商的贷款被选中要被召回，而他已经把这些股票借给几个借款人，那么此经纪商也可以灵活地选择哪些借款人的股票要被召回。如果借方的贷款没有被贷方召回，那么就是借方履行归还股票的责任，要么在市场上购买股票，要么从另一个贷方手中借入股票。如果借方没有成功归还股票，那么贷方可以使用借方的抵押品来购买股票以填补贷款，这叫作买进。换句话说，召回可以迫使借方适度地放缓他们的贸易策略，或者暴露借方在买进案例中的执行能力不足。

折扣率的决定因素

折扣率或借方为他的现金抵押品支付的利率有效地决定了贷出股票的价格。这个利率由借入股票的市场供求状况决定。对于贷方机构手中广泛持有的高流动性股票，借方可以期望获得所有回扣或者普通的抵押品利率。这个利率一般是 5～25 个基点，低于每日联邦基金的利率［在惠誉公司（Fitch IBCA）的一份报告（“证券借贷和基金管理”）中，该公司估计从联邦基金利率与美国股票的普通抵押品利率相差 21 个基点］。当股票借贷市场中的供应量较少时，就好像中等资本股票一样，利率差将扩大到大约 35 个基点。

股票借贷市场中的大多数贷款源于可以廉价借到的广泛持有的股票。然而，那些较少被持有或者借贷需求很大的股票的折扣率会降低，这种情况下的证券交易被称为

"特殊交易"或"特别证券"。这意味着折扣率是可以根据每个案件的具体情况商议的，并且借方在抵押品上的折扣率是低于一般易得抵押品利率的。每天只有少数的股票在做"特殊交易"。杰克兹（Geczy）、莫斯托（Musto）和里德（Reed）通过为期一年的研究表明，7%的证券是特别证券。并且，特别证券并非一定是小型股；在相同案例中有2.77%的大型股。极少会出现当一个股票需求量很大，但折扣率不高的情况。例如，2000年8月，在斯彻特斯光波股份有限公司首次公开募股之后，该公司的股票折扣率低于一般抵押品利率超过4 000个基点。在这些案例中，贷方既保留完整的投资回报率，又赢得了抵押贷款证券的溢价。

虽然特别证券的特征是低折扣率，但购买特别证券的难度大于借款成本的收益。只有社会地位较高的投资者（如对冲基金）才能借到特别证券并拿到减少了的折扣。一般来说，股票经纪人不会将特别证券借给小型投资者；做空订单会被否决。特别证券的贷款对社会地位较高的投资者来说贵了些，但又不可能分配给散户投资者。

往往是偶然的公司事件增加股票贷款的需求量或者减少股票贷款的供应量（导致需要特别证券）。例如，首次公开募股，红利再贴现项目外国公司的股利发放经常会导致借款需求的增加或可用股份供应量的减少。在这个首次公开募股案例中，尽管在第一个结算日股票是存在的，但它们通常是特别证券。在发行过程中，首次公开募股平时折扣率会低于一般抵押品利率300个基点，但在第25个交易日，该利率差会降到150个基点。同样的，卖空合并收购方的股票成为特别证券。合并收购方股票贷款的平均折扣利率低于一般抵押品利率23个基点。此外，由于经纪人禁止他们的客户购买低于5美元保证金的股票，所以这样的低价股票的供应量就很有限（经纪人通常有权利借出任何个人投资者的保证金账户上的股票。然而，经纪人无法在没有得到持股者同意的情况下，提走以足额现金而非用保证金账户支付的股票）。一些可以改善股票流动性和提高折扣率的因素包括再次发放证券，终止首次公开募股期、一个合并或公司行动引发卖空需求的大量减少。

第 25 章

证券借贷、市场流动性以及基于资本市场的金融业

【摘要】 由于有深度的、流动的资本市场给国家经济带来的优势（特别明显的是，增强经济增长的能力）越来越明显，因此世界各国的政策制定者都在寻求促进资本市场发展的方法。随着资本市场的演变，人们通过发展新的金融工具［如期权和期货（衍生产品）］以及新的投资手段和策略（如公共基金和对冲投资）来细化风险。而在证券市场中必须成功发挥作用并获得增长的一个最重要的特性就是流动性。这是一种能够让投资者在对市场产生最小影响的情况下，快速、顺利地购买或出售大量投资金额的能力。促进流动性的最重要因素就是发展一系列的证券借贷功能。实际上，借入证券的能力是先进资本市场发展的一个关键因素。在证券借贷仍未成为公认做法的地方，其国家或地区的资本市场的发展都受到了阻碍——限制了它们更有效地分配资本的能力，同时限制了经济的发展。

在经济发展过程中，资本市场发挥了不可或缺的作用，而证券借贷则能够促使这些资本市场更好地运转和成长。一直以来，很多国家都致力于消除针对证券借贷的法律和监管障碍，鼓励更多的人参与到这个实践中，并将其作为一种促进本地资本市场发展的方式。

目前，世界领先的中央银行也从事了与证券借贷密切相关的实践，即将政府证券市场中的回购交易（回购协议）作为一种管理其货币政策的方法。此外，这些机构还鼓励大量的私募证券公司与他们一起参与到这个市场中来。日益增长的支持资本市场的官方共识以及证券政策制定者对证券借贷作为一种重要的市场润滑剂的深入认识，将确保证券借贷成为21世纪资本市场的一个核心要素。

本章讨论了证券借贷、市场流动性和一个强大的以资本为基础的市场系统在创造健康经济的过程中所发挥的核心作用。证券借贷和资本市场正在同步发展。证券借贷市场的演化已经成为提高全球市场流动性的重要组成部分，而且证券借贷的能力是先进资本市场发展过程中一个重要的因素。证券借贷会对提高资产的总供应量产生影响。各个国家也逐渐承认证券借贷的重要性，并且鼓励通过这种实践向它们的资本市场系统注入新的流动性。

重大转变：基于资本市场的金融业的兴起

纵观20世纪，世界上最发达经济体的金融史主要围绕着一个中心主题，那就是金融证券化。随着资本市场的发展，它已经作为传统银行的补充，甚至取代了传统银行的地位，成为借方和贷方的主要中介。

20世纪的最后几十年，人们可以看到，最发达国家的资本市场使得以银行为主、传统的金融体系黯然失色。在数万亿美元养老金和退休金的推动下，美国、英国以及其他先进经济体制中的资本市场已经发展起来，并且其规模成功超过了其国家银行系统的总储蓄额。

实际上，这些国家的资本市场已经取代了银行，成为企业融资的主要来源。例如，在美国，从银行提款进行证券投资的技术已经非常先进，以至于现在只有不到30%的企业资金依然来自传统的商业银行。如今，这些国家的银行业中一些最具活力的增长区域主要集中在传统银行产品的转换上。比如，将抵押贷款或者信用卡债务转换成可以在资本市场上进行交易的证券化产品。

目前，促使资本市场兴起的动力依然非常强劲，其中包括：全球人口老龄化，随之而来的退休储蓄数万亿美元资金的增加，资本主义本身的持续胜利，原始计算能力和定量投资战略的应用进展，衍生工具和对冲基金的爆炸性增长，以及无处不在的指导并执行投资的信息和全球范围的交易策略。

以资本市场为基础的金融体系可以系统化地为全新的高科技产业提供种子资金。这在以前几乎是无法想象的。例如，目前在美国和其他国家兴起的互联网、生物技术等新的经济产业可以非常迅速地进行融资，若由一个以经济银行为主的旧金融体系通过传统的借贷很难达到今天的规模。

越来越多的经济学家和政策制定者通过日常经验的积累，如今都对强劲的资本市场有了新的认识。它可以提供完整的现代金融产品和业务。通过鼓励创业和创新，即使在定期市场调整的情况下，也有利于国家长期的经济增长。

相对于以银行资金成本之外产生的利率差额为主要收入的传统银行，资本市场能够更有效地为经济增长融资。资本市场通过将资本所有权中的股份或者涉及金融企业的债务部分分成股票和债券，可以更容易地实现多样化，且能够分散风险。而且这样做，会使得股票和债券比传统的银行贷款能够更广泛地分散到投资者当中。

对于新创立企业的股份，积极的资本市场会促使风险投资家对高风险投资产品进行一系列的投资。以此希望一个或多个特别成功的首次公开募股（上市）超过为弥补其他风险投资带来的失败和损失所需的金额。相反，传统的商业银行不会冒险贷款给一系列未经证实的新企业，无论他们如何承诺。因为从这些新开公司的身上，银行赚不到足够的额外利息。这些新开公司成功地弥补了很有可能丢失的资本，而有些未经证实的借款人则无法做到。

此外，随着资本市场的进一步发展，它们能够通过建立新的金融工具（如期货和期权）以及新的投资工具（如共同基金、交易所交易基金和对冲投资）将风险细化。它们为投资者提供了新的方式来增加利润，管理风险，并且这样做更符合成本效益。

鉴于资本市场的这些动态，以及促进经济增长的优势。因此，不管是发达国家还是新兴国家，都正积极地设法遵循金融业发展的这个相同过程，而这个现象在美国、英国以及其他资本市场领导国尤为明显。这种脱离20世纪80年代和90年代共产主义经济制度的演变在无数的全球股市中引起大幅度的蔓延，以至于基金经理和机构投资者不得不考虑从80年代早期低于80到21世纪高于160的转折。

大部分的经济增长已经集中在世界上最先进的证券市场。尤其是在纽约和伦敦，它们主要的交易市值在20世纪90年代翻了10倍。随着发达资本市场为国家经济带来的战略发展优势日趋明显，很多国家的政策制定者正逐步将资本市场发展视为其国家未来发展，提高新的高科技产业的融资能力以及全球化经济下的竞争力的当务之急。

有深度、流动的资本市场的发展不仅能够带来以上经济增长的优势，而且为各个国家提供了更稳定的金融系统。正如前美国联邦储蓄委员会主席格林斯潘（Alan Greenspan）所指出的，当银行系统或者证券市场出现短期危机时，强大的资本市场以及规划完善的银行系统会提供交替的流动性和融资资源，帮助整个国家的金融体系免受系统性风险。

当然，这并不是说资本市场就是促进经济增长的灵丹妙药，否则传统银行就要倒闭了。即使拥有成熟的法律制度、先进的借贷对照标准以及自由流通的信息，资本市场有时也会过度膨胀或者抑制潜在的经济价值，引起恐慌。正如美联储主席指出的，央行是否有能力通过银行将流动性注入金融体系是控制金融危机蔓延的重要因素。曾经，金融危机的蔓延冻结了很多证券市场，随后引发了1997～1998年的亚洲金融危机。

拥有先进的资本市场和强大的银行系统关键在于，它不仅能为国家在资本供给方面提供更强的竞争力（增加了转换为补充金融系统的可能性），而且无须单靠其中一方运作。例如，美国证券化的抵押贷款行业有助于维持住房资金的流动，而这正好控制了1990～1991年美国经济衰退的深度，因为银行可以将他们的按揭贷款重新打包，并将其出售给资本市场。

融资的复杂性及集约化

除了拥有庞大的规模外，世界上最发达的资本市场已经变得更加复杂，且扩展为跨国范围。在这些资本市场开展业务的公司和为资本市场服务的公司（包括买方机构投资者和卖方经纪公司）都已经将其视野从本国市场扩大到全球市场，并设法管理历史上最大的长期投资资本联营。

另外，在一个有些分析人士将金融称为“集约化”的过程中，投资者也改变了他们自己的投资和交易习惯。这既是指新兴融资手段的广泛应用——主要包括期权、期货和其他投资者用于管理和减轻风险的衍生工具，也涉及交易量的急剧上升。投资者将这些新兴的融资手段用于指导交易和投资，从而产生相当高的营业额。

资产整合、跨界投资的崛起和金融工具的衍生发展（用来套利国家资本市场间的差价）就意味着一个单一的、真正的全球资本市场的出现。它将服从于以一个价格为国家内部价格的法律和监管差异变化。于是，各个国家的市场变成了这个新兴全球网络的节点。它们的成功则依赖于国家政策制定者促使其市场对国内和国外投资者吸引的程度。

很显然，资本市场要发展，形成流动性并维持交易量增加，最需要的就是资本。最好是可持续的、长期有耐心的投资。20世纪后期资本市场兴起的主要资金来源就是国内养老储蓄和集体投资手段的发展。因此，占据国内生产总值（GDP）最高股票市场资本化比率的国家（如美国、英国和荷兰）都拥有最发达的养老金、集体制度基金和个人退休储蓄系统。国内的退休金储蓄已经成为它们发展的主要能源。就连最先进的资本市场也能从它们开放的跨境投资中获益，这种举措在20世纪90年代产生了爆炸性的增长。

对于那些资本市场尚不发达的国家，一个明显的教训就是：消除阻碍外国投资的先决条件就是有效的资本市场发展。同样，提高监管透明度也是吸引外商投资的一个必要条件。透明度提高了，就可以为那些准备拓展新市场且要冒险处理诸多不确定因素的外国公司带来业务的可预见性。反之，一个国家或地区的证券市场吸引资本的能力，无论是来自国内储蓄和退休基金，还是来自境外投资者，关键取决于创建有效的、妥善管理的机制，来处理增长的交易流，达成交易，并减轻风险。

流动性的核心作用

成功的证券市场必须培养的一个最重要特性就是流动性。这是一种快速、顺利地购买或销售大量投资寸头，且给市场造成最小影响的能力。一份来自交易对手风险管理政策小组（1999年）的分析报告称，市场流动性是所有经济活动平稳运行的前提，包括金融产品的定价、金融机构的风险管理和对货币政策的操控。

当然，在分析流动性根源的过程中还存在一个众所周知的循环。在很大程度上，这是一种自我实现的现象。投资者的信息激发了普遍的交易意愿，而许多交易者的加入使市场更加活跃，交易更加顺利。市场的这些特性进一步提高了投资者的信心。流动性正是或者说可以实现这样一个良性循环。

流动性的定义超出了将资本有效地调入或调出市场的能力。也就是说，没有过多的交易成本，或对证券价格产生影响。对一个特定市场进行微观分析，至少要从3个方面测量其流动性：

1. 紧密程度——交易价格与中端市场价格相差多大，一般用于度量买卖差价的大小。

2. 深度——在对主要市场价格没有产生较大影响的情况下，能处理多少交易量；或者在给定的时间内，证券市场交易经纪记录的订单数。

3. 弹性——交易造成的价格波动要多久才能消失，或者要多久才能调整好订单流的不平衡，使价格恢复正常。

从某种更广泛的意义上说，流动性包括在市场呈下滑或上升趋势时，市场参与者赚取资金的能力。同时，流动性还依赖于有效的价格信息、结算系统、较低的交易价格和差额、较低的基础设施和税收成本。

这些市场效率的总体特征正在不断地发展。它们有助于将流动性引入市场中的交易商和投资者。如果针对市场设立的国家法律和监管、交易结算和记录保存系统、投资者数据以及向市场提供更加透明的金融信息都能够良好的实现，那么它们都将加强市场流动性。另外，对卖空交易或对冲基金的监管限制，甚至其他抑制措施，如资本管制或交易征税等，都会令投资者望而却步，从而侵蚀流动性。

其实，流动性就是投资者自信所起的作用，他们相信自己有能力在自己需要时，能够在市场中购买和出售他们的投资产品，虽然市场会出现波动，但不会拖延或失败。很显然，投资者的自信——甚至退股——对任意市场的流动性都产生了一个自我强化的影响。于是，对于那些旨在发展其资本市场的国家权力机关来说，都必须把培养这样的自信视为核心目标。各国政府和中央银行直接促进流动性的一种方式就是通过含蓄的承诺，保证他们会向市场参与者提供资金，以确保在市场危机发生时，交易有序地进行并减少交易冻结或恐慌性抛售出现的次数。

提供一种专门的资产分类（如长期的政府债券）和政策保证（政府会保持市场的流动性）同样也是一种有效的方式以确保即使面对其他市场流动性的缺失，至少其他市场中用于定价风险和价值的基准资产仍然在自由交易，直到普遍恢复了交易信心。

另外一种促进流动性的方法就是让国家监管部门允许并鼓励更多的市场参与者从事国家股票和债券市场中已经表现非常出色的贷款和证券借贷业务（这种许可甚至是鼓励，在大多数政府债券市场上非常常见，因为大多数中央银行本身就是这些市场的主要参与者）。监管者也可以将理解并鼓励参与者采用掉期、期权和其他衍生工具作为进一步的协助。这些措施会促使交易商和投资者减轻他们的风险，从而促进流动性。

美国证券借贷市场的发展

一系列的证券借贷行为能够为发达的资本市场带来非常重要的流动资金。对于拥有世界上最有深度、最具流动性的证券投资和交易舞台的美国市场而言，一份关于其证券借贷发展的简要回顾有助于说明证券借贷行为在为日益庞大的资本市场提供流动资金的过程中所起的关键作用，而资本市场执行越来越复杂的交易战略。

从历史的角度看，美国证券借贷市场最早的证明可追溯到 1776 年独立宣言之后，美国政府出现的战争债务市场。然而，美国、英国的股票和债券市场中，私人证券借贷在整个 19 世纪已经发展成为非常强劲的市场。

从这些历史悠久的市场起源进入 20 世纪中期，证券借贷仅仅是作为一种私人的特设行为在发展，通常这种交易直接在投资者之间或者经纪商之间进行。直到20世纪60年代，美国的证券借贷才开始发展成为一种真实的市场，由专门的机构和从业人员提供服务。

20世纪60年代，美国经济的蓬勃发展引起了股市投资的复苏，这正是推动现代证券借贷产业出现的最重要因素。在华尔街，许多领先企业不仅获得了创纪录的利润，而且吸引了不同层次的个人和机构投资者进行投资。这种现象在1929年经济崩溃之前以及随后的大萧条时期都未曾出现。

随着快速发展的经济助长了华尔街股票市场的兴荣，第一批个人和越来越多的养老基金都竞相投资。此外，很多企业还通过提高股价来发行与股票相关且能转换为普通股的混合型证券。而其他公司则将他们上涨的股票作为货币参与到一批又一批的企业并购和重组活动中。

这两项发展为专业交易员开辟了新的机遇，促使他们在普通股和混合股之间（收购的股票之间或参与到收购战中的目标企业之间）套利。另外，牛市还恢复了投资者对美国存托凭证（ADRs）的兴趣，这是一种在20世纪20年代后期发展起来的，代表外国股票在其他国家市场上交易的金融工具。尤其当股票价格大幅飙升时，越来越多的空头投机者卖掉那些缺少希望，价格稍后可能会下降的股票。

到20世纪70年代初期，股票交易所和证券公司都在努力应对由这些不断的变化引发的巨大的交易热潮。而结果却导致了主要交易清算室的混乱，程度严重者足以迫使华尔街主要的贸易公司破产，以及结算失败的激增。直到20世纪70年代出现两种发展，才使得这些操作上的功能障碍现象（以及典型的市场流动性不足）得以缓解：首先，交易结算过程逐渐转为自动化，缓解了后台危机。其次，真正的证券借贷产业开始兴起，这种产业能够从本质上降低交易失败的概率。它为套利者、卖空者以及其他本身没有证券却需要证券开展其投资战略的交易商提供了引入的资本。

制度化证券借贷的发展是美国市场的一个及时演变。因为它同步刺激了对证券借贷需求的进一步递增。这是由20世纪70年代中期期权交易和其他衍生工具的快速发展引起的，而这些期权交易和其他衍生工具的产生是由于资本市场对Black-Scholes期权定价模型的应用。这种分析工具为交易者提供了更加可靠的公式，用以衡量在股票市场出售和购买期权的价值。在利用这样一个可靠的度量标准来测量期权市场中期权价值的协助下，交易量出现了爆炸性增长。基于期权的交易策略都需要用借贷的股票进行对冲和套利。随着所谓的衍生工具改革的向前发展，在整个20世纪80年代和90年代，根据Black-Scholes期权定价模型而来的投资策略为聚焦于新的衍生工具、指数套利以及其他复杂投资和交易策略的新一轮金融创新奠定了基础——所有这些举措促进了交易商和投资者对借入债券的需求，以执行他们的交易，对冲市场风险。

在供应方面，美国的托管银行于20世纪70年代提出，为机构客户，如保险公司、企业投资组合以及之后的大学捐赠基金，策划借贷服务，以此满足借入证券的需求。很快，立法机关通过参与证券借贷的形式，同意让养老金参与到这个对有助于增加回报的探索中。到20世纪80年代中期，美国的机构投资者通常都将证券借贷作为一种赚取额外收入的方式，以抵消托管费。而美国盛行的证券借贷也成了一种彻底的制度化行业。

美国的经历带给大家的主要教训其实很简单：证券借贷和资本市场应该同步发展。

证券借贷：市场流动性的关键所在

在调动市场中已经发行的证券方面，证券借贷起到了增加用于支持交易和结算的资产总供给的作用。实际上，这种做法会促使已发行的资产股票在市场流动性服务中完成双重任务，它将其他未发行持股转换成一种动态的内部生成的金融来源，用以支持更高的交易量和更复杂的交易策略。

通过将现有的股票和债券转换成进一步交易的资金来源，发达的证券借贷业务能够减少贸易摩擦，提高效率，降低结算失败，并减少整个资本市场的交易成本。此外，还有很多其他好处。通过证券借贷为那些想要以抵消空头头寸来平衡多头寸头的投资者提供的期权，风险缓解也变得更加容易。当然，不仅是那些参与到证券借贷活动中的人受益，所有的市场参与者都是该举措的受益人。

实际上，在加强那些设法变成熟的市场的流动性方面，高性能证券借贷业的发展起到了核心作用。当然，市场成熟度可能最好定义为市场流动性水平，因为它能够吸引大量来自全球投资者的重大投资。

在20世纪80年代和90年代，每一个国家新的或重新复苏的资本市场开始了经济的飞跃。首先，它们吸引了更多的国内投资者和最爱冒险的国外投资者的关注。很明显，正是第一波内部投资促使了一个新兴市场的真正出现。为了继续发展，资本市场必须从那些通常不爱冒险的大型投资者间进行选择，吸引更加稳定和长期的投资者。

这就需要世界各地的资本市场改善其结算处理过程，建立中央证券托管机构（之前并不存在），并收回证券所有权，疏通文件流程。

随着这些变化的出现以及特定市场上投资的增加，进一步的压力逐渐形成：为了获得更好的数据，增加透明度，需要创建衍生工具或卖空操作。原因是越来越多的投资者要求必须避免投资风险。于是，全球养老基金对避免风险手段的需求非常迫切。

受到审慎信用标准的约束，很多机构投资者都不得不使用衍生工具、回购协议和其他管理其投资风险的手段。反过来，衍生工具市场的崛起却是依靠真实存在的或潜在的证券市场玩家对大量卖空和证券借贷的处理能力，他们以此在提高交易量的同时，维持市场流动性。

在那些证券借贷产业尚未发展起来（或者被监管机构或文化障碍明确阻止）的市场，

经济发展想要成为世界级水平完全不可能，至少在这些障碍被消除之前，不可能实现。

随着这个市场发展模式一次次地重复上演，越来越多的政府、多边机构（如世界银行）以及经济学家逐步认识到资本市场在经济发展中起到的促进作用。而类似于国际清算银行的监督机构现在也承认了证券借贷在帮助证券市场良好运作方面所起的作用。

国际证监会组织的技术委员会于 1999 年达成了一个共识：证券借贷能力是先进、有效的资本市场发展的一个必不可少的要素。实际上，市场中的交易量越大，证券借贷就会变得更加重要。简言之，证券借贷不再是一种临时性的后台操作。它能促使借款人对他们并不拥有的证券进行交易。证券借贷也不仅仅是一种机构投资者贷方用来赚取多一些基点或减少其储蓄托管费用的低风险的方式。证券借贷作为一种新兴产业已经发展成为一种内部融资的主要来源。任何资本市场都需要这些资金来实现世界级的 21 世纪业务。

于是，毫无疑问的，国际证监会组织和国际清算银行做出了以下总结报告：

> 证券借贷市场是国内和国际金融市场的一个重要组成部分，它为证券、现金和衍生工具市场提供了流动性和更大的灵活性。证券借贷活动将继续增加，并且将成为未来金融市场上更为完整的组成部分。

如今，很多国家的监管机构和政策制定者都意识到：证券借贷能够向他们的资本市场引擎提供润滑剂——流动性。国际清算银行、全球金融体系委员会于 1998 年发布的报告指出，投资者更愿意在那些在可预见未来，流动性能够维持在一个较高水平的市场中进行交易并保留头寸……当金融工具可以相互替换时，市场流动性也逐渐增强，因为对于每一种金融工具而言，市场都将变得更加完整。

政府和监管机构对证券借贷重要性的认识日益增长，这一点很正常。其实，它的产生在很大程度上都是因为中央银行和货币当局都依赖于与将政府债券市场中的回购协议（回购）作为货币政策的关键要素密切相关的实践活动。这是一种短期内我们都会转向的发展。但是首先，我们要解释证券借贷如何为流动性融资这个问题。

证券借贷如何为市场流动性融资

要了解证券借贷提高市场流动性的具体过程，就要考虑其最简单的形式中特定的权益借贷交易结构。在基础的权益借贷中，交易对手通过借入股票来抵押债务。借来的股票循环回到了交易市场，而抵押的债务（如果是现金的话）将用来购买其他金融工具，通常是指短期货币市场或其他固定收益工具。不管是此次交易的哪一方（包括借出的证券和再投资的抵押品），都将其他证券或现金注入资本市场中，直接或间接地加强了市场的流动性。

特定市场中用于支持交易的资产贷款的供应增加，在交易的定价和结算方面促进了市场的效率。这样就能帮助市场交易更顺利地进行，并减少对市场的影响。这种做法实际上可解释为对流动性的字典式定义。

不过，证券借贷同样间接地提高了市场的流动性。交易过程进行得越顺利，其贷款越有助于提高投资者的信心，促使他们在遭遇失败或市场冻结概率较低的情况下进行交易。这一点不仅适用于上述简单的例子，对整个已经发展了近几十年的复杂交易策略都很有效，所有这些都依赖于稳健的证券借贷市场。

随着市值和交易量的增加，市场参与者开发了新的金融工具和交易策略，从而提高了市场对借入证券的需求。于是，证券借贷从一个结算和后台功能进化为证券的供应商，覆盖范围从空头寸头到借出证券的供应，以支持全球贸易策略。

证券借贷通过合理并及时地将股票、债券或其他金融工具重新引入市场，促使市场参与者以各种方式使用这些资本，然后重新调整价格，分散风险，减少交易和结算的失败率，即使在交易双方都不拥有这些被交易证券的情况下，也能交换这些寸头。

以下是套利世界的另外一个例子，当今市场上对证券借贷需求的重大生成器之一。套利交易的目的是获取相同证券或不同市场中同价物的差价，它的存在生成了对“证券借贷”的持续需求。套利者通常设法利用不属于他们的证券间的临时最小差价来套利。套利者的利润往往微不足道。但是不管差价偏离高位还是低位，他都会一整天重复这个策略。这种做法促使他成为无处不在的价格回调器，一个对双方市场流动性不断做出贡献的人。尽管套利是从效率较低的价格中获取利润，但是这就是他们的交易，而借入证券往往都支持这种交易。即使价格回归正常，使整个市场的效率更高。

例如，在 ADR 套利过程中，套利者在美国上市的存托凭证和实际股票（比如在法兰克福上市）之间来回进行，获取它们之间的差价。套利者需要借入证券来执行他的交易——并且在这个过程中加大了交易量，将价格推回正常范围。同样的，指数套利能够将价格控制在一系列股票和指数期货合约之间。

在企业合并和收购交易中，更加复杂的风险套利策略也能重新平衡和增加证券市场的流动性。当一家公司利用其股票购买另外一家公司时，套利策略往往就是用收购公司的股份来购买目标公司的股份，然后将它们的空头出售以获取溢价（通常为 20% 或以上）。收购者将这些溢价作为对目标公司股东的诱饵。当（如果）协议达成，套利者就可以通过以下方式获取溢价：交出自己在目标公司的股份，以换取收购公司的股份，然后再将收购公司的股份返回给证券贷方。

由于套利者手中持有大部分目标公司的股份，而这将动摇支持交易的股东的表决权。因此，有时目标公司也会以此为理由反对风险套利活动。然而，风险套利（和使它得以实现的证券借贷）能令市场受益：它能够吸收大部分的收购风险，调动价格以符合这些风险，并增加交易流动性，允许目标公司的股东出售他们手中的股份，使他们在协议达成之前获得一部分溢价。

认识证券借贷的核心作用

20世纪90年代被两个主要政策报告所划分，它们成功地支持了证券借贷在资本市场发展中的作用，并敦促各国采取更多的措施鼓励它。其中第一份政策报告是由30国集团（G30）于1989年提出的关于清算和结算系统的报告。该报告阐述的建议之一是督促各国政府和监管机构协助证券借贷活动，以便降低较高的交易失败率。这些交易的失败会令跨界投资者望而却步，使国内资本市场因流动性不足而倾向瘫痪。

30国集团号召清除那些阻碍证券借贷发展的监管和税收障碍，这一号召在20世纪90年代逐渐获得大家的积极响应。日本、澳大利亚、英国、瑞士、意大利，法国以及其他国家均采取行动，消除那些针对证券借贷的法律和监管障碍。鼓励更多的人，包括国内外企业，参与到借贷、掉期和证券出售/回购交易协议中。

同时，证券借贷以回购协议的形式成为现代货币政策的一个重要工具。尽管中央银行的活动也是在政府证券市场中进行。如今，所有领先的中央银行都采用积极的回购交易策略为其主权债券市场增加流动性，以稳定货币和吸引外国投资者投资。

如今，全球的资本市场出现爆炸性增长，中央银行和政府也越来越多地使用证券借贷和对冲技术。而20世纪90年代就在以下结论（由国际证监会组织和国际清算银行联合研究声明）中结束了：

近年来，证券借贷已经成为证券市场活动的核心部分，以至于为融资而进行的证券交易日均交易量大大超过了直接买卖交易量。

回购协议和证券借贷

证券借贷和回购协议市场具有相似的特征，但是其法律结构存在着差异。它们都遵循相同的交易结构，即证券是相对抵押债务进行调动的。回购交易是一种证券与一份协议的直接出售，以便在某一特定的日期以特定的价格将证券买回——较快时，第二天就能买回。因此，它们既可以作为一种借入证券来使用，也可以作为现金借入手段。实际上，回购卖方将证券借出而借入现金抵押品，而回购买方则将现金借出借入证券作为抵押品。

类似于证券贷款，回购协议可能会带来一些影响，如使不同的价格回落，降低融资和交易策略的成本以及分散风险。

到了20世纪90年代，回购市场已经发展得相当复杂：

在美国国债回购市场，经纪人已经开始实行合适的账目证券投资组合为其顾客提供流动性，并利用回购市场在收益率曲线的末端保留头寸。例如，经纪人可能会将证券借给回购方一个月，然后用一个星期的时间对其进行融资，并预计回购融资利率将下降。因此，回购增长超出了直接融资市场，凭借其自身力量发展成为一种货币市场工具，作为储蓄市场中银行储蓄和国库券/证书的另一种选择。

或许最重要的是，回购协议已经演变成世界各地许多中央银行管理货币政策的一种重要工具。正如国际清算银行、全球金融系统委员会发表的关于中央银行回购市场影响的报告中所指出的那样：

对于采用回购协议的中央银行，回购协议往往会成为最重要的货币政策工具。在10国集团的大多数中央银行，其国内融资部门重新融资过程中所使用的回购部分占据了70%以上的比例。

回购协议和证券借贷属于相互联系的两种交易类型，它们具有相关的功能。由于都能够提供证券供应、增加交易量、分散风险并帮助维护金融市场的平稳运行，因此它们彼此紧密地联系在一起。实际上，这些非常类似的特点将整个市场联系在一起。正如国际清算银行、全球金融系统委员会所指出的：

> 在某些情况下，回购市场中的证券供应能够通过股票借贷协议（此类协议）得到提高……允许那些持有证券但又不想进入回购市场的机构赚取更高的回报——因为回购市场支持证券市场，证券发行人有时也会采取措施促进此类行为。

除了通过配置不同的交易策略将证券贷款注入资本市场中增加的流动性之外，针对借入证券发布的抵押品同样有助于市场发展。

当现金被抵押时，通常的做法就是将其再投资到短期货币市场工具中。因为证券借方必须每天进行报价、购买、出售和结算等活动。而持有任意短时间内流动性不足的金融工具都将是风险过高的行为。

反之，对这些抵押物进行投资的需要会使证券借方对可靠的货币市场投资产生实质性且持续的需求——为超国家、企业和证券短期债务的市场增加广度和深度。凡是接受非现金担保的地方，借方一般都只会允许交易那些能够随时定价，进行交易且对现金寸头具有流动性的债券，以保护证券贷款。

新兴官方共识：大力促进资本市场和证券借贷

随着政府、跨国机构和专家学者渐渐意识到资本市场在经济发展中的重要促进作用，以及证券借贷保持市场流动性所采用的各种方式，越来越多的国家正着手于消除针对证券借贷的法律和监管障碍。有些甚至积极地鼓励国内外企业参与到这个实践中来。

各个国家不断认可证券市场带来的优势，并通过改革鼓励其发展。在政府证券市场中，对与回购交易密切相关的区域提供的官方支持尤为明显——这已经成为世界上规模最大且能力最强的货币当局操作的核心。

第 26 章

证券回购协议和美元回购

【摘要】对于一个流动且良好的债券市场来说，通过短期理财和借用证券来填补空头头寸的能力都是必要因素。回购协议和逆回购协议都是自营商用来满足他们这些需求的工具。回购协议在货币市场占据着一个中心位置，并为短期投资者提供了一个相对安全的投资机会。结构化回购协议在基本协议的基础上引入了一些变量，并且是为了迎合特殊客户使用者而设计的。同样的，由于需要借用这些更复杂的证券来填补空头头寸，所以美元回购便在抵押型证券市场发展起来。

全球市场中一个最大部分就是从事回购协议或附条件买回协议的市场。作为向债券头寸提供资金的一种最有效的机制，回购交易能够使做市商采取灵活的方式进行多头和空头交易，并且在一个相对小资本的基础上，根据顾客的要求买入和卖出。另外，回购协议广泛用于帮助套期保值和投机的买卖中。而对于那些短期的投资者来说，它也是一种灵活性强且相对安全的投资机会。在少数可能没有达到存款基数的发展中国家中，执行回购协议的能力，特别对企业来说，是十分重要的。此外，在那些还不存在回购交易市场的国家中，资金则在限制一些市场参与者的银行系统中以无担保信贷额度的形式存在。流动的回购交易市场常以流动债券市场的关键因素被人们作为例证。在美国，回购交易是一个十分稳固的金融交易方式，并以同样的方式在欧洲和亚洲发展起来。

美国债券市场的主要部分就是抵押贷款证券（mortgage-backed securities，MBS）市场。正是由于这些证券的特性以及自营商借用这些证券以填补空头头寸的需要，抵押贷款的一种特殊形式常用于 MBS 市场。这一协议被称为资金滚动，它被认为是以转手证券充当抵押物的逆回购协议的一种特殊形式。人们之所以这样命名是因为自营商在借用大量证券时称其为“转入”，而当以证券的形式回报给投资者时，称之为“转出”证券。

这一章将讨论证券回购协议以及美元回购协议。

证券回购协议

证券回购协议是卖出证券时买卖双方约定，在未来的某一固定日期卖方以指定的价格从买方手中购回该出售的证券。例如，今天，一个持有美国 10 年期中期国库券的自营商（“卖方”）可能为了提取现金而同意将这个债券卖给一个共有基金（“买方”），同时约定在未来某一特定日期（或者在有需求的时候）以预先确定的价格回购同样的美国 10 年期中期国库券。卖方随后必须购回证券所约定的价格被称为回购价格，证券必须被回购的日期则被称为回购日期。简单地说，一份回购协议是一份抵押贷款，而其中的抵押品是指已被卖出的证券和随后回购的证券。一方（“卖方”）借入现金并借贷提供抵押，另一方（“买方”）则借出现金并接受作为借贷抵押的证券。不久我们将看到，对于借方来说，回购协议的优势在于其短期的借贷利率低于银行融资的成本；

而对于贷方来说，回购交易市场为他们在高流动性的短期担保交易中提供了一种吸引人的投资收益。后者是这一部分的重点。

实质

假设 2006 年 9 月 28 日，一位政府证券自营商购买了一份息票利息为 4.875% 并且正在运营的美国 10 年期中期国库券，该国库券将于 2016 年 8 月 15 日到期。该债券的票面金额为 100 万美元，总额（也就是指，统售价格加上应计利息）为 1 025 672.55 美元。此外，假设自营商想持有这一债券直到下一个交易日，即星期五，2006 年 9 月 29 日。那这些自营商在哪里才能获得持有该债券的资金呢？

当然，自营商可以用自己的资金或是向银行贷款来负担这一债券的资金。尽管如此，自营商一般会运用证券回购协议来获得资金。在回购交易市场，自营商可以以购买的中期国库券作为抵押进行借款。自营商同意的贷款期限和利率都是明确的。该利率则被称为回购利率。当一份回购协议的期限为一天时，那么该协议则被称为隔夜回购协议。相反，如果贷款期限超过一天，那么这种回购协议被称为定期回购协议。交易则参照证券回购协议，因为今后的数据中需要证券的销售额以及其回购额。销售价和回购价在回购协议中都是明确的。购买（回购）价和销售价之间的差别在于贷款的美元利息成本。

让我们回到那些为持有有效期为 1 天的中期国债券而需要负担多头头寸的自营商这一层面。结算日期是必须交付抵押品并且现金被用于启动交易的时候，在我们之前的例子中，结算日期是 2006 年 9 月 28 日。同样地，回购协议的结束日期则是在 9 月 29 日。此时，我们需要了解在这个交易过程中，谁会充当自营商的对手方（即资金的贷方）。假设自营商的一个客户在 1 025 672.55 美元的基础上拥有额外的资金，且这是回购协议中的贷款资金量。因此，在 2006 年 9 月 28 日，自营商应同意承担（“卖”）价值为 1 025 672.55 美元的拥有 10 年有效期的美国中期国库券给客户，且回购同样为 10 年期的中期国库券，其总金额由下一个交易日，即 2006 年 9 月 29 日的回购利率决定（在这个例子中我们假设债方将提供抵押品，以便与所贷资金等值。而在实践中，贷方常要求债方提供超过所贷资金额度的抵押品。当我们在讨论回购保证金时，我们将举例说明这是如何实现的）。

假设该交易的回购利率是 5.15%。那么我们就可以做出以下解释，在下一个交易日，自营商应同意兑现额度为 1 025 819.28 美元的 10 年中期国库券。出售价 1 025 672.55美元和回购价 1 025 819.28 美元之间 146.73 美元的差价则是这次交易的资金成本。

回购利息

下面的公式常用于计算回购交易中的回购利息：

回购利息 = 本金 × 回购利率 × 回购期限/360

在我们的例子中，回购利率为 5.15% 以及回购期限为一天，那么回购利息则为 146.73 美元：

1 025 672.55 美元 ×0.051 5 × （1/360） =146.73 美元

对于自营商来说，为短期借贷而运用回购交易市场的优势在于其利率比银行贷款利率要低得多。而从客户（也就是贷方）的角度看，回购交易市场为他们在高流动性的短期担保交易中提供了一种有吸引力的投资收益率。

逆回购协议和市场术语

在刚才列举的案例中，自营商运用回购交易市场为多头头寸获得资金。相应的，回购交易市场也可以用于借入证券。通常情况下，证券会以各种理由被借入，这包括建立一个空头头寸，为执行一个衍生产品合约而交付证券的需要，以及在证券结算系统掩盖失败交易。许多套利策略都涉及证券的借入（例如，转换债券套利）。

假设一个政府自营商在一个星期以前建立了一个 30 年期国库券的空头头寸，且现在必须填补这一空头头寸，换句话说，就是兑现证券。自营商通过逆回购协议来实现这一目标。在逆回购协议中，自营商同意以指定价格购买证券，并于约定晚些时候以指定价格将它们卖回（当然，自营商最终为了填补其空头头寸而必须在市场中购买 30 年期的债券）。如果是这样，那么自营商正向它的客户提供抵押贷款。客户则是借出证券并且借入从创造杠杆的抵押贷款中获取现金。

大量的华尔街术语出现在回购交易中。为了解释这些术语，需要记住，交易的一方借出资金并接受作为贷款抵押品的证券；而另一方则借入现金并为借款而提供抵押品。按照协定，无论此交易被称为回购协议还是逆回购协议，它们都由自营商看待交易的角度而决定。如果自营商从客户手中借入现金并将证券作为担保，那么这样的交易则被称为回购交易。如果自营商借入证券（作为抵押品）并放款给客户，那么这样的交易则被称为逆回购协议。

当某人为了获得现金而借出证券时，一方被称为“转出”证券。与此相对应，借出资金并且将证券作为贷款抵押品的一方则被称为“转入”证券。

“回购证券”和“做回购交易”一般也会用到。前者是指某人打算将证券作为抵押品来为该证券融资；而后者则是指一方打算作为货币市场工具投资于回购协议。

最后，“销售抵押品”和“购买抵押品”的表达方式也常用于解释一方在利用回购协议为证券融资的同时，另一方以抵押品为基础借出资金。

抵押品的种类

在我们列举的案例中，运用国库券作为抵押品，但回购交易中的抵押品并不仅限于政府证券。货币市场工具、联邦结算系统以及按揭证券也常用作抵押品。在一些特定的市场，甚至整个贷款都可以作为抵押品。

信贷风险

在任何的借贷协议中，回购交易的双方都面临着信贷风险。即使在回购交易中可能存在一些高质量的抵押品，但信贷风险仍不可避免。让我们详细了解一下在什么情况下交易双方将面临信贷风险。

假设由于自营商（也就是借方）的拖欠以致国库券没有如期进行回购。投资者拥有抵押品并且保留本属于借款人的任何收益。风险就是，回购协议签订后，债券利率上升趋势，从而导致抵押品的市场价值比未支付的回购价格低。相反，假设由于投资方（也就是贷方）的拖欠而导致未能在回购期限内将国库券兑现。那么这里的风险就是，债券利率将下跌超出协议约定，从而导致自营商拥有大量低于抵押品市场价值的美元。在这种情况下，投资方对由自营商以超过回购价格的价格以替代证券而引起的任何过度支付负责。

回购保证金

在回购交易中双方都会面临信贷风险，而资金的贷方常处于更易受侵害的位置。因此，回购协议的制定常倾向于减少贷方的信贷风险。特别是，贷款总量应少于被用作抵押品的证券的市场价值，从而使得当抵押品的市场价值减少时，能够给贷方提供一些缓冲。被用作抵押品的证券的市场价值超过贷款价值的部分被称为回购保证金或是“折减”。回购保证金不同于交易与交易之间的金额，但都由交易双方基于以下因素进行协商，如回购协议的期限、抵押品的质量、交易双方的商誉以及抵押品的可用度。最低回购保证金的设置根据企业不同而不同，但基于企业的信贷部所提出的模式或是政策。回购保证金大约在1% ~3%。当债方拥有较低商誉，或是抵押品为流动性不强的证券时，回购保证金将会是10%或者更多。

为了阐述回购协议中“折减”的作用，让我们再一次回到那些购买息票为4.875%的10年期中期国库券和需要隔夜融资的自营商身上。该债券的票面价值为100万美元，且总额为1 025 672.55美元。

当回购协议中包括“折减”时，交易双方愿意借贷的总额会因证券的市场价值所给定的百分比而有所减少。假设抵押品金额为贷款总额的102%。为了决定贷款总额，我们用1.02除以国库券的总额1 025 672.55美元，便获得1 005 561.33美元，这是交易双方将要借贷的总额。假设回购利率为5.15%。结果，交易则由以下几个方面组成。自营商同意将1 005 561.33美元的10年期国库券兑现，并于下一个交易日以1 005 705.18美元的价格回购同样的证券。出售价1 005 561.33美元和回购价1 005 705.18美元之间143.85美元的差价源于交易中的回购利息。运用5.15%的回购利率以及一天有效的回购交易期限，我们可以计算回购利息：

$$1\ 005\ 561.33 \text{ 美元} \times 0.051\ 5 \times (1/360) = 143.85 \text{ 美元}$$

按市价计算担保

另一个控制信贷风险的方法是定期地按市价计算担保。按市价计算头寸，简单来说，意味着以其市场价记录头寸的价值。当市场价值以一定的比例发生改变时，回购头寸也会做出一定调整。对于那些不会频繁交易的复杂证券而言，想要根据市场计算的头寸价格也是相当困难的。

兑现抵押品

构成一份回购协议的一个关键点向贷方兑现抵押品。最典型的过程是借方向贷方或是贷款人的清算代理人兑现抵押品。如果这一过程按规定完成，那么我们就称该抵押品已“出货”。在回购交易期限的最后截止日期，贷方以回购价格（即贷款总额加上利息）将抵押品归还给借方。

这一过程的弊端是可能会太昂贵，特别是对于成本与兑现抵押品相关的短期回购交易（例如，隔夜回购）来说。当然，兑现过程的成本会影响交易的回购利率，因为如果需要将这一兑现过程转化为由借方支付的较低的回购利率。假设不需要兑现抵押品，那么则需要支付更高的回购利率。对于并不实际拥有抵押品的贷方来说，其面临的风险就是借方可能会卖出证券或是以相同证券为抵押品与达成回购协议。

作为兑现抵押品的另外一种方法，贷方可能同意在一个分离的客户账户中允许借贷方持有证券。贷方仍旧承受借方可能会使不正当的使用抵押品，即将相同的抵押品用于另一个回购交易的风险。如果现金的借方没有兑现抵押品并仍旧持有它，那么这是这种交易就被称为“扣押”（hold-in-custody，HIC）回购。尽管信贷风险与“扣押”回购有关，但当抵押品难以兑现（如全）或者交易总额相对较小且资金贷方十分信任借方的信誉时，这种方式仍用于一些交易。

参与“扣押”回购的投资者必须保证：（1）由于“扣押”回购可能被视为一种无担保的交易，因此他们只与信用质量较好的自营商进行交易；（2）投资者（即现金贷方）可以获得更高的利率以补偿他们涉及的高风险。在美国金融市场，已经有一些案例，在这些案例中自营商企业走向破产并且无法偿还贷款的自营商公司用许多“扣押”回购交易来对冲同样的抵押品。

处理抵押品的另一个方法是借方在自己的清算银行向贷方的托管账户兑现抵押品。这时托管人就拥有了抵押品的所有权，这也意味着它代表贷方的利益。这一方法减少了兑现的成本，因为它仅仅是在借方的清算银行内部进行转移。例如，如果自营商与客户 A 一起参与了隔夜回购交易，那么在下一个交易日抵押品便转移至自营商。这时，自营商可以与客户 B 共同参与一个为期 5 天，不需要兑现抵押品的回购交易。清算银行为客户 B 简单地构建了一个托管人账户，并在该账户中持有抵押品。在这类回购交易中，清算银行对于交易双方来说都是一个中介。回购协议的这一特定类型被称为

“第三方回购”。对于一些规范的金融机构（例如，联邦特许信用合作社）来说，这是被允许的回购协议的唯一类型。

回购利率的决定因素

正如不存在单独的利率，也不存在单独的一个回购利率。交易之间不同的回购利率取决于以下因素：抵押品的质量、回购协的期限、派送需求、抵押品的有效性以及主要联邦基金利率。

表 26.1 展示了回购期限为 1 天、1 周、2 周、3 周、1 个月、2 个月和 3 个月的以美国国库券作为抵押品的回购利率和逆回购利率。这些数据都从彭博资讯获得。回购利率和逆回购利率因为抵押品的成熟度和类别而有所不同。这些数据的另一个明显的地方就是，当抵押品的类别和成熟度都匹配时，回购利率都比逆回购利率要低得多。这些回购协议（逆回购协议）的利率都可以视为是自营商借入（借出）资金所应付的利率。此外，回购（逆回购）利率是自营商自愿购买（销售）的抵押品价格。当自营商公司主要将回购交易市场作为为其存货融资和填补空头头寸的一种工具时，也会运用回购交易市场制作“匹配账簿”。自营商通过用同样成熟度的抵押品同时参与回购交易和与逆回购交易，来制作匹配账簿。自营商这样做就可以获取参与回购协议（也就是贷款协议）与逆回购协议（也就是放款协议）的差价。

表 26.1　回购利率和逆回购利率

有效期	回购利率（%）	逆回购利率（%）
1 天	5. 10	5. 15
1 周	5. 06	5. 11
2 周	5. 10	5. 15
3 周	5. 10	5. 15
1 个月	5. 11	5. 16
2 个月	5. 14	5. 19
3 个月	5. 15	5. 20

例如，假设一位自营商使用货币市场公共基金参与一个月期的定期回购协议和与公司信用合作社交易的一个月期的逆回购协议，抵押品完全相似。在这一协议中，自营商从货币市场公共基金借入资金，且放款给公司信用合作社。

从表 26.1 我们可以看出，一个月期回购协议的回购利率是 5. 11%，一个月期逆回购协议的回购利率是 5. 16%。假如这两个协议都同时进行，那么自营商将以 5. 11% 的回购利率贷款，并以 5. 16% 的逆回购利率放款，从而获取 5 个基点的收益。

然而，在实际情况下，交易者故意使他们的账簿不匹配，从而得到他们期望的短期收益率曲线的形态和水平。因此基于上述原因定期匹配账簿有些名不符实。交易者参与头寸交易是为了利用短期利率的变动以及潜在债券的预期供需。

抵押品的兑现需求也会影响回购利率的水平。如果贷方要求兑现抵押品，那么回购利率将会更低。相反，如果抵押品被借方存入银行，那么他们将支付更高的回购利率。

抵押品越难获取，回购利率越低。为了理解其原因，需要记住，借方（或是对等的抵押品卖方）拥有持有现金的贷方想得到的证券（其后果可能是对满足借贷需求的极大需求量）。这样的抵押品就被称为“特殊抵押品”。不具有此类特征的抵押品称为“一般抵押品”。需要特殊抵押品的一方为了获得该抵押，会以更低的回购利率放款。

有助于满足“特殊抵押品”需求的因素包括：

- 政府公债拍卖——为了参与新供给和迎合客户需求，自营商缩短已发行债券的有效期。
- 无论是基于交易者的期望而持有一个成熟的头寸，还是自营商为满足客户需求而缩小贷款，都将直接缩短销售行为。
- 套期保值包括缩短相关到期基准政府债券（由公司债券出价抵制）的公司债券承销商。
- 衍生交易。例如，对特殊债券提出需求的基差交易。
- 短期通知债券的取消或回购。

金融危机也会影响特殊证券的“特殊性”，即一般抵押品利率与特殊证券回购利率之间的利率差。迈克尔·弗莱明（Michael Fleming）发现，在1998年亚洲金融危机期间，现行有效期分别为两年、5年的票据以及有效期为30年的债券在特殊证券利率有所增长的情形下进行交易。换句话说，一般抵押品利率与特殊证券回购利率之间的利率差有所提高。此外，这些延伸在危机结束之后，这些利率差令回归至更为正常的水平。

当这些因素决定一个特殊交易的回购利率时，联邦基金利率便决定了回购利率的总体水平。一般来说，回购利率将比联邦基金利率更低，这是因为当联邦基金交易是一个无担保贷款时，回购交易涉及抵押品贷款。

特殊抵押品和套利交易

在此章节之前我们曾提到，投资者通过借入现金购买债券有很多投资策略。投资者的期望就是能够借入资金购买回购证券所获得的收益能够超过借入成本。对某一资产的风险敞口，借贷资金的使用比单一现金的使用高出的部分称为举债。通过回购交易，资金的借方会产生一个套利的机会。当贷款利率可能比通过投资这些资金所获取的利率要低时，这种情况就会发生。

当证券投资组合包括“特殊”证券，以及管理者可以以比回购利率高的利率进行再投资时，这样的机会就会出现。例如，假设管理者拥有证券投资组合的“特殊”证券——债券 X，资金贷方愿意以两星期有效、3% 的回购利率作担保。进一步假设管理者投资了两个星期有效的短期国库券（与定期回购协议的有效期相同），利率为 4%。假定回购交易被完全结构化，没有任何信用风险，那么管理者已占据了两个星期有效期内 100 个基点差。这就是纯套利，且管理者不会面临任何风险。当然，管理者将面临债券 X 的价值可能会下跌的风险，但无论如何，只要管理者打算持有证券，那么他们就会面临此类风险。

这一研究结果检验了现金价和出现在 1997 年 2 月和 8 月英国银行季度公报市场部分的特殊交易债券的回购利率之间的关系。研究结果认为，债券交易中收益率曲线的变化与一定程度上进行特殊交易的变化呈正相关。这一结果并不令人惊讶。只要贷款中的预计成本下降，交易者在已与筹资成本相关联的贷款中就可以维持浅仓，这已经足以产生效益。这一因果关系可以运用到任何一个方向。例如，假设某债券被视为与收益率曲线紧密相关。这一状况使人们对空头头寸产生更多的需求，从而对回购交易市场的债券提出了更多需求以填补空头头寸。或者，假设债券以任何理由在回购交易市场中以特殊的形式存在。当交易者结清那些现在持有已太昂贵的空头头寸时，债券也将在现货市场有所增值。此外，交易者和投资者将尝试买断债券，因为现在在回购交易市场中投资会相当便宜。

市场参与者

债券回购市场已经发展成为货币市场的最大部分之一，因为经销公司（投资银行和货币中心银行作为自营商）通过该市场进行并填补空头头寸。证券的主要借方包括主要的证券自营商和对冲基金。相反，证券的主要贷方包括长期投资领域的机构投资者（例如，保险公司、退休基金、公共基金）。这些机构投资者视证券借贷为收益的一种额外方式。或者，视证券回购市场为借入或者借出现金的一种机制，主要的现金借方也是借入证券的相同机构——经销公司和对冲基金。现金贷方则包括金融机构、非金融公司、货币市场共同基金和市政当局。

债券回购市场的另一个参与者就是回购经纪人。为了理解回购经纪人所扮演的角色，我们假设一个自营商缺少 5 000 万的为期 10 年的中期国库券。那么，他可能会向与其有业务往来的常客寻求拆借，并承诺通过逆回购协议偿还。假设他没能找到有意向的人进行回购交易（回购协议是出于顾客的角度，而逆回购协议是出于自营商的角度），那么自营商就会找回购经纪人，由他们找到其所需的抵押品并安排交易。

回购/逆回购到期债券

回购协议中一个重要的类型就是回购/逆回购到期。回购/逆回购到期是指回购协议的期限与抵押品的到期日相吻合，回购价格等于抵押品的收益。如前所述，无论交易是回购还是逆回购，都是从自营商的角度来考虑的。而这种交易类型在很大程度上受到财会或者是税收的影响。例如，假设某自营商的一个客户在其证券投资组合中拥有一笔债券，并且该客户愿意将其售出，但是该债券的交易价格低于其现存价值。近一步假设，该客户将会获得能够抵消其损失的利润。这样的话，该客户则可能愿意回购到期债券作为卖出债券的一种补偿。如是，该客户所做的就是将债券作为贷款的抵押品，并在没有彻底卖出债券的情况下获得了资金。

买入/卖回交易

另一种证券的出借合同则是与回购协议具有相同功能的证券借贷协议是买入/卖回协议。买入/卖回协议将证券借贷交易分为单独的买入和卖回两个部分，并且可以同时进行。债券的借方在购买证券的时候会考虑并同意在将来的某个时间将借入的证券以远期价格返还给贷方（即，卖回）。通常情况下，远期价格由回购利率所确定。买入/卖回协议和回购协议的不同之处是，证券借方在协议期间可以取得证券的法定权利和受益所有权。同时，证券借方可以保留增值的利息和票面利息，直到证券被返还给贷方。然而，终止日期的价格反映了被转移给卖方的票面利息的收益。

回购市场的结构

近几年，结构性回购协议在美国市场获得了比较大的发展，回购作为一种货币市场工具而被广泛使用。现在，伴随着新的回购类型的发展，回购被越来越多地应用于其他的流动性市场。

伦敦同业拆借利率国债回购融资

正如其名称所显示的，伦敦同业拆借利率回购融资协议与传统回购协议的不同之处在于，其回购利率与近 3 个月的伦敦同业拆借利率相挂钩，而不与隔夜联邦基金的利率相挂钩。回购利率基于近 3 个月伦敦同业拆借利率的变化而季度性的重置。相应的，与传统回购协议不同，超过协议期限的回购利率是不确定的。

交叉货币回购

在交叉货币回购协议中，借出的现金和用作抵押品的证券都是以不同的货币计价的。例如，借入美元而以英镑作为抵押品。浮动外汇利率意指交易需要在市场与市场之间频繁进行，以确保现金或证券保持充分的抵偿性。

可赎回回购

在可赎回回购协议中，定期固定利率回购协议的现金贷方可以选择提前中止回购。换言之，回购交易可以选择嵌入式利率，如果在回购期限内利率上升，那么该选择有利于现金贷方。如果利率上升，现金贷方可以选择将出借的资金收回并投资于更高利率的项目。因此，与其他类似的传统回购协议相比，可赎回回购协议可以在一个较低的回购利率上进行交易。

全部贷款回购

全部贷款回购是在美国市场上发展起来的，其目的是满足投资者在利率持续下跌的经济环境中获得较高收益率的需求。较传统的回购交易，全部贷款回购交易基于较高的利率，因为交易中使用的是较低质量的抵押品。通常有两种类型：抵押全部贷款和消费者全部贷款。两种都是未证券化贷款或应收利息。贷款也可以是信用卡付款或者其他类型的消费者贷款。在全部贷款回购中，贷方可能遭遇信用风险或者预付款风险等。这种风险——贷款在证券到期日前被还清——通常发生在消费者贷款中。为此，全部贷款回购协议的收益率高于以美国国库券为抵押品的传统回购协议，其利率超过伦敦同业拆借利率 20 ~ 30 个基点。

总收益互换

从经济角度来讲，总收益互换（也叫收益互换的总利率）就是一种回购。总收益互换与回购的主要区别是，前者受国际互换和衍生产品协会（ISDA）管辖，而后者则是由回购协议约定。这样的区别很大程度上取决于在资产负债表中反应的交易方法，在资产负债表中，总互换利率作为表外交易进行记录。这是这种协议产生的主要原因。交易以下 3 种方式进行：

1. 机构以市场价格卖出证券。

2. 机构在固定期限内执行互换交易，将证券的总收益与相关的现金量以一个确定的比例互换。

3. 在互换的最终日期，机构以市场价格回购证券。

理论上，交易的任意一方都可以单独与不同的交易者进行交易。事实上，这样的交易是被捆绑在一起的，所以从经济角度来讲，这与回购的性质是相同的。

美元回购

从数量上来讲，美元回购类似于证券回购协议。例如，一个美元回购一个抵押型贷款，其要求在不同的清算日出售或回购过手证券。但是，与回购协议不同，如果交易者借入过手证券，那么只需要返还“实质上相同的证券”。现在，虽然我们将不再仔细地讨论这些细节，但是交易者返还的“实质上相同的证券”必须符合一定的标准，例如，票面利率、证券类型（即发行人，例如，Ginie Mae）以及抵押贷款担保（例如，30 年固定利息）。这些都是大致相同的交易参数，当基于待宣布的基点进行过手证券交易时卖家或者买家可能同意这些参数。这种特质为交易者提供了有价值的灵活性，一方面弥补空头头寸，另一方面获得过手证券作为抵押担保债券（Collateralized Mortgage Obligation，CMO）的抵押。为了获得这种灵活性，交易者向证券贷方（即投资者）提供 100% 的融资，且不需要提供超额抵押品或者保证金。基于这种灵活性，融资成本也可能更少。最后，通过回购协议召回资本，不会出现证券现金流的转移。原始资本所有者依然可以获得多重的资本利益与票面利息。而这一点美元回购却无法做到，在整个协议持续期间，交易者借入过手证券并保留票面利率和部分主要的还款。

机构过手证券的背景

抵押式过手证券（以下简称“过手证券”）是当一个或多个抵押人组成抵押联盟，并且出售该联盟的股份或者参与证单而产生的。过手证券的现金流动取决于基本抵押贷款的现金流动，并由 3 个部分组成：每月抵押支付所占利息、日偿还本金以及预付款。

每个月证券持有人都会得到利润。但是，无论从金额上还是从时间上“抵押池”的现金流与直接流向投资者的现金流是不同的。通过对比服务费用和其他费用得知，过手证券的每月流动资金要少于基本抵押贷款的每月流动资金。其他费用则是由发行人收取，或是由过手证券的担保人出于担保的需要而收取。对比服务费用与担保费用，过手证券的票面利率略少于“抵押池”中抵押贷款的担保利率。

现金流的时间也是有所不同的。每个月的抵押支付由抵押人在每个月的第一天商定。在向证券的持有人交付相应的每月欠款时会有延迟，而这取决于不同的过手证券类型。因为有预付款，所以过手证券的现金流不能确定。

有 3 种不同的过手证券通过以下不同机构发行：美国政府国民抵押贷款协会（Ginnie Mae，吉利美）、房利美（Fannie Mae）和房地美（Freddie Mac）。这些机构都被叫作机构抵押过手证券公司。吉利美发行的过手证券主要由联邦住房管理局（FHA）投保和退伍军人管理局（VA）担保的抵押贷款支持。相应的，房利美和房地美则将相应的抵押贷款证券化。机构抵押过手证券等同于该机构所提供的“抵押池”的前缀和“抵押池”数量。而这些前缀则表明过手证券的类型。抵押池的数量则表明了特定抵押品所依据的过手证券以及过手证券的发行者。

美国债券市场协会负责制定抵押担保证券的交易规则和协议方式。这里我们的讨论仅限于过手证券的发行机构。许多过手证券的交易是由特定的“抵押池”转变而来的。所以，在交易的过程中，“抵押池”的任何信息都是不可用的。这样的交易则是待发布的一种交易。在待发布交易中，买方和卖方对于发布者、项目类型、息票利率、票面价值、价格以及交易日期达成一致。过手证券的实际发行情况也不确定。在交易之前，这些信息由卖方提供给买方。也存在特定抵押池交易，在该交易中，交易的实际抵押池数量是固定的。

通常情况下，机构抵押过手证券交易的是远期基点，每个月会有一次。每个过手证券都是在每月的交易当天按照发布人和抵押品类型来分配。

远期结算系统对于资产抵押债券市场来说至关重要，因为：首先，远期结算允许抵押发起人在创立联合抵押之前卖出过手证券。于是，发起人就能对冲其借出的抵押利率。其次，远期结算也会将抵押担保债券作为抵押品，因为抵押担保债券就是机构抵押过手证券。抵押担保债券的结算日通常为定价日后的一个月。所以，抵押担保债券的发行人通常在为期一个月的远期市场交易中起到了主动作用。同时，对于住房抵押担保证券需要新上市的过手证券作为抵押，因为抵押担保债券的抵押品是伴随美元回购市场的出现而上涨的。

融资成本的决定因素

决定美元回购融资成本的过程并不是简单地与回购协议相同。假设一个交易商借出证券或现金，那么决定美元回购融资成本的关键因素包括：

1. 卖出价格和回购价格。
2. 息票利息的金额。
3. 计划的主要付款金额。
4. 出售给自营商的证券的项目预付款。
5. 自营商偿还相等的证券数量。
6. 欠交付和已交付所允许的金额。

现在考虑这几个因素。在美元回购中，回购价格通常低于售出价格。乍一看，这和通常理解是相异的。毕竟，回购价格一般应当高于售出价格，因为中间存在回购利息。在一个美元回购中，推算回购价格低于售出价格，是因为第二个因素——投资者交出了原本他们应该获得的息票利息，而在美元回购期间他们还是持有这些证券。所以，美元回购的融资成本取决于两个因素：投资者放弃的息票利息和投资者以更低的回购价格让出的利润。具体来说，当收益率曲线下滑时（即长期利率超过短期利率），新过手证券的息票利息就会超过短期抵押借贷利率。收益率曲线下滑的越厉害，回购价格也会随之下跌以抵消被放弃的息票利息，最终达到平衡。

第三和第四因素涉及还款本金。还款本金有两种类型——计划支付和预支付。计划还款本金是可预测的，其取决于贷款偿还。预支付还款本金则取决于房主的意愿，其希望还款本金超过计划金额（总的或者某一部分），而在任何时候抵押贷款的到期日如提前，那么一般就不需要偿还。与息票利息一样，投资者在协议期间放弃还款本金。如果自营商购买证券，那么他可以以折扣方式获得还款本金的收益，并且以高价卖出。因为预付款的存在，协议中的主要偿债净额是不确定的，所以投资者的借入利率也是不确定的。这种不确定性就是美元回购与回购协议的不同之处。在回购协议中，证券的贷方或者资金的借方以双方明确的资金利率进行交易。在现实的美元回购中，协议开始时资金利率是不确定的，并且只能以虚拟的预支付利率来确定。

第五个要素是其他风险，因为融资成本的有效性基于远期的还款本金，即交易者要将此还给贷方。证券的借方必须归还这些作为抵押物的证券，而这与回购协议是不同的。当自营商借入抵押贷款过手证券时，一般不用将相同的证券归还给投资者（即过手证券产生于该抵押证券组合）。相反，自营商只需要提交符合一定标准的抵押贷款过手证券。美国注册会计师 90 - 3 号立场声明书要求，远期还款本金要符合以下标准：

1. 使用类似的抵押品作为抵押。
2. 由相同的发行机构发行，并且作为同一个项目的同一个部分。
3. 有相同的原始到期日期。
4. 有相同的息票利率。
5. 以同一个市场收益率定价。
6. 符合交付要求，即证券的主要数量总数必须保持在原始交付数的 0.1% 以内。

从理论上来讲，在任何时候，总是有数以百计而不是千计的过手证券符合这些标准。但是，这些过手证券都是由不同的抵押证券组合进行担保的。于是，即使在这些证券之中，还会有一些比较差的证券。

最后一点，欠交付和已交付所允许的金额。具体来讲，美国债券市场协会（BMA）的过手标准允许欠交付和已交付的金额达到 0.01%。在美元回购协议中，投资者与自营商商可以选择欠交付或者已交付两种模式：投资者可以在交易开始时交付，而自营商也可以在协议期末交付。

美元回购协议的例证

在美元回购协议中，投资者是否投资某项住房抵押债券（Mortgage-backed Security, MBS）取决于很多因素。这些因素包括：售出价格与回购价格的区别（被叫作下跌或者远期下跌），基础证券（Underlying Security）的抵押预支付效率以及可再投资率（Available Reinvestment Rate）。在这个部分中，我们以贴水和开水的过手证券为例，解释其如何影响投资者。

贴水过手证券的美元回购

利用从彭博获得的数据，假设房利美的过手证券持有 5% 的息票和 100 万美元的本金（Principal Balance）。可延迟交付期限为 54 天，结算日期为 2006 年 10 月 12 日。假设，一位投资商与一位自营商达成协议，即其同意以 $96^{13}/_{22}$ 售出票面价值为 100 万美元（即未支付的余额总计）的房利美 5s，并与一个月后以 $96^{12}/_{23}$（回购价格）回购远期相等的证券（Substantially Identical Security）（依据市场交易术语，交易商希望“在 10 月份或者 11 月份的回购中买入 100 万美元”）。需要注意的是，售出价格与回购价格的差为 1/32，该差价被称为远期下跌（Forward Drop）。这时候投资者就会面临是抛出过手证券还是继续持有的选择。

如果抛出过手证券，那么投资者在 2006 年 10 月 12 日将有可能接受 $96^{12}/_{32}$ 的售出价格或者价值 100 万美元的本金变为 964 062.50 美元。同时，投资者将收到为期 11 天的增值利息 1 805.56 美元［100 万美元 ×5% ×（$^{11}/_{360}$）］，因为利息是从 10 月 1 日开始计算的。所以，在结算日投资者可得到的总额为 965 590.28 美元。投资者假设经过美元回购获得的收益将被再投资于从 10 月 12 日 ~11 月 13 日共计 32 天的回购协议。假设再投资利率是同期美国国库券担保的回购协议的利率，即 5.16%。再投资的收入量产生于协议期限的再投资收益，为 4 428.84 美元［5.16% ×965 590.28 美元 ×（32/360）］的回购利息。投资者在协议期末 2006 年 11 月 13 日将获得 949 135.71 美元。而这个数字可以拿来与同期仅持有过手证券的美元相对比。

如果投资者持有过手证券，那么因为 54 天明确的支付延迟，他将于 11 月 25 日获得 10 月的一笔现金流。该现金流包括息票利息和本金的部分还款（定期还款和预付款）。10 月份的利息为 4 166.67 美元（5% ×1 000 000 美元 ×1/12）。同时，定期还款本金（Unscheduled Principal Payment）是确定的，预付款须用预付款利率，即 162PSA，来计算［预付款利率也被称为预付款速率，利用美国债券市场协会（BMA），现为美国证券业和金融市场协会（SIFMA），制定的标准计算，该预付款利率与 PSA 的速率有关］。10 月份的部分还款本金预计达到 3 567.62 美元。11 月 25 日，投资者将收到的全部现金为 7 734.29 美元。我们应当估算这笔支付款的现实价值，从而计算出 11 月 15 日其价值（美元回购协议的截止日期）。利用 5.16% 再投资利率，倒退 12 天，我们将 7 734.29 美元折算获得为 7 720.98 美元。

采用 $96^{12}/_{32}$ 的美元回购价格，剩余的本金价值为 996 432.38 美元。此外，11 月将会有 12 天的增值利息 166.72 美元（5% ×996 432.38 ×$^{12}/_{360}$）。由此在 11 月 13 日，因为继续持有过手证券而产生的收益总额为 969 693.41 美元。将此金额与美元回购所产生的远期价值 970 019.12 美元相比可以看出，回购过手证券，每 100 万美元本金获利 325.71 美元。

从投资者的角度来看，从事美元回购等同于利用回购协议投资于过手证券。所以，可以计算出无亏损的再投资利率，该利率可以使风险降至为零。在这个案例中，无风险利率为 4.781%。当投资者的再投资利率高于此数值时，抛出过手证券是有利的。对比融资成本时，量入而出是很重要的。此外，对比如果不了解与美元回购相关的风险就去对比其他替代品的融资成本，也是不妥的。

开水过手证券的美元回购

现在假设一位投资者正考虑用100万美元通过美元回购投资于美国房利美6%的过手证券，并以$100^{16}/_{32}$的结算价于2006年10月12日结算。远期下跌为1/32，且11月13日（美元回购协议的终止日期）的回购价为$100^{15}/_{32}$。利用309PSA的值预估预付，无亏损的再投资利率为5.386%。假如投资者以一个月期的回购利率作为他们5.16%再投资利率的替代物，那么投资者将不想回购这一本过手证券。尤其是，运用这些假设，继续持有该过手证券将比回购该过手证券多获得202.02美元的收益。

从投资者的视角看待美元回购协议中的风险

由于美元回购交易作为一种抵押借机制的另类特性，因此它只可能判断融资成本（也就是无亏损的再投资利率）。原因就是预付款的速度将通过回购过手证券而影响投资者应付的融资利率。在我们的案例中，因为过手证券以打折的方式进行交易，因此更快的预付速度将有助于任何持有证券的人。这样，投资者美元回购获得的融资利率将直接与预付速度相关。投资者可以通过一项敏感度分析来决定不同预付速度对融资利率的影响。假如过手证券以开水进行交易，那么投资者的融资利率将与预付速度及相关。

除了预付速度的不确定性之外，还有另一种风险，该风险涉及在美元回购期末由自营商归还的远期相等证券。如前所述，即使在远期相等证券中，某些抵押池会其他抵押池差。在此情况下，风险在于自营商可能将表现较差的抵押池转换为证券。